한국사학사의 인식과 과제

조 광 趙珖

1945년 서울 출생
고려대학교 대학원 사학과 박사과정 졸업(문학박사)
동국대학교 사범대학 국사교육과 조교수 역임
한국사연구회 회장 역임
한일역사공동연구위원회 위원장 역임
고려대학교 문과대학장 역임
고려대학교 박물관장 역임
현재 고려대학교 문과대학 한국사학과 교수

〈논저〉

『朝鮮後期 天主敎史 硏究』, 『역주 사학징의』, 『조선후기 사회와 천주교』,
『조선후기 사상계의 전환기적 특성』, 『조선후기 사회의 이해』 외 다수

한국사학사의 인식과 과제   값 30,000원

2010년 8월 15일 초판 인쇄
2010년 8월 30일 초판 발행
        저 자 : 조 광
        발 행 인 : 한 정 희
        발 행 처 : 경인문화사
        편 집 : 김 지 선
           서울특별시 마포구 마포동 324-3
           전화 : 718-4831~2, 팩스 : 703-9711
           이메일 : kyunginp@chol.com
           홈페이지 : 한국학서적.kr / http://www.kyunginp.co.kr
        등록번호 : 제10-18호(1973. 11. 8)

ISBN : 978-89-499-0741-3 94910

한국사학사의 인식과 과제

조 광

景仁文化社

이 책은 2006년도 고려대학교 교수특별연구비의 지원을 받아 집필·정리 되었습니다.

머리말

　사학사는 '역사와 역사서술의 역사'를 뜻한다. 과거에 발생했던 역사적 사건과, 당대의 역사관 내지는 철학이 결합하여 역사서가 출현된다. 이 둘을 결합시키는 연구자를 사학자라 한다. 그렇다면 역사서와 역사가에 대한 연구는 역사적 사건뿐만 아니라 당대의 사회와 사상을 이해하는 첩경이 된다. 그러기에 모든 시대에 관한 역사 연구는 궁극적으로 사학사史學史 연구에 귀납되는 듯하다.

　사학사 자체가 특정시대의 지성사임과 동시에 사상사의 일부를 이루고 있다. 또한 역사학은 어느 시대를 불문하고 실천적 과제를 공통으로 갖고 있다. 물론 그 실천성이 잘못 적용될 경우에는 '교훈적 역사'로 전락되기도 하지만 역사는 그 책이 저술되던 사회에서 일정한 기능을 발휘하게 된다. 물론 '역사를 위한 역사'만을 주장하여 역사의 현재성을 거부하는 역사서도 있을 수 있다. 그렇다 하더라도 그것 또한 부작위적不作爲的 작위作爲를 통해서 당대 사회의 한 측면을 반영하면서 일정한 사회적 기능을 발휘하는 것으로 생각된다.

　조선후기사상사를 공부하고자 했던 필자의 입장에서도 조선후기 사학사의 이해는 필수적으로 요청되는 분야였다. 이 때문에 필자는 사상사 연구의 연장선상에서 사학사에 대한 관심을 가져왔다. 또한 한국사학사를 강의하던 과정에서 스스로가 직면했던 문제의식들을 직접 풀어보고자 하는 과욕에서 필자는 한국사학사에 관한 몇 편의 논문을 작성하게 되었다. 이제 그러한 글을 모으니 한 권의 책자가 되었다.

　이 책의 제1장에서는 조선후기 역사 인식이 전개되어 나가는 과정을

주목했다. 즉, 조선후기를 지배하던 성리학과 조선후기 새로운 사상으로
움터 나오던 실학사상의 입장에서 전개되었던 역사관들을 정리했다. 조
선후기의 신라인식은 안정복安鼎福의 『동사강목東史綱目』을 중심으로 하여
분석해 보았다. 『동사강목』은 한국사에 관한 강목체綱目體 사서史書의 전
형으로 볼 수 있다. 그러므로 이 글은 강목체적·성리학적 역사 인식의 실
상을 이해하는 데에는 일정한 도움을 줄 수 있을 것이다. 또한 조선후기
라는 사상적 전환기에 제시된 후백제에 대한 인식도 후백제사의 이해뿐
만 아니라 조선후기 사회사상을 이해하는 데에도 일조할 수 있을 것으로
생각되었다.

　제2장은 개항기 및 식민지 시대의 역사 인식을 검토했다. 여기에서는
근대 역사학의 연구방법과 근대적 역사관이 수용되기 시작했던 개항기에
간행된 역사 교과서 및 당시의 언론에 실린 역사 관계 논설들을 검토했
다. 그리고 한국 근대사학의 태동기에 제시되기 시작했던 식민사학植民史
學의 성격과, 이에 맞서 주창되었던 민족주의적 반식민사학反植民史學의
존재를 밝혀 정리해 보고자 했다.

　한편, 1930년대의 역사 인식 가운데 상대적으로 역사학계의 주목을 받
지 못했던 함석헌咸錫憲의 『성서적 입장에서 본 조선역사』를 분석했다.
그 결과 이 책은 당시 기독교 민족주의적 입장에서 저술된 것임을 밝혔
다. 함석헌은 1920년대 도쿄고등사범학교東京高等師範學校에서 역사를 전공
했던 인물이었다. 즉 그는 당시 조선인으로서 전문적 역사 연구의 훈련을
받았던 극소수의 인원 가운데 하나였다.

　그는 목적론적 역사 인식을 기반으로 하여 조선사의 전개 과정을 본격
적으로 이해하고자 했던 첫 번째 연구자였다. 또한 그는 발전이란 개념이
미약하거나 불분명했던 민족주의 사관을 극복하는 역할을 수행했다. 그
에 이르러 관념주의적 역사 인식에서 발전이란 개념이 가장 분명해질 수
가 있었다. 그리고 그가 조선사의 서술에 적용했던 발전이라는 개념은 역
사적 유물주의가 가지고 있던 조선사의 발전이라는 개념과 함께 당대에

있어서 역사 이해의 수준을 한 단계 고양시켜 주었다. 그는 일관된 사관 위에서 조선의 통사를 서술했다.

바로 이러한 점들에서 함석헌은 1930년대 한국사학사의 이해 과정에서는 반드시 주목해야 할 인물로 남게 되었다. 이에 이어서 이 책의 제2장에서는 개항기 이후 1970년대 전후의 사회에서까지 강력한 지지를 받고 있던 민족주의 사관이 가지고 있는 특성을 검토했다. 그리고 식민지 아래에서 전개되었던 민족주의 사학은 식민주의에 저항하는 역사 이론으로서의 성격을 가지고 있음을 분명히 하고자 했다.

제3장은 해방 이후 현대사회에서 전개된 한국사 연구에 관한 문제를 주목했다. 즉, 우선 한국 사학계에서 가장 활발한 활동을 전개해 왔던 한국사연구회가 그 창립 이후 1990년대에 이르기까지 걸어온 과정을 되짚어 보았다. 이로써 한국사연구회가 한국 사학의 발전에 미친 긍정적 영향을 정리해 보고자 한 것이다. 이에 이어서 2000년대 초에 이르러 전개되었던 조선후기사 연구의 경향을 검토해 보았다. 또한 한국 문화사를 이해하는 데에 필요한 시각과 분야에 대한 생각을 정리해서 제시했다.

이 책의 제4장은 한국사의 현안 문제에 대한 생각들을 정리한 부분이다. 우선 여기에서는 한일간에 전개된 역사 분쟁의 과정과 그 분쟁 해소 방안에 대한 의견을 제시했다. 한편, 남북 분단의 상황에서 남북 간 역사 인식과 연구 방법론의 차이가 점차 커져가고 있다. 이 상황에서 역사 연구에 요청되는 화해와 상생의 이론과 방법이 무엇인지를 생각하게 되었고, 이에 관한 견해를 '상생相生의 역사학歷史學'이란 제목 아래 제시해 보았다. 그리고 역사학의 대중화를 위한 방안을 위한 검토 결과도 이 책에 수록했다.

이 책에 수록된 12편의 논문들은 조선후기 이후 오늘에 이르는 시기에 전개된 역사 연구의 특성을 파악해 보고자 하는 문제의식에서 작성되었다. 그러나 이 논문들은 각 주제들에 대한 개략적이거나 방향 설정적 특성을 가진 글들에 그치는 경우가 대부분이었다고 생각된다. 그렇다 하더

viii

라도 이 글들이 한국 근현대 사학사와 한국 사학의 방향에 대해 고민하는 동학들에게 참고가 될 수 있다면 무척 다행으로 생각하겠다.

이 책이 나오는 데에는 여러 사람들의 도움이 컸다. 특히 고려대학교 대학원 조선후기팀의 김한신과 박세연은 이 책의 원고 정리를 위해 시간을 아끼지 않았다. 경인문화사 한정희 사장은 수지타산을 떠나서 이 책의 간행에 동의해 주었다. 신학태 부장 이하 편집진 여러분은 이 책의 편집과 교정을 위해 노력해 주었다. 이 모든 분들의 도움이 없었다면 아마도 이 책의 간행이 불가능했을 터이므로, 이분들에게 거듭 감사드린다.

2010년 7월 15일
안암의 서실에서
조 광

목 차

제2부 개항기 및 식민지시대의 역사인식

제3부 한국현대의 역사연구

제4부 한국사학의 방향

이 책에 수록된 글들의 발표지

제1부 조선후기 역사인식의 전개

1. 「朝鮮後期의 歷史認識」 『韓國史學史의 研究』, 乙酉文化社, 1985.
2. 「朝鮮王朝時代의 新羅認識－東史綱目을 中心으로」 『民族文化研究』 16, 高麗大學校 民族文化研究所, 1982.
3. 「조선후기의 후백제 인식」, 미발표 원고.

제2부 개항기 및 식민지 시대의 역사인식

1. 「개항기 역사인식과 역사서술」 『한국사』 23, 한길사, 1994.
2. 「1930년대 咸錫憲의 역사인식과 한국사이해」 『韓國思想史學』 21, 韓國思想史學會, 2003.
3. 「한국사연구에서 민족사관의 문제」 『나라사랑』 114, 외솔회, 2008.

제3부 한국 현대의 역사연구

1. 「韓國現代史學의 展開와 韓國史研究會의 活動」 『韓國史研究』 90, 韓國史研究會, 1995.
2. 「한국역사학계의 회고와 전망, 2004~2005: 한국사연구의 동아시아적 맥락」 『歷史學報』 191, 歷史學會, 2006.
3. 「한국문화사의 서술과 편찬체계」
   「韓國文化史 敍述의 反省과 方向」 『文化史와 美術史』, 一志社, 1996 ;
   「韓國文化史 敍述의 方向과 編纂體制」 『韓國史論』 35, 國史編纂委員會, 2002 등을 기초로 하여 재집필.

제4부 한국사학의 방향

1. 「한일간 역사분쟁의 발생과 한국의 대응」 『한일역사의 쟁점』 1, 경인문화사, 2010.
2. 「相生의 歷史學을 위하여」
   「남북한 역사학계의 학술교류 방향」, 『韓國史學史學報』 8, 韓國史學史學會, 2003, 改稿 收錄.
3. 「역사의 대중화를 위한 시론」, 미발표 원고.

제1부

조선후기 역사인식의 전개

제1장 조선후기의 역사인식

1. 머리말

임진왜란과 병자호란을 겪은 17세기 이후의 조선왕조에서는 사회변동에 수반한 문화변동이 진행되고 있었다. 이 문화변동의 과정에서 성리학적 가치체계가 강한 도전을 받고 있었으며, 이에 대한 대안으로 실학사상과 같은 새로운 가치관이 등장하고 있었다. 또한 이 문화변동의 현상과 관련하여 자국의 역사에 대한 인식이 강화되고 있었으며, 그 결과 많은 역사서가 저술되었고, 새로운 역사인식이 등장했으며, 역사연구방법론에 있어서도 종전과는 다른 새 경향이 나타나게 되었다. 그리고 당시 다양하게 전개되었던 역사연구 가운데 실학자의 역사연구는 매우 중요한 것으로 인식되고 있다. 그러므로 이 글에서는 실학자의 역사연구를 중심으로 하여 조선후기의 역사인식과 그 연구방법론에서 드러나는 특징을 정리해보고자 한다. 그리고 이러한 작업에 앞서 당시 역사연구의 상황과 그 연구가 촉진될 수 있었던 배경을 먼저 검토하고, 조선후기의 역사인식에 관한 연구사적 정리를 시도해 보고자 한다.

1) 조선후기의 역사연구

17세기 이후 19세기 전반기에 이르는 조선후기의 사회에서는 다양한 성격의 역사서가 저술되고 있었다. 이 역사서 가운데는 조선전기 이래 지배층의 이념으로 고정되었던 성리학적 역사관에 따라 서술된 역사서도 있었으며 그밖에도 많은 야사野史가 저술되어 민간에 유포되고 있었다. 또한 성리학적 역사학의 계통과는 달리 양명학적 입장에서도 역사서가 저술되었다. 그리고 18세기 후반기 이래 일군의 실학자들에 의해 새로운 안목에서 역사가 연구되고 있었던 것이다.

이러한 여러 성격의 역사서 중에 조선후기의 관찬사서官撰史書로서 가장 대표적인 것은 『국조보감國朝寶鑑』을 들 수 있다. 조선전기부터 편찬되기 시작했던 이 『국조보감』은 조선후기에 이르러서도 관官의 주도 아래 그 보완작업이 계속 진행되고 있었다.[1] 여기에는 성리학적 수사修史의 원칙이 일관적으로 적용되고 있었으며, 이 책은 조선후기의 성리학적 역사인식 내지는 관변적 역사인식을 집약하여 표현하고 있는 것으로 볼 수 있다. 한편 『국조보감』과 같이 관찬사서는 아니었다 하더라도 성리학의 역사인식을 고수하고 있던 역사서들도 조선후기의 사회에서는 다수 저술되고 있었다.[2] 이러한 저술 중 유계兪棨(1607~1664)의 『여사제강麗史提綱』은 『자치통감강목資治通鑑綱目』을 교과서로 하는 이해수준·모방수준의 식견을 가지고 쓴 것으로 사서史書라기보다는 윤리 교과서의 성격을 띠고 있었다.[3]

---

1) 조선 후기에 간행된 『國朝寶鑑』 가운데 대표적인 것으로는 蔡濟恭(1720~1799) 命纂 68권 22책본과, 李容元 등이 찬집한 90권 28책본이 있다. 전자는 영조 때까지의 역사를 정리한 것이며, 후자의 서술범위는 哲宗代까지에 이르고 있다.
2) 이러한 성격의 역사서 중 대표적인 것으로는 다음과 같은 저술들을 들 수 있다.
　　吳澐(1540~1617)의 『東史纂要』 8권 7책
　　趙挺(1351~?)의 『東史補遺』 1권 1책
　　兪棨(1607~1664)의 『麗史提綱』 23권 23책
　　洪汝河(1620~1674)의 『彙纂麗史』 48권 22책 ; 『東國通鑑提綱』 13권 7책
　　洪萬宗(1643~1725)의 『東國歷代總目』 1책
　　林象德(1683~1719)의 『東史會綱』 12권 10책
　　南泰良(英祖朝人)의 『大東彙編』 26권 25책
　　저자미상의 『大東編年』 34책.
3) 金哲埈, 1976, 「兩亂 후의 문화 진통과 사학」 『韓國文化史論』, 知識産業社, 139쪽.

그리고 이보다 좀 나은 것으로 평가할 수 있는 임상덕林象德(1683~1719)의 『동사회강東史會綱』도 그러한 성격에서 크게 벗어난 것이 아니었다. 또한 조선후기의 일부 지배층에 의해 성리학적 명분론과 의리관이 강화되는 과정에서 전통적 화이론에 입각하여 조선의 역사를 서술하는 저작도 계속하여 나타나고 있었다.4)

한편, 조선후기에는 각종의 야사가 활발히 저술되거나 편찬되고 있었다. 이러한 야사 가운데에는 안방준安邦俊(17세기 사람)의 『은봉야사隱峯野史』처럼 단권單卷으로 된 야사도 다수 저술되고 있었으며, 『대동야승大東野乘』이나 『패림稗林』과 같은 거질巨秩의 편찬물도 있었다. 이 야사들의 상당수는 성리학적 역사관에 입각하여 저술되거나 찬집된 것이었다. 그런데, 당시의 야사들이 이와 같은 제약성을 가지고 있다 하더라도 이 시기에 이르러 야사의 저술작업이 매우 활발하게 전개되고 있는 것은, 자국自國의 역사에 대한 인식의 필요성과 당대사에 대한 깊은 이해가 요청되고 있었던 결과로 생각된다.

당대사에 대한 이해의 필요성과 관련하여 저술된 대표적 야사로는 『조야기문朝野記聞』을 들 수 있다. 10권 10책으로 된 이 책은 태조에서부터 숙종대에 이르는 역사를 정리하고 있다. 그리고 『조야첨재朝野僉載』도 숙종대까지의 역사를 기술하고 있으며, 28권 16책으로 된 『조야회통朝野會通』의 경우에는 순조純祖대까지의 역사가 기록되어 있다. 편년체로 된 이 역사서들은 조선후기의 사회에서 보편적으로 읽혀지고 있던 역사서로서, 『됴야긔문』(23권 23책), 『죠야첨지』(53권 53책), 『됴야회통』(不分卷 54책) 등과 같이 한글 번역본으로 간행되어 민간에까지 보급되어 있었다. 그리고 이만운(1736~?)의 『기년아람紀年兒覽』(8권 5책)과 같은 아동용 역사서도 등장

---

4) 이러한 성격의 역사서 가운데 대표적 저술로는 다음과 같은 것을 들 수 있다.
   吳慶元(1764~?)의 『小華外史』 12권 6책
   朴遜經(정조대 인물)의 『小華龜鑑』 31권 19책
   저자미상의 『東藩大義』 8권 8책.

하고 있었다. 이 시기 한글본 역사서, 아동용 역사서의 출현은 한국사에
대한 지식과 보편화를 뜻하는, 매우 주목할 만한 현상인 것이다.

성리학적 역사관에 입각한 역사서, 그리고 그 밖의 많은 야사의 출현
과 함께 주목되는 현상은, 이 시기에 이르러 이종휘李種徽(1731~1786)의『동
사東史』, 이긍익李肯翊(1736~1806)의『연려실기술燃藜室記述』과 같이 양명학
의 입장에 선 역사서가 나타나고 있다.5) 이는 도학道學중심의 심리학적
가치체계가 해체되는 과정에서 등장하게 된 새로운 현상으로 이해되는
바이다.

한편, 성리학적 사회질서의 해체과정에서 이진택李震宅(哲宗朝人) 등이
편찬한 서얼의 역사인『규사葵史』가 간행되었고, 향리의 역사인『연조귀
감椽曹龜鑑』이 이진흥李震興(正祖朝人)에 의해 저술되었고 중인의 역사서인『호
산외사壺山外史』를 조희룡趙熙龍(憲宗朝人)이 저술하였다.6) 그리고 이러한
역사서의 출현은 양반 사대부士大夫 중심의 역사이해로부터 좀더 포괄적
인 인간 존재의 역사성에 대한 이해로까지 당시의 역사인식이 심화되어
나가고 있었던 점을 나타내준다.

이상에서 살펴본 바와 같이, 조선후기에는 한국사에 대한 연구가 매우
다양한 성향을 띠며 전개되고 있었다. 이러한 과정에서 특히 주목되는 바
는, 강력한 사회개혁의 의지를 가지고 있었던 실학자에 대한 역사연구를
들 수 있다. 실학자들은 기존의 역사서들이 가지고 있는 문제점들을 검토
비판하며, 이를 극복해 보고자 노력했던 것이다. 기존의 역사서에 대해
비판적 안목을 가지고 있었던 대표적 인물로는 안정복(1712~1791)·이긍익
(1736~1806)과 정약용(1762~1836) 등을 들 수 있다.

안정복은『삼국사기』를 거칠고 번잡하다고 했으며,『고려사』는 '지志'

---

5) 金哲埈, 1974,「修山 李種徽의 史學」『東方學志』15, 延世大學校 國學硏究院,
   105~23쪽.

6) 李基白, 1981,「19世紀 韓國史學의 새 樣相」『韓㳓劤博士停年紀念史學論叢』,
   지식산업사, 473~487쪽.

가 소략疏略하고, 『동국통감東國通鑑』이나 『여사제강麗史提綱』에서도 부족한 점이 드러나며, 『동사찬요東史纂要』는 유초類抄에 불과하고 『동사회강東史會綱』은 공민왕대에 그치고 있다고 말함으로써,7) 기존의 사서史書들이 가지고 있던 역사서술의 정신과 방법에서 드러나는 한계를 지적했던 것이다. 한편, 정약용은 당시의 일반 지식인이나 아동들에게 보편적으로 읽혀지던 『사략史略』을 근거가 없는 허구적 사실로 나열된 것이라 비판한 바 있으며, 『통감通鑑』에 대해서도 사실史實과 연대에 착오가 많으며, 내용상 전후 관계가 맞지 않는 '누문陋文'에 지나지 않는다고 비판한 바 있었다.8) 정약용의 이러한 비판은 기존의 성리학적 역사서의 역사인식과 서술방법의 문제점을 지적한 것이었다. 그리고 이긍익도 기존의 야사들이 가지고 있던 문제점들을 다음과 같이 지적하였다.

> 우리나라 야사로서 편술하여 거질巨秩을 이룬 것이 많으나 『대동야승大東野乘』이나 『소대수언昭代粹言』 따위는 여러 사람이 지은 책을 모아서 편찬한 것으로 이야기책과 같이 산만하여 계통이 없고 그 기록된 말에도 중복된 곳이 많아 열람하고 상고하기에 불편하다. 춘파당春坡堂의 『일월록日月錄』이나 『조야첨재朝野僉載』와 같은 것도 편년법을 썼으나 채집하여 수록하기를 다하지 않고 서둘러 책을 만들었으므로 상세한 것은 너무나도 상세하고 허술한 것은 너무 허술하며 조리가 서지 않는다. 또한 『청야만집靑野謾輯』은 사실을 상세하게 기술하는 데에 힘쓰지 아니하고 다른 문집文集에서 논한 글들을 많이 인용하였는데, 그 말초의 것은 들추어내고 그 근본된 것을 버린 바가 많다.9)

---

7) 安鼎福, 『順菴先生文集』 卷10, 書 東史問答, 上星湖先生書(甲戌). "海東一方史 皆不合人意 三國史 荒雜無可言 高麗史 稍爲簡實 而至若諸志所錄 皆不詳悉 … 東國通鑑 亦多有未可知者 麗史提綱 … 亦多失謹嚴 … 東史纂要 不過類抄 太涉疎略 近世有林校理象德者 作東史會綱 最號精密 止於恭愍"

8) 丁若鏞, 『與猶堂全書(補遺)』 卷2, 史略不可讀說·通鑑節要不可讀說.

9) 李肯翊, 『燃藜室記述』 儀禮. "吾東野史 編成巨帙者多 而大東野乘 昭代粹言之類 裒輯諸家 所錄若說郅散漫無統 而語又多重疊 難於考閱 春坡日月錄 朝野僉載之類 用編年之法 而收採未盡 遽爲成書 故詳處太詳 疎漏處太疎漏 不成體段 靑野謾輯 不致詳於事實 而多載文集中論議諸說 提其末而遺其本者 亦多"

조선후기의 역사연구자들이 가지고 있던 기존의 역사서에 대한 이와 같은 비판적 인식은 새로운 역사서의 저술을 촉진해 주고 있었으며, 여기에서 실학자들이 중심이 되어 역사연구의 새로운 지평을 열게 되었다. 한편, 조선후기에 이르러 실학자들은 정치와 사회 및 경제적으로 파탄상태에 이른 역사적 현실의 이해와 그 광정匡正을 위한 시무적時務的 사명을 자각하고 자국사에 대한 깊은 연구를 시도하게 되었다.10) 즉, 그들은 당시 사회에 대한 본질을 파악하기 위하여 역사를 연구했으며, 현실비판을 위한 이론적 근거를 확보하려는 노력의 일환으로 역사적 사실을 파악하고자 했다.

요컨대, 조선후기에 이르러서는 다양한 성격을 띤 역사서들이 저술되었다. 이 역사서 중에는 기존의 성리학적 수사방법修史方法을 답습하는 저서들이 많았으나 사회변동에 수반한 성리학적 가치체계의 해체과정에서 새로운 경향의 역사연구서가 등장하게 되었다. 그리고 당시의 역사연구에 있어서 주목되는 바는 실학자에 의한 역사연구였다. 그들은 기존의 사서史書가 가지고 있는 문제점을 비판하며 새로운 사상과 형식을 취한 역사서를 저술하고 있었다. 그리고 그들은 사회개혁을 추진하고자 하는 시무적 입장에서 과거의 사실史實에 대한 연구를 추진했던 것이다. 여기에서 우리는 조선후기에 이르러 한국사에 대한 인식이 강화되고 있는 상황과 한국사에 대한 연구가 촉진될 수 있었던 배경을 간략하게나마 파악할 수 있을 것이다.

2. 역사인식론의 변화

조선후기에 이르러 성리학적 가치체계가 붕괴되어 나감에 따라 성리학적 역사인식을 극복하고자 하는 새로운 경향이 나타나게 되었다. 조선후

---

10) 黃元九, 1979,「實學派의 歷史認識」『韓國史論』 6, 國史編纂委員會, 187쪽.

기의 역사인식에서 드러나는 특징으로는 경사일체적經史一體的 역사인식
으로부터 역사학의 독자성에 대한 인식이 강화되고 있는 점을 먼저 들
수 있다. 그리고 지역중심의 화이관과 정통론이 점차 부정되고 문화중심
의 화이관이 제시되며, 한국사의 서술에도 정통론이 본격적으로 적용되
고 있었다. 또한 시세론時勢論·성패론成敗論을 비롯한 역사인식을 위한 새
로운 기준이 등장하고 있었던 사실도 주목된다. 여기에서는 이러한 주제
들의 검토를 통하여 조선후기 역사인식론의 특성을 고찰해 보고자 한다.

1) 역사학의 독자성 인식추구

조선 왕조는 그 개창 이래 성리학을 종지로 삼아왔으며, 따라서 조선
전기에 있어서는 사학의 연구도 성리학 즉 송학의 범주 안에서 진행되었
던 것이다. 조선전기의 사학연구에 결정적 영향을 미친 송대의 사학 연구
에서는 의리정신을 가장 강조하고 있었으며, 사학을 경학화經學化하여 경
학과 사학을 일체로 파악하려 했다. 즉, 송학宋學에서는 경학을 도道의 이
理로, 사학을 도의 용用으로 파악하였고, 사학의 구체적 사실 연구를 통해
경학의 추상적 이론을 검증하고자 하였으며,11) 이러한 경사일체적 관념
아래에서 사학은 경학의 종속적 존재로 이해되었던 것이다.

이와 같은 송학의 영향 아래 형성된 조선전기의 사학도 "역사 그 자체
의 실증적 파악보다는 정치적·윤리적 성향을 띤 것으로 정주학적程朱學的
가치관에서 포폄褒貶·서술되고 있었으며",12) "주자학을 최고이념으로 하
여 그 밑에 종속된 사유체계를 형성한"13) 것으로 파악되었다. 그러므로

---

11) 呂謙擧, 1976, 「宋代史學的 義理觀念」『中國史學史論文選集』, 臺北: 華世出版
   社, 402쪽. "宋代史學多强調義理精神 其用心在使史學經學化 並進而將經與史
   倂爲一體 同歸到理 經學爲道之理 史學爲道之用 … 宋代史學就在這一原則下
   由抽象的理論演爲具體事實 由具體事實以證抽象理論 因此之故 其史學中寓有
   濃厚的義理觀念 爲中國史學放一特有的色彩"
12) 李元淳, 1979, 「朝鮮前期 史書의 歷史認識」『韓國史論』6, 國史編纂委員會,
   91쪽.

조선후기의 역사인식에서 전진적 요소를 확인하기 위해서는 경사일체적 역사인식으로부터의 이탈여부를 먼저 검토해 보아야 할 것이다.

그런데, 조선후기 실학자의 역사인식에서 드러나는 특징으로는 조선전기 이래 경전적 위치에 놓여 있는 것으로 인식되어 왔던 『자치통감강목資治通鑑綱目』에 대한 비판의식을 들 수 있다. 이 비판 의식의 일단을 우리는 다음의 자료를 통하여 찾아볼 수 있을 것이다.

> A₁ 『강목綱目』 일서—書는 비록 붓을 잡고 쓴 사람은 다른 사람이지만 주문공朱文公이 손수 지은 것이라 하여도 해로울 것이 없다. 조눌제趙訥齊는 주자의 문하에서 배운 사람인데, 오늘날 왕복한 여덟 장의 서간에서 그 위촉하고 부탁한 뜻은 의심할 바가 없으나 범례초凡例抄가 조씨의 집에 있다가 이것이 발견된 뒤로 비로소 전후본말前後本末이 완전히 알려지게 되었다. 대개 그 '목目' 가운데 거취去取는 조공趙公이 사설을 받들어 만든 것이다. 이 때 주자는 병약함이 극심하여 예서를 겨우 끝냈으나 정력이 다시 다른 책에 미칠 여유가 없었다. 이미 [주자가] 책을 펴놓고 필삭筆削한 것이 아니라면 혹은 사실에 의문되고 범례를 달리해야 할 것이 있을 것이다.14)

> A₂ 시생侍生이 평일 강목지서綱目之書를 강강했는데, 타서他書에 점차 익숙하여지니, 필법에 의심하는 곳이 매우 많음을 알게 되었고, 범례와 크게 상관이 없는 기록이 있음도 알았다. 「주자행장朱子行狀」에 이른바 수정에 미흡함이 한이 된다고 한 것은 과연 참말이다.15)

> A₃ 「주자행장朱子行狀」에 『강목綱目』을 수보修補하지 못함이 한이 된다고 했는데, 그 서書가 십분 득진得盡치 못했음을 알 수 있다. 책 중에 필법筆法이 의심나는 곳이 매우 많아서 매거枚擧할 수 없을 정도이다.16)

---

13) 韓永愚, 1981, 『朝鮮前期史學史研究』, 서울대학교출판부, 276쪽.

14) 李瀷, 『星湖僿說』 卷27, 經史問·綱目. "綱目一書 雖操筆在人 不害爲文公手書也 趙訥齊師淵子幾道 學於朱門者也 今於往復八書 其屬托之意 無可疑者 而凡例抄在趙家 得此而後 本末始完 盖其目中去取 卽趙公承師說而爲之者也然是時 朱子衰病已極 禮書才畢 無力更及他書 旣非臨卷筆削 則客有事疑而異例"

15) 安鼎福, 『順菴先生文集』 卷2, 書, 上星湖先生書. "侍生 平日於綱目之書 講之稍熟於他書 而筆法之可疑處甚多 又興凡例 大不相關 行狀所謂 以未及修正爲恨者 果是實語也"

16) 安鼎福, 『順菴先生文集』 卷3, 書, 答邵南尹丈 別紙. "問 近考綱目 亦有所疑 …

위의 인용문 중 A₁은 이익이『자치통감강목資治通鑑綱目』의 가치를 상대
화시켜 평가한 기록이다. 그는『자치통감강목』을 주자가 직접 저술하지
아니하고 조눌제가 주자의 의견을 받들어 편술한 것임을 강조하며, 여기
에 오류가 있음을 말하고 있다. 그리고 A₂와 A₃은 안정복이『자치통감강
목』의 문제점을 지적한 것이다. 그는 중요한 사서인『자치통감강목』에서
도 범례가 흔히 무시되고 있음을 지적하며, 이를 비판적으로 이해하려 했
던 것이다. 그런데, 위의 사료에 나타나는 바와 같이, 이익이나 안정복은
주희朱熹의 학문적 권위를 완전히 부정하지는 않았으나 주자의 의견을 받
들어 편술된『자치통감강목』을 비판하고 있는 것이다. 사학에 있어서 경전
시되던『자치통감강목』에 대한 이러한 그들의 비판적 태도는 경사일체적
송대의 역사인식으로부터 벗어날 수 있는 가능성의 단초를 열어 주는 것
이었다.

그러므로 이익은 사학에 있어서 송학적 포선폄악褒善貶惡 자체를 반대
한 것은 아니라 하더라도 그것을 역사인식과 구별하려 했던 것이며,[17]
정약용은 역사적 사건의 해석에 있어서 도덕적·윤리적 인식보다는 지리
적 요소를 중시하게 되었던 것이다.[18] 이와 같이 역사 인식에 있어서 송
학적 관념을 배제하고 역사를 객관적으로 인식하려 했던 것도 그들이 사
학을 경학 내지는 응용 경학的應用經學的 존재로 인식하던 단계를 벗어나
서 사학을 독자적 학문으로 인식해 가고 있음을 말하는 것이다. 따라서
실학자들은 사학을 경학으로부터 독립시키려는 완전한 이론 체계를 세우
지는 못했다 하더라도, 경사일체적 역사 인식으로부터 점차 벗어나 사학
의 독자성을 정립할 수 있는 계기를 마련해 주고 있었다고 볼 수 있다.

答 朱子行狀 綱目以未及修補爲恨云 則其書之不爲十分得盡者 可知矣 書中筆
法可疑者甚多 不能枚擧"

17) 宋贊植, 1970,「星湖의 새로운 史論」『白山學報』8, 白山學會, 405쪽.
18) 韓永愚, 1983,「茶山 丁若鏞의 史論과 對外觀」『金哲埈博士華甲紀念史學論叢』,
知識産業社, 642쪽.

실학자들은 역사학의 독자성에 대한 인식에 점차로 접근해 가고 있었
을 뿐만 아니라 자국사의 독자성에 대한 인식도 강화시켜 나가고 있었다.
자국사의 독자성에 대한 인식은 이미 "동국東國에서 태어났으니, 동국의
일을 알아야 한다."[19]고 했던 조선전기의 관념과도 관계가 있는 것이다.
그러나 조선전기에 있어서는 조선이 중화의 제후 중의 하나라는 관념이
더 보편적으로 제시되고 있었는데,[20] 실학자들은 조선후기에 강화되고
있던 자국사 연구의 중요성에 대한 인식을 발전시켜,[21] 자국사는 중국사
와 분명히 다르며 이를 독자적으로 연구해야 함을 다음과 같이 주장했다.

> B₁ 오늘날 사람들은 우리나라에서 태어났으면서도 우리나라의 사실에 대하여
> 전혀 각성하지 못하고 있고, 심지어는 『동국통감東國通鑑』을 누가 읽겠는
> 가라고 말하니 어긋남이 이와 같다. 우리나라는 스스로 우리나라인 것이
> 니 그 규제체세規制體勢가 스스로 중국사와는 달라야 한다.[22]
> B₂ 우리나라가 비록 대국大國을 받들고 그 정삭正朔을 받들며, 지역이 대륙의
> 한편에 치우쳐 있지만 스스로 성교聲敎하므로, 중국의 제후諸候와는 차이
> 가 많다 … 중국의 제기帝紀가 우리나라와 무슨 관계가 있겠는가. 나의 생
> 각으로는 세가世家를 고쳐 본기本紀로 하고 중국의 정삭正朔을 행할 때에
> 우리와 상관되는 일은 별도로 권말卷末에 한 편篇을 이루고 … 외기外紀로
> 명명하고 권말에 붙여야 한다.[23]

---

19) 李承召, 『三灘集』 卷11. "旣生東國 則不可不知東國史"

20) 權重達, 1978, 『自治通鑑對中韓學術之影響』, 臺灣: 國立政治大學中國文學研
　　究所 博士學位論文, 396쪽.

21) 조선후기 자국사 인식이 강화되었던 사례는 鄭宗魯가 쓴 『彙纂麗史』의 서문을
　　통해서도 나타난다(洪汝河, 『彙纂麗史』, 鄭宗魯 序. "東國之士類 喜說中國史而
　　於東國史 則顧曚然易 如人專談他家譜牒 而却昧自家譜牒 可乎")

22) 李瀷, 『星湖先生全集』 卷25, 書, 答安百順. "今人生乎東邦 惟東事全不省覺 至
　　曰東國通鑑 有誰讀之 其乖戾如此 東國自東國 其規制體勢 自與中史有別"

23) 安鼎福, 『順菴先生文集』 卷9, 書, 與洪生書. "我東雖尊事大國 奉其正朔 而地
　　偏一隅 自爲聲敎 則與中國之諸侯 有間矣 … 中國帝紀 何關於東國乎 愚意世
　　家以本紀 行中國正朔時 與我相關之事 別於卷末爲一篇 … 則中國當以外紀名
　　之 附于卷末 可也"

위의 사료 B₁은 이익이, 우리나라의 식자識者들이 자국사에 관심이 없음을 질책하며, 우리나라의 역사는 중국사와는 스스로 구별되는 독자적인 것임을 강조한 기록이다. 그리고 사료 B₂는 안정복이 조선과 중국은 서로 다른 국가이며, 조선은 중국의 여타 제후국과는 구별되는 것이므로 조선의 역사를 세가世家가 아닌 본기本紀의 입장에서 독자적으로 인식하고 중국에 관한 것은 외기外紀로 취급하여 권말에 붙여야 함을 주장한 것이다. 여기에서 볼 수 있는 바와 같이, 실학자들은 중국사와는 다른 조선사의 독자성을 강하게 인식하고 있었던 것이며, 이는 역사 인식에 있어서 조선전기보다 상당히 발전된 현상임을 드러내주고 있는 것이다. 그리고 이러한 자국사에 대한 독자적 인식은 홍대용 단계에 이르러서는 역외 춘추론으로까지 전개되어 나갔다.[24] 그리고 홍대용의 역외 춘추론에서 볼 수 있는 바와 같이, 자국사의 독자성에 대한 인식은 화이관의 극복 과정을 통하여 강화되고 있었던 것이다.

자국사의 독자성 인식이 이와 같이 강화되어 나가고 있는 과정에서 일부 실학자들은 자국사 연구의 중요성을 강조하고 있었다. 즉, 이익은 과거科擧를 볼 때, 종래에는 적용되지 않고 있던 국사 과목을 부과해야 함을 말함으로써[25] 국사의 중요성을 말했던 것이다. 그리고 정약용도 본국사本國史의 교육을 강조했고 과거에서 국사의 고강考講을 주장했던 것이다.[26] 이익이나 정약용의 주장을 통하여 드러나는 바와 같이 일부 실학자들은 자국사의 독자성을 인식하고 있었을 뿐만 아니라 관료를 선발하는 과거에 있어서까지 국사를 부과해야 함을 말함으로써 국사 연구의 중요성을 강조하기에 이르렀던 것이다.

---

24) 洪大容, 『湛軒書(內集)』卷4, 補遺, 毉山問答. "雖然 使孔子浮于海 居九夷 用夏變夷 興周道於域外 則內外之分 尊攘之義 自當有域外春秋 此孔子之所以爲聖人也"

25) 李瀷, 『星湖先生全集』卷44, 雜著, 貢擧私議.

26) 趙湲來, 1977, 「實學者의 官吏登用法改革論－科擧制改革論을 중심으로」『白山學報』23, 白山學會, 296쪽.

요컨대, 조선후기의 실학자들은 당시 경전적經典的 사서였던『자치통감
강목資治通鑑綱目』에 대하여 일정한 비판의식을 가지고 있었으며, 역사의
인식에 있어서 송학위주의 윤리적 인식 태도로부터 점차 벗어나고 역사
의 객관적 인식을 강조했다. 이는 그들이 경학 내지는 응용 경학應用經學
의 단계에 머물러 있던 사학을 경학과는 독립적 학문으로 파악하려는 것
이며, 역사학의 독자성을 추구하고 있었던 것으로 해석된다. 그리고 실학
자들은 중국사와는 구별되는 자국사의 독자성에 대한 인식도 강화시켜
주었다. 또한 그들은 자국사 연구의 중요성을 인식하고 있었으므로 이를
과거科擧에까지 부과해야 함을 말했던 것이다. 실학자들이 가지고 있던
역사 인식에서 드러나는 이러한 특징과 조선전기의 역사 인식을 비교해
보면, 실학자들의 역사 인식이 조선전기보다 상당히 발전적인 것임을 알
수 있다. 그러나 그들은 근대 사학에서 논하는 바와 같은 완벽한 역사학
의 독자성 인식에는 이르지 못했던 것으로 생각되는데, 여기에서 실학자
의 역사 인식이 가지고 있는 과도기적 성격과 제한성이 드러나는 것이다.

2) 전통적 화이관의 극복

조선후기의 역사인식에 있어서 드러나는 가장 중요한 특징으로는 화이
관의 극복과 자아인식의 강화를 들 수 있으며, 이러한 현상은 실학자 계
열의 역사가에게서 집중적으로 드러나고 있다. 화이관이란 송대 이후 중
국의 사학인식에 있어서 강하게 드러나던 특징으로서, 이는 역사서술에
있어서 화하華夏와 이적夷狄을 엄격히 구별하고 한족왕조의 방어를 도덕
적 사명으로 강조하던 역사인식의 태도였다. 그런데 조선후기에 이르러
서는 지리적 지식의 확대와 명청의 교체라는 대륙정세의 변동으로 인해
중국 중심의 세계관인 전통적 화이관이 수정되기에 이르렀고, 이는 곧 조
선후기의 역사인식에서 자아에 대한 인식을 강화시켜 주었던 것이다.
즉, 조선후기에 이르러서는 천문과 지리에 관한 지식이 확대됨에 따라

중국 중심의 주자학적 우주관이 극복되기에 이르렀고, 중국 이외의 다른 나라들도 중국과 동등한 가치가 있는 것으로 파악되게 되었다. 우리는 이러한 인식의 변화를 다음 자료를 통하여 확인할 수 있을 것이다.

> C₁ 오늘날의 중국은 대지 가운데 한 조각의 땅에 지나지 아니하다. … 크게는 구주九州도 하나의 나라이고 작게는 초楚도 하나의 나라이고, 제齊도 하나의 나라이다.27)
>
> C₂ 무릇 서양의 중국에 대한 것은 종속이라 할 수 없다. 각각 황왕皇王이 있고 임금이 역내城內를 다스린다(各有皇王 君主城內).28)

위의 자료는 이익이 가지고 있던 견해의 일단을 전하는 것이다. 그는 중국을 대지 가운데 한 조각의 땅덩이에 불과함을 말함으로써 주자학적 우주관에서 중국이 차지하고 있던 중심적 입장을 상대화시켰다. 그리하여 그는, 서양과 중국의 관계를 논하면서도 서양은 중국과 별개의 독립적 존재임을 강조했던 것이고, "그의 달식達識은 중국 중심의 세계관을 이미 타파하였다. 뿐만 아니라 각유황왕各有皇王 군주역내君主城內에 관한 인식의 밑바닥에는 각개 국가의 독립된 주권이 인정되고 있으며, 세계제국적 지배질서가 부정되고 있었던"29) 것이다. 그리고 이와 같은 이익의 견해는 안정복이 전통적인 화이관을 극복하는 데에도 자극을 주었던 것으로 생각되는 바, 『성호사설유선星湖僿說類選』을 편찬하며 이익의 견해를 잘 알고 있었던 그는 다음과 같이 말함으로써 '화이지분華夷之分'을 공격했던 것이다.

---

27) 李瀷, 『星湖僿說』 卷2, 天地門 分野. "今中國者 不過大地中一土片 … 大則九州亦一國也 小則楚亦一國也 齊亦一國也"
28) 李瀷, 『星湖先生全集』 卷55, 題跋, 跋天問略. "夫西洋之於中士 未之相屬 各有皇王 君主城內"
29) 李佑成, 1976, 「李朝後期 近畿學派에 있어서의 正統論의 展開」 『한국의 역사인식』 하, 360쪽.

　　　예로부터 유학자들은 언제나 중화와 이적夷狄의 구분을 엄격히 하며, 중국
　　　땅에서 태어나지 않으면 다 이夷라 하는데 이것은 통할 수 없는 이론이다. 하
　　　늘이 어찌 지역을 가지고 인간을 구별하겠는가.[30)

이상에서 살펴볼 수 있는 바와 같이, 안정복은 전통적인 천원지방설天
圓地方說에서 중국을 세계의 중심으로 파악하던 견해를 부정하고 화華와
이夷의 구분기준이 지리에 있는 것이 아님을 역설함으로써 전통적 화이
관으로부터 탈피해 나오고 있었다. 그리고 이러한 견해는 홍대용과 정약
용에게서도 마찬가지로 드러나고 있었던 것이다.

　　　D₁ 중국은 서양에 대하여 경도經度의 차이가 180도에 이르는데, 중국인은 중
　　　　　국을 정계正界로 삼고 서양을 도계倒界로 삼는다. 반면에 서양인은 서양을
　　　　　정계로 삼고 중국을 도계로 삼는다. 그러나 사실은 하늘을 이고 땅을 밟는
　　　　　데에 따라 경계가 다 그러한 것이니 횡橫이나 도倒라 할 것 없이 모두 정
　　　　　계正界이다.[31)
　　　D₂ 하늘에서 보면 내외의 구분이 따로 있겠는가. 사람마다 자기 사람을 친히
　　　　　여기고, 사람마다 자기 임금을 높이고, 사람마다 자기 나라를 지키며, 사
　　　　　람마다 자기 풍속에 편히 사는 것이 화나 이가 마찬가지이다.[32)
　　　D₃ 무릇 이미 동서남북의 한가운데 중中이 있으니 어디를 가나 중국인데 어
　　　　　찌 우리나라를 동국東國이라 부르는가. 또한 가는 곳마다 중국인데 무엇으
　　　　　로써 중국이라 부르는가.[33)

사료 D₁과 D₂에서 홍대용은 새로운 천문·지리관에 입각하여 지구상에

30) 安鼎福, 『順菴先生文集』 卷2, 答上星湖先生書. "自古儒者 每嚴華夷之分 若之
　　生于中士 則盡謂之夷 此不通之論 天意何嘗有界限"
31) 洪大容, 『湛軒書』 卷4, 補遺, 毉山文答. "中國之於西洋 經度之差 至于一百八
　　十 中國之人 以中國爲正界 以西洋以爲倒界 西洋之人 以西洋爲正界 以中國爲
　　倒界 其實戴天履地 隨界皆然 無橫無倒 皆均是正界"
32) 洪大容, 『湛軒書』 卷4, 補遺, 毉山文答. "自天視之 豈有內外之分哉 是以各親
　　其人 各尊其君 各守其國 各安其俗 華夷一也"
33) 丁若鏞, 『與猶堂全書』 第1集 卷13, 送韓校理致應使燕序. "夫旣得東西南北之
　　中 則無所往而非中國 烏覩所謂東國哉 夫旣無所往而非中國 烏覩所謂中國哉"

는 정계와 도계가 따로 없으며, 모든 나라에 화와 이의 구분이 필요 없음을 이상과 같이 강조했던 것이다. 그리고 D₃에서 정약용은, 동서남북의 방위관념을 가지고 생각해 보면, 중국이 따로 있을 수 없으며 우리나라도 곧 중국이 될 수 있다는 사실을 강조해 주고 있다. 이상의 자료에서 볼 수 있는 바와 같이, 대부분의 실학자들은 지리지식의 확대에 따라 전통적인 지리중심의 화이관을 극복하고 뚜렷한 자아인식에 도달할 수 있었던 것이다.

조선후기 화이관이 바뀌어 나가고 자아인식이 강화된 데에는 명의 멸망과 청의 등장이라는 대륙정세의 변동도 상당한 영향을 주었다.[34] 즉, 중화의 전통을 이어받은 것으로 생각했던 명의 멸망은 화이사상의 현실적 지주를 상실하게 했고, 병자호란 이후의 배청의식排淸意識은 존왕양이적尊王攘夷的-소화적小華的 자존의식을 강화시켜 주었던 것이다. 이 존왕양이적-소화적 자존의식은 명분론의 일종인 북벌론의 전개 과정에서 두드러지게 나타나기 시작했다. 북벌론자들에 있어서 존명배청尊明排淸의 논리는 곧 존왕양이의 화이론이었다. 이들은 명의 멸망으로 인해 그 중화문화의 전통이 '오직' 우리나라에만 남아 있는 것으로 파악하였고,[35] 주자학을 수용하여 도학을 밝힌 조선을 소화小華로 인식했으며,[36] 소화는 조선만이 '참다운' 문화전통을 갖고 있다고 생각하기에 이르렀다. 그리하여 북벌론자들은 청조문화의 가치를 전면적으로 부정하며, 존왕양이의 대의에 입각하여 조선에 '재조번방지은再造藩邦之恩'을 베푼 부모의 나라인 명을 빌방시킨 청에 대한 복수를 주상함으로써 조선의 존재의의를 찾으려 했던 것이다. 이러한 존왕양이적-소화적 자존의식은 전통적 화이관에 가탁하여 자신의 존재를 확인해 보려던 것이었으므로 상당한 제약성을 갖고 있는 것이다.

---

34) 孫承喆, 1981,「北學의 中華的 世界觀 克服」『論文集』15, 강원대학교, 407쪽.
35) 趙珖, 1974,「朝鮮後期의 邊境意識」『白山學報』16, 白山學會, 155쪽.
36) 曹永錄, 1982,「17~8世紀 尊我的 華夷觀의 한 視角」『東國史學』17, 35쪽.

전통적 화이관에 가탁한 이 존왕양이적-소화적 자존의식을 모든 조선 후기의 역사가들이 선명히 탈피했던 것은 아니었다. 즉, 박지원과 같은 실학자의 경우에 있어서도 '소중화小中華'란 칭호를 명예롭게 생각하고 있었다.[37] 그리고 그는 말하기를 "청인淸人이 중국을 지배하면서 선왕先王의 제도가 호胡로 변하였으나 동토東土 수 천리가 강을 경계로 하여 나라를 이루어 홀로 선왕의 제도를 지키니 이는 명 황실을 밝힘이 오히려 압록강 이동에 남아 있는 것이다. 비록 힘이 부족하여 이적을 물리치고 중원을 숙청하여 선왕의 옛 제도를 광복할 수 없으나 역시 숭정崇禎을 높여 중국을 보존하리라"고[38] 하여 존왕양이적-소화적 자존의식을 피력했던 것이다. 또한 정약용도 우리나라가 "화華로서 이夷를 변개하여 문물에 찬란한 아름다움이 있으니 소화라는 호칭이 그 의당함을 얻었다."고[39] 말하여 소화라는 용어 자체를 거부하기까지에는 이르지 못하였다. 한편, 이종휘의 경우에 있어서도 강한 자주의식을 가지고는 있었으나 조선을 '동하東夏'로 인식했던 것이다.[40]

이와 같이 조선후기 상당수의 역사연구자들은 소화적 자존의식을 완전히 탈피하지는 못했지만, 그 화이관과 관련된 소화적 자존의식의 기초가 존왕양이적 화이관의 단계로부터 문화를 척도로 하는 화이관의 단계로 넘어가고 있는 사실이 주목된다. 즉, 실학자들이 화이관을 논하고 있다는 그 자체는 일견一見 북벌론자들의 그것과 크게 다를 바 없는 것으로 보일 수도 있겠지만, 그러나 실학자들은 북벌론자의 존왕양이적 인식으로부터 크게 벗어나서 청조문화의 가치를 인정하고 청조문화의 중화적 요소에

---

37) 朴趾源, 『熱河日記』 卷12, 太學留館錄.

38) 朴趾源, 『熱河日記』 卷11, 渡江錄. "淸人入主中國 而先王之制度 變而爲胡 環東土數千里 畫江而爲國 獨守先王之制度 是明明室 猶尊於鴨水以東也 雖力不足以攘除戎狄 肅淸中原 以光復先王之舊 然皆能尊崇禎 以存中國也"

39) 丁若鏞, 『與猶堂全書』 第1集 卷8, 地理策. "用夏變夷 文物至煥爛之美 小華之號 洵其宜矣"

40) 李鍾徽, 『修山集』 卷11, 東史本紀.

주목하여 화이관을 논하며 북학론은 전개하기까지 했다.

실학자들이 북벌론자들과는 다른 화이관을 가지고 있었다는 사실은 이익이나 박지원의 경우를 통하여 분명히 드러나고 있는 것으로 생각된다.

> E₁ 임본요林本堯는 또 말하기를, 명은 천하 사람들에게 학독虐毒하였으므로 천하에서 다시 명을 생각하지 아니한다 하였다. … 황명皇明이 학독하였다는 말은 거짓이 아니었으니 그 망할 때 천하에서 다시는 명을 생각하지 않았다.41)
>
> E₂ 숭정기원후崇禎紀元後의 다섯 자가 전국에 널리 사용되고 있는데 이것은 비단 가문의 우환이 될 뿐만 아니라 반드시 나라의 근심에 이를 것이다.42)
>
> E₃ 성인聖人이 춘추를 지을 때 물론 중화를 높이고 이적을 물리쳤으나 그렇다고 이적이 중화를 어지럽힘을 분히 여겨 숭배할 만한 중화의 실實마저 물리친다는 것은 듣지 못하였다.43)

이상의 자료 중 E₁과 E₂는 이익李瀷의 기록인데, 그는 여기에서 볼 수 있는 바와 같이 오삼계吳三桂의 부하인 임본요의 입을 통해 명의 학독함을 지적하고 있다. 이러한 그의 태도는 명을 '부모지국父母之國'으로 받들려던 북벌론자들의 견해와는 판이하게 다른 것이다. 그리고 그는, 조선에서 계속하여 숭정기원을 사용하는 명분론적 유습을 배격하여 북벌론자들의 화이론적 현실인식을 비판했던 것이다. 한편, 사료 E3에서 보이는 바와 같이 박지원은 청조문화에 대한 새로운 인식을 가지고 청조문화에 포함되어 있는 '중화中華의 실實'을 배워야 한다고 주장함으로써 종전의 배청의식을 공격하며 북학론을 제시하기에 이르렀다. 그리고 청조에 대한 이와 같은 인식과 관련하여 정약용도 청조를 창건한 여진족은 시랑豺狼보

---

41) 李瀷,「吳三桂」(1976,『星湖僿說類選』, 경문사, 223쪽). "本堯又曰 明虐毒於天下 天下不復思明 … 皇明流毒之語 非誣也 其亡 天下不復思明"

42) 李瀷,『星湖先生全集』卷28, 答李汝久. "崇禎紀元後五字 遍於郊原 此不但爲家憂 必將迻及國患"

43) 朴趾源,『熱河日記』卷14, 馹汛隨筆. "聖人之作春秋 固爲尊華夷攘夷 然未聞憤夷之猾夏 並與中華可尊之實而攘之也"

다도 학독한 요遼나 원元과는 근본적으로 다르다고 보는 우호적 견해를
가지고 있었던 것이다.[44] 이와 같이 실학자들은 화이관을 논하면서도 존
왕양이적-소화적 화이관으로부터 벗어나서 북벌론자들이 존숭하던 명조
의 탐학함을 지적하기도 했으며, 청조문화의 가치를 인정하고 이를 배우
려 했던 것이다.

여기에서 우리는 실학자들이 문화를 척도로 하는 새로운 화이관을 제
시하고 있는 사실을 계속하여 검토할 수 있을 것이다. 이러한 견해는 정
약용을 통하여 집중적으로 나타나고 있다.

> F₁ 성인聖人의 법법法에 중국인으로서 이적夷狄의 짓을 하면 이적이 되고, 이적
> 으로서 중국 같은 짓을 하면 중국이 된다. … 중국과 이적의 구분은 그 도
> 道와 정政에 있는 것이지 강역疆域에 있는 것이 아니다.[45]
>
> F₂ 홀로 동이東夷로서 동방에 있는 자들은 모두 인후원근仁厚愿謹하여 족히 일
> 컬을 만하다. 탁발씨拓拔氏는 선비鮮卑로서 그들이 중국에 들어가자 예악을
> 숭상하고 문학을 장려하여 제작制作이 찬연하였으며, 거란契丹은 동호東胡
> 로서 … 그 제치制治의 성함이 오래 계속되니 실로 중국이 미치지 못할 바
> 요, 여진女眞이 다시 중국에 들어와 금국을 세웠을 때 송의 두 황제를 포로
> 로 하였으나 끝내 해치지 아니했으며 … 하물며 조선은 정동正東에 위치하
> 여 그 풍속이 예禮를 좋아하고 무武를 천하게 여기며 차라리 약할지언정
> 포악하지 아니하니 군자의 나라로다. 아아 기왕 중국에 태어나지 못할 바
> 에야 동이가 될진저.[46]

정약용은 F₁의 '탁발위론拓拔魏論'과 F₂의 '동호론東胡論'을 통하여 동방

---

44) 韓永愚, 1981, 「茶山 丁若鏞의 史論과 對外觀」『韓㳓劤博士停年紀念史學論叢』,
   650쪽.
45) 丁若鏞, 『與猶堂全書』第1集 卷12, 拓拔魏論. "聖人之法 以中國而夷狄 則夷狄
   之 以夷狄而中國 則中國之 中國與夷狄 在其道與政 不在乎疆域也"
46) 丁若鏞, 『與猶堂全書』第1集 卷12, 東胡論. "獨夷狄之在東方者 皆仁厚愿謹有
   足稱者 拓跋魏鮮卑也 崇禮樂 獎文學 制作粲然 契丹東胡也 … 其制治之盛 歷
   年之久 實中國之所董獲也 女眞再主中國 而其在金也 虜宗之二宰 而終不加害
   … 況朝鮮 處正東之地 故其俗好禮而賤武 寧弱而不暴 君子之邦也 嗟乎 旣不
   能生乎中國 其有東夷哉"

의 제족諸族이 다른 종족에 비하여 예악을 숭상하고 우수한 문화를 향유
하고 있으므로 '군자의 나라'임을 강조했다. 그리고 중화와 이적의 구별
이, 그 도道와 정政에 있는 것이지 강역에 있는 것이 아님을 분명히 밝히
고 있었던 것이다. 이 자료를 통하여 우리는 실학자들에게서 지역중심의
화이관이나 존왕양이적-소화적 화이관과는 달리 문화를 척도로 하는 화
이관이 새롭게 제시되고 있음을 알 수 있는 것이다. 그리고 이것은 전통
적 화이관의 극복을 통한 새로운 자존의식의 출현을 뜻하는 것이다.

또한 실학자들은 전통적 화이관이 극복과정에서 "화華를 귀하게 생각하
고 이夷를 천하게 생각하는 것은 의미가 없는 것"으로[47] 인식하는 데에 이
르기까지 하였으며, "성인聖人의 치治와 성인의 학學이 동국東國으로 옮겨왔
다"는[48] 입장에서 역외성인론域外聖人論과 역외춘추론域外春秋論이 등장하고
있었던 것이다. 우리는 이와 같은 사례를 다음의 자료를 통하여 확인할 수
있다.

> G1 나는 언제나 말하기를, 구주九州 안에서는 의당 다시 성인聖人이 나타나지
> 않을 것이고, 기대하는 곳은 구주 밖이라 한다. … 지금 만리장성 밖은 그
> 크기가 중국만할 뿐만 아니라, 그 가운데에는 본디 이적夷狄으로 이적의
> 일을 행하는 사람이라 하더라도 어찌 성인이 지적한 바와 같은 사람이 없
> 겠는가.[49]
> G2 공자는 주周나라의 사람이다. … 춘추春秋가 주나라의 사서史書인 바에야
> 내외를 엄히 나누는 것은 마땅한 일이 아니겠는가. 그러나 만일 공자가 그
> 소원대로 바다를 건너와 구이九夷의 땅에 살면서 중국의 예속禮俗을 이속
> 夷俗으로 바꾸고 주周의 도道를 역외에서 일으킨다면, 그가 수장한 내외의
> 구분이나 존왕양이의 태도로 보아 역외춘추를 지었을 것이다.[50]

47) 李瀷, 『星湖先生全集』 卷25, 答安百順問目. "貴夏賤夷 爲無義也"
48) 丁若鏞, 『與猶堂全書』 第1集 卷13, 送韓校理致應書. "聖人之治 聖人之學 東國
旣得而移之矣"
49) 李瀷, 『星湖先生全集』 卷27, 答安百順. "余每謂九州之內 宜不復生聖人所待者
九州之外 … 今長城之外 其大不啻中國 其中豈無素夷狄行夷狄者 如聖人所指
者也"

이상의 자료 G₁에서 드러나는 이익의 역외성인론域外聖人論이나, 자료 G₂에서 홍대용이 제시했던 역외춘추론域外春秋論에서 나타나고 있는 것처럼, 전통적 화이관의 극복을 통하여 자존의식 내지는 자아 인식이 강화되어 가고 있었던 것이다. 그리고 이와 같은 인식의 연장선상에서 안정복은 조선민족의 우수한 성품을 논하고 있으며51) 정약용은 한족漢族만이 우수한 종족이 아니라 동이족도 '거룩한 종족'임을 강조했던 것이다.52) 또한 한치윤의 『해동역사海東繹史』에서 「동이총기東夷總記」를 통하여 동이 즉 한인韓人의 지역을 '군자국君子國'으로 또는 '근화향槿花鄕'으로 표현하며, '인이호생仁而好生'하고 '천성유순天性柔順'하며 '일지소출日之所出'이라고 찬양했던 것도53) 중국이라는 지연地緣과 한족漢族이라는 혈연을 강조하는 전통적 화이관을 극복하고 문화를 척도로 하는 새로운 화이관의 인식에 도달했음을 말하는 것이다.

요컨대, 조선후기에 이르러서는 지리적 지식이 확대됨에 따라 지역 중심의 화이관을 극복해 나갔으며, 존왕양이적-소화적 자존의식도 점차 극복되어 가고 있었고, 문화를 척도로 하는 새로운 화이관이 등장했던 것이다. 그리고 이러한 현상과 관련하여 역외춘추론이 강하게 제시되기도 하였으며, 동이족의 가치가 인식되어 갔다. 이러한 새로운 기준의 화이관은 전통적 화이론과는 상당한 차이를 드러내는 발전적 현상으로 인식될 수 있다. 그리고 이와 같은 전통적 화이관의 극복은 중국 중심의 사대주의적 역사인식에 대한 반성을 촉구하고 자국사에 대한 독자적 인식을 주장하였던 것이다. 여기에서 전통적 화이론의 극복을 통한 역사인식의 변화,

---

50) 洪大容, 『湛軒書』 卷4, 毉山問答. "孔子周人也 … 春秋者 周書也 內外之嚴 不亦宜乎 雖然使孔子浮于海 居九夷 易夏變夷 興周道於域外 則內外之分尊攘之義 自當有域外春秋"

51) 卞媛琳, 1974, 「安鼎福의 歷史認識」 『史叢』 17·18, 고려대 사학회, 341쪽.

52) 李佑成, 1976, 「李朝後期 近畿學派에 있어서의 正統論의 展開」 『한국의 역사인식』 하, 361쪽.

53) 韓致奫, 「東夷總記」(1982, 『海東繹史』, 경인문화사, 31~37쪽).

발전상을 우리는 파악할 수 있다. 그러나 문화를 척도로 한 화이관을 조선후기의 실학자들이 가지고 있었다 하더라도, 이는 역사에 대한 화이론적 인식의 틀을 완전히 벗어난 것은 아니었다. 여기에서 실학자들의 화이론적 역사인식이 가지고 있는 한계성이 드러나는 것이다.

3) 역사인식의 새로운 전개

조선후기 역사인식에서 드러나는 또 다른 특징으로는 정통론에 대한 새로운 인식과 그 전개를 들 수 있다. 실학자를 중심으로 한 조선후기의 역사연구자들이 정통론을 새롭게 인식하고 이를 자국사의 서술에 적용시킨 것은 전통적 화이관의 극복과 긴밀한 관계를 맺고 있는 것이었다.

정통론의 기원은 대체적으로 한漢대의 오행상생五行相生과 오행상극五行相克의 설說에 의해 자신의 왕조를 자연 또는 천명에 의한 정통왕조로 합리화하려던 의도에서 출현하였다.54) 이 정통론이 역사인식의 이론으로 정립된 때는 송대에 이르러서였다.55) 정통론은 특히 남송의 주자朱子에 이르러 성리학적 대의명분에 입각한 역사인식으로 제시되었다. 그는 세계사를 화華와 이夷의 역사로 구분하여 중국 중심의 세계관 내지 중화의식을 강하게 표현하였고 소속왕조에 대한 의리를 강조했던 것이다. 그의 정통론도 한대漢代의 정통론이 기초하였던 오행상생설과 오행상극설에 근거하고 있다. 그가 전개했던 정통론은 다음과 같이 정리될 수 있을 것이다.

> 주자는 음양오행陰陽五行이 '중中'에 편중되어 상생相生하는 데 반하여 '외外'에는 그 혜택이 극히 소원하고 혹 퍼진다 하더라도 상극相克한다고 보면서, 음양陰陽의 혜택을 받는 '중中'은 곧 '화'이며 음양의 혜택을 받지 못하는 '외外'는 '이夷'로서 엄격히 구분되어야 한다고 보았다. 더 나아가 그는 음양의

---

54) 內藤虎次郎, 1948, 『支那史學史』, 弘文堂, 277~279쪽.
55) 陳芳明, 1980, 「宋代正統論的 形成背景及其內容」『中國史學史論文選集』, 378쪽.

혜택을 받는 중국인들은 문명인이며, 음양의 혜택을 받지 못하는 이夷는 야만
으로 보고, 정통正統이란 한민족漢民族에 의한 중국지배만 가능한 것이지, 이夷
또는 이의 지배 아래 있는 중국왕조는 될 수 없다고 보았다. 따라서 그에 대
한 정통正統은 천하의 부정을 바르게 하는 소이이며, 천하天下의 불일不一을
아우르는 것으로 한민족이 통일한 것이 정통正統이며, 비록 분립이 통일되었
다 하더라도 이민족이면 정통이 아닌 윤통閏統으로 보는 것이다. 이러한 화이
사상에서 보면 이것은 철저한 중화의식의 소산이며, 대외적으로는 주변 국가
들에 충성심을 강요하는 이론이다.[56]

이와 같이 주자는 중국에만 음양오행의 혜택이 집중되는 것으로 주장
하며, 한족의 국가인 중국만이 정통이고 중화라 칭할 수 있음을 강조했
다. 그의 이러한 견해는 중국이라는 지리적 요소와 한족이라는 혈연적 의
미를 강조한 것으로서, 이 두 가지를 전제로 하여야만 중화의 문화가 형
성될 수 있으며, 화와 이의 구분을 엄격히 하여 존화의 의를 선명히 해야
한다는 것이었다. 이와 같이 '소출지처所出之處'를 중심으로 한 주자의 화
이관은 정통론의 근거가 되었고, 주자의 정통론에서는 한족왕조의 중화
적 측면과 한족왕조에 대한 의리가 강조되고 있었다.

그러나 조선후기에 이르러서는 중국 중심의 세계관이 극복되고, 문화
를 기준으로 한 화이론이 등장함에 따라,[57] 중국 중심의 정통론도 붕괴
되어 나갔다. 그리고 중국 중심의 사학이론인 정통론에 대한 회의가 나타
났다. 즉, 이익은 정통론에 의한 역사해석의 문제점을 다음과 같이 지적
하였다.

　　정통설은 끝내 자장에 궁한 곳이 있다. 인의로 말한다면 삼대 이후에는 이
　　를 듣지 못하였고, 공정으로 말한다면 한나라가 오히려 이에 가깝다. 당나라
　　는 독부獨夫에게서 나라를 탈취했는데 필경은 그 힘에 의하여 이를 탈취한 것

56) 申千湜, 1983, 「18世紀 實學派의 歷史認識」『전통문화연구』 1, 명지대 한국전
　　통문화연구소, 94쪽.
57) 주 50·51) 참조.

이므로 반신叛臣임을 면할 수 없다. 조송趙宋에 이르러서도 공공연히 찬적簒賊을 행하였으므로 그 심적心的이 악惡하다 할 만하다.[58]

이익은 공정과 인의라는 문화적 기준에 입각하여 중국사를 검토하고 이에 기준하여 말한다면 삼대 이후에는 정통이 없음을 지적했다. 그리고 당이나 송과 같은 정통왕조도 폭력으로 찬탈한 반신叛臣에 의해 건국되었음을 설명함으로써 정통론이 가지고 있는 문제점을 지적하였다. 그리고 그는 당시의 유학자들이 중국사의 정통을 이어받은 마지막 왕조로 생각했던 명에 대해서도 그 학독함이 진시황秦始皇 시대의 정치와 다를 바가 없다고 말하였다.[59] 이로써 그는 정통을 높이며 숭명崇明을 주장하는 사고방법의 문제점을 지적하고자 했던 것이다.

한편, 정통론의 새로운 이해와 관련하여 조선후기에 이르러서는 한국사의 서술에 정통론을 본격적으로 도입하게 되었다. 이러한 시도를 전개한 인물로는 먼저 홍여하洪汝河를 들 수 있다. 그는 그의 『동국통감제강東國通鑑提綱』의 '범례'를 통하여 기자-마한-신라를 연결시키는 일련의 체계를 마련하였다.[60] 그의 이러한 시도는 『자치통감강목資治通鑑綱目』에서 제시한 정통론에 대한 이해가 심화된 결과로 나올 수 있었던 것이지만, 그가 이익 이후의 실학자에게서 드러나는 바와 같은 화이관의 변천을 전제로 한 정통론을 주장한 것으로 보기는 어렵다.

한편, 이익도 한국사의 인식에 정통론을 적용하여 '삼한정통론'을 제시하며, 단군-기자-마한으로 이어지는 정통론을 주장했으며,[61] 안정복은 이

---

58) 李瀷, 『星湖先生全集』 卷25, 答安百順問目. "正統之說 終有說窮處 仁義也則三代後無聞 公正也則漢猶近之 唐取於獨夫 然畢竟資其力而奪之 不免爲叛臣至趙宋 公肆簒賊 心跡可惡"

59) 李瀷, 『星湖僿說類選』, 崇禎皇帝. "以余考之 太祖猜刻 恰同秦政"

60) 洪汝河, 『東國通鑑提綱』, 几例. "舊史箕準南奔之後 稱衛滿朝鮮 殊失史家正統之禮 今以朝鮮紀 係之箕準 馬韓未亡 三國始祖 皆用臣例 不得稱王 … 東史諸家 皆以新羅冠於麗濟之上 … 而赫居世之盛德 可以承箕子之統"

61) 李萬烈, 1974, 「17·8世紀의 史書와 古代史認識」 『한국사연구』 10, 한국사학회,

견해를 본격적으로 계승하여 단군-기자-마한-삼국-신라로 연결되는 정통
론을 주장했다.[62] 실학자들이 한국사의 서술에 이와 같이 정통론을 적용
시켰던 것은 소속왕조에 대한 의리를 주장했던 주자학적 정통론과는 달
리, 한국사가 중국사와 대등하게 시종始終 전개되고 있음을 강조하기 위
함이었다.[63] 그리고 이는 한국사에 대한 체계적 인식을 촉진하고, 역사단
절의 문제점을 불식하기 위한 것이었다. 여기에서 우리는 당시의 정통론
이 가지고 있는 긍정성을 제한적으로나마 인정할 수 있을 것이다.

그러나 당시 한국사의 서술에 적용된 정통론은 주자의 강목적綱目的 역
사관에 입각한 춘추적春秋的 방법론의 결과였다. 그러므로 한국사의 서술
에 정통론이 적용되는 한 한국사는 명분적 사관에서 완전히 벗어날 수는
없는 것이다. 그러므로 한국사의 서술에 철저히 정통론을 적용하고자 했
던 안정복은 이적夷狄의 중국지배를 정통으로 보지 아니하였으며,[64] 왕조
의 혈연적 요소를 포기하지 못한 것이었다. 따라서 조선후기의 정통론은
경經·사史의 분화가 미숙한 상태에서 나타난 이론에 지나지 않은 것이며,
근대의 인과론적 역사인식과는 상당한 차이가 나는 것이었다. 조선후기
의 정통론이 가지고 있는 이러한 문제점에 대해서도 우리는 충분히 밝혀
나가야 할 것이다.

한편, 조선후기의 역사인식에서 드러나는 또 다른 새로운 경향으로는 이
익에 의해 주장되었고 안정복 등이 수용했던 시세론時勢論과 성패론成敗論
을 들 수 있다. 이 시세론과 성패론은 사실에 대한 논리적 판단과 영웅주의
적 해석을 극복해 보려는 발전적 경향으로 평가되고 있다.[65] 이익은 다음
의 자료에서 보이는 바와 같이 그의 시세론과 성패론을 전개시키고 있다.

112쪽.
62) 卞媛琳, 1973, 「安鼎福의 歷史認識」 『史叢』 17·18, 고려대 사학회, 352쪽.
63) 李萬烈, 1974, 앞의 논문, 118쪽.
64) 申千湜, 1983, 앞의 논문, 96쪽.
65) 宋贊植, 1970, 앞의 논문, 406~414쪽.

내가 고찰해 보건대 고금古今의 홍망興亡은 어느 것이고 시세에 몰리어 일
어나는 것이지 반드시 사람의 재덕才德에 말미암은 것은 아니다. 사서에 나타
나는 바는 대개가 선을 좋아하고 악을 미워하는 편견에서 나온 것이므로 사
서史書에서 말하는 '적덕누인積德累仁'이란 말은 틀린 것이다. … 강남의 이승
李昇은 국토가 비록 작았지만 실시한 정령은 부족한 점이 조금도 없어 후세에
영명한 현군賢君이라는 명칭을 남기었으나, 송 태조는 곧 강한 힘으로 그를
전복시켰다. 이 사실은 사람들을 분노하게 하는 것이니 '응천순인應天順人'이
어디 있는가? 이것은 특히 하나의 사실이고 모든 것이 그러하다.66)

이익은 고금의 성패成敗는 시세時勢에 의해서 결정되는 것이지 통치자
의 재덕에 의해서 결정되는 것은 아니라고 말했다. 즉, 그는 고금의 성패
가 개인의 주관이나 유교적 선악에 의해서 결정되는 것이 아니라 '객관
적으로 움직이는 사회적 제관계'를 뜻하는 시세에 의하여 결정되는 것으
로 이해했으며,67) 성패의 역사적 계기는 '개인적인 선악현우善惡賢愚에서
보다도 역사적 시간성, 즉 역사적 현실의 추세'를 뜻하는 시세를 통하여
발견된다는 것이다.68) 이익은 이와 같이 시세론을 전개함으로써 정통적
성리학의 도덕중심사관을 극복하고자 했던 것이다. 그런데 그가 시세론
을 통하여 도덕중심 사관을 점차 극복해 나간 것은 긍정적으로 평가할
수 있는 바이지만, 그러나 그의 시세론은 성패에 관한 상황설명이지, 이
것이 역사의 원동력에 대한 규명으로는 파악되기 어려운 것이다. 여기에
서 우리는 조선후기의 시세론이 가지고 있는 한계성을 발견할 수 있는
바이다.

시세론에 이어서, 조선후기의 역사인식과 관련하여 주목되는 바는 '진
보관進步觀'의 등장을 들 수 있다. 이러한 사고를 피력한 인물로는 정약용

66) 李瀷, 『星湖僿說』卷27, 陳迹論成敗. "以余考之 古今興亡 莫非時勢所驅而成
未必申於人之才德 史策所見者 多出於善善惡惡之偏也 其曰積德累仁 亦非也
… 江南李昇 邦域雖小 施爲政令 … 殆後世之命名賢君 宋祖直以强力掩覆之
其事令人氣湧不平 安在乎應天順人 此特一事 觸類皆然也"
67) 宋贊植, 1970, 앞의 논문, 411쪽.
68) 韓㳓劤, 1961, 『朝鮮後期의 社會와 思想』, 을유문화사, 161쪽.

을 들 수 있으며, 그는 그의 '기예론技藝論'이나 그 밖의 기록을 통하여,
물질적 측면에서 역사 속에 진보발전의 과정을 볼 수 있을 것으로 생각
했다. 그는 물질의 진보를 다음과 같이 말하고 있다.

> 사람이 모여들수록 기예技藝는 더욱 정밀해지고, 시대가 내려올수록 기예
> 는 더욱 공교工巧해지는바, 이는 형세가 그렇지 않을 수 없는 것이다. 그래서
> 촌리村里 사람은 현읍縣邑의 공작工作을 따르지 못하며, 현읍 사람은 명성名城
> 과 대도大都의 기교를 따르지 못하고, 명성과 대도 사람은 경사의 신식묘제新
> 式妙制를 따르지 못한다.[69]

정약용은 ·인간과 동물의 차이를 삼강오륜의 유무에서 찾지 아니하고
기예의 유무에서 찾았으며, 인간은 중지를 모아 기예를 발전시키는 것이
므로 성인이라 하더라도 천만인의 중지를 당할 수 없다고 말하였다.[70]
그리하여 그는 위의 자료에서 드러나는 바와 같이 사람이 많이 모인 곳
과 현재에 가까울수록 기예가 진보한다고 말했던 것이다. 이와 같이 정약
용의 기예관技藝觀은 '인간역사의 진보에 대한 믿음이 깔려 있고, 역사진
보의 주체는 개인이 아니라 중인衆人이라는 관점이 전제되어 있다.'[71] 이
는 성인聖人이 역사를 주도하는 것으로 생각했던 성리학적 역사인식과는
상당한 차이가 나는 것이다. 그는 역사발전의 원동력을 중인에게 구하고
있다.

이러한 정약용의 생각은 조선후기 역사인식의 발전과정에서 매우 주목
되는 현상이다. 그러나 정약용은 물질면에 있어서의 진보를 논하고는 있
지만 이를 인륜이나 도덕의 분야로까지 확대 적용하지는 못했다. 그는 정

---

69) 丁若鏞, 『與猶堂全書』 第1集 卷11, 技藝論. "人彌聚 則其技藝彌精 世彌降 則
   其技藝彌工 此勢之所不得不然者也 故村里之人 不如縣邑之有工作 縣邑之人
   不如名城大都之有技巧 名城大都之人 不如京師之有新式妙制"
70) 丁若鏞, 『與猶堂全書』 第1集 卷11.
71) 韓永愚, 1981, 「茶山 丁若鏞의 史論과 對外觀」 『한우근박사정년기념사학논총』,
   지식산업사, 639쪽.

신윤리 생활이나 정치·제도면에서 당대가 우월하다는 생각을 갖지 못했
으며, 삼대의 문물을 당시의 사회에 복원시켜 보려는 도덕적 상고주의尙
古主義의 입장을 견지하고 있었다. 그러므로 그의 기예론과 도덕적 상고주
의 사이에는 통일적 역사관이 형성되어 있지 못하였다.[72] 그리고 그의
기예론을 기반으로 한 본격적인 진보사관과 이 진보사관을 역사의 해석
에 본격적으로 적용시킨 점을 그에게서는 찾아볼 수 없다. 여기에서 정약
용의 역사인식이 드러내고 있는 한계성을 찾을 수 있을 것이다.

한편, 조선후기의 사회에서는 성리학적 가치관의 해체현상에 수반하여
도가적 입장에 선 역사인식이 새롭게 제시되고 있다.[73] 그리고 이 과정
에서 난군에 대한 인식이 강화되어 단군은 국조國祖이며, 실존인물로 인
식되고 있었다. 이러한 도가적 사학의 영향 이외에도, 단군은 정통론을
한국사에 적용하여 전개하는 과정에서 그 인식이 강화될 수 있었다. 물
론, 이때의 단군인식은 유교사관이 허용하는 범위 내에서 진행된 것이기
는 하지만, 조선후기에 이르러 단군에 대한 인식이 강화되고 있다는 사실
은 당시의 역사인식에서 드러나는 또 다른 특징인 것이다.

요컨대, 조선후기에 이르러서는 역사인식에 있어서 새로운 양상들이
나타났다. 즉, 이때에는 정통론에 대한 새로운 인식을 기반으로 하여 조
선의 역사를 서술하는 과정에서 이를 본격적으로 적용해 나갔다. 그리고
시세론이 등장하여 역사에 대한 도덕적·영웅주의적 해석을 거부해 나가
고 있었으며, 물질의 진보에 대한 이해가 제시되기도 하였다. 그리고 단
군에 대한 이해가 강화되고 도가적 역사인식이 출현하고 있었다. 이러한
현상들은 조선전기의 역사인식을 대표하는 성리학적 역사관과는 많은 차
이를 나타내는 것이며, 역사인식에 있어서의 발전을 뜻하는 것이기도 하
다. 그러나 이러한 모든 이론들은 역사의 원동력을 이해하고 인과관계를

---

72) 韓永愚, 1981, 앞의 논문, 641쪽.
73) 韓永愚, 1975, 「17世紀 反尊華的 道家史學의 成長」『한국학보』1, 일지사,
23~56쪽.

규명하며, 역사의 발전을 논하는 근대적 역사인식과는 상당한 거리가 있는 것이다. 여기에서 조선후기 역사인식이 가지고 있는 한계성이 드러나는 것이다.

3. 역사연구방법론의 특징

조선후기의 역사인식에서 드러나는 특징을 좀 더 잘 이해하기 위해서는 당시의 사론史論과 함께 당시의 역사연구자들이 저술한 사서史書에서 드러나는 역사연구 방법론의 변화에 주목할 필요가 있다. 실학자를 중심으로 한 조선후기의 역사연구 방법론에서 특히 주목되는 것은 사서의 편찬에 있어서 고증학적 문헌비판을 강조했던 점을 들 수 있다. 그리고 조선후기의 역사서에서 드러나는 사료 취급상의 특성과 그들이 제시한 역사서술의 방법 및 편사編史의 체제에 대한 견해들도 주목되어야 할 것이다. 또한 당시의 연구자들이 시간과 공간과 사건에 대한 연구의 범위를 어떻게 설정하고 있었는가에 대해서도 검토해 볼 필요가 있을 것이다.

그런데 조선후기의 역사연구 방법론을 간단히 요약하여 설명하는 데에는 무리가 따른다. 왜냐하면, 역사를 연구했던 연구자들이 모두 공통된 연구 방법론을 사용한 것도 아니며, 또한 그들 모두가 자신의 연구 방법론을 철저히 체계화시켜 역사를 사유했던 것만은 아니기 때문이다. 그러므로 우리는 그들 개개인에게 학문적 편차가 있음을 전제로 하여, 그들이 가지고 있던 연구 방법론들을 검토할 수밖에 없다. 따라서 이러한 검토의 결과도 그들의 역사연구 방법론에서 공통적으로 드러나는 요소라고 파악되기는 어려운 일이다. 그러나 이러한 검토 작업을 통하여 우리는 실학을 비롯한 조선후기의 역사연구 방법론에서 드러나는 대체적인 특성을 파악할 수는 있을 것이다.

1) 사료의 수집과 비판

사료의 수집과 정리는 역사연구에 있어서 가장 기본적인 작업인 것이다. 사료가 역사연구에 있어서 차지하고 있는 이러한 중요성을 조선후기의 연구자들은 올바로 인식하고 있었다. 그러므로 그들은 철저한 사료수집의 중요성을 강조했고, 이에 근거하여 역사를 서술했던 것이다. 사료수집의 철저성을 주장한 견해를 추출해 보면 다음과 같다.

> H₁ 사관史官의 직職은 [사료를] 오직 널리 수집하여 연몰煙沒하지 않게 하는 데 있다.[74]
>
> H₂ 대저 작사자作史者는 국가비적國家秘籍과 제가비상諸家碑狀 및 패관야승稗官野乘까지 모두 수집하여 이를 절충해서 책으로 만들어야 한다.[75]

이상은 사료수집과 역사편찬에 관한 안정복의 주장이다. 그는 사실의 연몰을 막기 위해 사료를 널리 수집해야 함을 주장했고, 역사를 편찬할 때에는 국가에서 비장하고 있는 자료뿐만 아니라 제가의 문서들과 패관야승까지도 두루 참조해야 한다고 했다. 그리고 정확한 사실의 서술을 위해서는, 비록 문제점이 있다 하더라도 야사에 주목하고 이를 사료로 이용해야 한다고 강조했다.[76] 안정복은 사료에 대한 이와 같은 이해에 입각하여 『동사강목』을 저술했던 것이다.

한편, 안정복과 함께 조선후기의 대표적인 역사연구자로 지칭되고 있는 이긍익과 한치윤의 경우에 있어서도 사료를 중요시하고 사료수집에 철저함을 기하려 하였다. 즉, 이긍익은 『연려실기술』을 저술할 때 모두 400여 종에 이르는 사료를 구사했다.[77] 그는 여기에서 정사뿐만 아니라

74) 安鼎福, 『順菴先生文集』 卷12, 雜著. "史官之職 惟在博搜 而不使湮沒 可也"

75) 安鼎福, 『順菴先生文集』 卷12, 雜著. "大抵作史者 褫稙國史秘籍·諸家碑狀·稗官野乘 折衷而爲之書"

76) 卞媛琳, 1973, 「安鼎福의 歷史認識」 『史叢』 17·18, 336쪽.

77) 李存熙, 1977, 「完山 李肯翊의 歷史意識」 『논문집』 11, 서울산업대학, 42쪽.

민간의 야사도 많이 활용하고 있으며, 그가 인용한 조선의 문집만 하더라
도 100여 종에 이르고 있다. 또한 한치윤의 경우에 있어서도 『해동역사』
를 편찬하며 광범위한 사료를 구사했다. 그는 '위로는 경전經傳에서부터
아래로는 총패叢稗에 이르기까지 모두 540여 종에 이르는 사료를 이용하
여 그의 저서를 완성시켰다.78) 그가 활용한 사료의 목록을 검토해 보
면,79) 조선과 중국의 정사뿐만 아니라 문집文集과 의서醫書 및 그 밖의 사
소한 자료까지도 총동원되고 있음을 알 수 있다.

실학자들이 역사서의 편찬에 광범한 사료의 활용을 시도하고 있는 것
은 당시 실학이 가지고 있던 백과전서적百科全書的 경향과도 맥을 같이 하
는 것이었다. 그런데 이와 같은 사료의 활용이 경우에 따라서는 '서목선
택書目選擇의 부정不精과 자료인용의 용잡冗雜'이라는 결점을 노출시키기도
하였다.80) 그러나 실학자들의 사료에 대한 깊은 관심과 폭넓은 활용은
그들이 역사연구에 있어서 귀납적 실증주의를 지향했던 것으로 볼 수 있
으므로, 우리는 이를 긍정적 측면에서 해석해 줄 수 있을 것이다.

이상과 같이 조선후기의 연구자들은 광범한 사료의 수집을 이상으로
삼았지만, 그들이 특히 관심을 가지고 있었던 사료는 국내에서 쓰여진 사
료들이었다. 그들은 중국에서 저술된 사료의 한계를 인식하고 있었으며,
중국의 문헌만을 존신尊信하는 풍토에 대해서도 비판적 입장을 취했다.

    I₁ 우리나라 사서는 본래 문장을 읽을 수 없는데다 언제나 중국사를 근거로
    삼아 참착攙錯하여 혼란시켰기 때문에 더욱 읽을 수가 없다. 이를테면 야인
    野人들이 스스로를 믿지 아니하고 서울의 것이라면 사실이라고 믿어서 때
    때로 웃음거리가 되듯이 모름지기 판별하여 보아야 한다.81)
    I₂ 『삼국사기』는 비록 정사正史라 하더라도 문헌이 빈약하고 단지 연대만 이

---

78) 韓日東, 1962, 「玉蕤堂韓公行狀」『人文科學』7, 연세대 인문과학연구소, 348쪽.
79) 黃元九, 1962, 「韓致奫의 史學思想」『人文科學』7, 350~361쪽.
80) 黃元九, 1962, 앞의 논문, 346쪽.
81) 李瀷, 『星湖先生全集』卷26, 答安百順別紙. "東史者本文不可見 每以中國史爲
    據 攙錯以亂之 尤不可讀 如野人不自信 而信京輦爲實 往往一笑 須辨別看"

어나갈 뿐이며 중국측 문헌으로 채워졌는데, 중국인이 외국의 사실을 전하는 데 있어서는 오류가 많은데 이를 분간하지 못하였다.[82]

사료 I₁은 중국의 문헌만을 존중하던 세태에 대한 이익의 지적이며, I₂는 외국의 사료에는 오류가 많음을 지적한 안정복의 견해이다. 이익은 외국 사료의 무분별한 이용으로 말미암아 국사가 혼란되고 있음을 말함으로써 외국 사료의 한계를 지적했다. 그리고 안정복도 중국문헌에서 드러나는 외국의 사실에 대한 오류를 말했던 것이다. 그는 『동사강목』을 저술할 때에도 이와 같은 입장에서 중국문헌의 한계를 지적했다.[83] 즉, 그는 우리나라의 사가가 근거할 자료가 부족하여 중국사에서 사료를 취하는데 중국사에 기록된 외이外夷에 관한 기사는 민간의 전설이거나 부정확한 소문을 부연한 것이므로 착오가 많음을 지적했고,『후한서後漢書』·『북사北史』·『남사南史』·『통전通典』·『당서唐書』 등에 기록된 우리나라의 역사에 관한 사항 가운데 드러나는 오류를 일일이 제시하였다.[84]

이러한 중국측 사료의 한계성에 대한 인식은 국내 사료의 중요성을 상대적으로 강조하게 해 주었다. 그리하여 당시의 연구자들은 우리나라 문적文籍의 중요성을 다음과 같이 강조하였다.

> J₁ 중사中史에 고구려는 분명히 한 무제 이전에 있다 하였고,『삼국사기』도 이를 인용하여 연대 기록을 중사와 같이 오기하였으니, 이는 우리나라의 분명한 문적文籍을 버리고 멀리 황홀난신恍惚難信한 중국서적을 취한 것이다.[85]
>
> J₂ 우리나라 사람들은 중국의 일만 전거로 삼으니 이것은 누품陋品이다. 마땅히『삼국사三國史』·『고려사高麗史』·『국조보감國朝寶鑑』·『여지승람輿地勝覽』·

---

82) 安鼎福,『順菴先生文集』卷10, 東史問答. "三國史 … 雖謂正史 而文獻無徵 只能繼其年代 又取中國史 以實之 中國人 傳外夷事 固多謬誤"

83) 安鼎福,『東史綱目』卷3, 中國史論三國事實之誤, 512쪽(경인문화사 영인본).

84) 卞媛琳, 1973, 앞의 논문, 344쪽.

85) 安鼎福,『東史綱目』卷10, 東國歷代傳授之圖. "高句麗 分明在於漢武之前 而三國史記年代 歷歷如彼 則亦不可舍自家分明之文籍 而遠取恍忽難信之中國書"

『징비록懲毖錄』·『연려술燃藜述』 및 우리 문자로 쓰여진 선현의 문집을 취하
여 사실을 채록採錄하고 이로써 우리의 현실을 연구하고 시로 남길 때 비
로소 후세에 이름을 남길 수 있고 또 후배에게 전할 수 있을 것이다.86)

　이상의 자료에서 볼 수 있는 바와 같이 안정복은 오류가 많은 중국측 사
료보다는 사실을 분명히 전하는 국내의 사료가 귀중함을 말하였고, 정약용
도 국내의 관찬사서와 야사 및 문집까지 참작하여야 함을 강조했다. 그리고
그는 『삼국사』나 『고려사』와 같은 국내 사서 이외에도 『문헌비고文獻備考』·
『동국통감東國通鑑』·『국조명신록國朝名臣錄』·『동사집성東史集成』과 같은 자료
도 읽기를 권한 바 있었으며, 또한 『반계수록』·『서애집西厓集』·『성호사설』·
『퇴계집退溪集』·『율곡집栗谷集』·『백사집白沙集』·『오리집梧里集』·『오봉집梧峯
集』·『지봉집芝峯集』 및 『이충무공전서李忠武公全書』와 같은 국내 사료들을 읽
도록 강조했다.87) 그런데 조선후기의 실학자들이 이와 같이 국내 사료의
중요성을 강조했다 하더라도 그들은 중국의 사료를 전적으로 부인한 것은
아니었다.

　이러한 그들의 자세는 안정복을 통해서도 나타난다. 즉 그는 중국사적
中國史籍에 대한 맹신을 비판하면서도, 중국 사적이 오류를 범했다 하더라
도 이를 전적으로 무시해서는 안 되고, 이를 비판하고 고증해서 이용해야
한다고 말하며, "그렇다고 해서 모두 취하지 않는 것은 사가史家의 전의傳
疑가 아니다"라고 했던 것이다.88) 또한 정약용도 『요사遼史』·『일통지一統
志』·『성경지盛京志』 등 중국에서 저술된 후대의 전적典籍들에 대해서는 불
신하는 경향이 높았으나 중국의 고문헌이 가지고 있는 사료가치를 높이

86) 丁若鏞, 『與猶堂全書』 第1集 卷21, 寄淵兒. "我邦之人 動用中國之事 亦是陋品
　　須取三國史·高麗史·國朝寶鑑·輿地勝覽·懲毖錄·燃藜述 及他東方文字 採其事
　　實 考其地方 入於詩用 然後方可以名世而傳後"
87) 丁若鏞, 『與猶堂全書』 第1集 卷21, 寄二兒.
88) 安鼎福, 『東史綱目』 卷10, 東國歷代傳授之圖. "然而專然沒之 亦非史家傳疑之
　　例"

평가한 바가 있었다.[89] 이러한 연구자의 중국과 국내 사료에 대한 이해
의 태도에서 드러나는 바는 그들이 국내 사료의 중요성을 인식하고 있었
다 해서 중국의 사료를 전적으로 부인했던 편협한 자세를 가진 것으로
오해되어서는 안 된다는 사실이다. 그들은 중국의 사료를 맹신하는 태도
를 부인하며, 모든 사료를 선택적으로 활용하려 했던 것이다.

한편, 당시의 연구자들은 사료에 대한 비판적 태도와 함께 고증적 방
법을 강조했다. 이러한 입장을 견지한 인물로는 이익을 들 수 있다. 그는
기존의 사서를 깊이 생각하며 읽어보면 "대개 합당하지 않은 부분이 진
실로 많으나 합당한 부분도 또한 준신邊信할 수만은 없다"[90]고 말함으로
써 모든 기존의 사료에 대한 철저한 비판을 요구하였다. 그리하여 그는
특정한 사실史實의 규명을 위해서는 "전사前史를 역고歷考하고 여러 책을
방증旁證하여 참험參驗하고 이를 교감校勘하여야지 참으로 한 책만을 오로
지 믿어 이정已定이라 해서는 안 된다"고[91] 말함으로써 모든 사료에 대한
교감의 필요성을 강조했다.

그리고 안정복도, 이익의 사료에 대한 엄정한 태도를 이어받아, 사료가
수집되면 수집된 사료를 철저히 고증하여야 함을 강조하며, 사료의 고증
에서의 역사가의 책임을 말했던 것이다.[92] 또한 이와 같은 사료 비판의
정신과 관련하여 당시의 연구자들은 언어학적 방법에 의한 사료의 고증
에 대해서 신중한 입장을 견지하고 있었으며,[93] 위항委巷의 구전자료口傳
資料에 대한 신뢰를 매우 경계하는 입장을 드러내고 있었다.[94]

89) 韓永愚, 1981,「茶山 丁若鏞의 史論과 對外觀」『韓㳓劤博士停年紀念史學論叢』,
　　지식산업사, 654쪽.
90) 李瀷,『星湖僿說』卷20, 讀史料成敗. "盖其不合處固多 而合處亦未可準信"
91) 李瀷,『星湖僿說』卷20, 讀史料成敗. "歷考前史 旁證諸書 受驗而校勘之 誠未
　　可以專信一書而爲已定也"
92) 安鼎福,『東史綱目』卷3, 考異. "司馬氏作通鑑 參考群書 評其同異 以示去取之
　　意 爲考異三十卷 只取典實可法者 此作史者之柯則也"
93) 李瀷,『星湖先生全集』卷21, 答尹幼章. "東邦地名 國人自無可證 而尋諸異方之
　　傳聞言語 斷作眞是 豈免參差違戾哉"

　요컨대, 조선후기의 연구자들은 사실의 객관적 인식에 필요한 문헌 사료의 중요성을 인정하고 사료의 광범위한 수집과 활용을 주장하였다. 이러한 그들의 견해를 통하여 우리는 그들이 역사연구에 있어서 귀납적 실증주의를 지향하고 있음을 엿볼 수 있다. 또한 그들은 중국의 사적史籍에 수록되어 있는 국사자료의 제약성을 인식하고, 국내 사료의 중요성을 발견하였다. 이러한 그들의 태도는 자국사 연구에 있어서 자국 사료의 가치를 강조한 것으로서, 우리는 여기에서 주체적 국사 인식을 위한 방법론상의 출발점을 확인할 수 있다. 또한 실학자들은 역사의 객관적 인식을 위해 엄격한 사료의 고증을 요구하고 있었다. 이는 전통사학이 가지고 있던 도덕주의적 한계를 극복하기 위한 방법론의 제시로 해석할 수도 있을 것이다. 이와 같이 사료론적 측면에서 살펴볼 때 당시인들의 주장은 상당히 긍정적인 평가를 받을 수 있다. 물론 사료에 대한 연구자의 견해들이 그들 자신의 독창적 창작물은 아니었다. 왜냐하면 중국의 전통적 역사학에 있어서도 사료에 대한 이러한 입장들은 주장되어 왔고, 조선전기의 사학에 있어서도 사료의 중요성에 대한 인식이 강조된 바가 있었기 때문이다.

　그러나 조선후기의 연구자들은 이러한 기존의 사료론史料論을 부연하여 발전시켰다. 우리는 국내 사료의 중요성을 강조한 그들의 주장에서 이 발전의 증좌를 찾을 수 있을 것이다. 또한 그들은 기존의 사료론을 더욱 철저히 준수할 것을 요구함으로써, 사료를 다루는 데 있어서 조선전기의 사학보다는 더 엄격하고 세련된 측면을 드러내 주었다. 전통적 사료론을 완숙시킨 이와 같은 그들의 견해를 통하여 우리는 당시의 사료론이 가지고 있는 한계성과 긍정성을 동시에 찾아볼 수 있다. 즉 그들의 사료론이 비록 근대 역사과학적 방법론과는 일정한 차이가 있다 하더라도, 그들은 사료취급에 있어서 조선전기의 경우보다는 더욱 엄격성을 띠고 있었던 것이다. 여기에서 조선후기 연구자들이 가지고 있던 역사연구 방법론상

---

94) 韓永愚, 1981, 앞의 논문, 654쪽.

의 한 특성이 드러나고 있는 바이다.

2) 역사서술의 객관화

조선후기 연구자의 역사서술에서 드러나는 가장 큰 특징으로는 '실증적 방법'이 주목되고 있다. 당시의 연구자들이 구사하고자 했던 실증적 방법은 17·18세기 청학淸學의 연구방법이기도 하였고, 같은 무렵인 일본 도쿠가와(德川) 시대에 있었던 일련의 학문적 연구방법이기도 했다.95) 당시인들이 추구했던 '실증적 방법'은 역사연구에 있어서 사실에 대한 객관적 서술을 위한 방법이기도 하였다. 그들은 사실의 객관적 서술을 위해 방대한 사료의 구사를 이상으로 삼았고 사료비판에 주목하기도 했다. 그리고 그들은 비판된 사료를 기본으로 하여 역사를 서술할 때 '술이부작述而不作'의 정신을 존중하였고96) 역사가는 역사서술에 있어서 공정성과 객관성을 유지하여야 하며, 저울대[秤]와 같은 마음을 가져야 함이 강조되기도 하였다.97) 이러한 그들의 주장이 자신의 연구과정에서 엄밀히 적용되었는지를 논외論外로 돌린다면, 그들 중 상당수는 적어도 표면적으로나마 역사서술의 객관성을 상당히 강조하고 있었던 것이다.

객관성을 강조했던 그들의 찬사纂史 태도는 사서史書, 특히 조선전기의 사서에 대한 비판에서 출발한 것이었다. 『동국통감』으로 대표되는 조선전기의 사서史書가 가지고 있는 일반적 특징으로는 대개, ① 조선왕조 건국의 합리화요, ② 문신본위적文臣本位的 인식이며, ③ 배불적排佛的 입장의 견지이며, ④ 삼강오륜의 강조이고, ⑤ 사대정신의 표방이었다.98) 그러므로

95) 黃元九, 1976, 「實學派의 史學理論」 『한국의 역사인식』 하, 창작과 비평사, 399 쪽 ; 황원구, 1981, 「實學派의 歷史認識」 『한국사론』 6, 국사편찬위원회, 193쪽.
96) 韓日東, 1961, 「玉蕊堂韓公行狀」 『人文科學』 6, 348쪽. "積十數年 始克成編 窃附述而不作之意"
97) 安鼎福, 『順菴先生文集』 卷18, 琴英烈公文集序. "間以虛實相亂 愛憎隨情 自非 才兼三長 持心如秤者"
98) 金哲埈, 1974, 「修山 李鍾徽의 史學」 『東方學志』 15, 연세대 국학연구원, 107쪽.

조선 초기에 저술된 각종 관찬사서들은 역사 그 자체의 실증적 파악보다는 정치적 및 윤리적 성향을 띠고서 조선왕조의 건국을 합리화하려는 의도와 함께 정주학적 윤리관을 특히 강조하고 있었다.99) 그러므로 이러한 조선전 기의 사서들은 사학사의 입장에서 볼 때 수신교과서修身敎科書의 단계에서 멀리 벗어난 것은 아니었다.100) 실학자들은 이러한 특성을 가진 조선전기 의 사서들을 비판함으로써 역사의 객관적 인식에 접근하고 있었으며, 이 객 관화 작업을 통하여 사학은 경학으로부터 점차 학문적 독립을 이룩해 나가 고 있었던 것이다.

당시인들이 사실의 객관적 인식을 존중하고, 사실에 정치적·윤리적 해 석이 가해짐으로써 왜곡되는 것을 경계했던 가장 대표적 사례는 이씨 왕 조의 역성혁명과 관련된 사건들에 대한 견해에서 찾아볼 수 있다. 즉 그 들은 역성혁명을 합리화하기 위해 조선전기의 사서들이 시도했던 곡필을 다음과 같이 배격했다.

> K₁ 『고려사』는 신우부자辛禑父子를 반역열전에 기입했는데 그 뜻이 공평치 못 하다. … 그는 선왕이 자기 아들이라 하였고 부친이 전하여 주고 자식이 이어 받았는데 … 차마 그를 반역이라 하겠는가.101)
> K₂ 신우가 죽으니 조신朝臣은 목은牧隱에게 후계를 의논했다. 목은이 말하기 를 "전왕의 아들을 세워야 한다" 하니 이에 우禑의 아들인 창昌을 세웠다. 대개 포은圃隱과 목은은 우와 창을 신씨로 생각하지 않았던 까닭이다.102)

사료 K₁에서 이익은 우왕과 창왕의 신씨설辛氏說을 주장했던 조선전기

---

99) 李元淳, 1979,「朝鮮前期史書의 歷史認識」『한국사론』 6, 국사편찬위원회, 62 쪽·91쪽.

100) 金哲埈, 1970,「曲筆과 五倫 배격한 歷史 東史綱目 安鼎福」『한국의 명저』, 현 암사, 847쪽.

101) 李瀷,『星湖僿說』卷25, 辛禑. "鄭麟趾高麗史 以辛禑父子 入於叛逆列傳 其義 不公 … 彼則先王以爲己子 父傳而子承 … 謂之叛逆 其忍可耶"

102) 安鼎福,『順菴叢書』下, 列朝通紀. "及辛禑死 朝臣議所立於牧隱 牧隱曰 當立 前王之子 於是立禑子昌 盖圃牧則以禑昌非辛氏故也"

의 사서들을 공격하고 있다. 또한 K₂에서 안정복도 이에 동조하여 우왕과
창왕의 정통성을 주장하고, 조선건국의 합리화를 위해 제시하였던 이들의
비왕씨설非王氏說을 공격했던 것이다. 이러한 그들의 태도는 기존의 사서
가 대의大義의 객관성을 상실한 데 대한 비판을 뜻한다. 그들은 역사의 객
관적 서술을 중시하여 조선건국의 합리화를 위한 '폐가입진廢假立眞'적 논
거까지도 과감히 배격하고 나섰던 것이며, 정치적 목적을 위한 사실의 왜
곡에 저항했다.

또한 이익과 같은 실학자는 화이관이나 존명사상에 의한 역사서술 방
법을 배격하며, 사실에 근거하여 역사를 서술해야 함을 다음과 같이 주장
했다.

> L₁ 조칙조朝則朝라 하고 여칙어如則如라 하여 사실에 의거해야 하며, 이런 것은
> 화이의 구별에 있지 않다.103)
> L₂ 나의 입장에서 볼 때 명태조의 시각猜刻은 흡사 진시황정과도 같았다. 진秦
> 은 육국六國을 평정했고 명明은 원元을 물리쳤다. … 명은 중엽 이후 환시
> 宦侍가 권력權力을 잡아 침학侵虐함이 심했으니 이는 곧 세세가 진나라요
> 사람마다 진시황이었다.104)

그는 이와 같이 객관적 사실의 이해를 강조하며 당시 존명의식尊明意識
의 허구성을 밝혔고 동아시아의 전통적 세계인식이었던 화이관을 극복해
나갔다. 그와 같은 시대에 살았던 실학자들이 화이관을 극복하게 된 것에
는 이와 같이 사실에 대한 객관적 인식의 영향도 일정하게 작용했던 것
으로 생각된다. 즉 그들은 중국의 사실을 객관화함으로써 중국의 전통적
권위를 무너뜨리고 자국사에 관한 새로운 인식에 도달할 수도 있었던 것
이다.

---

103) 李瀷, 『星湖先生文集』 卷26, 答安百順. "朝則朝如則如 恐當據實 此不在華夷之
別"
104) 李瀷, 『星湖僿說類選』, 崇禎皇帝. "以余考之 太祖猜刻 恰同秦政 秦平六王 明
掃胡元 … [明]中業以後 宦侍秉權 割剝日慘 是卽世世皆素 人人皆政世"

또한 이익은 역사의 도덕적·윤리적 요소만을 강조하여 사실의 객관적 서술에 지장이 되는 것을 다음과 같이 비판하였다.

평상시 역사를 읽을 때 매번 의문 나는 것은 선자善者는 지나치게 선하고 악한 것은 지나치게 악하다는 것이다. 당시에 있어서는 반드시 그렇지는 않았을 것이다. 역사의 저작이 비록 권선징악의 좋은 뜻에서이기는 하나 오늘날 사람들은 평지平地상에서 간과하여 말하기를 "선한 사람은 본디 의당히 저래야 하지만, 악한 사람은 어찌 이다지도 극독한가"라고 한다. 그러나 기실은 선한 것 가운데에도 악이 있고 악한 것 가운데에도 선이 있는 것이니, 당시 사람들이 참으로 시비를 가리지 못했기 때문에 거취去取를 살피지 아니하며 조소를 받고 죄를 얻게 된 것도 있다.105)

이익은 이와 같이 말함으로써, 선악의 포폄만을 역사학의 목적으로 생각하고, 사실史實을 선악의 면에서만 파악하는 태도에 의문을 표시했다. 즉 그는 선악이라는 가치를 떠나서 볼 때 사실에는 '선한 것 가운데에도 악이 있고, 악한 것 가운데에도 선이 있는 것임'을 알아야 한다고 주장했던 것이다. 그는 역사에 대한 윤리적 해석으로부터 완전히 탈피한 것은 아니나 동시에 사실에 대한 객관적 인식의 중요함을 강조하고 있었다. 그리고 우리는 그의 이와 같은 태도에서 역사의 객관적 인식을 발전시킨 그의 공적을 인정할 수 있을 것이다.

이익의 사례를 통하여 드러나는 바는 그가 현실 정치적 목적에 의해 사실이 왜곡됨을 경계했고, 존명사상이나 화이관에 따라서 사실이 호도됨을 거부했으며, 역사에 대한 윤리적 해석이 사실을 왜곡함을 지적하여 사실에 대한 객관적 인식을 강조했다는 점이다. 실제에 있어서도 그는 사실에 대한 진실파악을 존중하였다. 즉, 그는 역사 서술이 어려운 까닭은

---

105) 李瀷, 『星湖僿說』卷20, 古史善惡. "常時讀史 每疑善者偏善 惡者偏惡在當時未必然 作史雖因懲惡勸善之至意 今人平地上看過 以爲善者 固當如彼 惡者胡此至極 其實善中有惡 惡中有善 當時之人 實有是非之眩 故有去取不審 貽譏得罪者也"

한퇴지韓退之가 말한 바와 같이 '외화畏禍'에 있는 것이 아니라 사실에 대한 진실파악이 어렵기 때문이라고 했던 것이다.106)

역사에 대한 시비포폄是非褒貶을 떠나 객관주의적 입장을 견지하려는 구체적 노력은 이익 이외에도 안정복이나 이긍익을 통해서 드러나고 있다. 즉 안정복은 역사를 서술할 때 개인적인 감정에 치우쳐 애증을 표현해서는 아니 됨을 말하였고,107) 사실에 대한 윤색의 부당성을 주장하였다.108) 그러므로 그는 사건기술에 있어서 존경받는 인물이라 하더라도 그 잘못된 점을 지적하려 했고, 가증스런 인물이라 하더라도 그 사적을 밝히려 했던 것이다.109)

그리고 이긍익도 사실의 객관적 파악과 서술을 위해 노력하였던 바, 그는 『연려실기술』을 편찬하며 사실의 객관화를 위해 방대한 사료를 이용하여 사실을 밝히고자 하였고, 기존의 사서가 가지고 있는 당파성을 다음과 같이 비판하며 자신의 입장을 밝혔다.

동서東西가 분당分黨된 이후부터는 서로의 문적을 헐뜯고 칭찬함이 서로 달랐고 기재하는 사람도 한편에 치우침이 많았다. 그러나 나는 모두 사실을 그대로 수록하기만 하였을 뿐 그 옳고 그름은 후세 사람들의 판단에 따른다.110)

이 자료에서 볼 수 있는 바와 같이 그는 기존의 역사적 기록에서 드러

106) 李瀷, 『星湖僿說類選』, 作史之難.
107) 安鼎福, 『順菴先生文集』卷18, 琴英烈公文集序. "以虛實相亂 愛憎隋情 自非才兼三長 恃心如秤者"
108) 安鼎福, 『順菴先生文集』卷10, 上星湖先生書. "東史 三國以後 文字庸俗 見者多言當潤色之 愚謂文雖不好 而潤色之 則其於辭氣抑揚之間 或不無先之患 又非後學愼重之意"
109) 安鼎福, 『順菴先生文集』卷10, 上星湖先生書. "愛而知其惡 惡而知其美者 聖人之至訓也"
110) 李肯翊, 『燃藜室記述』, 義例. "自東西分黨之後 彼此文籍 毁譽相反 而記載者或多偏主一邊 余則並爲據實收錄 以後後之賢者 各正其是非焉"

나는 당파성에 회의를 표하였고, 자신의 『연려실기술』에서는 상호 반대
되는 의견도 동시에 제시해 주었던 것이다. 그리고 이러한 그의 자세는
그가 사실을 객관적으로 인식해야 함이 중요함을 강조한 것으로 볼 수
있다. 또한 그는 그의 저서를 통하여 사실에 대한 사견私見이나 논평도 가
하지 않았다. 이는 사실의 시비판단은 후세에 맡기려 했던 그의 입장을
표현한 것이다. 그의 저작에서는 "그 속에 잠재된 어떤 시사는 있을지언
정, 직접적인 설득과 비평은 없는 것이다."111) 그는 사평을 통하여 필주
筆誅가 난무하고 사실에 대한 교훈만을 강조하던 당시의 풍토에 저항하
고, 사실에 대한 감정적 서술을 막기 위하여 자신의 사평은 일체 가하지
않았던 것이다. 또한 그는 자신의 『연려실기술』에 수록된 자료들에 대해
일일이 전거를 밝혀줌으로써 자신의 저서에 대한 객관성을 보장하고자
했다. 인용한 자료의 전거典據를 밝히고 있는 것은 한치윤의 『해동역사』
에서도 드러나고 있는 것인데, 조선후기 연구자들이 이와 같이 일일이 인
용의 전거를 밝히고 있는 것은 역사서술의 방법론에 있어서도 상당한 발
전적 현상으로 이해될 수 있을 것이다.

한편, 조선후기 연구자들이 역사연구에 있어서 강조했던 객관적 정신
은 그들의 저술에서 채택하고 있던 직서주의直書主義에서도 드러나고 있다.
물론 본명은 피휘避諱하지 않고 직서해야 한다는 이러한 입장은 조선전기
의 사서에서도 나타나고 있는 바이므로,112) 직서주의가 그들의 고유한 방
법론으로 이해되어서는 아니 된다. 그러나 실학자들은 조선전기보다도 이
직서주의의 원칙에 더 철저함을 가하려 했고 선행하던 각종 사찬사서私撰
史書에서 흔히 볼 수 있었던 본명피휘本名避諱의 경향을 극복했던 것이다.
우리는 다음과 같은 자료를 통하여 실학자들의 직서주의에 관한 주장을
살펴볼 수 있을 것이다.

---

111) 黃元九, 1976, 앞의 논문, 402쪽.
112) 韓永愚, 1981, 『朝鮮前期史學史硏究』, 서울대학교 출판부, 278쪽.

> 대개 야사野史라 하더라도 이미 한 편의 문자를 이룩한 것이므로 일정한
> 범례가 있어야 하는데, 명경거유明卿鉅儒라도 모두 직서하여 피휘避諱하지 않
> 았으니 독자들은 이를 참월僭越하다 하지 말고 이해해 달라.113)

이 자료에서 볼 수 있는 바와 같이 이긍익은 '명경거유明卿鉅儒'라 하더
라도 그 이름을 직서하며 피휘라고 하는 윤리적 입장으로부터의 탈피를
시도하고 있었다. 그리고 한치윤의 경우에도 그의 『해동역사』를 통하여
직서를 시도하고 있으며, 안정복도 『동사강목』에서 이와 같은 입장을 존
중하고 있었던 것이다.

이상에서 살펴본 바와 같이 조선후기의 연구자들이 역사의 객관적 이
해와 서술을 위해 일정한 노력을 전개하고 있었다 하더라도 거기에서는
많은 제약성이 발견되고 있다. 우리는 이 제약성의 일단을 안정복이나 이
긍익을 통하여 동시에 찾아볼 수 있다. 즉, 안정복은 그 자신이 비록 역
사를 객관적으로 서술하려 했다 하더라도, 그는 자신이 살았던 성리학적
문화 풍토를 완전히 벗어날 수는 없었으며, 자료의 선택과 해석에 있어서
성리학적 기준을 적용하고 있었다. 그는 『동사강목』에서 충신忠信·효열孝
烈과 예禮를 논했으며 척불양유적斥佛揚儒的 입장을 계속해서 견지하고 있
었던 것이다.114)

그리고 이긍익도 역사의 객관적 인식을 강조하여 모든 사평을 거부하
고 사실史實만을 제시함으로써 성리학적 도덕중심사관에 오염되어 있던
당시의 학문풍토를 부정했었다. 그러나 그가 주장한 객관성은 실세失勢한
소론의 입장에서 주장한 것이었으며, 이는 소론의 당리와 무관할 수는 없
는 것이었다. 이러한 경향 때문에 그에게 미친 "소론의 영향이 적지 않았
다"는 평가가 가해지고 있는 것이다.115)

---

113) 李肯翊, 『燃藜室記述』, 義例. "蓋雖是野史 旣成一通文字 則當有一定凡例 則明
　　鄉鉅儒 亦皆直書不諱 賢者勿謂其僭越而恕焉"
114) 趙珖, 1982, 「朝鮮王朝時代의 新羅認識」 『민족문화연구』 16, 고려대 민족문화
　　연구소, 163쪽.

요컨대, 조선후기의 연구자들은 역사의 서술에 있어서 '술이부작述而不作'의 정신에 입각하여 실증적 방법을 존중했으며, 사실에 대한 객관적 이해와 서술을 강조했다. 그리하여 그들은 사실에 정치적·윤리적·감정적 해석을 가함으로써 사실을 왜곡하는 것을 피하려 했고, 일부 실학자는 한 사실에 대한 반대되는 자료를 동시에 제시함으로써 그에 대한 객관적 판단을 독자에게 맡기려 했다. 또한 그들은 자료에 대한 윤색을 거부하고, 본명의 직서를 주장함으로써 사실의 객관적 인식과 서술을 존중했던 것이다. 그러나 그들이 사실의 객관적 서술을 중요시했다 하더라도 그들은 그들이 살고 있던 성리학적 문화풍토나 자신의 당색으로부터 완전히 자유로울 수는 없었다. 또한 그들이 존중했던 역사연구에 있어서의 실증적 방법이나 객관적 인식태도가 그들 자신에 의해서 연구된 독창적 이론으로 파악하기는 어려운 것이다. 이와 같이 그들의 이론과 편사編史의 태도에는 제한성이 있는 것이지만, 그러나 그들은 역사의 서술에 있어서 윤리적 해석이 당연시되던 당시의 풍토에서 사실에 대한 객관적 인식과 서술을 재강조하고 이를 실천하기 위해 노력함으로써 역사학 연구 방법론상에 있어서 일정한 발전을 가져다주었다. 여기에서 우리는 역사서술의 객관화를 위해 노력했던 그들의 연구방법을 제한된 범위에서나마 긍정적으로 평가해 줄 수 있을 것이다.

3) 사체의 선택과 역사인식의 체계화

사실의 객관적 인식을 위해 일정한 노력을 전개했던 조선후기의 연구자들은 사실을 설명하기 위한 역사서술의 형식, 즉 사체史體의 선택에 주의를 기울였고, 각 사체가 가지고 있는 특징을 살려 역사를 체계적으로 인식하고자 했다. 그러므로 여기에서는 기존의 역사서가 가지고 있던 무체계성無體系性에 대한 연구자들의 비판의식과 함께, 그들이 한국사의 서

---

115) 李存熙, 1977, 「完山 李肯翊의 歷史認識」 『논문집』 11, 서울산업대학, 45쪽.

술을 위해 선택했던 사체들을 주목해 보고, 역사인식의 체계화를 위한 그들의 노력을 검토해 보고자 한다.

실학자들이 역사연구에 종사하고 있던 당시에는 한국사에 관한 다양한 사체의 역사서가 존재하고 있었다. 또한 많은 야사가 저술되어 읽혀지고 있었다. 그런데 실학자들은 기존의 역사서가 가지고 있는 체계적 사체를 염두에 두고서 당시의 야사에서 드러나는 무체계성 내지는 난잡성을 지적했다. 그리고 그들은 체계적인 인식을 위하여 사체에 대해 철저히 이해하고자 했으며, 범례를 명확히 세워 국사의 체계적 서술을 달성하고자 했다. 조선후기의 역사연구에 있어서 드러나는 특징 중 하나로 범례의 보편화 현상을 지적할 수 있는 바이거니와, 안정복과 이긍익이 자신의 저서에서 범례나 의례를 밝히고 있는 것은 체계성이 없는 야사에 대한 비판의식의 표현으로 파악된다.

실학자들은 기존의 사서에 대한 이와 같은 비판정신에 입각하여, 자신이 서술한 역사서의 사체를 선택했고, 역사의 서술에 신중을 기하여 그 체계적 인식에 도달해 보고자 하였다. 그런데 당시에 연구자들이 이해하고 있었던 사체로는 편년체編年體와 기전체紀傳體 그리고 기사본말체紀事本末體가 있었다. 이 3체 중에서 당시의 연구자들이 관심을 가지고 있던 것은 정사의 편찬방법이었던 기전체와 사건의 시말을 서술하는 기사본말체였다. 또한 당시인들은 경전적 위치에 놓여 있던 주희의 『자치통감강목』에서 드러나는 찬사纂史의 방법과 형식도 강하게 의식하고 있었다. 이 강목적綱目的 사서에서는 성리학의 의리론과 녕분론 및 화이론이 강력히 제시되고 있으며, 이에 입각한 역사의 체계화 작업이 이루어지고 있었다.116)

이러한 기존의 사체를 인식하고 있었던 실학자들은 각각의 사체가 가지고 있는 특징을 살려 우리나라의 역사를 서술해 나갔다. 이 과정에서

---

116) 呂謙擧, 1976,「宋代史學的 義理觀念」『中國史學史論文選集』, 臺北: 華世出版
社, 410~414 참조.

안정복은 『동사강목』을 저술할 때 편년강목체編年綱目體를 선택하였다. 그
는 『자치통감강목』에서 유래한 이 방법에 따라 '사실史實을 연대순으로
서술하되 강목을 세워 어떤 국가를 큰 줄거리(綱)로 하고 그 시대에 있어
서 다른 나라의 사실을 작은 글자(目)로 적는 방법'을 취하였다. 그가 강
목체를 취한 의도는 "젊어서부터 주자학에 심취한 소치이기도 했지만,
이익으로부터 받은 정통사관을 한국사에 적용시켜서 역사의 독자적 계통
을 세움과 동시에 종래의 결합된 한국사의 체계를 극복하고자 했기 때문
이다."117)

한국사의 서술에 있어서 『동사강목』에서와 같이 편년강목체의 서술방
법이 등장하고 있는 것은 조선후기 사학사에 있어서 중요한 특징으로 지
적될 수 있는 바이며, 이는 사체에 대한 인식의 깊이가 조선전기보다 더
욱 심화되고 있음을 뜻한다. 그러나 안정복은 이와 같은 사체를 선택함으
로써 역사서술에 있어서 주자의 영향권으로부터 완전히 탈피할 수는 없
게 되었다.

한편, 이긍익은 기사본말체의 서술형식에 따라 『연려실기술』을 저술하
였다. 그가 이를 저술하기에 앞서, 당시에는 기사본말체에 준하는 여러 역
사서들이 존재하고 있었다. 즉, 일연의 『삼국유사』도 일종의 기사본말체
로 볼 수 있으며, 그밖에 『조야첨재朝野僉載』·『조야탁문朝野託聞』·『조야집
록朝野輯錄』·『청야만집靑野漫輯』·『약파만록藥坡漫錄』들도 기사본말체를 의식
하여 편년체 서술과 함께 이를 혼용하고 있었다. 그런데 이러한 역사서들
을 본격적인 기사본말체로 파악할 수는 없는 것이며, 우리나라의 역사를
순수한 기사본말체로 서술한 것은 이긍익의 업적으로 돌려야 할 것이다.
그는 기존의 기사본말체에 대한 이해를 심화시켜 이를 역사 서술에 본격
적으로 적용했다. 그리하여 그는 조선의 국사를 "원집原集과 속집屬集에
넣고, 예악·형정刑政·법제法制의 손익변천損益變遷을 별집에 수록하여 조선

---

117) 黃元九, 1976, 앞의 논문, 395~396쪽.

조의 정치·사회·문화를 보다 조리 있고 다채롭게 이해·파악하고자 노력했다."118) 그리고 그는 기사본말체의 특징을 충분히 살려 사건의 본말을 정리해 주고 있는데, 이는 그가 사실에 대한 인과인식의 필요성을 소박하게나마 깨닫고 있었음을 뜻하는 것이다. 그러므로 그는 기사본말체라는 사체를 선택했던 것이고 국사에 대한 인과인식을 시도했던 것이다. 그의 인과인식이 비록 근대 역사과학에서 제시하고 있는 과학적 인과인식에는 미치지 못했다 하더라도, 우리는 여기에서 이긍익의 사학이 가지고 있는 전진적 성격과 함께 한국사의 서술 과정에서 드러나는 사체의 발전 현상을 파악할 수 있는 바이다.

한치윤의 『해동역사』는 실학기實學期에 이룩된 한국사에 관한 대표적 저술인 『동사강목』·『연려실기술』과 함께 '3사'의 하나로 지칭되고 있다. 한치윤은 기전체에 준하여 역사를 이해하고자 했다. 이와 같이 그가 정사 편찬에 흔히 사용되던 기전체를 택하고자 했던 것은, 그가 정사편찬에 못지않은 포부를 가지고 한국사의 재구성을 시도했다는 사실을 의미한다. 그런데 그가 채택했던 사체인 기전체는 이미 『삼국사기』와 『고려사』의 편찬에도 적용되고 있었으나, 이는 단대사斷代史를 서술한 것에 지나지 아니했다. 그러나 그는 기전체의 방법을 적용하여 단대사가 아닌 통사의 서술을 시도했다. 그가 이렇게 기전체의 통사를 의도한 것은 기존의 기전체 사서들이 가지고 있는 결함을 보충하기 위해서였다. 사실, 유득공은 한치윤이 『해동역사』를 저술한 까닭으로 "고기가 있다고 하지만 치유황탄緇流荒誕하고, 『삼국사기』도 탈락된 것이 많아서 고대에 관한 것을 충분히 알 수 없고, 중국측의 동사 관계도 불충분하여 이들의 부족한 점을 보충함과 동시에 체계 있는 자국사를 이루어 보려고 했다" 한다.119) 이와 같이 『삼국사기』와 같은 기존의 기전체 사서들에 대한 비판 의식을 가지고, 자국사의 체계화를 새롭게 시도하여 전통적 사체인 기전체를 채택해서

---

118) 李存熙, 1977, 「完山 李肯翊의 歷史意識」 『논문집』 11, 서울산업대학, 40쪽.
119) 黃元九, 1976, 앞의 논문, 397쪽.

새로운 통사를 편찬했던 것이다. 그리고 한치윤의 사례를 통해서 볼 수 있는 바와 같이, 기전체의 새삼스런 적용은 전통 사체에 대한 인식의 심화를 뜻하며, 여기에서 실학자의 역사연구가 가지고 있는 긍정적 요소를 우리는 발견할 수 있는 바이다.

요컨대, 조선후기의 실학자들은 전통적 사체에 대한 인식을 심화시켜 나가고 있었다. 즉, 안정복의 경우에서 볼 수 있는 바와 같이 편년강목체에 대한 깊은 이해현상을 볼 수 있다. 그는 이 사체를 통하여 한국사의 체계화를 시도하고 있었다. 그리고 이긍익은 기사본말의 사체를 본격적으로 적용하여 한국사를 저술했던 바, 이러한 그의 태도에서 인과인식의 중요성에 대한 이해의 정도를 우리는 가늠해 볼 수 있는 것이다. 또한 한치윤은 기전체에 의한 통사의 저술을 시도했다. 이는 기전체에 대한 이해의 심화현상과 관련되는 것이었다. 한편, 실학자들은 역사의 체계적 인식을 위해 범례의 설정을 시도했던 것이다. 이와 같이 기존의 사체에 대한 인식의 강도가 높아졌고, 기존의 사체를 통한 한국사의 체계화 작업이 새롭게 시도되고 있었다는 점은 실학자의 역사연구에서 드러나는 발전적 현상으로 파악해 줄 수는 있을 것이다. 그러나 그들이 시도했던 한국사의 체계화 작업은 전통적 사체의 범위를 벗어난 것은 아니었다. 그들은 역사의 내적 원동력과 발전·변화의 논리에 입각하여 한국사를 체계화하려는 데에는 미치지 못했던 것이다. 여기에서 우리는 당시인들의 사체에 대한 관심과 역사인식의 체계화 작업이 가지고 있는 한계성을 지적할 수 있는 바이다.

4) 역사연구 대상의 확대

조선후기의 연구자들은 역사인식의 체계화를 위한 노력과 함께 역사연구의 대상을 확대하고자 하는 시도를 동시에 전개하고 있었다. 그들은 시대사의 연구에 있어서 조선왕조 이전 단계의 역사에 대해 깊이 연구하여 이를 체계화시켰을 뿐만 아니라, 당대사의 연구를 위해서도 많은 노력을 기울였다. 또한 그들은 역사전개의 무대가 되는 공간에 대한 인식범위도 넓혀 갔다. 그리하여 그들은 한반도 중심의 역사서술이라는 입장을 벗어나서 고구려의 고토故土인 요동과 만주 일대까지를 민족사의 무대로 분명히 파악하였고 여기에서 고구려의 역사 전통을 강조하는 경향이 강하게 대두되었다. 그리고 그들은 정치사 중심, 양반사림 중심의 역사인식 태도로부터 벗어나서 역사적 사건과 그 주체적인 인물들에 대한 종합적 이해를 시도하였다. 이러한 역사연구 대상의 확대과정에서 역사지리에 대한 관심의 고조를 통하여 드러나는 공간인식의 확대는 특히 주목되는 바이다.

당시인들이 가지고 있던 시대사의 연구에서 드러나는 특징 중 우선 주목되는 바는 고대사 인식의 체계화 현상과 고대사에 대한 인식의 폭이 넓어지고 있다는 사실이다. 고대사 인식의 체계화에 중요한 역할을 담당한 인물로는 안정복을 들 수 있다. 그는 고대사 연구에 있어서 사론화의 경향을 띠면서 정통론을 적용시켰고, 이로써 고대사를 체계적으로 인식하려 했다. 즉, 그는 단군조선-기자조선-마한으로 이어지는 고대사의 체계를 설정하였고, 무통無統의 시대인 삼국을 거친 후, 다시 통일신라와 고려로 이어지는 역사의 체계화 작업을 시도했다.120) 그리고 이는 그가 단대사보다는 통사에 대한 관심이 컸음을 말하는 것이다. 그런데 이러한 그의 견해는 이익이 제시한 삼한정통론의 영향을 강하게 받은 것이었다.121) 그러나 정통론에 입각한 이와 같은 고대사의 체계화 작업은 오히려 대의명분과 포폄을 강조함으로써 역사인식의 폭을 좁히는 결과를 가져왔다.122) 그리고 참위僭僞로 처리된 위만조선이나, 정통의 맥락에서 제외된 진한·변한 등의 역사를 소략하게 취급하는 결과를 빚었다. 이는 정

120) 卞媛琳, 1973, 앞의 논문, 352쪽.
121) 李萬烈, 1976, 「17·8세기의 史書와 古代史認識」『한국의 역사인식』하, 350쪽.
122) 李萬烈, 1976, 앞의 논문, 354쪽.

통론의 적용에 따라 나타나는 당연한 결과였던 것이며, 여기에서 그가 비록 고대사의 체계화로 성공했다 하더라도 고대사의 연구에 상당한 한계성을 가지고 있었음이 드러난다.

그러나 강목체 사서가 가지고 있던 이와 같은 결점은 역사지리를 연구했던 실학자들의 노력에 의해 보완되고 있다. 역사지리의 연구를 통해 고대사 인식의 폭을 넓히려 했던 선구적 인물로는 한백겸을 들 수 있다. 그는 삼한이나 삼국에 관해 폭넓은 관심을 가지고 편벽됨이 없는 입장에서 연구를 진행시켰던 것이다.123) 그리고 한치윤은『해동역사』를 통해서 고대에 관한 깊은 관심을 드러내 주었으며, 고대사의 체계적 이해에 기여했다. 또한 정약용도『강역고彊域考』의 지리고증을 통하여 상고上古시대에 대한 이해의 폭을 넓혀 주었고, 상고시대의 역사체계를 재구성하였다.

한편, 실학자들의 시대사 연구는 고대사에만 머물지 아니하고 그들이 살고 있던 당대사의 연구에까지 이르고 있다. 즉 안정복은『동사강목』을 저술한 데 이어서『열조통기列朝通記』를 저술하여 자신이 살고 있던 당대사를 연구했던 것이다. 그리고 이긍익의『연려실기술』은 당대사를 연구한 실학자들의 대표적 저서로 평가할 수 있을 것이다.

이와 같은 당시인들의 연구결과는 그들이 시대사 연구의 대상을 매우 넓게 잡고 있었고, 시대사 인식을 심화시켜 주었음을 뜻한다. 이 점에서 우리는 그들이 연구 성향을 긍정적으로 평가할 수 있을 것이다. 그런데 그들이 시대사 연구의 폭을 넓혀 주는 방법론을 취하고 있었다 하더라도 그들의 시대사 연구가 각 시대의 계기적 발전을 논하는 데까지는 이르지 못하고 있으며, 시간의 선후관계에 따라 드러나는 변화, 발전상을 설명하지도 못했다. 바로 이 점이 그들의 시대사 연구에서 드러나는 결정적 문제점으로 지적될 수 있을 것이다.

조선후기의 연구자들은 역사지리에 대하여 큰 관심을 갖고 있었으며,

123) 鄭求福, 1978,「韓百謙의 東國地理志에 대한 一考」『전북사학』2, 전북대 사학회, 128쪽.

역사연구에 있어서 지리의 중요성을 인식했고 역사연구의 대상이 되는 지리적 공간을 확대시켜 주었다. 당시인들이 역사와 지리의 상호 관계를 설명하며 역사연구에 있어서 지리적 공간이 갖고 있는 중요성을 설명한 것으로는 다음과 같은 자료를 들 수 있다.

> M₁ 역사를 저술하는 사람은 반드시 지리를 정돈해야 한다.124)
>
> M₂ 역사를 연구하는 사람은 반드시 먼저 강역을 정한 다음에야 고거古據의 형편을 알 수 있으며 전벌戰伐의 득실을 살필 수 있고 분합分合의 연혁을 고찰하여 애매한 것을 없이 할 수 있다.125)
>
> M₃ 백제는 3국 가운데 제일 강했으나 제일 먼저 망했다. … 혹자는 말하기를 백제의 풍속이 교사驕詐하고 이웃 나라와 불목했으므로 쉽게 망했다 한다. 그러나 이는 모두 백제의 단점은 될 수 있을지언정 멸망의 원인은 아닌 것이다. … 백제멸망의 근본원인은 천부금탕天賦金湯의 요새지인 위례성을 버리고 큰 평야지대인 부여로 천도한 데 있다.126)

위의 사료 M₁과 M₂는 안정복이 역사의 이해에 있어서 지리地理에 대한 이해가 전제되어야 함을 강조한 것이다. 그는 역사가는 반드시 지리의 중요성을 알아야 하며, 전쟁의 승패나 국가의 분합과 그 형편을 알 수 있는 것으로 주장하였다. 그리고 사료 M₃은 정약용이 역사이해에 있어서 지리의 중요함을 설명한 것이다. 그는 백제의 멸망원인이 도덕적 타락에 있지 아니하고 그 수도를 방어에 결함이 많은 평야지대를 옮긴 데 있음을 말하였다. 또한 그는 고려의 멸망원인도 평양 천도에서 그 원인을 찾았다.127) 한편, 한진서韓鎭書는 '지리고地理考'를 지어 『해동 역사』를 완성시

---

124) 安鼎福, 『順菴先生文集』 卷10, 東史問答, 與邵南尹丈書. "有國者 必疆理經界 作史者必整理地理"

125) 安鼎福, 『東史綱目』 卷3, 地理考. "讀史者 必先定疆域 然後可以知古據之形便 審戰伐之得失 考分合之沿革 無是昧矣"

126) 丁若鏞, 『與猶堂全書』 第1集 卷12, 百濟論. "百濟於三國最强而其亡最先 … 或 曰 其俗驕詐 不睦隣國 故易亡 此皆百濟之所短而其所由亡則非也"

127) 丁若鏞, 『與猶堂全書』 第1集 卷12, 高句麗論.

컸고, 이로써 시간적 인식과 공간적 인식의 합일을 기도하였다.[128] 그리
고 유득공도 '사군지四郡志'와 '발해고'를 지어 역사지리의 중요성을 강조
한 바 있었다.

당시인들이 이와 같이 지리를 중요시했던 것은 '자연환경에 의거하여
역사발전을 이해하려 했던 것이며', '자연환경이 인간생활에 미치는 영향
을 중요시하고, 환경의 차이가 가져온 사회발전의 선후관계를 이해하려
했던' 것으로 평가되고 있다.[129] 그들이 가지고 있던 지리에 대한 관심의
출발점은 역사적 사건의 단서를 정확히 파악하고자 하는 데에 있었으며
이로써 그들은 역사현상에 대한 도덕적 해석으로부터 점차 탈피해 나갈
수 있는 또 다른 계기를 마련하게 되었던 것이다. 그러므로 그들이 역사
의 연구에 있어서 지리라는 변수를 강하게 개입시키고 있는 것은 역사연
구 방법론상에 있어서 중요한 발전으로 볼 수 있는 바이다.

한편, 역사지리에 대한 관심은 고대사의 연구와 직결된 것이었으며, 여기
에서 실학자들은 고구려사의 중요성을 재인식하였고, 고구려의 판도에 대
하여 주목하게 되었으며, 이로써 역사의 연구대상이 되는 지리적 공간의 확
대가 가능해졌다. 당시인들 중 고구려를 본위로 한 고대사의 재인식을 시도
했던 대표적 사례로는 유득공과 이종휘를 들 수 있다. 유득공은 '이십일도
회고시二十一都懷古詩'를 통하여 고구려사를 중심으로 고대사를 이해하려 했
고,[130] 이종휘도 고구려사에 대한 관심을 강하게 표현하고 있었던 것이
다.[131]

그리고 고구려사에 대한 관심은 고구려의 구강舊疆인 요동과 만주에
관한 역사 지리적 연구의 필요성을 고조시켰다. 또한 고구려를 계승한 발

---

128) 黃元九, 1962, 앞의 논문, 346쪽.
129) 韓永愚, 1981, 앞의 논문, 639~640쪽.
130) 宋寯鎬, 1980,「詩에 나타난 柳得恭의 民族史觀 硏究」『성신연구논문집』13,
   성신여자사범대학, 70쪽
131) 金哲埈, 1974, 앞의 논문, 109쪽.

해의 역사에 대해 주목하게 되었다. 그리하여 유득공은 발해사를 본격적
으로 연구하여 이를 한국사의 체계 안에 포함시켜야 함을 주장했고 신라
와 발해가 병존해 있던 시기를 남북국시대로 파악하였다. 이러한 견해는
김정호의 『동국지지東國地誌』에서도 드러나고 있는 바이다. 한편, 이익과
한치윤, 그리고 정약용과 같은 실학자들도 발해가 고구려의 계승자임을
분명히 인식하고 발해의 강역에 대한 연구를 진행시켜 나가고 있었
다.132)

이상에서 살펴본 바와 같이 당시인들은 역사연구에 있어서 지리적 요소
가 중요함을 인식하고 있었던 바, 이는 역사연구 방법론에 있어서 전진적
현상으로 파악된다. 그리고 당시의 연구자들은 역사 지리에 대한 관심을
통하여 민족사가 전개된 지리적 공간에 대한 객관적 인식에 도달할 수 있
었다. 이러한 인식이 기반이 되어 구강舊疆을 회복해 보려는 의지를 표현
하기도 했다.133)

또한 당시의 연구자들은 정치사 중심, 문신文臣 중심의 역사연구 태도
로부터 점차 벗어나서, 연구의 대상이 되는 사건이나 인물의 폭을 더욱
넓혀가고 있었다. 그들이 이와 같은 연구의 경향을 띠게 된 것은 그들 자
신이 취하고 있던 백과전서적 연구경향의 당연한 결과였다. 이 백과전서
적 연구경향으로 인해, '전통적 역사관이 폭넓은 문화사적 역사관으로 확
대되면서'134) 역사적 사건이나 인물의 연구범위도 넓어져 갔던 것이다.
그리고 사건이나 인물의 연구범위를 넓힌 대표적 인물로는 한치윤을 들
수 있다. 그는 그의 『해동역사』에서 물산物産이나 예문藝文 등 종전의 사
서에서 간과되기 쉬웠던 주제들까지도 본격적인 연구의 대상으로 삼고
있었던 것이다. 한편, 유형원이나 이익 등이 토지제도에 관한 개혁안을

132) 李萬烈, 1981, 「朝鮮後期의 渤海史 認識」『한우근박사정년기념사학논총』, 462~
463쪽.
133) 趙珖, 1974, 「朝鮮後期의 邊境意識」『백산학보』16, 백산학회.
134) 黃元九, 1981, 앞의 논문, 188쪽.

제시하며, 그에 관한 역사학적 검토를 시도하고 있는 것도 역사연구대상
의 다변화 경향과 관련되는 현상인 것이다.

당시인들은 문신중심, 양반사림 중심의 역사연구 태도로부터 벗어나서
무장들의 역할도 새롭게 인식하여 연구하고 이들의 업적을 높게 평가하
고 있었다. 우리는 이러한 예를 안정복에게서 찾아볼 수 있는바, 그는 '고
구려의 대수당전쟁對隋唐戰爭과 고려의 대거란對契丹·몽고항쟁에서 을지문
덕·강감찬·서희 등의 역전歷戰 인물의 공적을 찬양하여 외침에 대한 애국
충절을 강조했고, 신라통일 후의 문치文治로 인한 무약武弱을 한탄했던 것
이다.'135) 그리고 바로 이러한 연구 분위기 아래에서 홍양호洪良浩는『해동
명장전海東名將傳』을 지어 역사의 전개에 있어서 드러나는 무장武將들의
역할을 중요시했고,136) 그 밖의 연구자들에 의해 향리·서얼과 중인들의
역사적 존재와 기능에 관한 연구가 진행되어 나갔다.137) 이와 같이 역사
연구의 범위가 확대되고 있는 것은 문신명현文臣名賢 위주의 역사서술에
대한 반성의 결과로 생각되는 것이다.

요컨대, 당시인들은 역사연구의 대상을 다변화시켜 나갔다. 즉, 먼저
그들은 시대사를 연구할 때 단대사斷代史 중심의 연구보다는 일종의 통사
를 이루려는 연구태도를 가지고 있었으며, 고대사나 당대사에 대한 연구
를 강화하여 시대사 연구의 폭을 넓혀 나가고 있었다. 또한 그들은 역사
가 전개된 지리적 공간에 대한 인식의 범위를 넓혀 나갔는데, 이는 고대
사 연구의 강화결과로 나타난 현상이라 생각된다. 또한 그들은 지리적 공
간이 역사에 미치는 영향을 주목하고 있었는데, 이는 역사현상에 대한 도
덕적 해석으로부터 탈피해 나가기 위한 방법이었던 것으로 생각된다. 한
편 실학자들은 역사연구의 대상이 되는 사건이나 인물의 폭을 점차 넓혀

135) 黃元九, 1976, 앞의 논문, 400쪽.
136) 閔丙秀, 1970,「海東名將傳」『한국의 명저』, 현암사, 881~892쪽.
137) 李基白, 1981,「19世紀 韓國史學의 새 樣相」『한우근박사정년기념사학논총』,
　　　지식산업사, 473~487쪽.

가고 있었다. 물론, 전통적 기전체 사서에서도 정치사 이외의 사건이나 문신 이외의 인물에 대한 일정한 관심을 가지고는 있었으나, 실학자들은 이러한 주제에 관하여 종전보다 더욱 넓은 인식을 갖고자 했으며, 이를 깊이 연구했던 것이다. 이와 같이 시대사 연구범위의 확대, 지리적 공간에 대한 연구범위의 확대, 그리고 사건과 인물에 대한 연구범위의 확대는 조선후기 역사연구자의 연구 방법론에서 드러나는 또 다른 특징이며, 이는 그들의 역사연구가 비록 많은 제약성을 가지고 있었던 것이기는 하지만 전단계보다는 전진적 성격을 띠고 있음을 말하는 것으로 해석된다.

4. 맺음말

조선후기에 이르러 성리학적 가치체계가 붕괴되어 나감에 따라 성리학에 입각한 전통적인 역사인식을 극복하고자 하는 새로운 경향이 나타나게 되었다. 이러한 경향에서 드러나는 역사인식론의 특성과 역사연구방법론의 특징을 이 글에서는 실학자의 연구업적을 중심으로 하여 검토해 보았다. 먼저, 당시의 역사인식에서 드러나는 특징으로는 역사학의 독자성에 대한 이해가 높아지고 있음을 지적할 수 있다. 즉, 당시에는 경사일체적 역사관에 대한 반성이 일어났고, 경전적 사서였던 『자치통감강목』이 비판되는 과정에서 사학은 그 독자성을 확보해 나갔다. 그리고 사학의 독자성에 대한 이해는 한국사의 독자성과 중요성에 대한 이해로 연결되었던 것이다. 또한 조선후기에는 '소출지처所出之處'를 중심으로 하는 전통적 화이론이 극복되어 나갔고 문화를 기준으로 한 새로운 화이론이 제시되었다. 이러한 경향은 지리적 지식의 확대, 대륙정세의 변화와 '동이'에 대한 자각의 과정에서 나타난 것이었다. 그리고 당시에는 정통론을 새롭게 적용시켜 한국사의 체계화가 시도되었다. 이 당시에 제시된 정통론은 소속왕조에 대한 의리를 강조하던 전통적인 입장을 벗어나서 한국사도 중국사와 대등하게 전개되고 있음을 강조하는 방향에서 전개되고 있었다. 또한, 당시에는 시세론과 같은 역사 해석을 위한 이론이 등장해서 역사적 사실에 대한 도덕주의적 해석으로부터 탈피해 나가고 있었으며, 물질의 진보에 대한 관념이 제시되어 역사인식의 새로운 방향을 준비하고 있었다. 그리고 성리학적 논리구조를 완전히 떠나 도가적 입장에서 한국사를 이해해 보려는 역사인식상의 새로운 시도가 나타났던 것이다.

이러한 역사인식론상의 새로운 경향과 함께 주목되는 바는 역사연구방법론의 발전을 들 수 있다. 당시의 역사연구자들은 역사서를 저술하기 위해서는 사료의 광범위한 수집이 필요하고, 수집된 사료에 대한 비판을 거쳐야 함을 인식하기도 했다. 그리고 성리학적 윤리기준에 따라 사실을 이해할 것이 아니라 객관적인 입장에서 역사를 서술해야 함이 강조되기도 하였다. 또한 당시의 역사연구자들은 역사의 체계적 서술을 위해 사체의 선택에 신중을 기했으며, 역사연구의 대상을 확대시켜 나갔다. 즉 그들은 시대사 연구범위를 확대해 나갔으며, 지리적 공간 및 사건과 인물에 대한 확대도 시도하고 있었다. 이러한 점들이 조선후기의 역사연구에서 드러나는 중요한 현상으로 지적될 수 있을 것이다.

조선후기의 역사연구자들은 기존의 사서史書가 가지고 있는 역사정신과 서술방법의 문제점에 대한 비판의식을 가지고 자신의 역사연구를 추진시켜 갔다. 그러나 그들 자신의 연구결과나 그들의 역사인식 및 연구방법론이 완벽한 것은 결코 아니었다. 그들이 역사인식을 하는 과정에서 전통적 논리의 틀을 완전히 벗어날 수는 없었던 것이다. 그러므로 그들이 제시했던 화이론이나 정통론 등에는 뚜렷한 한계가 있는 것이었다. 그들은 역사의 원동력이나, 인과관계, 그리고 역사발전에 대한 인식을 갖는데에까지는 이르지를 못하였다. 한편, 그들이 취하고 있었던 연구방법론이 완벽한 근대의 것으로는 결코 파악될 수는 없다. 비록 그들이 사료비판을 시도하고 역사의 객관적 서술과 역사연구의 대상을 넓히려 하였다하더라도 거기에는 일정한 제한성이 따르고 있는 것이었다. 그러나 역사에 대한 그들의 인식과 연구방법론을 조선전기의 그것과 비교해 볼 때, 그것은 상당히 전진적인 측면을 드러내주고 있다. 여기에서 우리는 한국사학사의 전개과정에서 조선후기의 역사인식이 드러내고 있는 과도적인 성격을 확인할 수 있는 바이다.

제2장 조선후기의 신라인식

1. 머리말

　조선왕조의 성립과 신라의 멸망 사이에는 거의 5세기에 걸친 시간적 간격이 놓여 있다. 또한 신라가 통일을 성취하고 찬란한 문화의 꽃을 피우던 시기와 조선왕조에서 신라에 대한 연구가 가장 활발히 일어나고 있던 조선후기 사이에는 10여 세기의 간격이 있다. 더욱이 신라와 조선왕조는 그 문화적 특성을 달리하고 있는 것으로서, 신라의 중대 이후에는 불교가 그 문화를 특징지어 주고 있었던 반면에 조선왕조는 건국 이래 주자학을 지도이념으로 삼아 왔고, 주자학은 모든 학문적 인식과 가치판단의 기준이 되어 왔다.

　신라와 조선왕조 사이에 놓여 있는 이러한 시간적 간격이나 가치판단 기준의 상위함 때문에, 조선시대의 신라에 대한 이해는 신라사회가 가지고 있던 본래의 모습과는 상당한 차이가 나올 수 있는 것이었다. 즉 조선시대의 신라에 대한 이해는 주자학이라는 당시 사조의 영향을 받을 수밖에 없었던 것이다.

　조선왕조 시대 때 신라에 대해 이해하고자 했던 인물 가운데 가장 대표적인 존재는 신라의 역사를 편찬했던 역사학자들이었다. 그런데 역사의 기록이란 역사가의 안목과 가치관에 의하여 재구성될 수밖에 없는 속성을 가지고 있다.[1] 그러므로 조선왕조 당시 신라에 대한 인식과 평가는

---

1) 李相信 역, 1978, 『歷史의 理論과 歷史』, 三英社 (Croce, 1915, *Zur Theorie und Geschichte*

조선왕조가 가지고 있던 시대적 분위기가 반영된 것이었다.

　이 글에서는 신라에 대한 조선왕조 시대의 인식에서 드러나는 특징을 다루어 보고자 한다. 즉 신라의 역사를 조선왕조 시대의 인물들이 유학적 역사이해라는 범위 안에서 어떻게 재구성하려 했는가를 검토해 보려하는 바이다. 이러한 작업을 통하여 우리는 조선왕조시대의 사상적 특성을 확인해 보고, 신라사에 대한 좀 더 정확한 이해에 도달할 수 있을 것으로 생각된다.

　조선왕조 시대의 신라에 대한 이해는 그 초기에『삼국사절요三國史節要』나『동국통감東國通鑑』등의 편찬물을 통해서도 추출될 수 있을 것이다. 그러나 조선왕조 초기의 역사인식이나 유학에 대한 이해도는 조선후기보다는 미숙한 것이었다. 즉 조선후기에는 유학적 역사인식의 태도가 확립되고 이를 발전시켜 실학적 역사인식의 단계로까지 나아갈 수 있었다. 이 실학의 역사인식 방법도 유학의 수사방법과 정신에 큰 영향을 받은 것이었다. 따라서 이 단계의 역사인식을 통하여 조선왕조시대 역사에 대한 이해의 전형을 찾아볼 수 있으며, 우리는 그 대표적인 예로서 안정복이 저술한『동사강목』을 들 수 있을 것이다. 그러므로 이 글에서는『동사강목』을 통하여 드러나고 있는 신라에 대한 인식문제를 집중적으로 다루어 보고자 한다. 그리고 조선왕조와 신라가 가지고 있던 가장 중요한 사상적 특성인 불교와 유학에 관한 문제를 검토해 봄으로써 조선왕조 시대 신라에 대한 인식의 특성을 밝힐 수 있을 것으로 생각된다. 그러므로 이 글에서는 신라사에 대한 유교적 인식태도와 신라불교에 대한『동사강목』의 평가에 관한 문제를 다루어 보고자 하는 바이다.

　이상과 같은 접근방법에 의해『동사강목』의 신라에 대한 기록이 분석된 기존의 연구는 없었던 것으로 알고 있다. 그러나 이 논고를 작성하는 데에는 조선왕조 전기의 역사인식과 실학자의 역사인식에 대한 일반적인

der Historiographie, Tübingen, Mohr), 128쪽.

연구가2) 크게 도움을 주었다. 이 논고가『동사강목』의 이해에 도움이 될
수 있기를 기대해 본다. 아울러 이 글이 조선후기의 사학사상이나 신라사
에 대한 이해에도 보탬이 될 수 있다면, 필자는 그것을 부수적인 소득으
로 생각하려 한다.

2. 자료의 성격

이 글에서는 안정복의『동사강목』을 주된 자료로 삼고 있다. 그러므로
본론에 들어가기에 앞서 이 자료의 성격을 먼저 밝혀 둘 필요를 느끼게
된다. 안정복(1712~1791)은 조선후기의 대표적인 역사학자로서 '전통사학
의 총정리자'로 평가되고 있다.3) 그는 남인계통과 가문출신으로 충청도
제천에서 태어났다.4) 그는 유년기와 소년기에 빈한한 가세家勢로 인하여
불우한 처지에 놓여 있었다. 그가 학문의 길에 본격적으로 투신하게 된
때는 그의 나이 24세 때였다. 이 때 그는 경기도 광주군 경안면 덕곡리에
있는 선영하에 안주하여 주자학을 연구하게 되었던 것이다. 그의 학문적
경력에 있어서 가장 중요한 전환점이 되었던 것은 이익과의 만남이었다.
그는 성호 이익의 문하생이 되었고, 성호의 경세치용학의 영향을 받았던
것이다. 그는 성호 이익의 영향 아래에서 경학과 사학의 연구를 진행시켜
나갔다.

---

2) 李元淳, 1979,「朝鮮前期 史書의 歷史認識」『한국사론』6, 국사편찬위원회, 56~
104쪽.
黃元九, 1979,「實學派의 歷史認識」『한국사론』6, 186~196쪽.
李佑成, 1966,「朝鮮後期 近畿學派에 있어서 正統論의 展開」『역사학보』31,
역사학회, 395쪽.
李萬烈, 1974,「17·8世紀의 史書와 古代史認識」『한국사연구』10, 97~124쪽.
3) 卞媛琳, 1973,「安鼎福의 歷史認識」『사총』17·18합집, 고려대 사학회, 329쪽.
4) 安鼎福,『順菴叢書』, 598쪽(1970, 대동문화연구원 영인본). 그의 생애에 관한 부
분은 주로『순암총서』에 수록된 그의 연보에 의하여 서술한다.

안정복이 저술한 대표적인 역사서로는 『동사강목』을 들 수 있다. 안정
복은 이 저서를 통하여 역사는 과거의 사건을 통해서 현재와 미래에 도
움을 줄 수 있는 교훈을 얻고자 하는 데에 목적이 있음을 밝혔다.5) 또한
그는 역사를 서술할 때에 역사가는 자신이 살고 있는 시대의 도덕과 윤
리를 통해서 과거의 역사적 사실을 인식할 것을 요구하였다.6) 역사의 궁
극적 목적이 독자에게 교훈을 주는 데 있다고 생각한 그는 주자의 『통감
강목通鑑綱目』에서 드러나는 저술방법을 높이 평가하였으며,7) 이 방법을
본받아 『동사강목』을 저술하였던 것이다. 한편 그는 춘추필법春秋筆法의
전통적인 서술방식에 따라 역사적 인물의 선악을 판단하여 하였다.8) 안
정복에 있어서 역사적 서술의 대상이 되고 있는 것에는 전통적인 수사체
제에서 기본이 되고 있는 왕실의 동향 이외에도 유교적 가치관에 속하는
예와 악뿐만 아니라 그 당시의 사회상이나 역사지리에 관한 문제까지도
포함되어 있다. 그는 이러한 사실들의 서술에 있어서 철저한 고증을 주장
하였다.

그는 주체적인 측면에서 민족사를 이해하려 하였다. 민족사의 주체적
인식을 주장한 그의 견해는 우리나라와 중국과의 관계를 논하는 부분에
서 선명히 드러난다. 즉 그는 '중국이란 대지 중에 한 조각의 땅에 불과
한' 것으로9) 이해하는 데에 동의하면서, 전통적인 유학자들이 가지고 있
던 화이지분에 대하여 다음과 같이 공격하고 있다.

옛부터 유학자들은 언제나 중화中華와 이적夷狄의 구분을 엄격히 하며, 중

---

5) 安鼎福, 『東史綱目』 卷1. "綱目皆據事直書 昭示勸懲 此古今質文之殊也"
6) 卞媛琳, 1973, 앞의 논문, 332쪽.
7) 安鼎福, 『東史綱目』 卷1. "按撰述之書皆有義例 猶法律之有斷例 禮樂之有儀節
   也 況史家繁縟 苟非發凡立例 … 以貴之 則無以明述作之旨 寓勸戒之意 是以
   先夫子華削資治通鑑爲綱目"
8) 安鼎福, 『東史綱目』 卷1.
9) 李瀷, 『星湖僿說』 上, 31쪽(1968, 경인문화사 영인본).

국 땅에서 태어나지 않으면 다 이夷라 하는데 이것은 통할 수 없는 이론이다. 하늘이 어찌 지역을 가지고 인간을 구별하였겠는가.10)

이상의 말을 검토해 보면, 안정복 자신은 주자학적 소양을 기반으로 하여 역사를 논하고 있다 하더라도, 전통적인 경사일체적 방법에 의하여 교육받아 온 일반 유학자와는 달리 좀 더 진보적인 견해를 가지고 있었음을 알 수 있다.

역사서술을 통하여 드러나는 그의 진보적인 견해의 일단으로는 한국사의 독자성에 대한 투철한 인식을 들 수 있을 것이다. 그는 한국사가 중국사의 일부가 아닌 독자적인 것으로 이해하였다. 그리하여 그는 "우리나라는 스스로 우리나라인 것이며 그 규제規制와 체세體勢가 중국의 역사와는 다르다"는 그의 스승 성호 이익의 가르침에 따라,11) "우리나라는 … 독립된 왕이 다스리는 나라이므로 중국의 제후들과는 근본적으로 다르다"고 주장하였다.12)

이러한 그의 관념은 한국사를 서술하는 데에 있어서 정통론을 도입시킨 것을 통하여 분명히 드러난다. 원래 정통론은 중국의 역사를 기술하는 방법이었다.13) 그리고 정통론은 오직 중국사의 서술에만 적용될 수 있는 것이며, 동국東國은 중화中華의 제후 중의 하나에 불과하다는 관념이 조선 전기의 대표적 사서인 『동국통감』에 나타나고 있다.14) 안정복은 이러한 조선 초기의 역사인식 태도를 청산하고, 그의 스승인 이익의 '삼한정통론三韓正統論'을15) 발전시켜 우리나라의 역사서술에 정통론을 도입하였다.

---

10) 安鼎福, 『順菴叢書』 上, 53쪽.
11) 李瀷, 『星湖先生文集』 與安順菴.
12) 安鼎福, 『順菴叢書』 上, 198쪽.
13) 內藤虎次郎, 1949, 『支那史學史』, 弘文館, 285쪽.
14) 權重達, 1979, 『自治通鑑對中韓學術的影響』, 臺北: 政大中文硏究所博士論文, 396쪽.
15) 李瀷, 『星湖先生全集』 卷47, 雜著, 三韓正統論.

그리하여 한국사에서 등장하는 최초의 왕조인 단군조선을 정통왕조의 기점으로 삼아 기자조선·마한·신라·고려로 이어지는 정통성의 맥락을 설정해 놓았다.16) 이와 같이 그는 정통성의 이론을 한국사의 서술에 도입함으로써 중국을 중심으로 하는 세계관에서 탈피하였다. 그리고 그는 한국사도 중국사와 대등한 역사전통을 가지고 있으며, 한국사의 주체도 중국인이 아닌 한민족임을 밝혀주고 있는 것이다. 이러한 그의 견해는 그가 비록 교훈적 역사인식의 테두리 안에 머물러 있었고 유학적 역사의 이해방법에서 완전히 벗어난 것은 아니라 하더라도 매우 발전된 것이었음을 부정할 수는 없다.17)

안정복이 『동사강목』을 저술하는 데에 있어서 이용한 자료로는 김부식의 『삼국사기』와 일연의 『삼국유사』가 가장 근본적인 사료였다. 그는 『동사강목』의 신라사 부분을 서술하기 위하여 이상의 자료 이외에도 서거정徐居正의 『동국통감東國通鑑』, 오운吳運의 『동사찬요東史纂要』, 임상덕林象德의 『동사회강東史會綱』, 홍여하洪汝河의 『동국통감제강東國通鑑提綱』 등의 저술을 참고로 하였다. 그밖에도 그는 중국의 여러 역사서와 동국제유東國諸儒의 문집들까지도 이용하여 역사사실의 서술에 철저한 고증을 기하려 하였다.18) 또한 그는 이러한 연구서들을 통하여 드러나는 사론에 주목하고 있으며, 자신의 의견을 제유諸儒의 사론史論을 통하여 피력하기도 하였다. 그리고 이 사론 가운데 안정복 자신의 견해와 차이가 나는 부분들은 그것을 구체적으로 지적해 나갔다.

---

16) 安鼎福, 『東史綱目』 卷1. "正統 謂檀箕馬韓新羅文武王九年以後 高麗太祖"
17) 안정복의 역사인식에 관해서는 金哲埈, 1969, 「東史綱目」 『한국의 명저』, 현암사 ; 李佑成, 1969, 「東史綱目」 『한국의 고전백선』, 동아일보사 ; 卞媛琳, 1973, 앞의 논문 등이 있다. 그런데 이 글의 주제는 『동사강목』을 통한 신라에 대한 인식에서 드러나는 특징을 다루는 것이다. 그러므로 자료가 가지고 있는 자세한 성격규명은 위의 논문들을 참고하시기 바라며, 이 글에서는 그 중 가장 중요한 부분만을 서술하고자 하였다.
18) 安鼎福, 『東史綱目』 卷1.

이상의 저서나 사론들이 작성된 시기는 고려중기와 조선전기 그리고 안정복 자신이 살고 있던 조선후기로 크게 나누어 볼 수 있다. 그는 이 세 시기에 걸쳐 저술된 저서 중에서 고려시대의 것인『삼국사기』에 대해서는 "역사서로서의 규모를 이루지 못하였다"고 비판하고 있다.[19] 또한『삼국유사』에 대해서 그는 그 책이 "대체로 이단의 허탄虛誕한 기사가 많다"고 평가하였다.[20] 이와 같이 그는 비판적인 안목을 가지고 이 두 저서를 평가하고 있다. 그는 과거의 저서에 대한 비판을 통하여 새로운 역사인식 방법을 제시해 보고자 하였던 것이다. 그리고 그가『삼국사기』와『삼국유사』에 대한 비판적인 안목을 가지고 있었다는 것은 신라당시의 역사적 진상이나 이에 대한 고려중기의 이해와는 다른 신라에 대한 자신의 또다른 견해가 있음을 암시하는 것으로 생각된다. 그리고 이 점은 조선왕조 시대에 신라를 보는 특수한 시각이 있었음을 말하는 것이다. 그러므로 이 글에서는 이러한 시각에 대해 밝혀볼 수 있는 여지를 갖게 되었다.

안정복은 조선왕조 전기에 저술된 역사서에 대해서도 대체로 비판적인 견해를 가지고 있었다. 즉 그는 당시의 대표적 역사서인『동국통감』이 "여러 사서에 비하여 상당히 자세하며 거질巨帙이기는 하나 의례가 흔히 어긋나고 그릇되며 매우 혼잡하기도 하다"고 평가하였다.[21] 그러나 조선왕조 전기에 저술된 역사서들을 종합검토하고 새로운 자료들을 참작하여 조선후기에 저작된 역사서들에 대해서는 긍정적인 평가를 내리고 있다. 즉 그는 임상덕의『동사회강』은 "여러 사서 가운데 가장 간결하고 마땅하다"고 보았으며,[22] 홍여하의『동국통감제강』은『동국통감』의 오류를 시정하여 정리한 것으로 "차제次第와 절목節目에 법도가 있다"고 높이 평가하고 있다.[23] 이러한 조선후기의 역사서들은 대체로 조선전기의 역사

---

19) 安鼎福,『東史綱目』卷1, "疎略訛繆 殆不成史家規模"
20) 安鼎福,『東史綱目』卷1, "專是異端虛誕之說"
21) 安鼎福,『東史綱目』卷1, "比諸史頗詳故爲大帙 然而義例乖訛繆舛駁 亦甚焉"
22) 安鼎福,『東史綱目』卷1, "諸史中最爲簡當"

서들이 가지고 있는 약점을 보완하고, 유학적인 역사서술의 원칙에 보다 충실한 저서로 평가할 수 있을 것이다. 그런데 안정복 자신은 이들 조선후기의 역사서로부터 많은 영향을 받고 있었다. 따라서 그의 『동사강목』은 조선전기 역사서들의 단점을 보완한 조선후기의 역사서가 가지고 있는 장점을 다시 수렴한 것으로 생각된다. 그러므로 이 『동사강목』에서는 조선시대 역사인식의 전형을 찾아볼 수 있을 것이다. 바로 이러한 이유 때문에 조선시대의 신라에 대한 이해상의 특징을 고구해 보려는 이 글에서는 그 주된 검토의 대상으로 『동사강목』을 택하게 되었던 바이다.

특히 『동사강목』에서는 『삼국사기』 이래의 전통에 따라 신라에 대하여 주목하고 있으며 신라사의 서술에 많은 지면을 할애하고 있다. 안정복은 물론 『삼국사기』의 신라에 대한 평가를 맹종하지는 아니하였다. 그는 그의 저서를 통하여 『삼국사기』와는 달리 고구려가 신라보다 먼저 건국되었음을 밝혀주기도 하였던 것이다.[24] 그러나 A.D. 669년(문무왕 9년) 이후로는 신라가 삼국분립이라는 무통의 단계를 지나 정통의 왕조가 되었음을 주장함으로써[25] 신라사의 중요성을 천명하고 있는 것이다. 삼국통합 이후의 신라를 정통왕조로 인정하고 이를 중시하는 그의 태도에서 우리는 신라사에 대한 그의 독자적 견해의 출현을 기대할 수 있게 된다.

3. 유교적 인식태도

조선왕조의 출현으로 주자학은 국가의 새로운 지도이념이 되었다. 그리하여 이미 조선왕조 초기부터 주자학에 입각한 사정체계가 마련되었고 정학正學인 주자학의 입장에서 역사의 서술도 이루어지게 되었다. 즉, 지

---

23) 安鼎福, 『順菴叢書』 上, 400쪽.
24) 安鼎福, 『東史綱目』 卷3. "新羅起於漢宣帝五鳳元年甲子 高句麗起於元帝建 昭二年甲申 百濟起於成帝鴻嘉三年癸卯"
25) 安鼎福, 『東史綱目』 卷1. "正統 謂檀箕馬韓新羅文武王〔九年 以後 高麗太祖"

나간 과거의 역사를 서술하는 데에 있어서도 유학적 편사방법編史方法이 존중되었고, 유학의 일단인 주자학의 영향으로 명분론과 의리론, 그리고 이와 유관한 충의忠義, 효열孝烈과 예학禮學의 정신이 역사의 서술에 투영되었다.

1) 유교적 수사방법 및 인식의 발달

조선왕조 초기에 이르러 삼국 및 신라시대의 역사를 서술하는 데 있어서 고려시대보다 더욱 다양한 접근방법이 시도되고 있었다. 즉 15세기 초 권근權近은 기전체적紀傳體的 역사서인 『삼국사기』가 가지고 있는 번다함을 비판하며,26) 편년체인 『동국사략東國史略』을 저술하였다. 또한 15세기 중엽 서거정 등은 같은 편년체 사서인 『삼국사절요』를 지어 삼국과 신라의 역사를 재정리하였다. 그 후 15세기 말엽에는 대표적 관찬사서官纂史書인 『동국통감』이 서거정 등에 의하여 저술되었는바, 이 책도 편년체의 서술방법을 따르고 있었다. 『동국통감』은 자치통감에 자극받아 저술된 것으로서 '주자학적 춘추대의의 성리사관性理史觀이 작용되어 있었던' 것이다.27) 춘추대의를 비롯한 정통론에 대한 인식은 18세기에 이르러 저작된 『동사강목』에 의하여 집대성되고 있다. 『동사강목』에서는 상술한 바와 같이 정통론이 한국사의 서술에 도입되고 있으며, 춘추필법이 매우 존중되었던 것이다. 이러한 역사서들에서 우리는 유학적 역사인식의 전개과정과 발전의 정도를 가늠해 볼 수 있을 것이다.

안정복은 『동사강목』을 통하여 신라사를 서술하면서 춘추필법 및 정통正統과 무통無統에 관한 이론을 엄격히 따르려 하였다. 그러므로 그는 춘추가 노사魯史를 근본으로 하여 노魯의 기년紀年을 따랐던 예를 한국사에 적용하여 중국의 정삭正朔이 아닌 동국의 기년을 써서 신라사를 비롯

---

26) 徐居正 외, 『東文選』 卷91, 三國史略序.
27) 李元淳, 1979, 앞의 논문, 62쪽.

한 한국사를 서술하고 있다.28) 또한 삼국이 정립한 때를 무통으로 보고
신라가 삼국을 통합한 문무왕 9년 이후를 정통으로 설정하였다. 그리고
그는 무통과 정통의 단계에 따라 특정한 인물이나 현상을 표현하는 용어
에도 엄격한 구별을 두고 있다. 즉 그는 군君과 왕王, 입立과 즉위卽位, 훙
薨, 장葬과 졸卒 등의 용어를 뚜렷이 구별함으로써 동일한 신라의 역사를
서술하면서도 무통보다는 정통을 존중하는 그의 태도를 분명히 하였
다.29) 또한 그는 춘추의 직필直筆을 본받아 역사적 사실에 대한 직필을
통하여 통서統緖를 범한 죄과나 망하게 된 소이연所以然을 나타내고자 했
던 것이다. 그리고 모든 신라 초기의 왕호를 표시할 때에는 『동국통감』
과는 달리 거서간居西干·차차웅次次雄·이사금尼師今·마립간麻立干 등의 칭호
를 사실대로 기록하고 있다.30)

  이러한 춘추필법에 대한 인식은 조선 초기의 사서史書에도 나타나고
있는 바이지만, 안정복 단계에 이르러 더욱 강화되고 있었던 것이다. 우
리는 그 전형적인 예를 『동사강목』 신무왕 원년조의 사평史評을 통하여
찾아볼 수 있는 바이다.31) 그는 김명金明이 희강왕僖康王을 시해하고 스스
로 왕위에 오른 것을 비난하고 있다. 그리고 김양金陽이 김명을 토벌하여

---

28) 安鼎福, 『東史綱目』 卷1. "凡[歲年] 東國歷世承用中國正朔 則似當紀以中國之
    年 然春秋尊王之書也 本魯史 故直以魯紀年 今旣是東史 則依春秋之例 以本國
    紀年"

29) 安鼎福, 『東史綱目』 卷1. "凡[名號]正統之君曰某國王 小國之君曰某國君 金首
    露 之類 盜賊曰某 萱裔之類" "凡[卽位]皆依本例 正統繼世曰卽位 新羅文武王
    以後皆書卽位其書立者下順之辭 無統曰立 正統之世 諸國曰嗣[新羅三姓相傳多
    異常例故隨事變文以致共詳 而異姓書姓]" "凡[崩葬]拜從本例 正統曰薨[臣子之
    辭] 葬必書 無統 稱薨而書名 葬不書其書者變例也 正統太后王后薨葬 書其不書
    者 史闕也 正統之世 諸國王及妃 拜書卒 [高句麗朱蒙及松氏之類 女主曰女主某
    卒 [女居尊位陰疑於陽干統甚矣 不可與正尊同稱故書卒]"

30) 安鼎福, 『東史綱目』 卷1. "新羅之初王號未定 稱居西干 次次雄 尼師今 麻立干
    崔致遠年代歷 嫌其夷語 變文書之 通鑑因之 史是記實之書 當從實書之 今依本
    史 [綱從本號目則稱王]"

31) 安鼎福, 『東史綱目』 卷1.

주살한 후 김명을 민애왕閔哀王으로 추존하였던 사실을 비난하며 "김명이 임금을 죽이고 스스로 왕이 된 것을 토벌하여 죽였으니, 마땅히 그 죄를 밝혀 중외中外에 효유해야 할 것인데도, 이제 추시하여 왕이라 칭해주었으니 어찌 잘못된 것이 아니겠는가"라고 말하였다.32) 그리고 그는 여기에 이어서 권근의『동국사략』에 언급된 사평을 다음과 같이 인용함으로써 춘추대의를 밝히고자 하였다.

> 『예기』에서는 원수 갚는 것을 중하게 여겼고 춘추에서는 반역에 대한 토벌을 귀하게 여겼다. 그러기에 임금과 아버지의 원수는 한 하늘 아래 같이 살수 없고, 임금을 죽이고 왕위를 찬탈한 도적은 누구나 다 토벌할 수 있는 것이다. 그리고 젊은이가 어른을 업신여기거나 천한 이가 귀한 이를 방해하는 것은 춘추에서는 매우 미워하였다. 김양金陽이 김명을 토벌하여 죽이고 김우징金佑徵을 왕으로 세웠으니 이는 참으로 원수를 갚고 도적을 토벌하는 대의에 합당한 것으로서 마땅히 찬미하여 만세萬歲에 신자臣子들을 권장해야 할 것이다. … 신라시대 임금과 신하의 일로서는 이것이 가장 의리에 맞는 것이라 하겠다.33)

신라 초기에는 왕위 세습에 박·석·김 3성 교체현상이 있었다. 이는 왕권이 확립되지 못하고 정치적 권위가 지배자(ruler)가 아닌 지도자(leader)에 의해서 유지되던 전통이 남아 있던 당시의 상황을 반영한 현상이었다. 그러나 왕위의 계승문제는 유학적 역사이해에 있어서 가장 중요한 요소가 되므로 조선왕조 전기의 역사가들은 이에 대하여 사평을 가하지 않을 수 없었다. 왜냐하면 성씨姓氏의 교체는 왕통의 교체인 혁명에 준하는 것으

---

32) 安鼎福,『東史綱目』卷1. "未神式王元年[文聖王 元年] 春閏正月 金陽 討明誅之 … 諡閔哀 [按金明弑君自立 討而誅之 則當明正其罪 曉諭中外 諡稱王 豈不謬哉]"

33) 安鼎福,『東史綱目』卷1. "權氏曰 禮重復讐 春秋貴討賊 故君父子讐 不共戴天 篡弑之賊 人人所得討也 且小陵長賤妨貴 亦春秋之所深惡也 … 而陽等討殺明 而立祐徵 是眞得報讐討賊之議 當加美詞 以爲萬世臣子之勤也 … 羅代君臣之事 此最合於義者也"

로 판단되고 있었기 때문에 이를 중시하였을 것으로 생각된다. 따라서 『동
국통감』에서는 신라 초기 삼성교체三姓交替의 현상에 대하여 통론하고 있
었으며 왕성이 교립하여 사통이 끊겨지고, 혹 이성군주異姓君主가 제사를
드린다 하더라도 예가 될 수 없다고 비난하였던 것이다.[34] 이러한 조선
전기의 견해는 조선왕조가 창건된 초창기에 당하여 왕실의 통서統緖를 분
명히 하고 사제祀祭의 전통을 확립해 보고자 하던 노력의 표현으로 생각
된다.

   그런데 조선후기에 저술된 『동사강목』에서는 삼성교립三姓交立의 현상
을 전통적인 왕위 세습방법으로 인정하지는 아니하였지만, 삼성교립이
왕위와 같은 지고한 자리라도 서로 양보하는 미덕을 나타내는 현상으로
도 볼 수 있음을 지적하였다. 즉, 안정복은 '이성異姓의 왕을 세우는 것은
난명亂命을 따름에 지나지 아니하고, 또 이것은 자손을 위한 좋은 계책이
아님'을 분명히 하고 있다. 그러나 이와 같은 신라의 풍속은 후세에 왕위
를 탐내어 동기간에 혈전을 벌이는 자에게 비하면 매우 훌륭한 일이었음
을 상기시킨다.[35] 그가 이러한 사평을 시도하게 된 이면에는 17세기 이후
치열하게 전개되었던 당쟁黨爭에 대한 비판이 잠재되어 있었던 것으로 생
각되어진다. 왜냐하면 당쟁이란 우선 관직을 획득하고자 하는 투쟁이었는
데, 안정복 자신이 이를 부정적으로 파악하고 있었던 경향이 드러나고 있
기 때문이다.[36] 아마도 그는 권력을 획득하고자 하는 모든 투쟁에 대하여
회의하고 있었던 듯하다. 그러므로 그 자신도 관직에의 뜻을 버리고 학문
의 연구에만 전념할 수 있었을 것이다.

   신라의 역사에서 등장하는 세 여왕에 대한 평가도 조선왕조 당시의 사
론 중에서는 특징을 띠고 있다. 이에 대하여 조선 초기 『동국사략』의 사
론을 검토해 보면 권근은 천도天道에 있어서 양陽은 강한 것이고 음陰은

---

34) 徐居正, 『東國通鑑』.
35) 安鼎福, 『東史綱目』 卷1.
36) 安鼎福, 『順菴叢書』 上.

유柔한 것이며, 인도人道에 있어서는 남존여비男尊女卑가 정상적인 것인데
여왕의 등장은 이러한 상궤常軌에 반하는 것으로 평가하고 있다.37) 이와
같은 권근의 평은 여왕이 등극했던 신라시대 당시의 정치적 상황을 도외
시하고, 주자학의 가치체제에 입각한 관념적 사론史論으로 생각된다. 그
리고 우리는 권근의 이러한 사평을 통하여 주자학에 충실하고자 하던 권
근의 자세를 확인할 수는 있을 것이다.

한편, 『동국통감』에서는 이들 신라의 여왕들이 자립전천自立傳擅한 것
이 아니라 군신君臣들의 추대를 받은 것이므로 그 존재를 인정해 주어야
한다38)는 사평도 보이고 있다. 이는 『동국통감』의 편찬자들이 조선 초기
거듭된 정변을 체험한 위정자로서, 사태를 감성적으로 보지 않고 냉철한
정치의식을 가지고 인식할 수 있었던 까닭으로 인식되고 있다.39)

조선후기에 저술된 『동사강목』에서는 신라의 세 여왕이 모두 선군先君
의 명을 받아서 즉위하였으나, 여자로 군존君尊이 되어 통서統緖를 범함이
심하다고 평가했고, 그들을 여왕이라는 명호名號 대신에 여주女主라는 칭
호로 부르고 있다.40) 또한 여주 진성眞聖의 실행失行과 폐정弊政을 치열히
공격하여 여자로서 왕위에 오른 인물의 제한성을 부각시켜 보려 하였
다.41) 그리고 안정복은 여왕에 대한 권근의 평론을 존중하고 있다. 이러
한 안정복의 견해는 그 자신이 유학적 역사해석의 원리에 충실하고자 하

37) 徐居正, 『東國通鑑』(1970, 경인문화사, 영인). "[權近曰] 天道陽剛而陰柔 人道男
　　尊而女卑 男正位乎外 女正位乎內 此天地之常經也"
38) 徐居正, 『東國通鑑』(1970, 경인문화사, 영인). "又立女弟曼曼 又荒淫天厭穢德
　　覆亡繼至原 其始則三主之得干天位者 非若昌武專擅自立之比 眞平定康之亂命
　　有以致之也"
39) 李元淳, 1979, 앞의 논문, 82쪽.
40) 安鼎福, 『東史綱目』卷1. "新羅三女主 雖皆承先君之命而立 以陰君尊于統甚矣
　　通鑑眞聖之年 黜而分注 今從之 依于統例"
41) 安鼎福, 『東史綱目』卷1. "權氏曰, 漢雄唐瞿 皆牝晨程惡 謀覆宗國 危而復安
　　劉李之不亡辛矣 定唐藉善德眞德故事 遺命立曼 其臣俊興 不學無衛 勉從亂命
　　… 國隨以亡 可謂君不君而臣不臣矣"

였기 때문에 제시될 수 있었던 것으로 생각된다. 또한 그가 여왕의 즉위 당시의 상황에 대한 현실적 이해보다 명분론에 더 치우치고 있는 것은 조선 초기『동국통감』과 같은 관찬사서의 편찬자들과는 달리 정치활동의 경험이 거의 없었던 데에서 유래한 것으로 해석될 수도 있을 것이다.

이상과 같이 조선왕조 시대에 들어와 유학적인 수사방법의 폭이 넓어져 편년체의 사서가 다수 등장하고 있었다. 그리고 이러한 사서 가운데에는『통감강목通鑑綱目』의 자극에 의하여 강목체적 서술을 시도한 저서도 등장하였다. 이 시대의 사서들은 유학적 역사인식을 강하게 드러내고 있다. 이러한 특징은 춘추대의春秋大義나 정통론에 관한 주장을 통하여 집약적으로 드러나며, 신라사를 기술하는 데에 있어서도 이 인식의 원칙이 적용되고 있었던 것이다.

2) 유학적 가치관의 강조

조선왕조 시대의 역사서들은 근대近代의 그것과는 달리 교훈적 성격을 뚜렷이 가지고 있었다. 그리고 경사일체적經史一體的 교육풍토 아래에서 역사를 통한 유교적 가치관의 보급이 시도되고 있었다. 이러한 시대적 특성 때문에 신라사를 서술하는 데에 있어서도 충의忠義·효열孝烈, 그리고 예학禮學과 같은 주자학적 가치판단의 기준에서 사료를 선택하였고, 그것에 대한 사론을 통하여 유교적 가치관을 강조하게 마련이었다. 우리는 이러한 예를 조선후기의 역사서인『동사강목』을 통하여 다시 한번 확인할 수 있을 것이다.

3) 유학적 가치관의 투영

실천윤리적 성격이 농후한 유학에 있어서 가장 중요시되고 있는 가치관은 삼강三綱과 오륜五倫의 범위 안에 집약되어 있다. 그러므로 유학을 지도이념으로 삼고 있는 사회에서는 충의·효열 및 예와 같은 가치가 존중되게 마련이었고, 안정복의 『동사강목』에도 이러한 가치관이 반영되어 있다.

안정복은 신라의 습속을 서술하며 충과 의에 관한 사실을 중시하였다. 그는 "신라의 습속이 충신과 절의를 숭상하여, 싸움에 나아가 죽는 것을 영광으로 알고 물러가 사는 것을 수치로 여겼음"을 밝히고 있다.[42] 그리고 신라의 왕을 위하여 순절한 신하의 충절을 높이 평가하였다. 즉 그는 박제상朴堤上의 충절을 밝히기 위해서 노력하였고, 박제상이 위계僞計로 왜로 달아났다가 왜에게 죽임을 당하였다 하여 그를 낮게 평가해서는 안 됨을 밝히고 있다.[43] 또한 그는 장보고張保皐를 계석지신桂石之臣이라 평하며 그의 충절과 원사怨死를 논하면서 장보고를 살해한 자를 '도盜'라고 표현하였다.[44] 그리고 경애왕景哀王의 죽음을 서술하며 왕건이 '왕실을 높이는 의리를 알아서' 신라를 도우려 했던 사실을 높이 평가하였다.[45] 한편, 충절에 대한 반대개념인 역적에 대한 그의 판단은 매우 준엄한 것이었다. 그는 그의 저서를 통하여 '역逆'이나 '시弑'라는 용어를 가지고 충절에 반대되는 행위를 단죄하고 있다. 이러한 가치판단의 뚜렷한 예는 개소문에 대한 그의 평가에서 드러나는 바이다. 즉 그는 개소문을 긍정적으로 평가했던 왕안석王安石이나, 재사才士라고 말했던 김부식의 견해에 정면으로 반대하여 그들이 춘추의 필법筆法인 '토주討誅의 의리를 몰랐기 때문에' 이와 같은 평가가 나온 것으로 보았다.[46] 안정복의 이와 같은 사고방식은 신라사의 서술에도 여지없이 적용되고 있는 바, 그는 김헌창金憲昌

---

42) 安鼎福, 『東史綱目』 卷1. "崔氏曰 新羅之俗 尙忠信崇節義 臨戰則以進死爲榮 退生爲辱"

43) 安鼎福, 『東史綱目』 卷1.

44) 安鼎福, 『東史綱目』 卷1. "丙寅八年春 盜殺鎭海將軍張保皐 [按張保皐之忠勇勳業 可謂柱石之臣 而言一興竟至屠殺 此時金陽當國無一言相救 豈非地醜迹逼不敢言耶 誠可恨也]"

45) 安鼎福, 『東史綱目』 卷1.

46) 安鼎福, 『東史綱目』 卷1.

의 반역행위에 대해서도 이러한 관점에 입각한 견해를 가지고 있었다.[47]

안정복은 『동사강목』에서 신라사 부분을 서술하면서 당시 효행孝行에 대한 기록을 중시하여 이를 발췌해서 기록하고 있다. 즉 그는 어머니의 병을 치료하기 위해 넓적다리를 베어 약으로 썼던 성각聖覺의 '효행'이나, 효자 손순孫順의 사적, 효녀 지은知恩에 관하여 상당한 지면을 할애하고 그들의 행위를 높이 평가하였다.[48] 한편 안정복은 효와 함께 열烈에 대해서도 이를 선양하여 하였다. 이에 관한 구체적인 예는 신라사에서는 드러나지 않고 있으나 백제의 개루왕蓋婁王과 함께 도미都彌의 아내에 관한 기사를 통하여 그 정결貞潔을 칭송하였던 것이다.[49]

조선왕조 후기의 사회에서는 예학禮學이 크게 발달하였고 양반계층에 있어서 예의 실천은 생활화되어 있었다. 안정복은 이러한 사회적 분위기에 영향을 받고, 또 예의 실천을 선양하기 위하여 신라의 역사를 서술하면서 혼례·상례, 그리고 제례에 관한 문제를 소중히 다루었다. 즉 그는 '예란 인도人道의 큰 절조요 관혼상제는 일용에 가장 절실한 일'임을 밝히면서 신라를 비롯한 삼국에 있어서 예의 문란상을 통탄하였다.[50]

그는 혼례에 있어서 동성불혼同姓不婚의 원칙에 입각하여 신라의 결혼 습속을 비난하고, 그것을 자세히 밝히어 기의譏議하는 뜻을 나타내고자

47) 安鼎福, 『東史綱目』 卷1. "三月 熊州都督金憲昌 擧兵反 遣張雄等討誅之 憲昌 屢典外藩 形勢頗張 常怨其父子不得爲王 擧兵叛 國號長安"

48) 安鼎福, 『東史綱目』 卷1. "賜孝子聖覺租三百碩 聖覺 菁州人 養母至孝母病割股"·"賜孝子孫順宅 歲給米六十碩 順 牟梁人 有至性 父歿 未妻傭作以養母 順 有小子 每奪母食 順 難之 謂妻曰 兒可得 母難再求 乃負兒歸山北郊 掘地欲埋"·"丁巳孝恭王元年 旌孝女知恩之門 知恩 漢岐部民連權女也 性至孝 小喪父 獨養母 年三十二猶不從人 不離左右 家貧傭作"

49) 安鼎福, 『東史綱目』 卷1. "是爲肖古王[一云素古]先是盖婁王 聞民有都彌者 其妻姜麗有節行 召謂都彌曰 婦人雖貞潔 若在幽昏無人之處 誘以巧言 能不動心者鮮矣 對曰人雖不可測 若臣之妻 雖死無貳也 王留都彌 使近臣詐爲王 夜抵其家云云"

50) 安鼎福, 『東史綱目』 卷1. "新羅始頒喪服 [按禮者 人道之大節 而冠婚喪祭 最切於甲箕王之世 必有一代之制 而惜乎夷貊交亂倫敎 滅禮樂文物 蕩然無存"

함을 천명하였다.[51] 그리고 그는 신라의 동성혼同姓婚을 비난한 김부식의
사평史評에 동조하는 태도를 다음과 같이 취하고 있다.

> 아내에게 장가들 때 같은 성에 장가들지 않은 것은 분별을 철저히 하려
> 는 까닭이다. 그러나 신라에서는 동성同姓에 장가들 뿐 아니라 형제의 아들
> 과 내외종內外從 누이들까지도 모두 맞아들여 아내로 삼았으니 예로 따지면
> 너무나 잘못했다.[52]

이러한 안정복의 태도는 동성불혼의 원칙에 따라, 자비왕慈非王이 자기
계녀季女의 딸을 왕비로 맞아들였던 것을 비난하며 "왕과 왕비가 조상을
같이하고 있으니 종묘의 제사 때 신위神位가 그 제사를 받아들일 것인가"
라고 생각했던[53] 조선왕조 초기 역사가들의 생각과 크게 다를 바 없는
의견을 가지고 있었다. 즉 그는 유학적 관념의 연장선 위에서 혼인에 관
한 문제를 생각하고 있었으므로 신라왕실의 혼인풍습을 비난했던 것이
다.[54]

또한 그는 진흥왕이 백운白雲·김천金闡과 여자 제후際厚에게 벼슬을 내
렸던 사실을 가지고 말하기를 "제후가 백운과의 결혼에 관한 약속을 지
키려 했던 사실은 가상하나 외간남자와 몰래 말하였으니 이미 예가 아니
다. 또한 백운과 함께 산골짜기로 잠행한 것은 간통과 다를 바 없다. …
신라왕이 이를 법으로 단죄하지 아니하고 도리어 좋은 벼슬로 표창하였

---

51) 安鼎福, 『東史綱目』 卷1. "冠婚依例 而其同姓婚娶 特詳以示譏"
52) 安鼎福, 『東史綱目』 卷1. "金氏曰 娶妻不娶同姓 以厚別也 新羅不止取同姓兄
　　弟子姑姨從姊妹 皆聘爲妻 責之以禮 則大悖矣"
53) 安鼎福, 『東史綱目』 卷1. "慈悲王 納其季女未斯欣之女爲妃 其無人道甚矣 夫
　　王與妃 同其祖矣 以奉宗廟之祀 神其享之乎 神不享 則祚必不長矣 傳曰 男女
　　同姓 其生不繁 慈悲生炤智炤智遂絶嗣 可不戒哉"
54) 安鼎福, 『東史綱目』 卷1. "新羅后妃 率皆同姓 而嫌於犯禮 告奏上國 多以父名
　　爲氏 權氏曰 昔魯昭公娶於吳 爲同姓 謂之吳孟子 羅之君臣 亦知娶同姓 爲非
　　禮而諱之 不能謹於始而犯之 是不待貶絶而自著矣"

으니 너무 지나친 것이 아닌가"라고 했다.[55] 이 말을 통하여 살펴볼 때
그는 유교의 혼례에 관한 규정을 엄격히 실행해야 된다고 생각했음을 알
수 있으며, 결혼 전 남녀간의 자유로운 교제에 대해서도 극히 부정적으로
평가하고 있었음이 드러난다. 이와 같이 안정복은 신라의 혼인풍습에 대
하여 논하면서 자신의 유교적 가치관을 강하게 투영시켰던 것이다.

그의 유교적 윤리관은 상례를 논하는 과정에서도 작용하고 있다. 그는
신라에서 지증왕 5년에 상복제도를 반포한 것에 주목하고 있으며, 당시
의 상례에 관한 고증을 시도하고 있다.[56] 또한 지증왕이 순장을 금지시
킨 사례를 들어 왕의 현명함을 칭송하였다.[57]

안정복이 가지고 있던 상례에 관한 유교적 해석방법은 화장산골火葬散
骨에 대한 비난을 통해서도 드러나고 있다. 안정복은 선덕왕이 죽은 후
화장하여 그 유골을 동해에 뿌린 사실에 대하여 '스스로 그 몸을 형벌한
것'이며, '시역弑逆의 과보를 받은 것'으로 생각할 수밖에 없다고 평하였
다.[58] 이러한 그의 사고방식은 호국용護國龍이 되어 나라를 지키겠다는

---

55) 安鼎福,『東史綱目』卷1. "按爵祿者 命德之器而礪世之具也 三人可罪 不可爵
也 白雲從有抱柱之信 旣犯作奸之科 金闡雖出許友之義 雖免咎繇之法 際厚之
必欲守約 則賢矣 與外間男子 私相密語 已爲非禮 與白雲潛行山谷 無異私奔
爲俠客所掠 而又不之死 則其節安在 羅王不能斷之 以禮律 反加麋爾之寵以褻
之 不亦過乎"

56) 安鼎福,『東史綱目』卷1. "新羅始頒喪服 [按禮者 人道之大節 … 北史曰 高句
麗婚嫁 取男女相悅 卽爲之男家送猪酒而已 無財聘之禮 或有受財者 人共耻之
以爲賣婢死者 殯在屋內 經三年 擇吉日而葬 居父母及父喪服 皆三年 兄弟三月
初終哭泣 … 取死者 生時服玩車馬置慕側 會葬者 爭取而去 百濟 若朝拜祭祀
其冠兩珝拜謁之禮 以兩手據地爲禮 婚娶之禮略 同華俗 父母及父死者 三年居
服 餘親則葬訖 除之 新羅婚嫁禮惟酒食而已 … 王及父母妻子喪 居服一年 此
其大略也"

57) 安鼎福,『東史綱目』卷1. "二月 鷄林 始禁殉葬 前時王薨 殉以男女各五人 至
是禁焉崔氏曰 葬不邇古 作俑以葬 其?至於殉人 不仁孰大 羅法 王薨必殉 習
以爲常 歷數十世 而莫能革者 王能禁之 其視泰穆之亂命 康公之迫而納之壙中
者 豈不賢哉"

58) 安鼎福,『東史綱目』卷1. "死後依制燒火 散骨東海 謚曰宣德 [按乃燒火散骨東

의지로 동해상의 산골散骨을 유언으로 남겼던 문무왕의 행위를 비난하던 조선왕조 초기의 역사인식 태도와[59] 별다른 차이가 없는 것이었으며, 그가 생존했던 당시 일반 양반층이 가지고 있던 견해와도 하등의 다를 바가 없는 것으로 생각된다.

안정복은 상례와 함께 제례에 대해서도 언급하고자 하여 왕의 추존이나 왕실의 제례를 주의 깊게 관찰하였다.[60] 즉 그는 조상에 대한 유교적 숭배의식을 강조하기 위한 방편으로 신라에서 시조묘를 세우고 제사를 지낸 데에 주목하였다.[61] 또한 혜공왕惠恭王 때에 왕묘王廟를 세워 1년에 6번 제향祭享한 사실을 비교적 상세히 기록하고 있다.[62] 그리고 이러한 제사에 대해서도 유교적 규범을 강조하고 있었으므로 남해왕南解王이 시조묘를 세운 후 자신의 누이동생인 아노阿老를 시켜 주재하게 한 것은 '오랑캐의 풍속으로 의義가 없는 일'이라고 단죄하였다.[63] 그는 조상숭배에 관한 신라 민간의 유교적 제례에 관하여 언급하기를 원했을지도 모를 일이나, 아마도 자료의 부족으로 제사에 대한 언급이 여기에까지는 미치지 못했던 듯하다.

안정복은 왕도정치를 가장 이상적인 것으로 생각하고 있었으므로 신라

海抑天誘其衷 自刑其身 以受弑逆之報"

59) 安鼎福, 『東史綱目』 卷1. "[權氏曰] 葬者藏也 … 其逆理悖常 甚矣 後世之人 惑於其說 而不察也 至有以之親之屍 付之烈熖之中 而焚燒之 其爲不仁 至此極矣 今文武王 遺命火葬 一時臣子 從其亂命 而不知其爲非 至於孝成宣德 旣燒其柩 又散骨東海 邪說之惑人 可勝痛"

60) 安鼎福, 『東史綱目』 卷1.

61) 安鼎福, 『東史綱目』 卷1. "丙寅馬韓 [新羅南解王三年 高句麗瑠璃王二十五年 百濟始祖二十四年] 春正月 斯盧立始祖廟 立始祖赫居世廟 四時祭之"

62) 安鼎福, 『東史綱目』 卷1. "初新羅宗廟之制 未詳 南解王立始祖廟 自是嗣君必告謁廟炤智王 復位神宮 嗣君必親祀 至是始以味鄒王 爲金姓始祖 太宗文武平麗濟有大功德 爲不毁之宗 拜祖禰爲五廟 一年六祭 正月二日五日五月五日七日上旬 八月五日十二日寅日"

63) 安鼎福, 『東史綱目』 卷1. "斯盧立始祖廟 立始始赫居世廟 四時祭之 以王親妹阿老主祭[按以妹主祭 是夷俗之無義者]"

사의 서술에 있어서도 이러한 유교적 가치관에 영향을 받고 있다. 그는 신라의 임금이 충신과 절의를 숭상하여 이를 몸소 행하고 마음에 깨달아서 인도하였다면 "노를 변하여 도에 이르게 한다"는 『논어論語』 「옹야雍也」에 나오는 왕도정치를 구현할 수 있었으리라는 가정을 하고 있다. 그리고 왕도정치가 신라에서 시행되지 못하였음을 애석해 하였던 것이다.64) 그는 왕권의 전횡에 대하여 상당히 경계하고 있었으며,65) 한편으로는 군신 사이에 명분이 혼란되는 것을 우려하였던 것이다.66) 요컨대, 그는 왕도정치의 시각에서 신라의 왕정을 논하려 하였으며, 유교적 가치관을 투영시켜 신라사의 의미를 추구했다. 그리고 유학적 편사방법編史方法에 의해 그 역사를 기술하고 있었던 것이다.

4. 신라불교에 대한 평가

조선왕조는 주자학을 새로운 지도이념으로 삼아 창건된 국가였다. 따라서 조선왕조에서는 건국 직후부터 전왕조인 고려와는 달리 불교를 배격하는 태도가 명백히 드러나고 있었다. 조선왕조의 척불양유정책斥佛揚儒政策을 수립하고 이를 추진시켜 나갔던 당시의 유학자들은 고려 불교의 폐단뿐만 아니라, 불교가 지니고 있는 종교적 진리 자체에 대해서까지도 공격하기를 서슴지 않았다. 그들은 불교를 무부무군無父無君의 교教로 파악하였고, 이적夷狄 금수禽獸의 도로 인식했던 것이다. 그리하여 그들은 그들이 저술한 역사서에도 이러한 척불적斥佛的 관념을 드러내게 되었다. 반면에 고려의 역사가들은 당시의 불교적 풍토에 힘입어 전대의 역사

---

64) 安鼎福, 『東史綱目』 卷1. "盖其人心 世道之淳厖 有以致之世 非麗濟所能及 其
   君如有躬行心得而倡之者 則變魯至道 其在於此 而惜乎新羅之治 止於新羅而已
   也"

65) 安鼎福, 『東史綱目』 卷1.

66) 安鼎福, 『東史綱目』 卷1.

를 서술하면서도 불교에 대하여 긍정적인 견해를 가지고 있었다. 즉 김부
식의 경우를 보면, 비록 그가 유교적 합리정신에 입각하여 『삼국사기』를
저술했다 하더라도,[67] 삼국시대 불교가 가지고 있던 긍정적인 측면을 충
분히 인정하는 입장에서 이를 서술하고 있었다. 또한 불교의 승려였던 일
연도 그의 『삼국유사』를 통하여 불교사 영역의 확대를 꾀하며 불교사상
의 총화를 기하려 하였고, 호국불교 사상 및 대중불교의 정신을 선양하려
하였던 것이다.[68]

　그러나 안정복은 신라의 불교에 대하여 서술하는 과정에서 고려시대
역사가들의 태도보다는 조선왕조 전기에 살았던 인물들의 견해를 거의
그대로 존중하고 있었다. 불교사에 대한 이러한 그의 태도는 신라사에 대
한 유교적 인식의 또다른 측면을 나타낸 것이거니와, 그는 척불론적 입장
에서 신라의 불교를 다루고 있다. 신라 불교에 대한 척불적 입장의 서술
은 신라사의 사료를 취사선택하는 과정에서도 분명히 드러난다. 즉 그는
불교에 관한 풍부한 사료를 무시하고, 불교에 관계되는 기사는 '그 시초
만을 쓰거나 그 심한 것만을 들어' 불교사의 부정적인 측면을 강조하고
자 하였다.[69] 이와 같은 그의 태도는 신라시대 유교에 관련될 수 있는 거
의 모든 기사를 빠짐없이 기록하려 했던 것과는 좋은 대조를 이루고 있
는 것이다.

　안정복은 신라문화의 형성과 발달에 있어서 불교가 끼친 긍정적인 요
소를 다음과 같이 부정하고 있었다.

　　이 시기에 동국의 풍속은 거칠고 촌스러워 불교를 신봉한 뒤에는 허망한
　　말이 이르지 않은 것이 없으니, 이는 성인의 도가 행해지지 않아서 사람들이

---

67) 高柄翊, 1969, 「三國史記에 있어서의 歷史敍述」 『金載元博士回甲紀念論叢』,
　　을유문화사, 85쪽.
68) 金相鉉, 1978, 「三國遺事에 나타난 一然의 佛敎史觀」 『한국사연구』 20, 58쪽.
69) 安鼎福, 『東史綱目』 卷1. "自三國 至高麗 尊奉佛敎 如人關燃燈百高座 受菩薩
　　戒 講經飯僧 創寺建塔之類 不可勝書 或書其始 或擧其甚者"

이치를 밝혀 봄이 분명하지 못한 까닭이다. 슬프도다.70)

즉 안정복은 신라인들이 불교에 '현혹되어' 이치를 밝혀 볼 수 없었다고 말함으로써 불교의 긍정성을 부인하고 있는 것이다. 그리고 그는 불사佛寺에 뇌전雷電한 경덕왕 17년의 기사를 서술하면서 불교가 들어온 이래 '사설邪說이 가득하고 사람의 심술心術이 무너져서 그 화禍가 홍수나 맹수보다 심하고, 이적이 찬시簒弑하는 변고보다 참혹했으며 … 이로부터 난신적자亂臣賊子가 없는 때가 없어서 위망이 뒤따랐고, 무부무군無父無君의 교가 사람을 해침이 참혹했음'을 강조하던 조선왕조 초기의 신라불교에 대한 인식을 따르고 있었다.71)

한편 안정복은 고려시대의 역사가들이 불교적 사관에 입각하여 삼국과 신라의 역사를 서술하고 있었던 데에 대하여 공격하였다. 즉 그는 신라와 고려시대에는 불교를 존숭하였기 때문에 그 폐단이 많았는데 "역사를 쓰는 사람이 그 기록할 것이 없음을 민망히 여기어 심지어는 이와 같은 불교에 관한 일을 정사에 엮어, 한 구역 어진 나라를 모두 괴이한 무리로 만들었으니 너무나 애석한 일이다"라고 한탄하기까지 하였다.72)

또한 그는 일연의 『삼국유사』에 대해서도 "이 책이 본디 불교의 원류를 전하기 위하여 지었기 때문에 더러 연대는 상고할 수 있으나 전혀 이단의 허탄한 설이다"라고 그 참다운 가치를 인정하려 하지 아니하였다.73) 그리고 불교에 관한 모든 긍정적인 기록은 '불佛에 아첨하는 것'으

---

70) 安鼎福, 『東史綱目』 卷1. "此時 東俗荒陋 及自奉佛 以後誕妄之說 無所不至 此
聖人之道不行 人之燭理不明 故也 悲夫"
71) 徐居正, 『東國通鑑』 上. "自佛氏入中國以來 邪說充塞 壞人心術 其禍甚於洪水
猛獸之害慘於夷狄簒弑之變 故天之警告 … 自是 亂臣賊子 無世無之 而危亡隨
至 無君無父之敎之禍人國家 如是 其慘矣 後之溺佛之主 盍亦少悟焉"
72) 安鼎福, 『東史綱目』 卷3. "按 東國古初怪說甚多 作史者 悶前代載記闕漏 無事
可稱遂取俚俗不經之說 編入正史 有若實有足事者然 今一切刊正 作怪說辨證"
73) 安鼎福, 『東史綱目』 卷1. "其書 本爲佛氏立敎之源流 而作故間有年代之可考
而專是異端虛誕之說"

로 보고 있었다. 그러므로 그는 당시 동방도학東方道學의 원류로까지 추앙
되던 신라의 최치원이 『승이정전僧利貞傳』에서 한 승려의 생애를 언급한
것은 '불에 아첨하여 요망한 지경에도 돌아간 것'임을 지적하고 한탄했
던 것이다.74)

안정복은 삼국 가운데 신라에서 불교가 가장 성행했음을 인정하고 있
었다.75) 그리고 신라의 불교에 관한 중요한 사실을 발췌하여 기록하고
유교적 입장에서 사평을 가하기도 하였다. 그는 법흥왕이 불교를 공인하
기 이전부터 신라에 불교가 있었다는 사실을 강조하고 있다. 즉 그는 법
흥왕 이전 자비왕慈悲王이라든지 소지왕炤智王과 같은 칭호가 모두 불가佛
家의 용어임을 지적하였다.76) 이와 같이 그가 신라불교의 연원을 소급시
킨 것은 자신의 현학을 드러냄과 동시에, 불교적 사관을 가지고 있던 역
사가들이 고증에도 철저하지 못하였음을 드러냄으로써, 자신의 유학적
사관에 넓은 동조자를 구하기 위한 방편이었던 것으로 생각된다. 이와 같
은 그의 의도는 부여사扶餘史에서 아란阿蘭과 가엽迦葉과 같은 불교용어가
등장함에도 이를 간과하고 사료로 채택한 데 대한 비난을 통해서도 나타
나고 있다.77)

그는 척불적 입장에서 불교를 논하고 있음으로 사료를 선택하는 데에
도 "절을 새로 짓는 것을 금지하였다"는 애장왕대의 기록과 같은 것에
주목하고 있었다.78) 그의 척불적 입장은 여러 사평을 통하여 잘 드러나

74) 安鼎福, 『東史綱目』 卷3.
75) 安鼎福, 『東史綱目』 卷1. "甲子[新羅眞興王五年 高句麗安原王十四年 百濟聖王
　　二十二年] 春二月 新羅作興輪寺 度人爲僧尼 新羅自此廣興寺刹 奉佛之勤 最於
　　三國矣"
76) 安鼎福, 『東史綱目』 卷3. "新羅佛法之行 雖在是年 而炤智王時 有焚修僧 則前
　　已有佛矣 且慈悲炤智等號 皆有佛語 盖佛語雖存 而一國信奉 從此始也"
77) 安鼎福, 『東史綱目』 卷3. "三國史云 扶餘王解夫婁相阿蘭弗曰 日者夢 天帝曰
　　將使吾子孫 立國於此 汝其避之 東海之濱有地 號曰迦葉原 土壤膏沃 … 阿蘭
　　弗勸王移都於彼"
78) 安鼎福, 『東史綱目』 卷1. "禁新創佛寺 時佛寺遍於中國 王下敎禁新創 唯許修

고 있다. 즉 그는 신라불교의 공인에 관하여 언급하는 과정에서 "법흥왕이 불법을 일으키려 하니 여러 신하들이 이를 배척한 것은 참으로 양지良知가 있었던 것인데, 이차돈異次頓이 자기의 죽음을 아끼지 않고 그 불법을 일으키려는 계책에 찬성하였으니, 그는 화를 빚어낸 주인이요 임금을 함정에 빠뜨린 신하라고 할 수 있다"는 권근의 견해에 동조하고 있다.[79] 그리고 이차돈의 죽음에 관하여 자신의 견해를 첨가하기를, "불교가 영이靈異함이 있어 실제로 이러한 일이 있었다 하더라도 이것은 인간 세상 밖의 허탄한 가르침에 불과한 것이니 어찌 집과 나라의 일에 관계되는 것이겠는가. 제왕이 천하를 다스림에는 절도와 떳떳한 인륜과 법도가 있는 법이요, 실로 딴 곳에서 이를 바랄 것이 없는 바인데 세상의 임금으로서 황홀하고 신괴神怪한 속에 빠져 이를 스스로 깨닫지 못한 것은 무슨 까닭인가"라고 반문하였다.[80]

안정복은 신라에서 백좌강회百座講會와 팔관회를 설치했던 사실에 대하여 공격하고 있으며,[81] 진흥왕과 그 왕비가 승니僧尼가 되었음을 혹독히 공격하였다.[82] 그리고 그는 문무왕의 예를 들어 불교의 화장을 공격하면

茸又禁以錦繡爲佛事 金銀爲器用"

79) 徐居正,『東國通鑑』上. "今法興王 欲興其法 羣臣共請斥之 可謂有良知矣 異次頓 不惜其死 贊成其計 可謂其禍之主而陷君之臣矣"; 安鼎福,『東史綱目』卷1 "權氏曰 佛氏之敎淸淨寂滅 … 今法興王 欲其法 群臣斥之 可謂有良知矣 異次頓不惜其死 贊成其計 可謂其禍之主而陷君之臣矣"

80) 安鼎福,『東史綱目』卷1. "佛敎靈異 實有此事 是不過物外虛誕之敎 有何關於家國事耶帝王之治 天下自有彝倫典常之道 實無待於也 而世主惑溺於怳惚怪之中 不自覺焉何哉"

81) 安鼎福,『東史綱目』卷1. "新羅始設百座講八關會 … 是足以保天命民心 而歷年愈長 八關之會 其無稽 作俑之罪 大矣"

82) 安鼎福,『東史綱目』卷1. "秋八月 新羅王彡麥宗薨 次子金輪 立 王自卽位以來 一心奉佛 末年祝髮被僧衣 自號法雲以終其身 王妃思道夫人朴氏 角干英失之女 亦落彩爲尼 初毛禮之妹名史氏 投黑胡子爲尼 … 崔氏曰 蕭梁捨身爲奴 貽笑萬世 然只捨其身 未聞捨及其妃今王與妃 同時剃髮 將何以奉宗社臨君臣乎 是必髡一國之士女然後已也 新羅之終於佛法 衰敗不亦宜乎"

서 "그 교설敎說에는 금수를 태우는 것도 오히려 죄가 된다 하여 인과응
보의 참혹함을 극언極言하였는데, 사람이 죽으면 반드시 태우려 하니 지
친至親을 금수만도 못하게 보는 것이며, 매우 이치에 어긋나고 상도常道에
어그러지는 바이다"라고 말한 조선 초기 유학자들의 견해에 동조하였
다.83) 그는 불교의 화장火葬이 가지고 있는 본래의 의미에 대하여 알기를
거부하고 유교적 예학의 입장에서 이를 비난만 하고 있었던 것이다.

안정복은 불교에 대하여 부정적으로 평가하고 있었으므로 신라가 멸망
한 원인에 대해서도 이를 군이 불교와 연관시키려 하였다. 즉 그는 "온
나라가 불교를 신봉하여, 후세에 가서는 마침내 나라까지 망치게 되었다"
고 신라멸망의 책임을 불교에 돌렸다.84) 그리고 '신라가 삼국을 통일한
것은 힘써 불교를 받들었기 때문'이라는 의견에 대하여 공격하기를 다음
과 같이 하였다.

신라가 삼국을 통일한 것은 힘써 불교를 받들었기 때문이라 하였다. 그렇
다면 고구려와 백제도 불교를 받든 것이 신라에 못지않았고 신라 말기에 시
주하는 풍습이 전대前代보다 더 하였는데도 망하였으니, 부처는 한 가지인데
어찌 신라에는 복을 주고 저 고구려·백제에는 화를 주며, 전기에는 영험했는데
후기에는 영험하지 아니한가. 이것이 그 설의 망령됨이다. 하늘이 고구려와 백
제를 싫어하고, 신라의 국운國運이 바야흐로 흥할 때에 불교를 신봉하는 일이
마침 그 기회에 맞았기 때문인데 무지한 사람들은 부처의 힘으로 된 것이라 하
니 어찌 우습지 아니한가.85)

<hr>

83) 徐居正, 『東國通鑑』上. "火葬之法 出於佛氏其說 以焚炙禽獸 猶以爲罪 極言其
報應之慘 至於人死 則必欲焚之 其視至親不如禽 獸其逆理悖 常甚矣 … "; 安
鼎福, 『東史綱目』卷1.
84) 安鼎福, 『東史綱目』卷1. "亦是胡卑幻變欺訌之術 而擧國迷惑 遂至信奉 至于
後世 竟以亡國 可不戒哉"
85) 安鼎福, 『東史綱目』卷1. "按爲佛氏之說者曰 新羅之統一三韓 由於奉佛之勤
然則麗濟奉佛 不下於新羅 羅末施舍 殆過於前代 而其至亂亡 佛則一也 而何其
福於此 而禍於彼靈於前 而不靈於後耶 是其說之妄也 天厭麗濟 而羅運方興 其
奉佛之事 適與之會 故無知者委之佛力 豈不可笑乎"

이상의 자료에서 볼 수 있는 바와 같이 그는 신라의 문화와 역사발전에 미친 불교의 긍정적 기여도를 인정하지 아니하였으며, 신라사에 적용된 불교사상의 단계적 성격을 도외시하고 이를 획일적으로 이해하고 있는 것이다. 그리고 그는 유교적 천명天命사상에 입각하여 신라의 삼국통일과 그 멸망을 논해야 할 것으로 주장하였다. 이와 같이 그의 불교에 대한 태도는 척불양유론斥佛揚儒論에 몰두하고 있던 조선전기 유학자들의 관념과 하등의 다를 바가 없다. 요컨대 안정복은 유학자의 입장에서 불가佛家를 논하였던 것이고, 유학을 선양하기 위한 적극적인 방법으로 신라시대 불교와 그 문화를 공격하였던 것이다.

5. 맺음말

한 시대의 역사관은 그 시대정신과 밀접한 관련을 가지고 형성되게 마련이다. 그리고 그 시대정신이 반영된 역사관에 입각하여 지나간 시대에 대한 이해와 재구성을 시도하게 된다. 우리는 이러한 사실을 조선시대의 신라에 대한 인식에도 적용시킬 수 있다.

이 글에서는 조선시대의 신라에 대한 인식태도를 파악하기 위하여, 그 시대정신을 가장 잘 반영하고 있는 역사서에 등장한 신라사에 대한 부분을 검토해 보았다. 여기에서 주된 자료로 이용되었던 것은 성리학적 사관에 의한 역사서의 결정판으로 볼 수 있는 안정복의 『동사강목』이었다. 이 자료의 검토를 통하여 우리는 조선왕조 시대의 인물들이 유교적 안목에 입각하여 신라를 이해하고 있었음을 확인하게 되었다. 즉 그들은 신라에 대해서 이해할 때에도 성리학적 원리에 입각하여 춘추대의春秋大義를 논하고 충신·효열과 예를 논했던 것이다. 그리고 유학자의 입장에서 신라의 예속禮俗에 관하여 신랄한 비판을 가하거나 특정사실을 강조하려 하였다. 이와 같이 신라를 이해하는 데에 있어서도 양유적揚儒的 태도를 취하고자 했던 것의 다른 측면은 불교에 대한 배척으로 드러나고 있다. 그러므로 조선왕조 시대에 살았던 인사들은 신라의 발전에 긍정적으로 작용했던 불교의 가치를 인정하지 않았다. 그리고 유학을 선양하기 위한 또다른 방법으로 신라시대의 불교와 그 문화를 공격하게 되었던 것이다. 요컨대, 안정복의 『동사강목』을 통해서 볼 수 있는 바와 같이 조선시대의 신라에 대한 인식은 유교적 관점에서 이루어졌던 것이므로, 신라의 진면목을 이해하는 데에는 많은 난점이 수반되었던 것으로 생각된다.

제3장 조선후기의 후백제인식

1. 머리말

후백제는 남북국 시대가 종료될 즈음에 신라로부터 분리되어 성립되었던 독립적 국가였다. 후백제는 견훤甄萱이 왕을 칭하기 시작한 892년부터 왕건王建의 공격으로 신검神劒 정권이 몰락한 936년까지 44년간 존속되었던 국가였다. 후백제는 고려가 후삼국을 통일하기 이전에 등장했던 국가로서 조선왕조 시대에 들어와서는 전체 역사의 서술과정에서는 그 역사적 비중이 상대적으로 낮게 평가되어 왔다. 따라서 조선시대 역사서에 나타난 후백제는 대체로 소략하게 기록되어 있다.

그러나 조선시대의 『신증동국여지승람新增東國輿地勝覽』이나 『여지도서輿地圖書』를 비롯한 각종 읍지에서는 해당 지역의 전승傳乘을 다수 포함하고 있다. 이 지지류地誌類에 포함된 전승들도 역사적 사료가 됨은 물론이며, 넓은 의미의 역사기록으로 간주된다. 따라서 영성한 후백제 관계 사료의 확보를 위해서는 현존하는 각종 지지에서 후백제 관계 자료들을 종합적으로 검토하는 작업이 요청된다. 한편, 우리는 조선왕조시대의 문집文集 자료나 지지류 수록된 각종 기문記文, 제영題詠 등을 통해서도 조선왕조인들이 가지고 있던 후백제에 대한 평가를 읽어낼 수 있다. 물론 이는 전통 역사서와 다를 수 있지만, 후백제에 관한 개인적 언급들도 일종의 사평史評으로서의 특성을 가지고 있다. 따라서 이와 같은 사평류史評類의 글도 후백제에 관한 조선왕조의 전통 역사서의 기록들과 함께 주목되어야 한다.

　조선왕조의 역사적 기록 중 후백제에 관해서는 이와 같이 자료가 산재되어 있다. 이 글에서는 이와 같이 산재되어 있는 후백제에 관한 조선왕조의 기록들을 종합적으로 분석하여 조선왕조인들이 가지고 있던 후백제인들에 대한 인식의 특성을 살펴보고자 한다. 그런데 조선왕조 시대 전개되었던 후백제 인식을 분석한 선행논문은 없는 듯하다. 그리고 후백제의 연구과정에서 조선왕조의 지지 자료에 대한 본격적 활용이 미처 시도되지 않고 있는 듯하다. 이와 같은 관찰결과는 아마도 필자가 조선후기의 전공자로서 후백제에 관한 기존의 연구에 무지한 결과로 말미암은 잘못된 판단일 수도 있겠다. 따라서 이 글에서 의도하고 있는 목적과 그 시도하고 있는 방법에 대해서는 한국고중세사 연구자들에 의해 많은 다른 의견이 제시될 여지가 있다고 생각한다. 그러나 이 글에서 시도하는 조선시대 후백제 인식의 편린片鱗들이나 그 연구방법이 후백제사後百濟史의 이해에 조금이라도 도움을 줄 수 있다면 격외格外의 소득으로 생각하겠다.

2. 전통 역사서 상의 후백제

　조선왕조 시대 전통 역사서에서 나타난 후백제 인식을 살펴보기 위해서는 우선 전통시대 역사서의 존재들을 확인해야 한다. 조선왕조에서 편찬된 전통역사서들은 대체적으로 세 범주로 나누어 설명될 수 있다. 즉, 조선왕조가 개창된 직후 15세기에 간행된 여러 관찬 역사서를 들 수 있다. 그리고 17세기를 전후하여 활발히 간행되기 시작했던 성리학적 역사관에 의한 역사서들도 있었다. 한편, 18세기 전후에 이르러서는 이른바 실학적 역사서가 간행되어 왔다. 이러한 역사서의 출현은 당시 시대적 조건에 따라 나타난 현상이므로, 이 역사서에서는 자신들의 고유한 역사인식에 입각하여 과거사를 정리하고자 했다. 따라서 조선시대 전통 역사서에 나타난 후백제 인식을 검토하기 위해서는 이러한 역사서들을 점검해 나가야 한다.

먼저, 조선왕조시대의 역사서 가운데 가장 주목되는 바는 『고려사』 및 『고려사절요』를 들 수 있다. 이 가운데 『고려사』는 조선왕조가 개창한 1392년에 편찬되기 시작하여 1451년에 찬진撰進된 기전체 사서였다. 그리고 『고려사절요』는 김종서 등이 1452년에 찬진한 편년체 역사서였다. 이 두 기록에서는 고려 태조 왕건과 관련하여 견훤을 서술하고 있다. 물론 이 기록들은 1145년에 편찬된 『삼국사기』나 1281년 경에 편찬된 『삼국유사』보다는 후대의 기록들이다. 그러나 『고려사』나 『고려사절요』에는 『삼국사기』나 『삼국유사』에서 서술된 후백제 관계 기사보다 월등히 자세한 내용들을 담고 있다. 이는 15세기 당시까지 남아 있던 각종 사료들을 활용해서 후백제를 서술한 결과로 생각된다. 그러므로 『고려사』 등 15세기에 간행된 사료들은 후백제를 이해하는 데에 있어서 고려시대에 간행된 『삼국사기』 등의 자료에 못지않은 중요성을 가지고 있는 것으로 평가받아 왔다.

그런데 15세기에 간행된 관찬 역사서에서 후백제에 관한 좀더 풍부한 역사적 사실들을 파악할 수 있지만, 후백제에 대한 인식에 있어서는 일정한 경향성을 확인할 수 있다. 즉, 관찬 사서에서 후백제는 견훤을 중심으로 하여 기록되어 있다. 그러나 견훤은 신라에 배반한 반신叛臣이라는 전제 위에서 서술되고 있고, 고려 태조 왕건의 위업을 강조하는 과정에서 등장하는 조연적助演的 존재로 묘사되어 있다. 이는 고려왕조의 성립을 당연시하며 서술되었던 15세기 관찬 사서에서 드러나는 일반적 특징으로 생각된다.

이외에도 15세기에 간행된 역사서로는 『동국사략東國史略』, 『삼국사절요三國史節要』, 『동국통감東國通鑑』 등을 들 수 있다. 1403년에 권근權近 등에 의해 편찬된 『동국사략』은 강력한 국왕권을 고대사를 통해서 역사적으로 검증하고자 하던 의도에서 작성되었다. 또한 1476년 양성지梁誠之 등에 의해 편찬된 『삼국사절요』는 『삼국사기』를 토대로 하되 각종 고기류古記類를 통해서 기사를 보완하는 형식으로 작성되었다. 한편 『동국통감』의 편찬에 착수한 시기는 1458년부터 시작되었지만 이 역사서가 완성된 때는 1485년이었다. 이 편찬작업을 발의한 세조世祖는 『삼국사기』와 『고려사』에서 제외된 부분을 여러 사서에서 뽑아 동국의 역사를 체계화하고자 했다.

이 사서에서 등장하는 후백제에 대한 기록은 그 분량에 있어서 상당히 제한되어 있고, 인식 상에 있어서도 『고려사』 『고려사절요』에서 드러나는 입장과 별다른 차이점이 없는 것으로 생각된다. 더욱이 권근의 『동국사략』 등과 같은 이 역사서들은 국왕권의 강화를 의도하면서 저술되었으므로, 견훤은 난세亂世의 반적叛賊이란 인식이 좀더 강화되고 있었다.

한편, 16세기에 이르러 사림이 등장하고, 조선왕조의 사회에서 성리학적 충효관념이 심화되고 그 사회질서가 성리학적 방향으로 전개됨에 따라서 후백제와 견훤에 대한 부정적 인식은 더욱 강화되어 갔다. 즉, 16세기에 새롭게 등장한 사림士林들이 성리학적 이념에 입각하여 왕조와 사회의 질서를 바르게 하고 왕도정치의 이념을 관철하고자 했다. 이에 따라 역사인식의 측면에 있어서도 도학적 역사관이 심화되어 갔고, 그 결과 박상朴祥의 『동국사략』을 비롯하여 수종의 『동국사략』이 등장하게 되었다.

이와 같은 문화적 특성의 연장에서 17세기에 들어와서는 홍여하洪汝河의 성리학적 역사서가 출현하게 되었다. 즉 홍여하는 1639년에 『휘찬여사彙纂麗史』를 저술하여 강목법綱目法과 정통론正統論에 따라 고려의 역사를 서술하고자 했다. 또한 그는 1672년 『동국통감제강東國通鑑提綱』을 저술했는데 이 역사서에서는 주희朱熹의 『자치통감강목資治通鑑綱目』에 따라 단군 이래 조선의 역사에 강목과 정통의 원칙을 적용시켜 서술했다. 그는 경經과 사史를 도道의 체용體用 관계로 이해하고 역사서를 통해 포폄褒貶과 권징勸懲을 목적으로 하는 책이라 인식했다. 그는 천하국가의 다스림과 흥망이 영역의 넓고 좁음에 있지 않고 덕에 있다고 주장하여, 주관적 도덕주의 사관을 강조했다. 그는 덕의 중심에 삼강과 오륜이 있는 것으로 보았기 때문에 역사를 통해서 삼강오륜이 관철되어 가는 과정을 서술하고자 했다. 여기에서 그는 성리학적 가치관에 의해 역사적 인물에 대한 포폄을 시도했다.

이러한 성리학적 역사서에서 후백제와 견훤은 정통의 입장에 설 수 없었고, 그 역신적逆臣的 성격은 오히려 강화되어 서술되었다. 조선성리학에 의해서 조선사의 서술에 도입되기 시작했던 정통론은 이른바 실학자의 단계에 이르러서도 지속되고 있었다. 물론 실학자 단계의 정통론은 성리학적 정통론보다 더욱 강한 조선중심의식을 함축하고 있다는 차이점이 있었다. 그러나 안정복安鼎福 등과 같이 실학시대의 역사연구자들이 정통론에 입각하여 후백제와 견훤을 서술하는 한, 그 서술형식의 제약 때문에 그에 대한 객관적 평가나 긍정적 인식은 차단될 수밖에 없었다.

이를 좀더 구체적으로 살펴보면, 안정복은 조선사의 저술에 정통론을 적용시켰다. 그는 단군조선檀君朝鮮, 기자조선箕子朝鮮, 마한馬韓, (삼국무통三國無統), 신라新羅(文武王 9년 이후), 고려(太祖 19년 이후)로 계통을 세웠고, 이에 이어서 조선왕조의 역사적 정통성을 제시했다. 이러한 그의 정통론적 입장에서 그가 가지고 있던 후삼국기後三國期에 대한 견해는 태봉泰封이나 후백제後百濟는 참국僭國이고 궁예弓裔나 견훤甄萱은 반적叛賊으로 취급하고 있었다. 안정복은 더 나아가서 정통왕조의 창건자인 왕건王建에 대해서도 "신라 정통의 군주가 오히려 살아 있는데 궁예가 참란僭亂하였고, 왕건王建은 그 무리의 일원이므로 그도 역시 군도群盜의 무리이다"[1]고 규정하여 정통론의 적용에 엄격성을 강화시키고 있다. 이러한 그의 입장에서 견훤에 대한 반적叛賊이란 인식은 양보할 수 없는 그의 견해였다. 후백제와 견훤에 대한 안정복 자신의 평가가 『동국통감』의 단계보다 오히려 더욱 부정적으로 되었음은 『동사강목』의 범례를 통해서도 확인할 수 있다. 안정복은 범례에서 『동국통감』에서는 궁예와 견훤을 '참국'의 예에 따라 서술했지만,

---

1) 安鼎福, 『東史綱目』.

자신의 『동사강목』에서는 이들을 『도적』으로 다루겠음을 밝힌 바 있다.[2] 그리고 자신은 정통왕조의 기초를 세운 고려 태조 왕건王建의 경우에만 '참국僭國'한 예로 다루고 있었다.

안정복은 궁예나 왕건에게 칭왕稱王, 사死 등과 같이 성리학적 역사관에서 볼 때 비정통적 인물에게 부여하는 용어들을 일관되게 사용하고 있다.[3] 또한 그는 『삼국유사』 등에 기록되어 있는 사료에 대한 비판을 시도하면서 자신이 가지고 있는 후백제 내지 견훤에 대한 견해의 객관성을 은밀히 과시하고자 했다.[4] 그리고 이 과정에서 후백제와 견훤에 대한 부정적 인식을 강화시켜 가고자 했다.

한편, 18세기 말경에 씌어진 이긍익李肯翊의 『연려실기술燃藜室記述』에 이르러서는 정통론의 강박强迫에서 벗어나 역사를 서술함에 따라서 후백제의 역사가 전개되는 과정을 담담히 서술하고 있다. 즉, 그는 견훤의 발신發身과 경애왕에 대한 공격 그리고 왕위 계승과정의 분쟁을 『고려사절요』의 기록을 모범으로 하여 서술했다고 생각된다.[5] 또한 그의 후백제의 인식은 견훤의 활동을 중심을 하여 파악되고 있었다.[6] 그의 기록에서는 "전주全州는 견훤이 점거했던 곳이나 오래 못가서 고려에 항복했는데, 지금도 고도의 유풍이 있다."라는 표현을 찾아 볼 수 있다.[7] 여기에서도 엿볼 수 있는 바와 같이 그의 후백제 인식은 가치 판단을 배제한 채 객관적 상황

2) 安鼎福, 『東史綱目』, 凡例.

3) 安鼎福, 『順庵集』 卷10, 書, 東史問答, 上星湖先生書. "王太祖分明是簒 麗人之婉順其辭者 爲尊諱也 我旣非其臣子 則當從史家本例 書曰泰封將王建稱王 逐其君弓裔 裔走死 其曰泰封將者 爲臣之辭也 其曰稱者 自尊之辭也 其曰逐者 紀實事也 其曰裔死者 裔爲羣盜也"

4) 安鼎福, 『順庵集』 卷10, 書, 東史問答, 上星湖先生書. "且三國遺事 以麗祖答甄萱書 爲孤雲作此書 本荒誕難信 然至若此事者 則亦必有流傳而言者矣"

5) 李肯翊, 『燃藜室記述』, 別集 第16卷, 歷代典故, 後百濟條 ; 李肯翊, 『燃藜室記述』, 別集 第16卷, 歷代典故, 新羅條

6) 李肯翊, 『燃藜室記述』 別集 第16卷, 歷代典故, 論氣化條.

7) 李肯翊, 『燃藜室記述』 別集 第16卷, 歷代典故, 摠地理條.

에 대한 서술 위주로 나가고 있었다. 이와 같은 이긍익의 서술 태도는 안정복과 사뭇 다른 역사인식을 반영하고 있다고 생각된다. 그리고 이는 성리학의 도덕주의적 역사인식이 점차 변질되어 객관적 역사인식에로 나아가고 있음을 나타내는 것으로 판단된다.

이상에서 살펴본 바와 같이 조선왕조시대 후백제와 견훤에 대한 인식은 대체로 부정적, 제한적 인식이었다. 이는 성리학적 역사이해의 결과 내지는 정통론을 적용한 역사서술의 형식에 의해서 주어진 것으로 생각된다. 그러나 18세기 후반기에 이르러서는 일부 역사가들에 의해 포폄 위주의 후백제·견훤 인식에서 점차 벗어나 이를 하나의 객관적 사실史實로 서술하는 경향이 강화되고 있었다.

3. 조선왕조시대 지지地誌 상의 후백제

역사연구의 사료 가운데 가장 중요한 것은 문헌사료이다. 그러나 문헌사료뿐만 아니라 사람들의 기억에 의한 전승傳乘(Tradition)도 과거 역사의 복원을 위해서는 상당히 중요한 자료가 될 수 있다. 여기에서 우리는 후백제와 견훤에 대한 사료 가운데 하나로 각종 지지地誌 자료를 주목하게 된다. 일반적으로 볼 때, 지지地誌가 편찬되는 과정은 문헌사료와 함께 그 해당 지역의 전승傳乘 내지는 구전口傳까지 포함되어 있다. 특히 구전이나 전승은 특정 지역의 공동체적 역사체험을 전해주는 것이므로 현지인의 역사적 체험을 담아서 중앙 중심의 역사에서는 간과되어 온 부분까지도 포괄하고 있는 경우가 많다. 물론 이러한 전승 자료들은 일정한 사료비판을 가하여 역사적 자료로 활용해야 한다.

조선왕조시대에 간행된 각종의 지지에는 고대사에 관한 기록들이 적지 않게 나타나고 있다. 물론 그 문헌적 근거를 소급시켜 검토해보면 『삼국사기』『삼국유사』 혹은 『고려사』나 『고려사절요』 등에 의존하고 있는 경우가 적지 않다. 그러나 지지의 기록에서는 이러한 관찬 사서들에서 드러나지 않는 구체적 내용이 포함되어 있기도 하며, 관찬 사서에 누락된 기록도 부분적으로 나마 복원할 수 있다.

그동안 우리 학계가 조선왕조시대의 지지류地誌類를 고대사에 대한 사료로 보는 데에 엄격한 입장을 견지한 데에는 그 형식이 일반 사서와 다르고, 편찬연대가 뒤늦었던 까닭으로 생각된다. 그러나 그 서술형식에 있어서는 본격적 사서史書가 아니라 하더라도 특정 지역의 전승을 담을 수 있는 장점을 간과할 수 없다고 생각한다. 그리고 그 편찬시기에 있어서도 조선초기의 사서들과는 큰 차이가 없는 지지류도 있음을 확인하게 된다. 예를 들면, 1454년 정인지 등에 의해 편찬된 『세종실록』 「지리지」 및 1486년에 편찬된 『동국여지승람東國輿地勝覽』과 1530년 이행李荇 등이 증보한 『신증동국여지승람新增東國輿地勝覽』 등은 15세기 중반에 편찬된 『고려사』나 『고려사절요』와 거의 동일한 시대의 작품이었다. 그렇다면 조선왕조시대의 이 지지류 사료를 통해서도 후백제와 견훤에 대한 이해를 보완할 수 있을 것이다.

조선왕조 시대 지지류에서 등장하는 후백제와 견훤에 관한 서술의 특성으로는 다음과 같은 몇 가지 사항을 들 수 있다. 첫째로 후백제의 강역과 견훤의 전투관계 기사를 구체적으로 이해하는 데에는 지지류 자료의 도움을 받을 수 있다. 이 지지 관계 자료를 통해서 견훤이 전개했던 신라 및 고려와의 전투 과정은 좀더 자세히 밝힐 수 있다. 예를 들자면, 『여지도서』의 선산善山에 관한 기록이나, 무안務安에 관한 기록들은 견훤의 판도와 전투상황을 이해하는데에도 도움을 줄 수 있을 것이다.

둘째로 지지 관계 자료를 통해서는 후백제와 견훤에 관계되는 인물에 관한 정보를 추가적으로 얻을 수 있다. 각 지지의 인물조人物條를 비롯해서 군현의 건치연혁建治沿革 즉 역사적 유래를 설명하는 과정에서 『고려사』의 세가世家나 지志에 서술되지 않은 인물들의 면모를 확인할 수 있기 때문이다. 예를 들면, 『신증동국여지승람』 안동대도호부安東大都護府의 단묘조壇廟條나 인물조人物條에 기록된 권행權幸에 관한 기록은 정사의 기록을 보충해 줄 수 있다.

셋째로 지지 관계 자료들은 특정 시대와 지역에서 전개된 후백제와 견훤에 대한 인식의 실체를 이해하는 데에 활용될 수 있다. 특정 역사적 사건에 대한 인식은 시대와 장소에 따라 일정한 경향성을 가지고 있다. 이 경향성은 특정 시대의 사람들이 가지고 있던 역사인식을 뜻하므로 한 시대의 성격을 이해하기 위해서는 이를 검토해야 한다. 예를 들면, 또한『여지도서興地圖書』의 안동대도호부安東大都護府 단묘조壇廟條에 수록된 이황李滉의 기문記文은 후삼국의 통일과정에서 드러나는 권행의 행적을 알려주고 있음과 동시에 16세기 안동지역의 특성을 밝혀주고 있다.

요컨대, 조선왕조 시대의 지지류 자료들은 후백제와 견훤을 이해하는 데에 일정한 도움을 줄 수 있다. 이 자료들을 통해서 살펴 보면, 각 지역의 사람들은 자신과 관련된 후백제관계 사건들을 자부심을 가지고 생각하기도 했다. 그리고 자신의 지역이 배출한 후백제 관계 인물들에 대한 애정이 유지되고 있음을 확인하게 된다.

4. 맺음말

조선왕조 초기의 역사서에서는 조선왕조 성립의 정당성을 설명하고자 했으며, 국왕에 대한 충성을 중시하면서 역사를 서술하려했다. 이러한 의식은 후백제 내지 견훤에 대한 평가에도 그대로 적용되어 부정적 평가가 진행되고 있었다. 또한 17세기를 전후해서는 성리학을 중심으로 한 역사인식이 강화되어 갔다. 이 과정에서 정통론 등에 의해서 후백제의 존재는 그 가치를 더욱 상실하게 되었고, 도덕주의 역사관은 견훤의 존재를 역사적 악역으로 규정하여 반신叛臣이나 역신逆臣으로 취급했다. 그러나 실학자 단계에 이르러서는 견훤에 대한 호오好惡를 떠나 객관적 인식을 시도하려는 움직임이 나타나기 시작했다. 여기에서 실학적 인식이 가지고 있는 근대 역사의 단계에서 진행되는 견훤에 대한 새로운 인식의 가능성을 드러내 주고 있었다.

또한 조선시대 간행된 각종 지리지를 통해서도 우리는 견훤과 후백제가 남긴 역사적 흔적과 그에 대한 조선시대인들의 관념을 파악할 수 있다. 이들은 대체로 자신의 고장과 관련된 후백제 및 견훤에 관한 고사를 객관적으로 서술하고자 했으며, 때로는 자신의 지역이 배출한 후백제 인물에 대한 자부심을 굳이 감추려 하지 않았다. 여기에서 우리는 당시 관찬 사서나 성리학적 사서와는 차이가 나는 후백제 인식의 양상을 발견하게 된다.

附錄 : 후백제 관계 지지 자료

1. 경상도 관계 자료

1) 영천永川

태조지太祖旨는 고을 서쪽 30리쯤 되는 곳에 있다. 전하는 말에 고려 태조가 견훤에게 패하여 퇴병해서 공산公山 밑의 한 조그마한 봉우리에 보전하고 있었기 때문에 이렇게 이름한 것이다.(『新增東國輿地勝覽』 卷22, 永川郡 古跡條)

2) 안동安東

① 태조가 스스로 군사를 거느리고 후백제의 임금 견훤과 고창에서 싸워 패배시켰는데, 고을 사람 김선평金宣平·김행金幸·장길張吉이 태조를 도와 공이 있으므로, 김선평은 대광大匡을, 김행과 장길은 각각 대상大相으로 삼고 그 고을을 안동부로 승격시켰다.(『世宗實錄』 地理志 安東大都護府條)

② 고려 태조가 후백제의 임금 견훤과 이 고을 땅에서 싸워서 견훤을 패배시켰다.(『新增東國輿地勝覽』 卷24 安東大都護府 建治沿革條)

③ 고려 태조太祖가 후백제後百濟의 임금 견훤甄萱과 이 고을의 땅에서 싸워서 견훤을 패배시켰다. 그때 이 고을 사람 김선평金宣平·김행金幸·장길張吉이 태조를 도와 공을 세워서, 김선평은 대광大匡으로 임명하고, 김행과 장길은 각각 대상大相에 임명하였다. 이로 인해 군郡을 부府로 승격시키고 지금의 이름인 '안동'으로 고쳤다가, 뒤에 영가군永嘉郡이라고 이름을 바꿨다.(『輿地圖書』, 安東大都護府 建治沿革條)

④ 풍산현豊山縣 : 고려 태조 때에 이 고을 사람 원봉元逢이 귀순한 공로가 있었으므로 승격시켜 순주順州로 하였으나, 뒤에 견훤에게 함락되었으므

로 다시 낮추어 하지현下枝縣으로 하였다가 뒤에 지금의 이름으로 고쳤다.
(『新增東國輿地勝覽』 第24卷 安東大都護府 屬縣條)

  ⑤ 풍산현豊山縣 <관아의 서쪽 35리에 있다. 본래 신라의 하지현下枝縣이
다. 경덕왕 영안永安으로 이름을 바꾸고 예천군醴泉郡의 속현屬縣으로 만들었
다. 고려 태조 때 고을 사람 원봉元逢이 귀순한 공로가 있었으므로 순주順州
로 승격시켰으나, 뒤에 견훤에게 함락되었으므로, 다시 하지현으로 강등시
켰다. 그 후 지금의 이름인 '풍산'으로 고쳤으며, 현종 때에 안동부에 편
입되었다.>(『輿地圖書』, 安東大都護府 屬縣條)

  ⑥ 풍산豊山은 고려 태조 13년 원봉이 견훤에게 항복하자 다시 하지현으
로 강등시켰다가 후에 풍산으로 고쳤다.(『新增東國輿地勝覽』 卷24, 安東大都
護府 古邑條)

  ⑦ 병산甁山은 본 고을의 북쪽 10리에 있다. 고려 태조가 견훤과 더불어
여기에서 싸워 견훤이 패주할 때에 시랑 김악金渥을 포로로 잡았으며, 죽은
자가 8천 명을 넘었다.(『新增東國輿地勝覽』 卷24, 安東大都護府 山川條)

  ⑧ 하지산下枝山 <다른 이름으로 풍악산豊嶽山이라고도 한다. 풍산현豊
山縣에 있다. 북쪽의 학가산鶴駕山에서 뻗어 나와서, 남쪽으로 안동 만운촌
晩雲村에 이른다.>

  ⑨ 병산甁山 <관아의 북쪽 10리에 있다. ○ 고려 태조太祖가 견훤甄萱
과 여기에서 싸웠는데, 견훤은 패배하여 달아나고 시랑侍郞 김악金渥을 포로
로 잡았으며, 죽은 사람이 8천 명이 넘었다. 북쪽의 예안 영지산靈芝山에
서 뻗어 나와서, 남쪽으로 안동 서간촌西澗村에 이른다.>(『輿地圖書』, 安東
大都護府 山川條)

  ⑩ 견훤이 신라에 쳐들어와 왕을 시해하니, 권행權幸이 여러 사람과 모의하
여 말하기를 "사람의 도리로서 같이 한 하늘 밑에 살 수 없는 원수이다. 어찌
고려 왕건王建에 귀순하여 어찌 우리의 치욕을 씻지 아니 하겠는가"하고 드디어
고려에 항복했다.(『新增東國輿地勝覽』 卷24, 安東大都護府 人物條)

  ⑪ 삼공신묘三功臣廟 <부성府城 안에 있다. 고려 태조太祖의 공신 권행權

辛·김선평金宣平·장길張吉의 위패를 아울러 모시고 있다.(『興地圖書』, 安東
大都護府 壇廟條)

⑫ 이황李滉의 기문記文이 전한다.[8] "안동이 부府로 된 것이 고려 초기부
터인데, 부사府司 안에 사당이 있어 고려 태조太祖의 공신 세 분의 제사를 모
시니, 김선평·권행·장정필張貞弼 님이다. 안동은 본래 신라의 고창군古昌郡[9]이
며, 세 공신은 신라 사람이다. 고려 태조가 견훤甄萱을 토벌할 때 세 공신이
고을 사람을 거느리고 태조를 도왔다. 태조가 이에 힘입어 병산甁山에서 큰
승리를 거두게 되었다. 이로 말미암아 의로운 명성을 크게 떨쳐 한 지역이
온전하고 왕업王業이 이루어졌다. 이는 고려에는 큰 공적을 세우고 고을
백성들에게는 큰 덕을 베풀어주었다고 이를 만하다. 고려 태조는 마땅히
세 분의 공로에 포상조치를 내려, 대광大匡과 대상大相에 임명하고[10] 또
군郡을 부府로 승격시켰다. 고을 사람들이 세 분의 덕을 기려 사당을 세우
고 제사를 모신지 이제 어언 7, 8백 년이 흘렀는데도 변함이 없다.

비록 그렇다고는 하지만, 『고려사高麗史』에서는 이미 세 공신에 대한
전기를 수록하지 않았고, 세 공신에 관한 사적이 실려있는 역사책[史誌]과
족보[譜牒]의 경우도 그 내용이 매우 간략하거나 더러는 사실과 다른 부분
도 있다. 역사가[史氏]의 기록에 따르면, '김선평 공이 고창성주古昌城主[11]
가 되었다.'라고 했으니, 고려에 항복하기로 한 계책은 마땅히 김선평 님
에게서 나왔을 듯 한데, 도리어 권행 님에게서 나왔다고 한다. 『여지승람
興地勝覽』에 실린 안동의 연혁에 관한 기록에는, '세 공신은 모두 고을 사

---

8) 이황의~전한다: 명종 16년(1561) 8월에 지은 글이다(퇴계학연구소, 1992, 『국역
   퇴계전서』 10, 115~120쪽).

9) 고창군: 영인본은 '吉昌'으로 되어 있으며, 『국역 퇴계전서』도 '吉昌郡'으로 번
   역하고 있다. 안동의 건치연혁과 『국역 영가지』 등을 참조하여 '古昌郡'으로 바
   로 잡아 번역한다.

10) 대광과 대사에 임명하고: 김선평을 대광에 임명하고, 권행과 장길을 대상에 임명
    했다(『영인본 안동대도호부』, 건치연혁).

11) 고창성주: 영인본은 '吉昌城主'라고 되어 있는데, '古昌城主'의 오기로 간주하고
    번역한다.

람이다.' 라고 하였으며, 이어서 '태조를 도와 공로를 세웠다.' 라고, 대충 언급했을 뿐이다[泛稱].『여지승람』의 인물에 관한 기록에서는, '권행 님이 고창 군수古昌郡守12)로 있다가 고려에 항복할 것은 앞장서 주장하였다.'라 고 하니, 이처럼 서로 다른 점이 있다. 사가四佳 서거정徐居正 님이 쓴「권 씨 족보 서문權氏族譜序文」에서는 또 고려에 항복한 일을, 태조가 견훤과 대 치한 일 이후로 언급하고 있다. 만약 역사가의 기록에 따른다면, 견훤이 고창13)을 포위하기 전에 고창14)은 벌써 고려에 항복하였다. 하물며 이 싸 움이 벌어진 시기는, 견훤이 경주에 들어가자 고려 태조가 달려와 신라를 구원하던 때로부터 이미 3년이 흐른 뒤이다. 서거정 님은 어찌하여 동일 한 사건으로 지목하였는가.

나는 이상의 여러 가지 설을 종합하고 자세히 살펴서 헤아려 보고자 한다. 세 분은 모두 안동 고을 사람이다. 성주城主였던 분은 김선평 님이 고, 고려에 투항하자고 앞장서 주장한 분은 권행 님이다. 이 두 분과 장 정필 님이 모두 싸움을 도운 공로를 세웠다. 그러므로 고려 임금이 이처 럼 항복에 따른 포상조치를 내림에 있어서는 권행 님에게 성씨를 내려주 어 총애하였고, 전투에서 세운 공을 논함에 있어서는 비중에 따라 김선평 님을 으뜸으로 삼았으며, 공신의 칭호를 내려줌에15) 있어서는 세 분을 똑같이 대우한 것이라고 생각한다. 그러므로 안동 고을의 땅을 때내어 전 답[田土]으로 내려줌으로써 그들로 하여금 대대로 거기에서 나오는 수입으 로 생활하게 한 것이다. 태사太師에 임명하였다는 말은 오직 권씨 족보에

---

12) 고창성주: 영인본은 '守吉昌'이라고 되어 있는데,『勝覽』에는 '守古昌郡'이라고 되어 있다[『勝覽』卷24,「安東大都護府」, 人物). 후자를 따라 번역한다.
13) 고창성주: 영인본은 '吉昌'이라고 되어 있는데, '古昌'의 오기로 간주하고 번역 한다.
14) 고창성주: 영인본은 '吉昌'이라고 되어 있는데, '古昌'의 오기로 간주하고 번역 한다.
15) 내려줌에: 영인본은 '爰'라고 되어 있으나,『국역 퇴계전서』와『국역 영가지』에 실린 원문에는 '授'라고 되어 있다. 후자를 따라 번역한다.

서만 보이고 있으니, 무엇에 근거하여 한 말인지 알 수가 없다. 권행·장정필 두 분의 이름은 위패와 역사책에 기록된 내용이 각각 다른데, 이 또한 어찌 된 일인지 알 수 없다. 이후로부터 김씨金氏·권씨權氏·장씨張氏 세 성씨의 자손으로 안동 지역 안에 사는 자손 가운데 장씨에 대해서는 들어보지 못했다. 김씨는 출세하여 벼슬살이[冠冕]를 한 자손들이 본디 많았다. 하지만 오직 권씨의 후손이 가장 번성하여 유명한 정승들이 대를 이어가며 빛났다. 이따금 아전과 백성 가운데 권씨의 후예라고 일컫는 사람들도 더러 있다. 향리의 으뜸인 호장戶長[首吏]이 부사府司에서 지내는 제사를 맡게된 것은, 아마도 태사의 후손을 고을의 아전[府吏]으로 책정할 때부터 비롯된 듯 하다.

세대가 멀어지면서 점차 처음만 같지 않아서, 사당 건물은 비좁고 초라해졌으며 제사용 그릇과 의복도 낡고 달아서 못쓰게 되었다. 제사에 올리는 짐승은 볼품없이 야위었고 술은 시어졌으니, 고을 사람들의 마음이 담긴 것이라고 칭할 수 없을 듯 하였다.

가정嘉靖 경자년(1540, 중종 35)에 김광철金光轍 님이 부사로 부임하여, 이러한 실정을 딱하게 여기고서 이 일의 해결을 자신의 책임으로 여겼다. 이에 곧바로 그 옛 터를 닦아 새롭게 다듬었다. 때마침 지금의 형조판서刑曹判書인 권철權轍 님이 관내 지역의 순시에 나서 안동부에 이르렀다가, 이 일을 몹시 훌륭하게 여기고서 제사용 전답과 사당지기를 마련해 주었다. 대개 김광철 님은 태사 권행의 외손이 되고 형조판서 권철은 태사의 이름난 후손이다[聞孫].

병진년(1556, 명종 11) 겨울에 이르러 부사 권소權紹 님이 역시 태사의 이름난 후손으로 안동에 부임해 고을을 다스렸다. 앞서 두 분의 뜻에 깊은 감명을 받아, 곧바로 섣달 그믐날 몸소 사당에 나아가 제사를 올렸다. 제사용 전답을 더해 주고 또 곡식 1백 석을 내려주면서, 권씨 성을 가진 으뜸 호장[首戶長]인 사람이 이 곡식을 맡아서 이자를 받아 제사를 받들게 하였다. 술잔을 올리는 초헌初獻·아헌亞獻·종헌終獻 세 헌관獻官은 모두 그 자손들 가운데서 선정하여, 해마다 설날·단옷날·추석날·동짓날에 제사를 모시게 하였다.[行事] 그 이듬해 봄에 또 천등산天燈山에 묘역을 닦고서 제사를 모시니, 제사를 도우러 온 자손들이 무려 50여 명이나 되었다. 이때에도 역시 자손 가운데서 헌관을 정했으며, 해마다 한식날에 한 차례씩 거행하였다. 앞서 두 분께서 덕망[風聲]을 수립해 백성들의 인심이 두터워지게 하려는 뜻은, 이제 권소 님께서 계획을 세워 조치하신 공로에 힘을 입고, 두루두루 빠짐없이[纖悉] 갖추어서 섭섭한 느낌이 들지 않게 되었다.

　아! 예로부터 나라가 무너지고 어지러운 때를 당하면, 지방을 지키는 신하로서는 죽음만 있을 뿐 두 마음을 품지 않는 것이 바른 의리이다. 어찌 그 영토를 받치고서 적을 맞아들이고, 이를 공로로 삼아서 권도權道를 이루었다고 말할 수 있겠는가. 이러한 관점에서 세 분의 일을 논하자면 의심하지 않을 수가 없다. 그러나 조금이나마 '그럴듯한 이유[可諉]'가 있으니, 맞아들인 사람이 우리의 원수가 아니고 실로 우리를 구원하려고 온 사람이라는 점이다.

　어째서 그러한가. 이 무렵 신라의 국운이 다하려 하고, 참된 나라의 주인[眞主]이 용솟음치려고 하는데, 역적 견훤의 기세가 하늘을 찌르는 듯 했다. 마침내 신라의 임금을 해치고 왕비의 처소[宮闈]를 더럽히고 어지럽혔다. 고금의 천하를 통틀어 보기 드문 극악한 짓을 자행하니, 비록 고려의 임금이 천명을 받들어서 그 죄인을 토벌하러 나섰지만 오히려 동수桐藪 싸움에서 불리하게 되었다. 힘만 믿고 침범하여[憑陵] 흉악한 기세를 떨치니, 신라의 여러 성城들은 맞설 수가 없었다. 항복하거나 그렇지 않으면 달아날 뿐이었다. 신라 조정에서는 임금과 신하가 마주 앉아서 멸망할 때를 기다리기에 겨를이 없었는데, 도움을 얻어서 잠깐 동안이나마 나라의 운명을 늦춘 것은 오로지 고려 임금의 구원병이 있었기 때문이다.

　이러한 형편이었는데, 세 분께서 고지식하게 절개 하나만을 지키고서 고려에 항거하여 견훤에게 죽임을 당했다면, 이는 불공대천의 원수에게

당한 치욕을 씻지 못하고 자신과 나라가 함께 망해버렸을 것이다. 그러므로 고려에 항복하기로 결정함으로써 임금[君父]의 원수인 역적의 토벌에 나선 것이다. 한 차례의 싸움을 서둘러, 경주 이북 지역이 겪을 흉악한 고통과 재앙을 조금이나마 완화시켰다. 이러한 점에서 고려 태조는 이른바 '권도를 이루었다.'라고 하였으며, 내가 이른바 '그럴듯한 이유[可諉]'가 있다고 했던 것이다. 그러나 유감스러운 것은 일이 크게 그릇되어 그렇게 되지 않은 점이다. 『맹자』에 이르기를, '한 사람이 천하를 횡행하니 무왕武王이 그를 부끄럽게 생각하고, 무왕이 한 번 노하여 천하의 백성을 안정시켰다.'라고 하였으니, 하늘의 뜻을 받든 임금[天吏]은 참으로 이와 같아야만 한다. 고려 태조가 하늘의 뜻을 받든 임금의 책임을 맡았으나, 역적 견훤이 횡행하는 것을 부끄럽게 여기지 않았다. 천벌을 내리는 것을 지체하여, 역적을 토벌하는 데 무릇 몇 해나 걸렸던가. 급기야 아들 신검神劍이 반란을 일으키는 변고를 당해 견훤이 투항해 오자, 그를 상보尙父로 높이 받들었다. 또 견훤을 위해서 군사를 동원해 신검을 토벌하였다. 또 고려 태조가 경주에 들어가던 날 털끝만큼도 범하지 않았으며, 격렬하게 싸울 때에도 서로 겸손하게 자리를 양보하는 예의를 행하였다. 요임금이나 순임금이 지닌 어진 덕도 이보다 더할 수는 없었다. 그러나 끝내는 그 사직社稷을 폐허로 만들고 수守를 설치하였다. 그렇다면 앞서 역적 견훤을 토벌한 뜻이 어디에 있으며, 서로 겸손하게 자리를 양보하던 예의바른 미덕은 어디로 갔단 말인가. 이는 고려 태조가 임금의 도량은 지니고 있으나 성인聖人의 학문[聖學]은 갖추지 못하였으며, 정의롭게 끝맺지 못하고 조그마한 이익에 마음이 움직였기 때문이다. 이러한 점을 고려한다면, 이른바 '그럴듯한 이유[可諉]'가 있다고 한 말은 마침내 '그럴듯한 이유가 없다[可諉].'는 것으로 귀결된다고 하겠다.

내 생각으로는, 아마도 세 분의 생각이 애당초 이에 미치지 못하였고 끝내는 어찌할 수 없게 된 것 같다. 통탄스러움을 이루 다 말할 수 있겠는가. 비록 그렇다고는 하지만, 예로부터 안동의 풍속은 근검절약하며 인정

이 두텁고 순박하여 당위唐魏16)의 풍속이 남아있으며, 열렬한 충성과 의리
는 남부지방에서 으뜸이다. 그러므로 명종明宗이 남적南賊17)을 토벌하고,
신종神宗이 별초別抄의 노략질을 막으며,18) 공민왕恭愍王이 홍건적紅巾賊의
난리를 피해 안동으로 피난 왔을 때, 그 때마다 모두 죽을 힘을 다하여
공로를 바쳤기 때문에, 당시 임금이 기특하게 여겨 부府를 도호부都護府로
승격시키고 또 도호부를 대도호부大都護府로 승격시켰다. 이로 미루어 말
하자면, 처음에 안동 땅을 바치며 고려에 항복한 행동이 비록 당시에는
신하된 도리를 지키지 못한 듯 했지만, 결국 구원병을 맞아서 역적을 토
벌함으로써 오히려 후세 사람들의 충성심과 의리를 일깨워 준 측면이 있
다. 이 어찌 옛 글에 이른바, '시골의 덕망 높은 선비[鄕先生]가 세상을 떠
나면 사당[祠]19)에서 제사를 지낸다.'라고 한 경우와 마찬가지가 아니겠는
가. 어떤 이는 말하기를, '이미 「세 공신의 사당」이라는 뜻에서 「삼공신묘
三功臣廟」라고 이름하였으니 오로지 권씨에게만 속해 있는 것이 아닌데,
유독 권씨 자손으로만 제사를 주관하게 하는 것은 어찌된 일인가.'라고
한다. 예를 들어 무릇 그 당시 상황을 살펴보자면, 일의 기틀이 모두 권
행 님의 알선에서 나왔다. 때문에 남은 백성[遺民]들이 권행 님의 더욱더
잊지 못하는 것이다. 하물며 이제 사당을 증축하고 제사를 높이 받드는
사람이 모두 권씨의 후손이니, 권씨들이 제사를 주관하게 한들 해로울 것
이 무엇이겠는가. 이제부터 규정을 어김이 없이 길이길이 받들어 행하면
좋을 것이다.

　후세 사람들이 혹시라도 불행히 세상의 변화[時變]를 당하게 될지라도,

---

16) 당위:『국역 영가지』는 '당나라와 위나라',『국역 퇴계전서』는 '唐魏'로 번역하고
　　있는데, 이는 '요순시대'를 가리키는 것으로 보이며 '唐虞'의 오기인 듯도 하다.
17) 남적: 명종 7년(1177) 농민들이 중심이 되어 일으킨, 이른바 '亡伊·亡所伊의 난'
　　을 일으킨 무리를 가리킨다.
18) 별초~막으며: 신종 때 경주의 別抄軍이 永川·杞溪 등지를 노략질하자, 신종이
　　군사를 보내어 이를 섬멸하였다.
19) 사당:『국역 영가지』는 '地神祠堂'으로 번역.

그 때의 나라는 망해 가는 신라가 아니고, 그 때의 역적은 견훤 같은 역
적이 아니며, 군사는 고려의 정의군正義軍이 아닐진대, '나는 권도를 행하
려고 적에게 항복하는 것이다' 라고 말한다면, 이는 국법이 용납하지 않
을 것이다. 이러한 사실 또한 깨닫지 않아서는 안 된다.

　이황도 역시 태사 님의 외손[外孫]의 후예로서, 비록 사당을 증축하고
제사를 더욱 높이 받드는 일에는 잘 참여하지 못하지만, 기문을 지어달라
는 사또의 요청에는 응하지 않을 수 없기에, 이상과 같이 말하노라."(『興
地圖書』, 安東大都護府 壇廟條)

　⑬ 고려 권행權幸 <본래의 성씨는 김씨金氏로서 신라의 큰 성씨[大姓]이
다. 신라 말기에 고창 군수古昌郡守를 지냈다. 그 무렵 견훤甄萱이 신라에
쳐들어와서 임금을 시해하였다. 권행이 여러 사람들과 모의하기를, "견훤
은, 사람의 도리로서 한 하늘 밑에 살 수 없는 원수입니다. 고려의 왕건王
建 님[王公]에게 귀순하여 우리의 치욕을 씻는 것이 좋지 않겠습니까." 하
고, 드디어 고려에 항복하였다. 고려 태조는 기뻐하여, "권행은 일의 기틀
을 밝게 잘 살피고 임기응변의 '권도權道'를 적절히 결정하였다." 말하고,
이에 그에게 '권씨權氏'라는 성씨를 내렸으며, 안동군을 부府로 승격시켰
다.>(『興地圖書』, 安東大都護府 人物條)

　⑭ 김종직金宗直의 기문이 전한다. "영호루映湖樓는 안동의 이름난 누각
이다. … 옛날 성화成化[20] 초년에 나는 울산蔚山의 군부대에서 모두 2년
동안 군무에 종사하였다. 그때 일찍이 일이 있어 안동 고을을 왕래한 적
이 한두 번이 아니었다. 안동에 가기만 하면 반드시 영호루에 올라서 이
리저리 거닐며 사방을 멀리 바라보았다. 그 동쪽 30리는 곧 청송靑松[靑鳧]
땅이니, 사록沙麓의 상서로운 구름이 성대이 하늘까지 닿아서 곧장 주周나
라[周室]의 유태有邰의 경사와 더불어 그 장구한 세월을 같이하고 있다.[21]

---

20) 성화: 明나라 憲宗의 연호(1465~1487)이다.

21) 사록이~있다.: 沙麓은 중국의 지명이다. 춘추 시대에 사록이 무너지자, 太史가
　　점을 쳐보고 말하기를 "645년 뒤에 聖女가 날 것이다." 라고 하였는데, 과연 漢

그 북쪽 10리는 곧 병산瓶山이다. 역적 견훤甄萱의 일 천 기병騎兵이 여기서 험준한 곳을 점거하고 있었으나, 마침내 무너져 달아났고 거짓 장수[僞將]는 머리를 바쳤다.22) 고려 태조 왕씨王氏가 동남쪽에서 정의로운 기세[義氣]를 크게 떨치게 된 것은 바로 이 싸움이 조짐이 되었다. 서쪽으로 풍악豊岳을 바라보면, 원봉元逢23)이 먼저는 고려 태조에게 귀순했다가 뒤에는 배반하여 여섯 명의 태사太師와 함께 공명功名을 누리지 못한 것이 슬프다. 남쪽으로 갈나산葛那山24)을 바라보면 푸른 산봉우리가 하늘을 떠받치고 있는데, 그 연기와 구름 및 초목이, 김생金生이 글씨를 배울 때 붓을 휘둘러 먹을 뿌리던 여세를 뚜렷이 띠고 있는 것만 같았다.(『輿地圖書』, 安東大都護府 樓亭條)

3) 대구大邱

① 미리사美理寺는 해안현解顏縣에 있다. 견훤이 신라의 서울 가까운 곳에 닥쳐오니 경애왕이 고려에 구원을 빌었는데, 견훤이 갑자기 신라의 서울에 들어와서 왕을 죽이고 경순왕을 세우고 … 고려 태조가 정예 기병 5천으로 공산公山 아래 미리사 앞에서 맞아 크게 싸우니, 장군 김락金樂과 신숭겸申崇謙이 죽고 여러 군대가 패배하여 태조는 겨우 몸을 피했다.(『新增東國輿地勝覽』 卷26, 大丘大都護府 古跡條)

② 미리사美理寺 <해안현解顏縣에 있었는데, 혹은 해안을 다른 이름으

나라 元帝의 황후 王氏가 났다는 고사가 있다. 따라서 王妃가 나는 경사를 의미한다. 有邰는 곧 有邰氏의 딸로서 周나라 始祖 后稷의 어머니가 된 姜嫄을 가리킨다. 여기서는 바로 청송 靑松沈氏의 집안에서 世宗妃 昭憲王后가 났기 때문에 비유하여 이른 말이다.

22) 거짓 장수는 머리를 바쳤다.

23) 원봉: 본디 豊山縣 사람이다. 처음에는 그가 고려 태조에게 귀순하였으므로, 풍산현을 順州로 승격시켰다가, 뒤에 그가 다시 甄萱에게 항복하였기 때문에 다시 下枝縣으로 강등시켰다는 고사가 있다.

24) 갈나산: 전설에 따르면, 신라 때의 명필 金生이 이 산에서 글씨를 배웠으므로, 뒤에 이 산의 이름을 文筆山으로 바꿨다고 한다.

로 미리美理라고도 한다. 견훤甄萱이 신라의 서울인 경주 가까운 곳[郊畿]까지 쳐들어오니, 경애왕景哀王이 고려에 구원을 요청했다. 견훤이 갑자기 신라의 서울에 들어와서 왕을 죽이고 경순왕敬順王을 세웠으며 국고의 진귀한 보물과 무기를 모조리 차지하니, 자녀들과 여러 기술자[百工] 중에서 재주 있는 사람들이 스스로 따라서 귀의하였다. 고려 태조太祖가 정예 기병 5천을 거느리고 공산 아래 미리사 앞에서 견훤을 맞아 크게 싸웠는데, 장군 김락金樂과 신숭겸申崇謙이 죽고 여러 군사들이 패배했으며 태조는 가까스로 몸을 피하였다. 지금은 없어졌다.>(『輿地圖書』, 大邱大都護府 古跡條)

③ 왕산王山 <해안현 북쪽 8리에 있다. 고려 태조가 견훤甄萱에게 몰려[逼] 이 산에 올랐기 때문에 왕산이라고 부른다. 팔공산에서 뻗어 나오는 산줄기이다.>(『輿地圖書』, 大邱大都護府 山川條)

④ 전탄箭灘 <해안현 서쪽 5리에 있다. 고려 태조가 견훤과 강을 사이에 둔 채 마주보고 진陣을 쳤는데, 화살이 물 속에 쌓였기 때문에 전탄이라는 이름이 붙여졌다. 금호의 상류이다.>(『輿地圖書』, 大邱大都護府 山川條)

4) 칠곡漆谷

① 왕산봉王山峯 <관아의 남쪽 46리에 있다. 소학산에서 뻗어 나온다. 민간에 전하는 말에 따르면, 고려 태조太祖가 견훤甄萱에게 패하여 이산으로 달아나 머물렀는데[遁次] 여러 장수들이 승전보를 알려왔기 때문에 '왕산봉'이라 이름했다고 한다. 산 아래에 태평촌太平村이 있다.>(『輿地圖書』, 漆谷都護府 山川條)

② 수기석竪旗石 <왕산봉王山峯 아래에 있다. 고려 태조가 견훤과 싸울 때 돌에 구멍을 뚫어 깃발을 세운 곳인데, 지금까지도 그 흔적이 뚜렷이 남아있다.>(『輿地圖書』, 漆谷都護府 古跡條)

5) 하양河陽

① 초례산醮禮山은 고을의 서쪽 20리에 있다. 고려 태조가 동수桐藪에서

견훤을 치고, 이 산에 올라 제사를 지냈다 하여 붙인 이름이다.(『新增東國
輿地勝覽』 卷27, 河陽縣 山川條)

② 초례산醮禮山 <관아의 서쪽 20리에 있다. 칠곡부漆谷府 동쪽 경계로
부터 대구부大丘府 북쪽 경계를 거쳐 뻗어 내려와 이 산을 이룬다. 고려 태
조太祖가 동수桐藪에서 견훤甄萱을 정벌하고, 이 산에 올라 하늘에 제사를
지내기 때문에 그대로 '초례산'이라고 이름하였다.>(『輿地圖書』, 河陽縣 山
川條)

6) 상주尙州

① 사벌국 고성沙伐國古城에 신라 말 견훤의 아비 아자개가 이 성에 웅
거하였다.(『新增東國輿地勝覽』 卷28, 尙州牧 古跡條)

② 사벌국 고성沙伐國古城 <병풍산屛風山 아래에 있었다. … 신라 말년
에 견훤甄萱의 아비 아자개阿慈介가 이 성에 웅거하였다. 지금은 황폐해졌
다.>(『輿地圖書』, 尙州牧 古跡條)

③ 화령고현성化寧古縣城은 고을의 서쪽 50리에 있다. 견훤성甄萱城이라
고도 전해지나 잘못이다.(『新增東國輿地勝覽』 卷28, 尙州牧 城池條)

④ 성산산성城山山城 <관아의 서쪽 50리에 있다. 옛날 견훤甄萱이 쌓은
것인데 허물어졌다. 여기서부터 천연적으로 험준한 땅이며 호남湖南과 영
남嶺南을 막아 지키는[拱扼] 요충지이니, 관방關防을 둘 만한 곳이다.>(『輿
地圖書』, 尙州牧 關隘條)

7) 문경聞慶

① 아자개阿慈介는 가은현 사람으로 농사로 자활하다가 뒤에 집을 일으
켜 장군이 되었다. 네 아들 모두 세상에 이름이 알려졌다. 견훤은 그 중
의 한 사람이다. 견훤이 태어났을 때 아버지는 들에서 밭을 갈고, 어머니가
수풀 아래에 놓아두고 바라지를 했는데, 범이 와서 젖을 먹이므로 사람들
이 듣고 이상히 여겼다.(『新增東國輿地勝覽』 卷29, 聞慶縣 人物條)

② 신라 아자개阿慈介 <가은현加恩縣 사람이다. 농사를 지으며 스스로 살아가다가 뒤에 집안을 일으켜 장군이 되었다. 네 아들을 두었는데 모두 세상에 이름을 날렸다. 견훤甄萱도 곧 그 가운데 한 아들이다. 처음 견훤이 태어났을 때, 아버지는 들에서 밭을 갈고 어머니가 수풀 아래에 놓아 두고 음식을 이바지했는데 호랑이가 와서 젖을 먹였다. 이 소문을 들은 마을 사람들이 모두 기이하게 여겼다. ○ 고기古記에 전하기를, "옛날에 한 부자가 무진주武珍州 북촌北村에 살았다. 딸을 하나 두었는데 용모[姿容]가 단정했다. 제 아버지에게 말하기를, '매일 밤 자주 빛 옷을 입은 한 사내가 와서 잠자리를 함께 하고 갑니다.'하니, 아버지가 말하기를, '네가 실을 바늘에 꿰어서 그 사내의 옷에 찔러 놓아라.' 하자, 그 말대로 따라 하였다. 날이 밝아 그 실을 찾으니, 북쪽 담 밑 큰 지렁이의 허리에 바늘이 찔려 있었다. 그로 말미암아 아이를 배어 견훤을 낳았다." 라고 했는데, 이 내용은 본전本傳과 다르니 믿을 만한 것이 못되는 듯하다.">(『輿地圖書』, 聞慶縣 人物條)

③ 가은고현성加恩古縣城은 고현古縣의 서남쪽에 있다. … 일명 견훤성이라고도 하는데 이것은 견훤이 가은현 사람이기 때문이다.(『新增東國輿地勝覽』 卷29, 聞慶縣 革廢條)

④ 견훤산성甄萱山城 <가은현加恩縣 서남쪽 5리에 있었다. 산 위에 돌로 쌓았으며, 둘레가 5백 65척이다. 지금은 허물어져 못쓰게 되었으며, 성안에 한 개의 샘물이 있다.>(『輿地圖書』 聞慶縣 古跡條)

8) 의성義城

① 성황사城隍祠 <관아의 북쪽 3리에 있다. 구증舊增 민간에 전하는 말에 따르면, "김홍술金洪術의 모습이 고려 태조太祖와 비슷했는데, 백제의 견훤甄萱과 싸우다 패배하여 이곳에서 죽었다. 그러므로 여기에서 그의 제사를 지낸다."라고 한다.(『輿地圖書』, 義城縣 壇廟條)

② 고려高麗 김홍술金洪術 <태조太祖 때의 아전으로서 성주城主가 되었

다. 태조 12년(929) 가을에 견훤甄萱이 정예병사[甲卒] 5천 명을 이끌고 쳐들어
오자, 김홍술이 그들과 싸우다 목숨을 잃었다. 태조가 슬피 울면서, "나는 좌
우의 팔을 잃었구나."라고 하였다.>(『輿地圖書』, 義城縣 人物條)

③ 홍유洪儒 <궁예弓裔의 말년에 배현경裵玄慶, 신숭겸申崇謙, 복지겸卜智
謙과 함께 기장騎將으로 있으면서 태조를 추대하여 1등 공신이 되었다. 청
주靑州가 배반하여, 홍유가 유금필庾黔弼과 더불어 진주鎭州를 진압했으므
로 청주가 반란을 일으키지 못했다. 태조 19년(936)에 후백제를 토벌하러
가는 군대를 따라가서 후백제를 멸망시켰다. 시호諡號는 충렬忠烈이다.>(『輿
地圖書』, 義城縣 人物條)

9) 선산善山

① 태조산太祖山 <관아의 동쪽 13리에 있다. 비봉산의 뒤쪽 기슭이다.
고려 태조가 후백제를 정벌할 때 여기에 머물렀다하여 '태조산'이라고
불린다.>(『輿地圖書』, 善山大都護府 山川條)

② 고려 김선궁金宣弓 <태조가 후백제를 정벌할 때 선산[嵩善]에 이르러
싸움터에 나갈[從軍] 사람을 모집했는데, 아전 신분인 김선궁이 응모하였
다. 태조는 기뻐서 자기가 쓰던 활을 내려주면서 '선궁宣弓'이라는 이름도
함께 내려주었다. 그 뒤 공로를 세워 대광문하시중大匡門下侍中이 되었다.
정종定宗 때 대승大丞에 추증追贈했으며, 시호는 순충順忠이다. 맏아들 김문
봉金文奉은 삼사우윤三司右尹으로 고향에 돌아와 아전이 되었으며, 둘째아
들 김봉술金奉術은 아버지의 뒤를 이어 시중侍中이 되었다. 고을의 사족士族
및 이족吏族은 대개 김선궁의 후손들이다.>(『輿地圖書』, 善山都護府 人物條)

10) 인동仁同

소목군小木郡 <고려 태조太祖 10년(927)에 견훤甄萱이 장수를 보내어 벽진碧
珍을 침략하여, 대목大木과 소목小木 두 고을의 곡식을 베어 갔다하는데, 지
금은 어느 곳인지 자세히 알 수가 없다.(『輿地圖書』, 仁同都護府 古跡條)

11) 경주慶州

* 포석정鮑石亭 고려 태조 10년(927)에 후백제의 견훤甄萱이 근품성近品城을 침공侵攻하여 불사르고, 나아가 신라 고울부高鬱府를 습격하여 경주의 근교[郊畿]까지 바짝 다가왔다. 신라 경애왕景哀王이 연식連式을 고려에 보내 위급한 사태를 알렸다. … 구원병이 미처 도착하기도 전에 견훤이 갑자기 신라 도성都城으로 쳐들어왔다. … 견훤이 군사를 풀어 마구 약탈하게 하고, 왕궁으로 들어가 거처하였다. 곁에 있던[左右] 신하들을 시켜 경애왕을 찾아내 궁중에 가두고서, 못살게 굴어[逼] 스스로 죽음을 맞이하게 하였다. 왕비를 강제로 욕보이고, 자기 부하들에게는 경애왕의 후궁[嬪妾]들을 함부로 욕보이게 하였다. 경애왕의 외사촌 아우[表弟] 김부金傅를 임금으로 세우고, 임금의 아우[王弟] 효렴孝廉과 정승 영경英景 등을 포로로 삼고, 아들딸[子女]들과 온갖 기술자[百工] 그리고 무기와 보물 등을 모두 빼앗아 돌아갔다.(『輿地圖書』, 慶州府 古跡條)

12) 청하淸河

① 내영산內迎山 <관아의 북쪽 11리에 있다. 으뜸 산줄기가 응봉산에서 뻗어 나온다. 내영산에는 대·중·소 세 개의 돌이 바위 위에 솥발처럼 벌려 있는데, 사람들이 '삼동석三動石'이라고 부른다. 손가락으로 건드리면 조금 움직이지만 두 손으로 누르고 흔들면 움직이지 않는다. 신라 진평왕眞平王이 이 산에서 견훤甄萱의 난리를 피했다.>(『輿地圖書』, 淸河縣 山川條)

② 보경사寶鏡寺. … 이름이 '내영사內迎寺[內迎]'로 바뀐 이유는, 신라 진평왕이 이곳에서 견훤의 난리를 피했기 때문에 그 뒤에 '내영사'라고 부르게 된 것이다.(『輿地圖書』, 淸河縣 古跡條)

13) 동래東萊

절영도絶影島 <관아의 남쪽 30리에 있으며, 목장이 있다. 고려 태조太祖

7년(924) 8월 견훤甄萱이 사신[使者]을 보내 절영도의 말 1마리를 바쳤다. 그후 절영도의 명마가 들어오면 백제가 망한다는 예언[讖言]을 듣고는 후회하여, 태조 9년(926)에 사람을 보내 그 말을 돌려 달라고 요청하자, 태조는 웃으면서 허락했다. 신증新增 임진왜란 때 왜적의 약탈을 당했는데, 숭정 계유년(1633, 인조 11)에 다시 목장을 설치했다. 부산포 바다 가운데에 있다.>(『興地圖書』, 東萊都護府 山川條)

2. 전라도 관계 자료

1) 광산光山·광주光州

① 경덕왕景德王 16년에 무주武州로 고치고, 진성왕眞聖王 6년에 견훤이 습격하여 의거하고 후백제라 칭하다가, 이윽고 전주로 도읍을 옮겼다. 궁예가 고려태조를 정기태감精騎太監으로 삼으니, 태조는 해군을 거느리고 쳐들어와 주의 경계를 대략 평정했는데 성주城主 지훤池萱이 견훤의 사위로서 굳게 성을 지키고 항복하지 않았다. … 무주武州를 광주光州라고 부른 것은 견훤 때부터였다.(『新增東國輿地勝覽』卷35, 光山縣 建治沿革條)

② 본래 백제百濟의 무진주武珍州이다. <일명 노지奴只라고도 한다.> 신라新羅가 백제를 빼앗은 뒤 그대로 도독都督[25]을 두었다. 경덕왕景德王 16년(757)에 무주武州로 고쳤다. 진성왕眞聖王 6년(892) 견훤甄萱이 습격하여 차지하고 후백제後百濟라 칭하다가, 이윽고[尋] 전주全州로 도읍을 옮겼다. 궁예弓裔가 고려高麗 태조太祖를 정기태감精騎太監[26]으로 삼으니, 태조는 수군[舟師]을 거느리고 쳐들어와 주의 경계를 대략 평정했는데, 견훤의 사위인 성주城主 지훤池萱이 굳게 성을 지키고 항복하지 않았다. 태조 19년(936)에 이르러 신검神劍을 쳐서 멸망시키고, 23년(940)에 광주光州라 고쳤

---

25) 도독: 신라 때 州의 장관이다. 원성왕 1년(785)에 總管을 고친 이름이다. 정원은 9명이고, 位階는 伊湌에서 級湌까지 이다.

26) 정기태감: 泰封의 무관 벼슬 가운데 하나이다.

다 … 태조가 즉위 19년에 친히 나아가 신검을 정벌할 적에 영마성營馬城
에 주둔하니, 신검은 그의 아우인 청주 성주淸州城主 양검良劍과 광주 성주
光州城主 용검龍劍과 함께 와서 투항했다. 그러므로 무주를 광주라고 부른
것은 견훤 때부터였으니, 태조 23년에 비로소 광주라 칭한 것은 아니다.
… 생각하건대, 견훤이 그 후에 광주라고도 하고 무주라고도 하며 다 함
께 불렀다가, 이 해27)에 이르러 광주로 정한 것으로 여겨진다.>(『輿地圖
書』, 光州牧 建治沿革條)

　③ 왕조대王祖臺 <관아의 서쪽 30리에 있으며 견훤대甄萱臺와 서로 마
주하고 있다. 고려 태조太祖28)가 견훤을 정벌[征]할 때 머물러 진陣을 쳤던
곳인데, 백성[氓俗]들이 무지하여 곧바로 '왕조대'라는 이름으로 불렀다.29)
고려 태조의 성씨를 피하여[諱] 지금은 다른 이름으로 고쳤다고 한다.>(『輿
地圖書』, 光州牧 古跡條)

　④ 견훤대甄萱臺 <관아의 북쪽 15리에 있다.>(『輿地圖書』, 光州牧 古跡條)

　⑤ 방목평放牧坪 <견훤대 아래에 있다. 민간에서 전하는 말에 따르면
[俗傳], 견훤이 머물러 진을 치고 말을 기르던[牧馬] 곳이라고 한다.>(『輿地
圖書』 光州牧 古跡條)

2) 나주羅州

　① 신라말 견훤이 후백제왕이라 일컫고 모두 그 땅을 차지했는데, 얼
마 안 가서 금산錦山 사람들이 후고려왕 궁예에 붙으니, 궁예가 명하여 고
려 태조를 정기태감精騎太監으로 삼고 주사舟師를 거느리고 공격하여 빼앗
게 하여 나주羅州로 고쳤다.(『世宗實錄』, 地理志 羅州牧條)

　② 본래 백제百濟의 발라군發羅郡 <다른 이름으로 통의通義라고도 한다.>

---

27) 이 해: 태조 23년(940)을 가리킨다.
28) 태조: 영인본은 '太宗'으로 되어 있는데, 이를 '太祖'로 바로 잡아 번역한다.
29) 백성들이~불렀다: 고려 태조 王建의 성씨인 '王'자를 따서 그대로 '왕조대'라는
　　이름으로 불렀다는 사실을 가리킨다.

이다.30) 신라新羅 때 금산군錦山郡 <다른 이름으로 금성錦城이라고도 한다.>
으로 고쳤다.31) 신라 말기에 견훤甄萱이 후백제後百濟라 칭하고 이 땅을 모두
차지했다. 얼마 뒤 고을 사람들이[郡人] 후고구려後高句麗[後高麗]의 왕 궁예弓裔
에게 의탁했다.[附] 궁예가 고려高麗 태조太祖를 정기태감精騎太監에 임명하여
수군[舟師]을 거느리고 가서 공격해 빼앗도록 시킨 다음 지금의 이름인 나주
羅州로 고쳤다.(『輿地圖書』, 羅州牧 建治沿革條)

3) 순천順天

① 후백제 김총金摠은 견훤에게 벼슬하여 인가별감引駕別監에 이르렀고,
죽어서는 고을의 성황신城隍神이 되었다. 고려 박영규朴英規는 후백제의
임금 견훤의 사위이다. 견훤의 아들 신검이 견훤을 금산사에 가두자 견훤
은 도망해서 금성錦城으로 달아나니, 태조가 그를 맞아 높여서 상보[尙父]
로 삼았다. 이에 영규는 … 사람을 보내 태조에게 … 태조는 그에게 좌승
左丞 벼슬을 주었다. … 죽어서 인제산신麟蹄山神이 되었다.(『新增東國輿地勝
覽』 卷40, 順天都護府 人物條)

② 고려 박영규朴英規 <견훤甄萱의 사위이다. 견훤의 아들 신검神劍이
견훤을 금산불사金山佛寺에 가두었는데, 견훤은 도망쳐서 금성錦城으로 달
아났다. 태조太祖는 그를 위로해 맞아오게[勞來] 하여 상보[尙父]로 높여 모
셨다. 박영규가 사람을 보내 태조에게 고하기를, "만일 정의의 깃발[義旗]
을 드시면, 바라건대 안에서 호응토록[內應] 하겠습니다."라고 하였다. 태
조는 크게 기뻐하여 사신으로 온 사람에게 후한 상을 내려주어 돌려보냈
다. 신검을 처형하게 되자, 좌승左丞 벼슬을 내려주었다.>(『輿地圖書』, 順
天府 人物條)

---

30) 본래 백제의~이다: 본래 백제의 발라군인데, 뒤에 竹軍城으로 고쳤다고 한다(『三
    國史記』 卷36, 地理志 ; 『高麗史』 卷57, 地理志).
31) 신라~고쳤다: 신라 神文王 5년(685)에 통의군으로 고쳤고, 景德王 16년(757)에
    금산군으로 고쳐 武州에 예속시켰다(『三國史記』 卷36, 地理志 ; 『高麗史』 卷
    57, 地理志).

4) 곡성谷城

고려高麗 신숭겸申崇謙 <태조太祖가 견훤甄萱에게 포위를 당했을 때, 대장大將의 몸으로 태조를 대신해 임금이 타는 수레[御車]에 올라타고서 힘껏 싸우다가 목숨을 잃었다. 임금이 이러한 공로를 인정하여, 장절壯節이라는 시호를 내렸다. 만력萬曆 기축년(1589, 선조 22)에 고을 사람들이 천덕산天德山아래에 사당을 세웠다. 숙종肅宗 때인 을해년(1695, 숙종 21)에 나라에서 덕양사德陽祠라는 이름을 베풀어 내려주었다.(『輿地圖書』, 谷城縣 人物條)

5) 무안務安

* 석축성石築城 <둘레가 1천 3백 2척이며, 높이는 7척 7촌寸이다. 성 안에 한 개의 연못과 한 개의 우물이 있다. 우수영右水營 소속이다. 관아의 남쪽 60리에 있다. 궁예弓裔 때 고려 태조太祖가 군사를 거느리고 나주 포구에 이르렀다. 후백제後百濟 견훤甄萱이 직접 군사를 거느리고 전함을 포진시켜[列], 목포에서 영암군靈巖郡 덕진포德津浦까지 뱃머리와 꼬리가 서로 잇닿았고 수군과 육군이 동서남북으로 넓게 배치되어[縱橫] 군대의 기세가 매우 왕성해 보였다. 여러 장수들이 걱정하자, 태조는, "걱정하지 말라. 싸움에 이기는 것은 단결의 여부에 있는 것이지 군사의 수가 많은 데에 좌우되는 것은 아니다."라고 말했다. 이윽고 진군하여 급히 공격하였다. 바람을 이용해 불을 지르니, 불에 타죽거나 빠져 죽은 병사의 수가 반을 넘었고, 적의 머리를 베어 죽인 수가 5백여 명에 달하였다. 견훤은 작은 배를 타고 달아나 돌아갔다.>(『輿地圖書』, 務安縣 鎭堡條)

6) 익산益山

금마산金馬山은 견훤의 말에 "옛날에 마한이 먼저 일어나 대대로 발흥하였고, 진한과 변한이 뒤이어 일어났다. 이에 백제가 금마산에 개국한 지 6백여 년이 된다."고 했다.(『新增東國輿地勝覽』 第33卷 益山郡 古跡條)

7) 금구金溝

금산사金山寺는 모악산에 있는데, 후백제 견훤이 창건했다. 견훤의 어린 아들 금강金剛은 키가 크고 지혜가 많았으므로 견훤이 특별히 귀엽게 여겨 전위傳位할 생각을 가졌다. 청태淸泰 2년 3월에 맏아들 신검神劍이 견훤을 금산 불우에 가두어 장사 30명에게 지키게하고, 드디어 왕위를 찬탈하여 경내에 크게 사면령을 내리고 금강을 죽였다. 견훤이 금산에 갇혀 있은 지 석 달이 되었는데, 6월에 술을 가지고 지키는 자들을 먹여 모두 취하자 이에 막내아들 능예能乂와 딸 애복哀福, 첩 고비姑比 등을 데리고 나주로 도망쳐서 해로를 이용하여 고려에 귀의했다.(『新增東國輿地勝覽』 卷34, 金溝縣 佛宇條)

8) 전주全州

견훤이 완산에 도읍하고 후백제라 하였는데, 고려 태조 19년 병신丙申에 친히 백제를 쳐서 이기고 안남도호부安南都護府라 고쳤다가 23년 경자庚子에 다시 전주로 하였다.(『世宗實錄』, 地理志, 全州府條)

3. 충청도 관계 자료

1) 청주淸州

① 방정리方井里는 관아의 남쪽 10리에 있다. 고려 때 한란韓蘭이 살던 곳이다. 큰 연못 하나가 있는데 그 근원이 깊어, 큰 가뭄이 들어도 줄어들지 않는다. 고려 태조가 견훤을 공격할 때 군대가 마을 앞으로 나오니 한란이 칼을 짚고 마중 나왔다. 이어 이 우물에서 길어다 10만 군대를 먹였는데도 우물물이 마르지 않았다. 이에 변하지 않는 우물이라는 뜻의 '방정리'라고 이름 붙였다.(『輿地圖書』, 淸州牧 古跡條)

2) 天安 :

① 옛날 우리 성조聖祖(王建)께서 견훤을 칠 때 군사 10만을 주둔하여 진

지를 구축하고 군사를 조련하여 위엄을 드날렸으니, 그 군영을 설치한 곳을 고정鼓庭이라 하고, 그 성을 왕자王字라 했다.(『新增東國輿地勝覽』卷15, 天安郡條)

② 고려 태조묘, 왕자성, 고정 : 모두 왕자산 밑에 있다. 지금은 옛 터만 있다. 왕자산고성王字山古城 : <고을에서 20리 떨어져 있다. 고려 태조가 남쪽으로 견훤을 칠 때 이곳에 주둔하여 보루를 쌓아 관병觀兵하였다. 산 밑에 유적이 있다>.(『新增東國輿地勝覽』第15卷 天安郡 古跡條)

③ 삼국의 중심으로 다섯 용이 구슬을 다투는 형세이다.(『輿地圖書』, 天安郡 形勝條)

3) 회인懷仁

① 공직龔直은 용맹과 지략이 있었다. 신라 말년에 본읍 장군이 되어 드디어 견훤을 섬기다가 견훤이 무도한 것을 보고 그 아들 영서英舒와 함께 태조에게 와서 있었다. … 공직달龔直達은 공직의 아들이다. 아우 금서金舒와 함께 후백제에 볼모로 잡혀 갔는데, 공직이 태조에게 투항하자 견훤이 죽였다.(『新增東國輿地勝覽』卷16, 懷仁縣 人物條)

② 공직龔直 <용맹과 지략이 있었다. 신라 말에 이 고을의 장군將軍이 되었다. 마침내 견훤을 섬기다가 견훤이 도리에 어긋나고 막된[無道] 것을 보고 그 아들 공영서龔英舒와 함께 태조太祖에게 와서 복종했다.[來附] 태조가 대상大相에 임명했다. 벼슬이 좌승左丞에 이르렀으며, 시호를 봉의奉義이다. 공직달龔直達 공직의 아들이다. 아우 공김서龔金舒와 함께 후백제後百濟에 볼모로 잡혀 갔는데, 공직이 태조에게 투항하자 견훤이 죽였다>.(『輿地圖書』木川縣 人物條)

4) 은진恩津

① 견훤의 묘가 고을 남쪽 12리 풍계촌風界村에 있다. 속칭 왕묘王墓라 한다.(『新增東國輿地勝覽』卷18, 恩津縣 冢墓條)

② 견훤甄萱의 묘가 관아의 남쪽 12리, 풍계촌風界村에 있다. 견훤이 작치현鵲峙峴에 진을 쳤는데, 까치가 큰 깃발 위에 내려앉으니 깃대가 갑자기 부러져 쓰러지는 일이 있었다. 견훤은 반드시 패하리라는 것을 스스로 알고 주위 사람들에게 말했다. "내가 죽으면 모악산母岳山이 보이는 곳에 장사지내라." 마침내 그 말에 따라 장사지냈다. 지금 남겨진 무덤에서는 모악산이 바라다 보인다고 한다. 까치 고개라는 뜻의 작치鵲峙라는 이름도 여기에서 유래되었다고 한다. 민간에서는 '왕총王塚'이라고 부른다.(『輿地圖書』, 恩津縣 冢墓條)

③ 후백제 왕 견훤의 묘 : <고을의 남쪽 12리 풍계촌에 있다>.(『世宗實錄』, 地理志 恩津縣條)

5) 연산連山

① 황산黃山은 일명 천호산天護山이라고도 하는데, 고을 동쪽 5리에 있다. 견훤이 고려 태조를 따라 그의 사들 신검神劍을 토벌하니, 신검이 싸움에 패하여 항복했다. 견훤이 번민하고 근심하다가 등창이 발생하여 수일만에 황산 절에서 세상을 마쳤다.(『新增東國輿地勝覽』 卷18, 連山縣 山川條)

② 황산黃山은 대둔산에서 뻗어와 연산현의 으뜸이 되는 줄기를 이룬다. 관아에서 동쪽으로 5리이다. 신라新羅의 김유신金庾信이 군사를 거느리고 당唐나라 소정방蘇定方과 함께 백제百濟를 공격했다. 백제의 장군 계백階伯이 황산의 벌판에서 신라의 군사를 막을 때, 세 군데에 병영을 설치하고 네 번 싸워 모두 이겼으나, 끝내 군사가 적고 힘이 모자라서 죽었다. 견훤甄萱이 고려高麗 태조太祖를 따라 제 아들인 신검神劍을 공격하니, 신검이 싸움에 패하여 항복하였다. 견훤이 근심하며 괴로워하다가 악성 종기가 생겨서 며칠만에 황산의 절에서 세상을 마쳤다.(『輿地圖書』, 連山縣 山川條)

③ 개태사開泰寺 천호산天護山에 있었다. 고려 태조의 초상화를 모신 건물이 있었다. 절은 지금 허물어져 없어지고 다만 옛 터만 남아있다. 고려

태조 19년(936)에 백제를 정벌해 큰 승리를 거두니, 영토 안의 30여 군郡과 발해국渤海國 사람들이 모두 귀순했다. 이에 담당 관리에게 명하여 개태사를 창건하고, 친히 원문願文을 짓고 손수 이를 썼는데 그 대략은 다음과 같다. "백성들이 온갖 근심을 만나니, 많은 고통을 이겨 낼 수 없었습니다. 군사들이 지역에32) 얽히고 재난이 진한辰韓을 시끄럽게 하니, 편안히 사는 사람들이 없고 온전한 담을 가진 집도 없었습니다. ⋯ 하늘에 대고 맹세합니다. 크게 간악한 무리를 제거하고 평정하여, 곤궁하여 고통에 빠진 백성들을 구해내고 농사와 길쌈을 제 고향 마을에서 마음껏 할 수 있게 하겠습니다. 위로는 부처님의 힘에 기대고 다음으로는 하늘의 위엄에 의지하여, 20여 년 동안의 수전水戰과 화공火攻에서 몸소 화살과 돌을 무릅쓰고, 천리 길을 남南으로 치고 동東으로 공격하며 친히 방패와 창을 베개로 삼았습니다. 병신년(936) 가을 9월에 숭선성崇善城 가에서 백제의 군사와 마주해 진을 쳤습니다. 한 번 부르짖으니 흉악한 미치광이의 무리가 산산이 무너졌고, 두 번째 북을 울리니 역적의 패거리가 얼음 녹듯 사라졌습니다. 개선의 노래가 하늘 높이 뜨고, 환호의 소리는 지축을 뒤흔들었습니다. ⋯

들판의 도적들과 산골의 좀도둑들이 잘못을 뉘우치고 고쳐 새 사람이 되겠다고 이윽고 귀순해 왔습니다. 저는 그 뜻이 간사한 자를 누르고 악한 자를 제거하며, 약한 자를 구하고 기울어진 자를 붙들어 일으키는 데 있으므로, 털끝만큼도 건드리지 않고 풀잎 하나도 다치게 하지 않았습니다. ⋯ 부처님께서 지켜주심에 보답하고, 산신령님께서 도와주심을 갚으려고 특별히 담당 관리에 명하여 불당을 창건하고는, 이에 산의 이름을 '천호天護'라 하고, 절의 이름을 '개태開泰'라고 합니다. ⋯ 원하옵건대 부처님의 위엄으로 덮어주고 보호하시며, 하느님의 힘으로 붙들어 주옵소서."(『興地圖書』, 連山縣 古跡條)

---

32) 지역에: 영인본에는 '七郡'으로 되어있으나, 『新增東國興地勝覽』에 따라 '土郡'으로 바로잡아 번역했다.

④ 어린사魚鱗寺 관아의 서쪽 17리 탑정촌塔亭村에 있었다. 민간에서 전하기를, 고려 태조가 남쪽으로 견훤을 공격할 때 이 곳에 군사를 주둔시키고, 이에 이 절을 지었다고 한다. 이 절을 둘러싸고 있는 옛 성이 있다. 지금은 모두 허물어져버렸다.(『輿地圖書』, 連山縣 古跡條)

⑤ 제전祭田 부인처면夫人處面에 있다. ○고려 태조가 견훤의 군사를 치려고 이 고을에 왔다. 갑자기 몸에는 나무 셋을 지고 머리에는 큰솥을 인 채 깊은 연못으로 빠져 들어가는 꿈을 꾸었다. 꿈에서 깨어나니 기분이 좋지 않았다. 노파가 하나 있는데, 앞으로 닥칠 일을 미루어서 점을 잘 친다는 이야기를 듣고 몸소 가서 그에 대해 물어보았다. 태조가 이르기 전에 노파가 이러한 일이 있을 줄 알고 제 딸에게 주의를 주며 말했다. "오늘 저녁에 귀한 분이 오실 것이다. 너는 반드시 머무르며 내가 오기를 기다리되 말을 많이 하지 말아라." 저녁 무렵이 되자 과연 고려 태조가 와서 꿈에 대해 물어보았다. 딸이 불길하다고 말하니, 태조는 불편해하며 돌아갔다. 잠시 후 노파가 돌아와 제 딸에게 물으니, 딸은 그 일에 대해 모두 이야기했다. 노파가 놀라며 말하기를, "그가 몇 리나 갔을지 헤아려 보아라." 하니, 딸이 대답했다. "얼마 멀리 가지는 못했을 것입니다." 마침내 딸을 시켜 뒤따라가서 모셔오도록 했다. 다시 꿈에 나타난 징조에 대해 풀어 이야기해주었다. "대개 나무 셋을 몸에 진 것은 '왕王'이라는 글자가 됩니다. 큰솥을 머리에 인 것은 면류관冕旒冠을 쓴 것입니다. 깊은 연못으로 들어간 것은 용왕龍王을 만난 것입니다." 고려 태조가 매우 기뻐하며 말했다. "과연 그대의 말과 같이 된다면 내 그대를 잊지 않을 것이오." 며칠 뒤에 과연 큰 승리를 거두었다. 고려 태조가 노파의 말을 생각해내고는, 노파를 '부인夫人'으로 책봉하고 또 그가 살고 있는 둘레의 땅을 내려주어 토지를 식읍食邑으로 삼게 했다. 노파가 죽자 마을 사람들이 사당을 세우고 노파를 제사지냈다. 이로 말미암아 임금에게 내려받았던 토지가 제사를 받들기 위한 토지인 '제전祭田'이 되었다. 까닭에 그 지역{坊}의 이름을 '부인처면夫人處面'이라 하고, 그 마을의 이름을 '제전리

祭田里'라 했다.(『輿地圖書』, 連山縣 古跡條)

6) 목천木川

* 목천을 본관으로 하는 성씨는 우牛, 마馬, 상象, 돈豚, 장獐, 심沈, 신申, 왕王이다. 세상에 전하는 말에, "고려 태조太祖가 나라를 세울 때, 목주木州 사람이 여러 번 배반하니 이를 미워하여 그 고을 사람들의 성씨를 모두 짐승 이름으로 내려주었다. 뒤에 우牛는 우于로 고치고, 상象은 상尙으로 고치고, 돈豚은 돈頓으로 고치고 장獐은 장張으로 고쳤다." 한다.(『輿地圖書』, 木川縣 姓氏條)

7) 보은報恩

마현박석馬峴薄石은 아의 동쪽 15리에 있다. 마현 고개 위에 얇은 돌이 3~4리 깔려 있다. 민간에서 전하기를, 고려高麗 태조가 일찍이 속리산俗離山으로 나들이했을 때 닦은 임금의 나들이길[御路]이라고 한다. 오정산성烏頂山城은 관아의 동쪽 5리에 있으니, 바로 삼년산성三年山城이다. 쌓은 지 3년 만에 완성했기 때문에 이렇게 이름지었다. 돌로 쌓았는데, 둘레가 3천 6백 99척이고, 높이가 18척이다. 성안에 다섯 개의 우물이 있었는데, 지금은 반쯤 무너졌다. 고려 태조 11년(928)에 몸소 이 성을 공격하다가 빼앗지 못하고 마침내 청주淸州로 이동했었다. 산 아래에 군장동軍藏洞이 있는데 세상에서 전하기를, 태조가 군사를 주둔시킨 곳이라고 한다.(『輿地圖書』 報恩縣 古跡條)

8) 대흥大興

임존성任存城 관아의 서쪽 10리에 산성山城이 있으니 바로 백제百濟의 복신福信, 지수신遲受信, 흑치상지黑齒常之 등이 당唐나라의 유인궤劉仁軌에 맞서 싸우던 곳이다. 둘레는 5천 1백 98척이며 안에 세 개의 우물이 있는데 이 성이 임존성이라고 생각된다. 부여扶餘의 인물人物 항목에 자세히 나와 있다. 고려高麗 태조太祖가 후백제後百濟의 임존성을 공격하여 형적刑積 등33) 3천 여 명을 죽이거나 사로잡았다. 지금 성은 무너지고 성가퀴는 허물어져 다만 자취만 남아있다.(『輿地圖書』, 大興郡 古跡條)

9) 니산尼山

왕전리王田里 관아의 남쪽 13리에 있다. 민간에서 전하기를, 고려高麗 태조太祖가 견훤甄萱을 공격할 때 좋은 징조의 꿈을 하나 꾸었다고 한다. 무당에게 물어보니, 무당이 풀이하며 말했다. "서까래 세 개를 짊어진 것은 '왕王'이라는 한 글자이고, 쇠로 만든 관冠을 쓰고 바다로 들어간 것은 임금이 앉는 용상龍床에 앉는 것이며, 온 세상이 닭의 울음소리로 가득한 것은 높은 자리에 오르는 것이고, 모든 집에서 다듬이질하는 소리가 들리는 것은 대궐에 가까워졌다는 뜻입니다." 태조가 말했다. "미래에 그러한 날이 오면 마땅히 두둑히 보답하겠다." 임금의 자리에 오른 뒤 토지를 내려 보상해주고, 또 부인의 품계를 내려주었다. 까닭에 그 마을 이름을 '왕전리王田里'라고 부른다고 한다.(『輿地圖書』, 尼山縣 古跡條)

4. 기타 지역 관계 자료

1) 춘천春川

신숭겸申崇謙은 처음의 이름은 능산能山이다. 자라서 어른이 되니 무예와 용맹이 있었다. 배현경裵玄慶 등과 함께 태조를 추대하여 일등공신一等功臣이 되었다. 태조가 후백제後百濟34)의 견훤甄萱과 함께 공산公山의 동수桐藪에서 싸웠는데 전세가 불리하게 되어 견훤의 군사가 태조를 포위하니 매우 위급한 지경이었다. 신숭겸이 힘껏 싸우다가 전사하니 태조가 슬퍼하였다. 시호는 장절壯節이다. 뒤에 태조의 사당에 위패를 함께 모시고 제

---

33) 등 : 영인본에는 '等'자가 누락되어있다. 『新增東國輿地勝覽』에 따라 보충해 번역했다.

34) 후백제 : 영인본에는 '百濟'로 되어있다. 『新增東國輿地勝覽』에 따라 바로잡았다.

사지냈다. 또 평산부平山府 조에도 보인다.(『輿地圖書』, 春川縣 人物條)

2) 강릉江陵

왕순식王順式 이 고을의 장군將軍으로 있을 때에 고려 태조太祖가 신검神劍을 토벌했다. 왕순식은 명주溟州로부터 군사들을 거느리고 전투를 벌여서 격파했다. 태조가 왕순식에게 말했다."내 꿈에 신통한 승려가 갑옷 입은 군사 3천 명을 거느리고 온 것을 보았는데, 이튿날 그대가 군사를 거느리고 와서 도왔으니 이것은 꿈이 이루어진 것이다." 왕순식이 아뢰었다. "제가 명주에서 출발하여 대현大峴에 이르렀는데 이상한 절이 있으므로 제사를 지내며 기도했습니다. 임금께서 꿈꾸신 것은 반드시 이 때문일 것입니다." 태조가 신기하게 여겼다.(『輿地圖書』, 江陵府 人物條)

제2부

개항기 및 식민지시대의 역사인식

제1장 개항기의 역사인식과 역사서술

1. 침략과 저항 속의 역사인식

조선은 1876년 개항을 단행한 이후 전근대적 단계에서 벗어나 본격적인 근대화의 계기를 맞게 되었다. 그리하여 대내적으로는 봉건적인 사회질서와 문화 풍토를 개혁하여 근대 사회와 문화를 형성시키고자 하는 움직임이 강하게 일어나고 있었다. 다른 한편으로는 개항을 계기로 세계 자본주의 체제에 편입될 것을 강요당했으며, 선진 자본주의 열강의 침략에 직면하였다. 이에 조선은 대외적으로 제국주의 열강의 침략에 맞서 국권을 수호하고자 하는 반침략운동을 전개해 나가게 되었다.

개항기 조선 사회에서 반봉건과 반침략은 동시에 요구되는 가치였으며, 이를 위해서는 전 방위적全方位的 노력이 요청되었다. 이 시기 역사학 분야에서도 전근대적 수사방법修史方法에 따른 역사 인식에 종지부를 찍고 새로운 역사 인식은 국가의 독립을 수호해야 하며 국가의 근대화를 성취해야 한다는 것으로 집약되었다.

한편 조선 사회의 전통적인 역사관으로는 성리학적 역사 인식 체계를 들 수 있는데, 조선후기 18세기를 전후하여 성리학적 역사관의 폐해를 극복하려는 노력이 일어났다. 실학자들에 의해 제시된 새로운 역사 인식의 틀과 연구 방법론은 기존의 성리학적 요소와는 일정한 차이가 있었다. 실학자들은 문화적 민족주의의 경향을 취하며 역사 연구를 통해 민족의 존재를 확인하였던 것이다.[1]

이러한 지적 풍토가 배경이 되어 개항기에 이르러서는 역사 연구가 새롭게 착수되었다. 개항기의 역사 연구는 우선 국권을 수호하고 문명개화를 달성하려는 반 침략적·계몽주의적 경향을 띠며 진행되었다. 이 과정에서 교과용 도서를 비롯한 각종 역사서들이 번역·간행되었다.

그러나 개화기의 역사서들 가운데에는 초기 식민주의 사학에 의해 오도된 내용들이 무비판적으로 수용된 것들도 있었다. 개항 이후 진행된 제국주의의 조선 침투 과정에서 식민주의 역사 인식이 출현하였기 때문이다. 1890년대를 전후한 시기에 조선의 역사를 '타율성론他律性論'이나 '일선동조론日鮮同祖論'의 입장에서 왜곡시키려는 시도가 있었던 것이다. 또한 '정체성론停滯性論'을 20세기 초엽부터 조선사의 해석에 적용시키고자 하는 시도가 출현했다.

이렇듯 개항기에 이르러 조선의 문화적 전통을 폄하하고 역사적 독립성을 약화시키려는 시도가 진행된 것과 병행하여 조선의 학계에서는 반제국주의적 역사 인식이 두드러지게 나타났다. 이러한 경향은 계몽주의의 역사 인식을 통해 드러나기 시작했고, 민족주의의 역사 인식이 출현함으로써 또 다른 특성이 나타나게 되었다. 이 글에서는 개항기에 진행된 역사학 분야에서의 이와 같은 상황을 간단히 살펴보기로 하겠다.

2. 개항기 역사서술의 특성과 한계

조선 왕조는 개항기에 이르러 내재적 기본 모순을 해결하지 못한 채 외래의 제국주의적 침략 세력과 부딪치게 되었다. 조선에 가해진 제국주의적 침략의 일단으로는 식민주의 역사 인식의 도전을 들 수 있다. 제국주의의 침략에 편승하여 제시된 식민주의 역사 인식은 근대적 학문의 탈을 쓰고 조선에 침투해 왔고, 조선의 역사와 당시 상황에 대한 왜곡된 인

---

1) 趙珖, 1985, 「朝鮮後期의 歷史認識」『韓國史學史의 研究』, 乙酉文化社.

식을 조선인들에게 강박하고 있었다.

이러한 상황에서 근대주의를 추구해 나가던 일부 개항기 조선인들은 근대화의 모델을 일본에서 구했고, 일본인들의 조선사에 대한 연구 결과를 무비판적으로 수용하기도 했다. 그러나 또 다른 일부 연구자들은 일본의 침략에 맞서 국권을 수호하기 위한 방편으로 역사 연구, 특히 국사 교육의 중요성을 강조하게 되었다. 이 과정에서 1895년을 전후하여 국사 교과서를 비롯한 각종 역사서들이 간행되었다.

이 때의 역사서들 가운데 일부는 전통적 수사修史의 방법에 따르는 것도 있었지만, 대부분의 역사서들은 편찬 방법과 역사 인식에서 근대 지향적 특성을 드러냈다. 또한 역사서의 저자들이 가지고 있던 사상적 경향에는 계몽주의적 특성이나 사회진화론적 인식이 반영되었다. 그러나 이 이론들은 근대 민족주의의 이해와 인식에는 한계를 갖는 것이었기 때문에 역사서 저자들의 역사 인식에서도 여러 가지 문제점들이 드러났다.

1) 개항기의 역사서

개항기에 이르러 조선의 자주 독립에 관한 의식은 조야朝野를 불문하고 매우 고조되었다. 예를 들면 1894년 말에 반포된 홍범洪範 14조十四條 가운데 제1조에는 "청국에 의존하려는 생각을 끊어버리고, 자주 독립의 기초를 확실히 세운다."라고 되어 있다.2) 홍범 14조에 나타난 이러한 지적 풍토는 사회 전반에 걸친 개혁과 더불어 자주 독립의 저력이 되는 새로운 지식의 수용과 역사에 대한 올바른 이해를 촉구했다.

또한 갑오경장 이후 제정된 각급 학교 관계의 법규에서 역사 교육에 관한 내용들을 검토해 보면, 역사 교육은 사적事蹟의 대강을 가르침으로써 국민의 발달과 문화의 유래, 그리고 이웃나라와의 관계를 알게 하려는

---

2) 元裕漢, 1973,「東學農民蜂起와 甲午改革」『한국사』17, 國史編纂委員會, 277쪽.

데에 목적을 두고 있었다.3) 즉 당시는 왕조적 전통 의식이 완전히 탈색
된 상황은 아니었다 하더라도 역사 교육의 목적이나 인식 기반이 새로운
상황의 변화에 대응하여 근대적 역사 교육의 방향으로 나아가고 있었던
것이다.4)

역사에 대한 새로운 인식이 강화되는 과정에서 1895년 이후 여러 종류
의 역사서들이 간행되었다. 이들 가운데에는 교과용 도서로 편찬된 각종
관찬서官纂書들이 있었고 그 밖에 사찬私纂 역사서나 번역서들도 적지 않
은 수에 이르렀다.5)

이 때 간행된 외국사外國史 계통의 저서들로는 1895년 학부學部에서 간
행한『만국약사萬國略史』를 비롯하여 현은玄隱의『미국독립사美國獨立史』(1899
년), 노용선魯瑢善의『파란말년전사波蘭末年戰史』(1899년)를 우선 들 수 있다.
1905년 이후에는 장지연張志淵의『애급근세사埃及近世史』, 현채玄采의『만국사
기萬國史記』,『월남망국사越南亡國史』·『동서양역사東西洋歷史』·『보법전기普法戰
記』등이 간행되었다. 또한 주시경周時經·이상익李相益 등도『월남망국사』
를 번역하여 발간했다. 김덕균金德均은『의태리독립사意太利獨立史』를, 이채
우李採雨는『세계식민사世界植民史』를 간행했으며, 유길준兪吉濬은『보로사
국 후례두익대왕 칠년전사普魯士國 厚禮斗益大王 七年戰史』를, 유문상劉文相은
『나파륜전사拿破崙戰史』를, 김상연金祥演은『정선망국사精選亡國史』를 간행
했다.

이 때 간행된 외국사 관계도서를 통하여 우리는 당시 역사서 간행에

---

3) 金興洙, 1981,「韓末 歷史敎育 및 敎科書에 관한 硏究」『歷史敎育』29, 歷史
   敎育硏究會, 45~58쪽.
4) 洪榮伯, 1984,「韓末 世界史 關係史書의 內容과 그 限界」『素軒 南都泳博士華
   甲紀念史學論叢』, 素軒 南都泳博士華甲紀念史學論叢 刊行委員會, 942쪽.
5) 康允浩, 1967,「開化期의 敎科用 圖書(1), (2)－光武·隆熙年間의 敎科用 圖書
   編纂攷 Ⅲ, Ⅳ」『논총』10·11, 이화여자대학교 한국문화연구원, 33~48쪽 ; 白
   淳在, 1970,「開化期의 韓國書誌－1883~1918年을 中心으로」『東方學志』11,
   延世大學校 國學研究院, 179쪽.

관여한 사람들의 관심 대상이 무엇이었는지를 뚜렷이 확인할 수 있다. 즉 그들은 미국이나 이탈리아의 독립전쟁에 지대한 관심을 가졌고, 폴란드나 이집트 그리고 베트남과 같은 약소국의 말로에 대해 큰 연민을 드러냈다. 특히 그들은 『월남망국사』를 통하여 조선에 대한 일본 제국주의의 침략을 간접적으로 경계하고자 했다.[6] 그들은 나폴레옹, 프리드리히 대왕, 워싱턴 등 국가의 독립이나 발전에 기여한 영웅들을 소개하고 그들을 본받도록 촉구했다.

이 역사서들은 애국 계몽주의적 견지에서 번역되거나 저술된 것으로서, 엄밀한 의미에서 근대 역사서로 평가하기는 어렵다. 그러나 1906년 김상연이 간행한 『정선망국사』에서는 역사를 "인류의 행위와 경력을 정확히 기록하여 그 사상事狀 전후의 관계와 인연因緣을 명료케 함"이라고 정의하였다.[7] 이는 인과적 인식을 중요시하는 근대적 역사 인식에 도달한 것으로 주목할 만하지만, 이와 같은 역사학의 정의가 그의 저서를 통해 일관되게 관철되고 있는지에 대해서는 재검토가 필요하다.

이렇듯 개항기에 간행된 외국사에 관한 저술들은 당시의 지적 분위기를 반영하는 동시에 한국사의 서술에도 영향을 끼쳤다. 현채와 같은 한국사 계통의 저술가들이 세계사를 함께 저술하는 경우를 통해 확인되는 것처럼, 한국사나 세계사의 서술 동기와 방법은 거의 동일했다고 볼 수 있다. 이 때문에 개항기의 한국사 서술을 올바르게 이해하기 위해서는 외국사에 대한 당시인들의 서술과 인식을 함께 주목해야 한다.

개항기의 역사 인식과 서술의 특성을 파악하기 위해서는 『을지문덕乙支文德』과 같은 역사적 인물의 전기에 대해서도 관심을 가져야 한다. 1908년에 국한문본 및 한글본으로 간행된 이 책은 수隋 나라의 침입을 물리친 을지문덕을 모범으로 내세워, 전통적으로 크게 작용하고 있던 중

---

6) 崔起榮, 1985, 「國譯 『越南亡國史』에 관한 一考察」『東亞研究』 6, 서강대학교 동아연구소, 505쪽.
7) 金祥演, 1906, 『(精選)萬國史』, 金相萬書鋪, 1쪽.

국 중심의 사고 방법을 청산하고자 했다. 뿐만 아니라 이 책에서는 외세의 침입에 효율적으로 대처했던 고구려 시대의 사실을 강조함으로써, 조선 민족도 외세의 침략을 격퇴할 수 있다는 희망과 가능성을 확인시켜준 동시에 모든 외세의 침략에 대한 저항을 촉구하고자 했다.

개항기의 역사적인 인물에 관한 소개는 신문 및 애국 계몽 잡지를 통하여 꾸준히 진행되었다.[8] 당시의 정기 간행물에 수록된 인물로는 을지문덕·연개소문淵蓋蘇文·강감찬姜邯贊·이순신李舜臣 등 국난 극복형 무장武將 출신들이 적지 않은 비중을 차지하였다. 또한『서북학회월보西北學會月報』처럼 잡지에「인물고人物考」를 고정난으로 설정하여 역사적 인물들의 전기를 제시해 주기도 했다. 영웅이나 인물에 대한 이 같은 관심은 영웅주의 사관적 특성을 반영하며, 워싱턴이나 프리드리히 대왕과 같은 외국의 영웅을 주목하던 입장과도 완전히 궤를 같이하는 것이었다.

한편 역사적 인물에 대한 연구나 개별 사건에 대한 연구는 역사 교과용 도서의 경우에서보다 더 분방한 입장에서 저자 자신의 역사적 견해를 표출할 수 있었다. 역사 교과서는 일정한 체제와 사건 상호간의 균형을 갖추어야 하지만, 위인전은 이에 구애됨이 없이 저자 자신의 사론史論을 전개해 나갈 수 있는 장점이 있었다. 이러한 까닭에 개항기의 외국 역사서들과 함께 위인전들은 애국 계몽적인 역사의식을 강화시킴으로써 역사에 대한 정확한 이해의 인식을 높여 주었다. 바로 여기에 개항기의 일반 역사서를 주목해야 하는 까닭이 있다.

2) 교과용 도서의 간행과 한계

개항기의 조선 왕조 사회에서는 구국의 방편으로 교육의 중요성이 강조되었고 관官이나 민간 유지有志에 의해 많은 학교가 세워졌다. 학교 교육에서는 교육 목표와 관련하여 역사 교육을 포함하였다. 이에 따라 각급

---

8) 金興洙, 1981, 앞의 논문, 52쪽 '언론에서의 역사교육' 참조.

학교는 역사 교과용 도서의 간행을 요청하게 되었고, 이러한 요청에 부응하여 학부와 민간 연구자들은 각종 역사 교과서를 간행했다. 역사 교과서들은 검인정 제도가 확립되어 있지 않은 당시의 상황에서 학교 설립자나 교사의 판단에 의해 채택되었다. 그러므로 일제에 의해 도서 검열 규정을 강요받기 시작한 1908년 이전까지 각급 학교의 교과서들은 반드시 학부에서 편집한 것이 아니어도 채택될 수 있었다. 따라서 개항기 교과용 도서의 범위를 학부가 편집한 도서 이외의 범위로까지 확대시켜 나갈 수 있게 되었다.[9]

---

9) 개항기 교과용 도서에 관해서는 다음과 같은 논문들이 있다. 김여칠, 1980, 「開化期國史敎科書를 通해서 본 歷史認識(1) – 歷史輯略을 中心으로 – 」『史學志』 14, 단국대학교 사학회 ; 김여칠, 1982, 「開化期國史敎科書를 通해서 본 歷史認識(2) ; 東國史略을 中心으로」『史學志』16, 단국대학교 사학회 ; 김여칠, 1984, 「1906年 이후에 國史敎科書에 대하여」『歷史敎育』36, 歷史敎育硏究會 ; 김여칠, 1984, 「開化後期의 國史敎科書 硏究(上)」『論文集』17, 서울교육대학교 ; 김여칠, 1985, 「開化後期의 國史敎科書 硏究(中)」『論文集』18, 서울교육대학교 ; 김여칠, 1986, 「開化後期의 國史敎科書 硏究(下)」『論文集』19, 서울교육대학교 ; 김여칠, 1986, 「韓末 歷史敎科書의 歷史認識」『李元淳敎授 華甲紀念 史學論叢』, 교학사 ; 崔炳鎬, 1976, 「開化期 敎育理念과 歷史敎育 目標意識」『史叢』20, 고려대학교 사학회 ; 崔炳鎬, 1986, 「開化期 國史敎育의 實態硏究 ; 玄采의 ≪東國史略≫과 林泰輔의 ≪朝鮮史≫比較分析을 中心으로」『李元淳敎授 華甲紀念 史學論叢』, 교학사 ; 金興洙, 1981, 「韓末 歷史敎育 및 敎科書에 관한 硏究」『歷史敎育』29, 歷史敎育硏究會 ; 金興洙, 1983, 「韓末의 國史敎科書 編纂」『歷史敎育』33, 歷史敎育硏究會 ; 金興洙, 1985, 「韓末 歷史敎育의 實態와 그 性格 ; 1906~1901年의 歷史敎育과 歷史敎科書를 中心으로」『汕耘史學』1, 산운학술문화재단 ; 金泰鉉, 1982, 「舊韓末 國史敎科書 分析 硏究 ; 初等用敎科書를 중심으로」『歷史敎育論集』3, 경북대학교 사범대학 역사교육과 ; 노수자, 1970, 「구한말의 역사교육에 대하여」『논문집』1, 이화여자대학교 교육대학원 ; 金成俊, 1971, 「舊韓末의 國史敎育에 對하여」『大東文化硏究』8, 成均館大學校 大東文化硏究院 ; 趙東杰, 1987, 「韓末史書와 그의 啓蒙主義的 虛實 上」『한국독운동사연구』1, 독립기념관 한국독립운동사연구소 ; 趙東杰, 1988, 「韓末史書와 그의 啓蒙主義的 虛實 下」『韓國學論叢』10, 國民大學校 韓國學硏究所 ; 이경란, 1991, 「구한말 국사교과서의 몰주체성과 제국주의」『역사비평』15, 역사비평사.

　개항기에 씌어진 국사 교과서는 모두 24종으로 집계되고 있다.[10] 국사 교과서가 학부學部에 의해 처음 간행된 것은 1895년이었다. 이 때 학부에서는 『조선역사朝鮮歷史』·『조선역대사략朝鮮歷代史略』·『조선약사朝鮮略史』 등을 간행하였다. 이들은 왕실의 정통 여부에 집착하는 중세적 왕조사 의식 수준에 머무른다거나, 대내적 문제를 바라보는 시각이 조선후기 실학자의 수준에도 미치지 못하고 있었다. 물론 이 책들 가운데 『조선약사』는 분류사分類史 또는 생활 문화사적 서술을 시도함으로써 근대적 저사著史의 가능성을 나타내기도 했다.[11]

　그러나 이때 간행된 책들을 본격적인 근대의 역사 교과서로 파악하기는 어렵다. 거기에는 발전이라는 개념이나 근대 역사 과학적 연구 방법론이 적용되지 않았기 때문이다. 이러한 문제점들은 1899년 학부에서 간행한 김택영金澤榮의 『동국역대사략東國歷代史略』과 『대한역대사략大韓歷代史略』 그리고 현채의 『보통교과 동국역사普通敎科東國歷史』 등에서도 대동소이하게 드러나고 있다. 그러나 이때 간행된 교과서는 대한제국 성립 초기의 시대적인 분위기와 관련하여 독립자존獨立自尊에 대한 인식이 전단계보다 강화되었음을 확인할 수 있다.

　20세기에 접어든 뒤에도 역사 교과서의 편찬 작업은 계속되었다. 김택영은 자신의 『동국역대사략』을 정비하여 『동사집략東史輯略』(1902년)을 간행하였으며, 장지연도 1903년 『대한강역고大韓疆域考』를 간행했다. 이어서 최경환崔景煥의 『대동역사大東歷史』, 정교鄭喬의 『대동역사大東歷史』, 김택영의 『역사집략歷史輯略』이 1905년에 간행되었다. 또한 현채의 『중등교과 동국사략中等敎科東國史略』이 간행되어 고대부터 조선 왕조 시대까지의 본격적 통사通史가 나오게 되었다.

　한편 국내에서 학부와 연구자들에 의해 교과서 편찬이 활발히 진행되기 이전부터 일본인들에 의한 조선사 연구가 진행되고 있었다. 그들의 연

---

10) 김여칠, 1982, 앞의 논문(2), 721쪽.
11) 趙東杰, 1987, 앞의 논문(上), 55쪽.

구 가운데 가장 주목할 만한 성과로는 하야시(林泰輔)의 『조선사朝鮮史』를 들 수 있다. 이 책은 비록 일본어로 씌어졌다는 제한성이 있지만, 근대적 역사 서술 방법에 의해 씌어진 최초의 조선 역사 전문서라고 할 수 있다.

그러나 하야시는 이 책에서 식민주의적 역사 해석의 틀을 제시함으로써 일본의 침략적 조선 진출을 합리화하는 역사적 근거를 마련해 주었다.12) 당시 일본에서는 조선사에 대한 연구가 활발히 진행되었는데, 조선사에 관한 그들의 편벽된 견해들이 조선에 무비판적으로 수용되고 있었다. 또한 일본과 조선의 관계를 규정하는 데서도 그들의 제국주의적 침략을 호도하는 위장 논리가 조선인 연구자들에게 받아들여지기도 했다.

바로 이와 같은 시대적 분위기 속에서 개항기 역사 교과서 가운데 상당수는 주체성을 상실하고 제국주의의 침략에 무비판적으로 동의하는 사태가 일어났다. 예를 들면 김택영의 『동사집략』에서는 일본의 제국주의적 침략 행위를 간과하고, 일본과 조선의 관계를 동문동종同文同種의 순치脣齒 관계라고까지 긍정하였다.13) 안종화安鍾和의 『초등동국역사初等東國歷史』(1909년)에서는 러일 전쟁 이후의 상황을 설명하면서 "아국我國은 갱(更)히 일본과 항구불역恒久不易의 친교親交를 고固케 하고 일본의 통감統監이 아국 경성京城에 내주來住하야 아국의 시정施政을 지도하니라."고 서술하였는데,14) 이는 일본의 통감부 설치를 무비판적으로 수용하는 자세를 나타낸 것이다.

또한 개항기 역사 교과서 가운데 일부는 고대 한일 관계사에 관한 일본 측의 주장을 그대로 받아들였다. 예를 들면 김택영의 『역사집략』에서는 『일본서기日本書紀』의 기록을 무비판적으로 수용하여 이른바 신공왕후神功王后의 신라 정복이나 임나일본부설任那日本府說을 채택하는 오류를 범했다. 이러한 견해는 18세기 이래 실학과 사서史書의 입장보다도 후퇴한

---

12) 李萬烈, 1985, 「19世紀末 日本의 韓國史硏究」『淸日戰爭과 韓日關係』, 一潮閣.
13) 金澤榮, 1902, 『東史輯略』, 刊寫地未詳.
14) 安鍾和, 1909, 『初等東國歷史』, 광덕서관, 205쪽.

것임에 틀림없다. 또한 장지연의 『대한강역고』에서도 「임나고任那考」를 신설하여 이를 서술함으로써 역사 인식의 한계를 드러냈다.

현채의 『동국사략』도 식민주의 역사 서술의 영향을 받았다. 현채의 이 저서는 하야시의 『조선사』의 영향을 크게 받았지만, 『조선사』의 번역이 아닌, 『조선사』와는 다른 독자적 저술로 파악할 수 있다.15) 그러나 현채가 하야시의 영향을 크게 받은 만큼 『조선사』에서 드러나는 문제점의 상당 부분이 그대로 이식되어 있다. 즉 현채의 『동국사략』에서는 임진왜란에 관한 『조선사』의 서술을 대부분 수용하고 조선후기를 당쟁사黨爭史 위주로 서술하였는데, 이것은 식민사학의 영향을 받은 것으로 파악해야 한다. 또한 현채가 이른바 신공왕후의 신라 정복설, 임나 일본부설을 수용하고, 발해를 말갈족의 국가로 규정한 것 등도 『동국사략』의 뚜렷한 한계로 파악할 수 있다.16)

개항기 역사 교과서들의 특성을 요약 정리하면 다음과 같은 요소들에 주목할 수 있다. 첫째, 개항기 역사 교과서들 가운데 상당수는 근대적 수사 방법을 적용하지 않았고, 역사 인식의 측면에서도 근대적 역사 인식의 특성인 발전이라는 개념이나 인과적 인식이 결여되어 있었다. 개항기 역사 교과서 가운데 근대적 역사 교과서로는 『동국사략』(1906년)을 효시로 삼을 수 있으나, 상당수의 교과서에서는 근대적 특성을 찾아보기가 어렵다.

둘째, 개항기 역사 교과서는 대부분 당대인 조선 왕조의 역사를 포함하고 있지 않다. 이는 당대사의 연구를 꺼리던 전통적 역사 서술의 태도에 영향을 받은 것이다. 그러나 상당수의 교과서가 조선 왕조 건국 이전 고려 시대까지의 역사를 서술한 반면 『대한역대사략』·『동국사략』은 조선 왕조 당대에 이르는 통사를 서술하고 있다. 이러한 현상은 개항기의 역사 서술이 전통적 인식 체계로부터 벗어나 근대적 서술의 방향으로 이행되어가고 있음을 뜻한다.

---

15) 김여칠, 1982, 앞의 논문(2), 749쪽.
16) 趙東杰, 1988, 앞의 논문(下), 168쪽.

셋째, 개항기의 역사 교과서는 애국 계몽적 시대상을 반영하는 동시에 국권 수호의 의지를 담고 있었다. 그리하여 개항기 교과서는 중국으로부터의 완전한 독립과 근대화의 자발적인 수행이라는 두 가지 목표 아래 씌어졌는데, 이 과정에서 민족에 대한 각성이 강화될 수 있었다.

또한 일본을 개화의 모델로 삼은 결과 그들의 침략적 의도를 정확히는 파악하지 못했고, 그들이 주장하던 식민주의 역사 인식에 동의하는 결과가 나타났다. 이 점이 개항기 국사 교과서에서 드러나는 가장 큰 제약성으로 지적될 수 있다. 개항기 국사 교과서들은 형식적 문명개화 속에 숨어 있던 제국주의의 정체를 올바로 파악하지 못했고, '근대적 학문'이라는 탈을 쓰고 나타난 제국주의 사학의 정체를 파악하지 못했으며, 이에 효율적으로 투쟁하는 데에도 실패했다. 여기서 우리는 개항기 교과서에서 나타나는 역사 서술의 특성과 한계를 찾아볼 수 있다.

3. 식민주의 역사인식의 출현

개항기 조선 역사에 대한 연구 경향 가운데는 조선에 대한 일본의 침략을 미화하거나 식민 통치의 필연성을 강변하려는 제국주의적 역사 인식도 있었다. 제국주의적 역사 인식은 일본의 배타적 내셔널리즘, 즉 쇼비니즘에 의해 고무된 것이었고 일본의 군부나 관학자官學者들에 의해 강조되었다. 그것은 근대적 학문의 탈을 쓰고 등장했기 때문에 근대주의를 추구하던 당시 조선의 일부 학계와 지성계에도 영향을 미쳤다. 조선에 대한 식민지 지배를 지향하며 전개된 이러한 역사 연구의 경향을 식민주의 역사 인식 또는 식민사관이라고 할 수 있다. 일제에 의해 강조된 식민주의 역사 인식은 일본 근대 역사학의 성립을 전제로 출현한 것이었다.

일본의 근대 역사학은 도쿄의 제국대학帝國大學에 사학과가 본격적으로 설치된 1887년을 기점으로 삼는다. 1888년에는 내각의 직속기관이던 임시 수사국臨時修史局을 제국대학에 이관하여 사료 편찬에 관한 업무를 본격적으로 진행시켰다. 또한 1889년에는 제국대학 안에 국사과를 개설하고, 역사학의 전문 연구지로서 『사학회잡지史學會雜誌』를 창간하였는데, 이러한 과정을 거쳐 일본 근대 사학의 기초가 마련되었다.[17]

이와 함께 일본에서는 대륙 침략 정책이 추진되었고, 배타적 민족주의 (Chauvinism)가 일본의 지식계를 지배하고 있었다. 이 같은 시대 상황과 맞물려 일본에서의 역사 연구는 철저한 문헌 고증을 표방하면서도 제국주의 침략에 동조하는 식민주의 역사관을 당연시하였다.

일본인들에 의해 왜곡되어 제시된 식민주의 역사관으로는 먼저 정치사적 측면에서의 타율성 이론을 들 수 있다. 여기에는 이른바 사대주의적事大主義的·반도적半島的 성격론 및 당파성론黨派性論 등이 포함된다. 그들은 이러한 이론을 종합하여 조선의 정치사를 타율적인 것으로 왜곡하였으며, 일선동조론을 제시함으로써 타율성론을 보완하고 조선 문화의 독창성을 펌하하고자 했다.

한편 일본인들은 정체성론을 통해 조선의 사회경제사를 왜곡시켰고, 조선 문화의 모방성을 강조함으로써 조선인에게는 역사 창조의 능력이 없음을 주장하고자 했다. 한마디로 그들은 조선 침략의 정당성과 필연성을 조선 역사의 연구를 통해 검증하고자 했던 것이다.[18] 이러한 식민주의 역사관은 1876년 개항을 전후한 시기에 출현하여 1910년 한일합방에 이르는 기간에 걸쳐 강화되었고, 합방 이후 식민지 시기 전반기에 완성되었다.

---

17) 李進熙, 1986, 「日本 近代史學의 植民主義史觀」 『申采浩의 思想과 民族獨立 運動』, 螢雪出版社, 586쪽.

18) 李萬烈, 1985, 앞의 논문 ; 李進熙, 1986, 앞의 논문 ; 趙東杰, 1990, 「植民史學 成立過程과 近代史 敍述」 『역사교육논집』 13·14, 역사교육학회 등의 논문에서는 식민주의 역사학의 특성과 그 전개 과정을 논하고 있다.

1) 타율성론 및 일선동조론의 출현

일본에서의 한국학 연구는 이미 에도(江戶) 시대부터 시작되었다. 이들은 조선 역사에 관심을 가지고 있었으며 그 밖의 조선에 관한 지식들을 수집·정리했다. 일본의 조선사에 대한 정리 작업은 1876년에 간행된『조선사정朝鮮事情』(원제목은『고려사략高麗史略』)을 통해서 우선 확인할 수 있다.

이 책은 달레(Dallet)가 지은『조선교회사(Histoire l'Église de Corée)』의 서설序說 및 본론의 일부를 번역한 것이다.『조선사정』의 서설에서는 조선의 역사와 문화를 집중적으로 서술하고 있는데, 1872년 이후 일본의 외무경外務卿·해군경海軍卿 등을 역임하고 있던 에노모토(楊本武場, 1836~1908)가 이를 번역하여 간행한 것이다. 이 책의 간행은 조선 침략을 도모하던 일본 제국주의자들이 조선의 역사와 문화를 파악하고자 했던 초기의 사례로 지적될 수 있다.

1873년 일본에서는 군국주의의 심장부에 해당되는 참모국參謀局이 설립되었다. 참모국은 1878년 참모본부로 확대·개편되었고, 1879년 이래 대륙 침략을 위한 현지 조사 작업을 수행하였다. 참모본부는 1880년에 그 요원을 조선에 파견했고, 고대 한일 관계사의 자료를 수집하여 연구를 촉진시켰다. 그 결과 1882년 8월에는 이른바 임나일본부설의 원초적 형태를 취하는「임나고」와「임나국명고任那國名考」등의 문서가 작성되었다.[19)

참모본부는 또한 1883년에 사가와(酒匂景信) 중위를 파견하여 만주 일대를 정탐하였는데, 그 때 그는 광개토대왕릉비의 비문(雙鉤本)을 가지고 갔다. 이 비문은 일본 육군대학 교수였던 요코이(橫井忠直)가 6년간 연구한 끝에 1889년 아세아협회의 잡지『회여록會餘錄』제5집에「고구려비출토기高句麗碑出土記」라는 제목으로 발표하였다. 이 글에서 요코이는 비문을 자의적으로 해석하여 일본의 야마토 정권(大和政權)이 4세기 말부터 5세기

---

19) 李進熙, 1986, 앞의 논문, 598쪽.

초 사이에 한반도에 출병했다는 사실을 밝혀 주다고 주장하였다. 또한 일본의 한반도 출병은 한반도에 대한 일본의 지배를 '확정적으로' 설명해 주는 것이라고 주장하기도 했다. 이 과정을 통해 고대 한일 관계사에 대한 시각은 천황제의 강화와 침략주의의 정당화라는 방향으로 정착되어 갔다.

한일 관계사에 관한 그릇된 시각은 당시 일본에서 간행되던 각종 잡지의 기사를 통해서도 확인되며,[20] 주요 교육 기관에서는 이 그릇된 시각에 입각하여 조선사 강의를 개설하기도 했다. 예를 들면 뒷날 민비 시해 사건의 주모자였던 미우라(三浦梧樓)와 같은 사람은 1890년 일본 학습원學習院 원장으로 있으면서 조선사를 강의하기도 했다.[21] 또한 여러 종류의 저서들이 발표되어 조선사에 관한 식민주의적 역사 해석을 강화시켜 나갔다.

고대 한일 관계사와 한국 고대사를 왜곡시킨 중요한 저서로는 1890년에 저술된 『국사안國史眼』을 먼저 주목할 수 있다. 이 책은 침략 대상인 조선에 대한 연구가 국책 과제로 요구됨에 따라 여기에 부응하여 제국대학 교수였던 시게노(重野安繹)·구메(久米邦武)·호시노(星野恒) 등이 저술한 것이다. 그들은 『국사안』을 통해 신대神代로부터 근대까지의 한일 관계사를 서술했다. 이 책에 의거하여 소학교와 중학교의 일본사 교과서가 편찬되었으므로 『국사안』에서는 이른바 신공 왕후의 신라 '정벌' 등을 사실로 제시하면서 조선은 신대의 옛날부터 일본의 지배 아래 있었다고 하는 그릇된 역사상을 심어 주었고, 일선동조론을 제시하였다.[22]

이들이 제시한 일선동조론은 그 뒤 계속 심화되었다. 1893년 요시다(吉

20) 당시 일본 학계에서 간행된 잡지에 수록된 조선 관계 기사에 관해서는 李萬烈, 1985, 앞의 논문, 86~90쪽 참조.

21) 洪以燮, 1974, 「舊韓末 國史敎育과 民族意識」『人文科學』 32, 연세대학교 인문과학연구소, 16쪽.

22) 旗田巍, 1969, 『日本人の韓國觀』, 勁草書房, 36쪽.

田東伍)는 『일한고사단日韓古史斷』을 통해 고대 한일 관계사를 서술하면서 신라와 가야가 일본의 '자분子分'(자식)이었다고 강조했다. 일선동조론은 1902년에 작성된 가나자와(金澤庄三郞)의 『일한국어의 비교연구(日韓國語の比較研究)』를 통해서도 재차 확인되었다. 그는 1898년부터 조선에 머무르면서 비교언어학을 연구했는데, 이 연구는 전적으로 일본 관헌의 보호 아래 진행되었다. 가나자와는 비교언어학적 방법에 따라 한일 양국어를 비교 제시함으로써 일선동조론의 이론을 언어학적 측면에서 규명하고자 했다.

일선동조론은 한일 합방이 단행되어가는 과정에서 다시 강조되었다. 즉 기다(喜田貞吉)는 1910년 『한국의 병합倂合과 국사國史』를 지음으로써 동조론을 학문적으로 정리하였다. 그들의 이러한 견해는 뒷날 식민사학이 본격적으로 제시될 때 계속 활용되었다는 것을 확인할 수 있다.

식민주의 역사관이 형성되는 과정에서 도쿄 제국대학 사학회는 큰 역할을 담당하였다. 그 구체적인 사례로는 1907년에 간행된 『홍안문록정한위적弘安文祿征韓偉蹟』을 들 수 있다. 이 책에서는 정한론적征韓論的 사고방식을 고취시켜 주었고, 고려 및 조선의 사대성事大性을 강조했다. 또한 『홍안문록정한위적』에서는 조선의 반도성과 당파성이 본격적으로 제시되기 시작했다. 이 책이 간행된 1907년에 시데하라(幣原坦)는 『조선정쟁지朝鮮政爭志』를 지어 조선사에서 당파성론을 강화하는 데 일조하기도 했다.[23)]

1908년에 이르러서는 남만주 철도 주식회사南滿洲鐵道株式會社에 만선지리역사조사실滿鮮地理歷史調査室이 설치되어 식민사관에 일단인 만선사관滿鮮史觀을 제시하는 계기가 마련되었다. 만선사관이란 만주와 조선을 하나의 단위로 묶어서 보려는 역사 해석의 견해로, 독자성이 강한 조선과 그렇지 않은 만주를 서로 결합시킴으로써 조선사의 독자성을 감소시키거나 불식하려는 의도에서 제시된 것이었다.[24)]

만선 역사 지리조사실에는 시라토리(白鳥庫吉)를 비롯한 도쿄대학의 교

---

23) 趙東杰, 1990, 앞의 논문, 766~767쪽.
24) 旗田巍, 1969, 앞의 책, 182~184쪽.

수 및 졸업생들이 대거 참여하였다. 시라토리는 조선의 주체적 발전을 부
인하면서 "조선인이라는 것은 중국과 달라 자력自力이라는 것이 없다. 무
력武力에 있어서도, 문명의 점에 있어서도 자력이 없다. 그렇기 때문에 항
상 대국大國의 눈치를 보고 그에 따르는 것을 목적으로 삼는 것이다."라
고 주장하였다. 바로 이와 같은 인식에 따라 그들은 일본에 의한 조선병
합을 필연적이며 당연한 사실로 인식했다. 그리하여 기다와 같은 연구자
는 한일합방은 빈약한 분가分家인 한국이 부강한 본가本家인 일본에 복귀
한 것이며, 일본의 한반도 지배는 '태고太古의 본래 모습으로 돌아간 매우
좋은 일'이라고 규정하게 되었다.[25]

이렇듯 일본의 군부나 관학자들은 조선의 역사, 특히 고대 한일 관계
사에 지대한 관심을 가지고 있었다. 그들은 조선의 역사에 대한 식민주의
적 역사관을 형성시켜 갔는데, 그들의 이와 같은 견해는 제국주의의 침략
을 미화하고 당연시하려는 입장의 표현에 지나지 않는 것이었다.

2) 정체성론의 제시

사회경제사 분야에 적용된 식민주의 역사관은 정체성론을 통해 확인된
다. 한국사의 해석에 적용된 정체성론은 본래 '아시아적 정체성'에 관한
설명의 연장에서 제기되었다. 아시아적 정체성이란 아시아 지역에 제국
주의적 진출을 단행한 유럽인들이 이질적 아시아 사회에 대처하고 그 사
회의 성격을 파악할 목적에서 제시한 이론이었다.

정체성론은 선진 유럽인들이 정체된 아시아 사회에 진출하여 자력갱생
의 능력이 없는 아시아인들을 구제하고 그 사회와 경제를 개발시켜 주어
야 한다는 주장을 담고 있다. 제국주의 이론 가운데 의무론의 일종에 속
하는 이 이론에 따르면, 유럽인의 아시아 침략은 오히려 아시아의 발전을
위한 것이므로 그들의 식민지 경영은 결코 비난의 대상이 될 수 없다고

---

25) 李進熙, 1986, 앞의 논문, 605쪽.

한다. 정체성론은 제국주의적인 식민 통치를 찬양·합리화함에 사명이 있었고, 유럽인에 의한 아시아의 지배를 영구화하려는 '꿈'을 실현시키려는 데 목적이 있었다.26)

한국사에 정체성 이론을 도입하여 적용한 연구자로는 후쿠다(福田德三, 1874~1903)를 들 수 있다. 그는 자력에 의한 발전이 불가능한 한국에 식민지 건설을 강행하여 '한국' 사회경제의 진보와 발전을 도모해 주어야 할 책임이 일본에 있다고 보았다.

후쿠다는 1902년 한국을 여행한 적이 있었고, 이 여행을 통해 한국 사회의 부패와 침체상을 '확인'했다. 그는 이 답사와 그 밖의 연구 문헌에 근거하여 1903년 9월부터 1904년 11월 사이에 「한국의 경제조직과 경제단위」라는 논문을 집필하여 『내외논총內外論叢』에 발표하였다. 이 글은 한국의 경제사에 관한 최초의 논문이었지만, 시종일관 한국사회의 정체성停滯性을 강조하였다.

후쿠다는 독일에 유학하여 루조 브렌타노(Lujo Brentano), 칼 뷰허(Karl Bücher) 등 신역사학파 경제학을 수학하고 귀국한 인물이다. 그는 특히 뷰허의 경제적 발전 법칙에 관한 학설을 수용하여 경제생활의 발전 법칙을 3단계로 나누어 설명했다. 즉 인간의 경제생활에서 가장 저급한 단계가 자족경제自足經濟 또는 촌락경제村落經濟이며, 이는 봉건제도가 출현하기 이전 시기에 대응하는 것으로 보았다. 촌락경제에 이어 다음 단계로 제시된 것이 도부경제都府經濟 또는 영역경제領域經濟였는데, 이는 봉건제도에 대응하는 것으로 보았다. 후쿠다는 경제발전 단계에서 가장 발전된 단계는 국민경제國民經濟 단계로 보았고, 이는 근대국가에 대응한다고 설명하였다.27)

---

26) 姜晋哲, 1986, 「日帝 官學者가 본 韓國史의 「停滯性」과 그 理論 ; 특히 封建制度 缺如論과 關聯시켜」『韓國史學』7, 한국정신문화연구원, 166쪽.

27) Karl Bücher, 1893, *Die Entstehung der Volkswirtschaft*(權田保之助 譯, 1942, 『國民經濟の成立』, 栗田書店, 91~164쪽).

후쿠다는 20세기 초엽 한국 경제의 발전 단계는 봉건제도 이전의 자족 경제 수준에 머물러 있다고 주장했다. 그는 봉건제도가 근대국가 또는 근대적 국민경제 조직의 형성에 불가결한 전제조건인데, 한국에서는 이것이 결여되었고 한국 경제는 봉건제도를 거치지 못했기 때문에 심각한 정체 상태에 머무르고 말았다고 주장했다.[28] 후쿠다는 1902년 당시 한국 사회의 경제적 발전 단계를 약 천 년 전인 일본 고대의 후지와라(藤原) 시대와 유사하게 비교되는 것으로 보면서 한국 경제의 낙후성을 강조했다. 즉 그는 '봉건제도 결여론'을 주장하면서, 이것을 통해 한국 사회의 정체성과 후진성·낙후성의 원인을 제시하고자 한 것이다.

또한 후쿠다는 한국에 화폐경제가 성립되어 있지 않으므로 사회생활의 진보도 매우 지지부진하다고 주장했다. 후쿠다는 한국에서는 토지 사유의 성장을 볼 수 없고, 공동체적 점유 단계에 머무르고 있는 것으로 관찰했다. 그는 한국 사회의 인간관계가 인격을 소유한 인간 상호간의 결합 관계가 아니라 사회적 특권을 소유한 지배자층과 인격이 없는 노예적 인간 사이의 관계이며, 지배와 복종이 강요되는 관계에 불과하다고 파악했다. 후쿠다는 한국의 촌락이 씨족적 사회 통제의 기반 위에 보존되며, 상업의 사회적 분업으로서 공업의 존재도 인정하지 않았다.[29]

후쿠다는 한국의 후진적 경제 상태는 지양되어야 한다고 보았으나, 전봉건前封建의 상태에 머물러 있는 한국인 자신의 힘으로 정체 상태가 지양될 수는 없다고 주장했다. 또한 한국은 어떤 다른 경제 단위의 발전된 경제 조직을 갖는 문화에 동화됨으로써만 정체 상태를 비로소 지양할 수 있다고 보았다. 여기서 한국과는 별개의 '다른 경제 단위'는 두말할 필요도 없이 일본을 가리킨다. 즉 후쿠다는 한국인은 선진적先進的인 일본 문화에 동화되고 일본의 식민지 지배를 받음으로써 타율적인 발전의 길을

---

28) 姜晋哲, 1989, 「社會經濟史學의 導入과 展開」 『國史館論叢』 2, 국사편찬위원회, 174쪽.

29) 姜晋哲, 1989, 앞의 논문, 172~176쪽.

모색할 수밖에 없다는 결론을 제시한 것이다.

그러나 후쿠다가 제기한 한국 사회론은 실증적 근거에 의한 구체적 인식이 결여된 공론空論에 지나지 않았다. 그가 1902년 당시 한국 사회를 정확히 관찰하지 못했다는 사실은 오늘날 연구자들에 의해 명확히 밝혀졌다. 후쿠다는 사실에 대한 부정확한 인식, 왜곡된 인식에 기초하여 한국 사회의 정체성을 주장한 것이며, 식민주의 역사관을 강화시키는 데 일조했던 것이다. 그러므로 후쿠다의 이론은 한낱 제국주의의 침략을 정당화하려는 그릇된 이론에 지나지 않는다. 그러나 그가 제시한 정체성 이론은 식민지 조선에서 계속 확대·재창출되어가고 있었다. 여기서 우리는 후쿠다의 이론이 가진 문제점을 분명히 인식해야만 하는 까닭을 찾을 수 있다.

요컨대 개항기에는 일본인 관학자들이 중심이 되어 한국사의 해석에서 식민주의 역사 인식을 강화해 가고 있었다. 그들은 타율성론·정체성론 등을 통해 한국사를 왜곡시켰으며, 한국 침략의 당위성을 이를 통해 확보해 보고자 했다. 이와 같은 상황에 대한 반성이 개항기 한국 사회에서는 제시되지 않을 수 없었다. 그리하여 식민주의 역사 인식에 대항하고자 하는 반제국주의 역사 인식이 성장했던 것이다. 반제국주의적 역사 인식은 계몽주의 사학자들의 활동을 통하여 부분적으로 확인되었으며, 민족주의 사학의 성립을 통해 명확히 검증되고 있다.

4. 반제국주의적 역사인식의 모색

개항기 역사 연구자들에게 주어진 과제로는 제국주의 침략에 대한 저항과 더불어 봉건적 사회질서에 대한 개혁을 들 수 있다. 그들은 이 같은 역사적 요청에 응답하여 반제국주의적·반봉건적 역사 인식의 가능성을 찾게 되었고 반제국주의적 역사 인식의 분야에서는 그들 나름대로 어느 정도의 수준에 도달할 수 있었다. 물론 당시의 상황에서 반제국주의와 반봉건주의는 결코 구별되어 별개로 취급될 수 있는 성질의 것이 아니었다. 따라서 개항기 역사 연구자들에게서도 반제적反帝的 역사 인식과 더불어 반봉건적 역사 인식을 검증해야 한다. 그러나 그들의 역사 인식을 표면적으로 검토해 볼 때 반제 의식에 우선 주목하게 되는 것이며, 그들의 역사 서술에서 반봉건 의식은 약하게 드러났다는 것을 확인할 수 있다.

개항기 역사서의 반봉건 의식은 역사 주체에 대한 인식의 폭이 성리학적 역사서의 단계보다 확대되었음을 통하여, 또한 역사 서술의 범위가 정치사 위주에서 사회·경제·문화 분야로까지 확대되었음을 통하여 확인할 수 있다. 그러나 개항기 역사서들 자체가 갖고 있는 한계로 말미암아 극히 일부의 사서를 제외하고는 이러한 특성들이 제대로 드러나지 않고 있다.

반면에 개항기 대부분의 역사서에서는 국가의 정통성을 확인하고 침략에 맞서 국권을 수호하고자 했다. 이러한 역사 인식은 계몽주의적 역사 인식에서, 그리고 단재丹齋 신채호申采浩의 역사 인식을 통해서 확인할 수 있다.

1) 계몽주의적 역사인식

개항기의 계몽주의는 조선이 일제의 식민지로 전락되어가고 있을 때 이를 저지해 보고자 전개했던 국민적 계몽운동의 논리를 가리킨다.[30] 계몽주의는 종래의 개화운동을 계승한 근대 사상을 기초로 하여 성립되었다. 또한 이는 1903년 이후 량치차오(梁啓超)의 『음빙실문집飮氷室文集』을 통해 본격적으로 수용된 사회진화론의 논리와 관계되며, 여기에 민족문화의 중요성을 강조하는 국학민족주의國學民族主義와 연결되었다. 이 같은 계몽주의가 우리 역사에서 본격적으로 제시된 것은 1904년 이후였다.

---

30) 趙東杰, 1989,「韓末啓蒙主義의 構造와 獨立運動上의 位置」『韓國學論叢』11, 國民大學校 韓國學硏究所, 74쪽.

우선 계몽주의는 근대 개화사상을 이어받은 것이었다. 개화사상은 유럽의 근대 문명에 중요한 가치를 부여하고 문명개화를 진선진미盡善盡美한 것으로 파악하는 근대주의를 핵심으로 하는 사상이었다. 이 같은 근대주의 역사의식은 1896~1898년에 독립협회獨立協會의 개화사상을 통해 뚜렷이 드러나는데, 독립협회는 국가의 개체성個體性에 대한 인식과 더불어 국권 수호에 관한 강한 의지를 갖고 있었다.

그러나 개화사상의 역사관은 민중을 계몽의 대상으로만 인식하였고, 개화파는 강렬한 계몽 정신을 자신들만이 독점하였다는 우월감에 젖어 있었다. 그들의 이러한 민중 불신 사관은 그들이 최고 목적으로 추구하던 국권의 내용과 성격에도 영향을 끼쳤다.[31] 즉 개화사상가들이 제시했던 국가주의는 '국민'이 결핍된 국가주의로서, 그 실패를 충분히 예상할 수 있는 것이었다.

개항 초기의 근대주의적 문명 개화론자들과는 달리 후기의 계몽주의자들은 역사의 담당 주체를 좀 더 폭넓게 인식하였다. 즉 초기 개화운동에서는 그 담당 주체가 관민官民 등으로 표현되었으나, 계몽주의 운동이 본격적으로 전개되는 과정에서는 제국주의 시대의 경쟁 담당 주체를 군왕이나 소수의 관민 또는 국가가 아닌 전체 국민이나 민족에 두는 신국민론新國民論으로 전환되어갔다.[32]

그런데 계몽주의가 근대주의에 근거하는 한 근대화 또는 서구화에 중요한 가치를 부여하지 않을 수 없다. 여기서 계몽주의는 강한 국권 수호 의식을 가지고 있는 동시에, 제국주의 침략국을 모방하거나 서양 혹은 일본의 근대문명을 선망함으로써 제국주의적 침략을 방관하거나 이에 효율적으로 대처하지 못하는 자기모순에 빠지게 되었다. 바로 여기에 계몽주의 역사 인식의 첫 번째 한계가 있다. 즉 그들은 반제국주의적 지향성을 갖는 동시에 제국주의의 침략과 근대문명의 관계를 명확히 인식하지 못

31) 鄭昌烈, 1985,「韓末의 歷史認識」『韓國史學史의 硏究』, 乙酉文化社, 194쪽.
32) 趙東杰, 1989, 앞의 논문, 81쪽.

하고 침략을 방관하는 오류에 빠졌던 것이다.

한편 계몽주의는 사회진화론적 견해와 깊이 관련되었다. 사회진화론은 생물학적 이론인 진화론을 인류 사회의 특성을 해석하는 데에도 확대·적용하려는 견해이다. 사회진화론에서는 약육강식弱肉强食·적자생존適者生存·자연도태自然淘汰 등의 논리를 인간 사회에 적용시켜 자본주의의 모순을 합리화하고 제국주의의 침략을 정당화하려는 침략 이론을 제시하고 있었다. 사회진화론은 20세기 초엽 조선에 수용되어 당시 지식인들에게 큰 영향을 주었다.33) 뿐만 아니라 한국사의 인식 과정에 투영되어 시대 구분론을 통해 진화론적 역사 인식이 드러나기도 했다.34)

그러나 사회진화론은 역사학의 직접적인 연구에 적용된 것보다도 더 크게 당시 역사 인식의 변화에 영향을 미쳤다. 량치차오(梁啓超)의 『음빙실문집』 등을 통하여 분명히 제시된 사회진화론은, 국제적 생존 경쟁이 진행되는 과정에서 적자適者로 생존하기 위한 노력의 필요성을 확인시켜 주었다. 또한 이를 위해 교육·식산殖産 등 각 분야의 발전을 위한 제반 시도가 요청되었다.

이 과정에서 구한말에 전개된 각종 애국계몽운동은 사회진화론의 이론을 원용하여 운동의 정당성을 논증하고자 했다. 사회진화론은 국민교육회國民敎育會·서북학회西北學會·서우학회西友學會 등 애국계몽운동 단체들을 지배하는 사상이었다. 그것은 또한 계몽주의단체 외에도 장지연·박은식朴殷植·신채호에 의해서 실천되고 있었다.35)

사회진화론이 개항기 조선 사회에 열정적으로 수용된 것은 개화파가 등장한 이래 나타난 서양 과학에 대한 무조건적인 수용 자세와도 관련된

---

33) 李光麟, 1979, 「舊韓末 進化論의 受容과 그 影響」 『韓國開化思想硏究』, 一潮閣.

34) 李賢惠, 1991, 「韓國史硏究상에 나타난 進化論的 視角」 『現代 韓國史學과 史觀』, 一潮閣, 86~87쪽.

35) 李光麟, 1977, 「舊韓末 進化論의 受容과 그 影響」 『世林韓國學論叢』 1, 世林學會, 234쪽.

다. 그리하여 사회진화론은 조선 사회의 발전을 희구하는 하나의 요소로 작용하였다.

그런데 사회진화론을 수용하고 적용하는 과정에서 진화의 주체에 대한 인식 문제가 제기되었다. 상당수의 사회진화론자들은 당시 위기에 처한 국가를 부강하게 하고자 했기 때문에 진화의 주체를 국가로 보았다. 그러나 다른 한편에서는 진화의 주체로 민족을 설정하였는데, 이러한 견해를 가진 대표적인 인물들로는 양기탁梁起鐸·신채호·박은식 등을 들 수 있다.

사회 진화의 주체를 국가로 보는 견해에서는 국가가 멸망하게 되면 진화의 주체가 소멸되는 것으로 파악했다. 그러므로 국권이 위기에 처했을 때 그들은 국권을 수호하기 위한 불퇴전不退轉의 노력을 지속하기보다는, 국력의 쇠망 그 자체도 우승열패優勝劣敗의 한 양상으로 받아들여 패배를 숙명으로 수용하는 패배주의에 빠지기도 했다. 그들은 진화를 당연한 진리로 믿었기 때문에 퇴화도 진리로 보았고 자기 운명으로 보았던 것이다.[36]

그러나 진화의 주체로 민족을 설정한 경우에는 국가가 멸망해도 진화의 주체인 민족은 남기 때문에 패배주의를 극복하고 독립운동을 지속할 수 있는 진화론적 논리가 성립되었다. 그리하여 이들은 일본 제국주의의 지배 아래 좌절이나 변절의 길을 걷기보다는 줄기찬 투쟁을 지속할 수 있었다. 이상에서 살펴본 바와 같이 1904년 이후 사회진화론은 우리 민족의 역사 인식과 독립운동노선에 큰 영향을 미치고 있었다.

한편 계몽주의는 국학적 민족주의의 경향을 취하였다. 이 과정에서 민족의 어문語文에 대한 연구가 장려되었고, 민족의 자존을 강조하는 역사 연구가 성행하였다. 또한 민족과 국가의 시조로서 단군檀君에 대한 숭배가 강조되었으며 종교 민족주의적 양상이 나타나기도 하였다. 그러므로 계몽주의는 근대주의와 민족주의를 기저로 한 사회진화론의 사상으로 요

---

36) 趙東杰, 1989, 앞의 논문, 88쪽.

약될 수 있다.[37]

계몽주의는 제국주의의 침략에 대응하여 자신의 국권을 수호하려는 의지를 노출시키고 있었기 때문에 계몽주의적 역사 인식은 반제국주의적 역사 인식의 일부를 이루는 것임에는 틀림없다. 그러나 계몽주의가 가진 개념의 복합성이나 계몽주의 자체의 이론적 결함으로 말미암아 계몽주의가 진정한 반제국주의 역사 인식으로 머무르는 데에는 상당한 한계가 있었다. 그렇기 때문에 계몽주의의 긍정적 측면보다 부정적 측면을 더 주목하게 되는 것이며, 계몽주의적 역사 인식 자체를 극복의 대상으로까지 삼을 수 있는 것이다.

2) 민족주의 역사인식의 출현

개항기에 출현한 반제국주의적 역사 인식 가운데 가장 특이한 사상으로는 신채호의 역사 인식을 들 수 있다. 그는 조선의 역사학계가 식민주의 역사 인식의 병폐에 젖어들던 1908년『독사신론讀史新論』을 발표하여 시민적 근대 민족주의 사학을 성립시켰다.[38] 신채호는『독사신론』을 통해 먼저 성리학적 역사 인식에 젖은 중화 중심주의적中華中心主義的인 구사舊史를 비판하였다. 또한 이러한 비판을 통해 중국과의 지배-예속적 관계를 청산하고 자주 독립적 민족상을 수립하고자 했으며, 이에 입각한 역사 서술을 시도하였다.

이어서 신채호는 당시 역사 교과서류를 비롯한 새로운 역사서들이 초기 식민주의 사관의 영향을 받고 있는 현실을 비판하였다.[39] 그는 그릇

37) 趙東杰, 1987, 앞의 논문(上). 22쪽.
38) 愼鏞廈, 1980,「申采浩의 ≪讀史新論≫의 比較分析－1908년경 市民的 近代民族主義史學의 成立－」『丹齋申采浩와 民族史觀－丹齋 申采浩 先生 誕辰 100周年紀念論集-』, 단재 신채호선생 기념사업회.
39) 申一澈, 1980,「申采浩의 近代的 國史像 發想過程－開化期 國史敎科書에 對한 丹齋의 批判－」『丹齋申采浩와 民族史觀－丹齋 申采浩 先生 誕辰 100周年紀念論集－』, 단재 신채호선생 기념사업회.

된 역사서들이 조선의 민족사를 타민족의 부수적 역사로 만들고, 조선의 국토를 이민족의 수라장으로 만들었다고 비판했다. 이렇게 왜곡된 한국사를 바로잡기 위해서 신채호는 역사를 보는 시각 자체를 새롭게 하였고 새로운 이론들을 창출하여 우리나라 고대사 이해에 적용하고자 하였다.

신채호는 자신이 『독사신론』을 통해 피력하고 있는 이러한 작업을 근대 민족주의 이데올로기에 의해서만 전개하지는 않았다. 그는 당시 진보적 사회과학의 이론이었던 사회진화론이나 계몽사상의 영향 아래 그 이론을 전개시켰다. 신채호의 역사 서술에서 기본 이론으로 활용되고 있는 이러한 이론들은 당시 서유럽사회에서 역사를 서술할 때 함께 적용되던 이론들이었다. 신채호는 유럽의 지성계를 풍미하던 근대 민족주의사상에 기초하여 고조선에서 발해에 이르는 우리나라 역사를 재해석하려 했고, 역사 연구를 통해 애국심을 고취시키고자 했다. 그의 이러한 시도는 국권 회복 운동에 참여하고 있던 많은 이들에게 긍정적인 영향을 주었다.

그러나 신채호의 『독사신론』에 적용된 이론이나 방법론에서도 몇 가지 오류를 확인할 수 있다.[40] 무엇보다 먼저 『독사신론』은 고증이 불충분하다. 근대 역사학은 새로운 '해석'과 함께 과학적 '고증'을 요구하는데, 신채호는 자신의 노력을 고증에 집중시키기보다는 애국계몽운동에 직접 투신하여 역사의 방향을 바꾸어 보려 했던 것이다.

둘째로 신채호는 이 책에서 정치사 중심의 역사를 서술했다. 그 결과 사회사나 경제사 부문의 서술이 매우 미약해졌다. 그러나 다른 나라의 경우에도 근대 민족주의 사학이 완숙기에 접어들 때에야 비로소 사회사·경제사 분야에 관한 균형 있는 서술이 이루어진다는 사실을 감안하면, 우리나라 민족주의 사학의 초창기인 당시에 이와 같은 결함이 발견되는 것은 으레 있을 수 있는 초창기적 취약성으로 간주될 수 있을 것이다.

신채호의 『독사신론』에서 이러한 취약점이 발견된다 하더라도 그는

---

40) 愼鏞廈, 1980, 앞의 논문, 271~272쪽.

이 글을 통해 우리나라에서 근대 시민적 민족주의 사학의 단초를 열어주
었다. 그러므로 반제국주의 역사 인식의 성립이라는 주제와 관련하여 신
채호의 견해가 주목 받는 것이며, 그는 자신의 견해를 더욱 다듬어 식민
지시기에 이르러서는 본격적인 민족주의 역사 이론을 전개하게 되었다.

5. 개항기 역사인식의 의미

1896년 개항 이후 1910년 한일합방에 이르는 기간은 우리나라의 역
사에서 가장 극심한 변화를 체험했던 격변기 가운데 하나였다. 이 격변
기의 우리나라 사회는 전근대사회로부터 근대사회로 이행되고 있었다.
이 같은 이행 현상은 정치·경제·사회·문화 등 역사의 모든 분야에 걸
쳐 진행되었다.

역사 인식과 역사 서술의 측면에서도 이 시기에는 봉건적·성리학적 역
사 서술의 경향으로부터 벗어나려는 새로운 노력들이 진행되고 그 결과
많은 역사서들이 편찬·간행되었다. 물론 이 때 간행된 역사서가 모두 근
대 역사학의 수사修史 방법과 이념에 투철한 저서들만은 아니었다. 근대
적 수사 방법에서는 고증을 중시하고 있으나, 이 때의 역사서 대다수는
이에 철저하지 못했다. 또한 근대 역사학의 이념에서는 한 사건의 인과관
계를 규명하면서 역사 발전의 증거를 포착하고자 하는 데 반해 개항기
역사 서술에서는 발전이라는 이념이 선명히 제시되지 못했다.

그렇다고 개항기의 역사 서술이 전근대적 수사의 원칙에만 따르고 있
었던 것은 아니다. 그들은 국권의 수호와 애국계몽을 위한 수단으로서 올
바른 역사인식을 중요시하였는데, 바로 이 점에서 종전의 역사 인식에서
찾기 힘든 애국주의적 특성을 새롭게 확인할 수 있다.

한편 개항기는 제국주의의 침략이 노골적으로 진행되던 때였다. 일본
제국주의 침략자들은 침략의 이념적 무기로 제국주의적·식민주의적 역사

인식의 틀을 개발해냈다. 그들이 조선의 역사 해석에 적용한 식민주의 역사 인식의 틀로는 우선 타율성 이론 및 일선동조론日鮮同祖論 등을 들 수 있다. 일제는 조선사의 독자적 전개를 부정하고 동조론을 제시함으로써 조선에 대한 그들의 혈연적·역사적 '기득권'을 확인하려 했던 것이다.

타율성 이론과 일선동조론이 다분히 관념적 유희의 산물로 제시된 것이라면, 그들이 주장했던 정체성론停滯性論은 과학적·경제학적 탈을 쓰고 등장하였다. 일제는 정체성론을 통해 20세기 초엽의 조선이 일본 고대 사회의 말기에나 해당하는 것으로 규정짓고자 했다. 조선사회가 이다지도 정체된 것은 봉건제도를 결여하였기 때문이라고 그들은 주장했다. 일제의 일본인 연구자들은 이 같은 정체의 악순환은 조선이 일본과 같은 발전된 문명 단위와 병합될 때 비로소 그칠 수 있을 것이라고 했다. 이로써 정체성론은 일본의 조선 지배를 합리화시켜주는 이론으로써의 역할을 한다는 사실이 명확해졌다. 또한 정체성론은 조선 사회에 대한 부정확한 관찰·조사와 자의적인 해석의 결과로 나온 것에 불과할 뿐 조선의 역사적 현실과는 동떨어진 것임이 오늘에 이르러서는 더욱 분명해졌다.

일본인들이 강박하고 있던 이 같은 식민사관의 이론들은 개항기 우리나라의 역사 연구자들에게 부분적으로 영향을 끼쳤다. 그러나 제국주의 사학 이론에 대한 반제국주의적 역사 인식 또한 우리 학계 내부에서 강화되고 있었다. 계몽주의 사학의 경우도 애초에는 반제국주의적 성향을 취하며 제시된 것이었다. 그러나 계몽주의는 그 자체의 이념적 한계로 말미암아 패배주의로 전락하는 경우도 있었다. 물론 계몽주의의 좌파적 입장에서 진보의 주체를 민족으로 파악했던 이들은, 진보의 주체가 국가라고 본 우파적 인물들과는 달리 패배주의를 거부하고 근대 역사학으로 나아가는 데에 적지 않은 한계가 드러났다는 사실을 부인할 수는 없다.

반면에 근대 시민 민족주의의 입장에서 우리나라 역사를 파악하고 그 의미를 규정하고자 하는 노력도 전개되었다. 신채호의 『독사신론』을 통해 발표된 이와 같은 견해는 우리나라 민족주의 사학의 단초를 여는 소중한 것이었다.

　이상에서 살펴본 것처럼 개항기의 역사 서술과 역사 인식에는 전근대 사회로부터 근대로 이행되어 나가는 과정에서 드러나는 강렬한 역사의식이 자리 잡고 있었다는 것을 확인할 수 있다. 또한 개항기 제국주의의 침략 과정에서는 이에 대항하고자 다양한 대응 논리들이 제시되기 시작했다. 동시에 일제의 식민지 지배를 합리화하려는 제국주의자들의 지배 논리도 제시되고 있었다. 그러므로 우리는 개항기의 역사 인식과 역사 서술을 올바로 이해함으로써 개항기 자체에 대한 인식을 높일 수 있을 뿐만 아니라 식민지시기에 대한 이해의 기초를 제공받게 되는 것이다. 바로 여기에 개항기의 역사 인식을 밝히려는 작업의 의미가 있다.

제2장 1930년대 함석헌의 역사인식과
한국사 이해*

1. 머리말

20세기 전반기 한국사회는 일제 식민지 하에서 민족의 존재 자체가 말살되어 가고 있었다. 조선인은 일본제국의 2등 신민이 되기를 강요받으면서 각종 억압과 착취에 방치되어 있었다. 이러한 상황에서 조선과 조선인 내지 조선민족의 활로를 찾고자 하는 강렬한 움직임이 분출되었다. 이 움직임은 직접적으로 독립운동의 수행을 통해서 드러나고 있었고, 조선의 사상계에서도 이에 대한 대응책이 모색되어 갔다. 그리하여 사회진화론이나 맑시즘 철학, 또는 기독교 사상 등을 중심으로 하여 조선의 근대화를 추구하려는 노력이 각기 진행되었다. 당시인들에게 있어서 근대화와 독립은 곧 조선과 조선인을 위한 생존의 논리로 이해되고 있었다.

1930년대에 이르러서는 선각적 역사연구자들이 개항이래의 조선사 연구 전통을 이어받아 조선의 역사를 새롭게 연구하고 해석해 나가고자 했다. 이 과정에서 함석헌咸錫憲(1901~1989)은 『성서적聖書的 입장立場에서 본 조선역사朝鮮歷史』를 저술 간행하여 조선사에 대한 연구와 해석에 있어서 새로운 시도를 전개하고 있었다. 그러나 그의 역사인식에 대한 연구는 해방 이후 그가 전개했던 사상운동의 그늘에 가려서 올바른 평가를 받지 못하고 있다고 생각된다.

* 이 연구는 2003년도 고려대학교 교내특별연구비의 지원을 받아 수행되었다.

이에 이 글에서는 1930년대에 집필된 조선사에 관한 그의 저작인 『성서적 입장에서 본 조선역사』를 사학사적 측면에서 검토하여 보고자 한다. 이 검토작업은 식민지시대에 전개되었던 그의 역사연구를 살펴서, 그 역사철학과 한국사 이해에서 드러나는 특성들을 올바로 파악하려는 데에 목적을 두고 있다. 그리고 이를 통해서 이 글은 함석헌이 1930년대 식민지시대 한국사학사에서 차지하고 있는 위치를 가늠해 보고자 한다.

이 글이 추구하는 이와 같은 목적을 달성하기 위해서 이 글은 먼저 함석헌의 역사인식에 관한 연구자료와 그 연구사에 대한 간략한 검토를 시도하고자 한다. 그리고 이에 이어서 선학들에 의해 진행되었던 함석헌의 역사관에 대한 이해 내지는 그 연구 성과들을 점검해 보겠다. 또한, 함석헌의 사상이 형성되는 데에 작용하였을 교육적 배경이나 시대적 특성과 사상적 영향을 검토하겠다.

이 전제조건들에 대한 검토를 기반으로 하여, 우리는 1930년대 함석헌이 가지고 있던 한국사 이해와 그 이해과정에서 적용되었던 역사철학 내지는 역사관의 특성을 살펴나가겠다. 이와 같은 구성을 통해서 우리는 함석헌의 역사인식이 가지고 있는 특성을 어느 정도 파악할 수 있을 것으로 생각된다.

그런데, 함석헌은 해방 이후 역사학의 전문적 연구에 더 이상 종사하지 않았다. 아마도 그의 '역사적 사실'에 관한 인식은 1930년대 그가 수학하고 가르쳤던 역사학의 수준에 머물러 있었을 것이다. 반면에 함석헌의 '역사관' 내지 '역사인식'은 해방 이후 전개된 자신의 사색思索과 반독재 투쟁 등을 통해서 꾸준히 성장해 갔다고 생각된다. 이 과정은 그가 장로교 계통의 정통 개신교 신앙에서 무교회주의자로 그리고 퀘이커 교도 등으로 변신해 갔던 사상적 편력과도 관계가 있을 것으로 생각된다.

그러므로 그의 역사관을 이해하기 위해서는 1930년대에 그치지 않고 그가 사거한 1983년까지의 모든 저술들을 검토해야 할 것이다. 따라서 이 글에서 논하고 있는 그의 역사관은 1930년대를 전후한 역사관이라는 한계를 분명히 지니고 있다. 그렇다 하더라도 이 글이 1930년대의 한국사학사와 함석헌에 대한 이해에 조금은 도움이 될 수 있기를 기대해 본다.

2. 자료와 연구사

함석헌의 역사인식과 한국사 이해를 검토하는 데에 활용한 기본 자료로는 「성서적聖書的 입장立場에서본 조선역사朝鮮歷史」이다. 이 문헌은 1934년 2월부터 1935년 12월까지 김교신金教臣이 주필主筆하던 『성서조선聖書朝鮮』에 23회에 걸쳐 연재되었던 원고이다. 물론 이 기사는 함석헌이 원래 집필했던 내용을 다 수록하지는 못했다. 수록된 원고 가운데에 식민지 당국의 검열로 인해서 삭제된 부분이 다수 발견된다. 그리고 23회에 걸쳐 수록하고자 했던 원고 가운데 17회의 '임진왜란' 부분과, 22회의 '고난의 의미', 23회의 '역사가 지시하는 우리 사명'은 『성서조선』의 해당 표지에 제목만 실린 채 잡지의 본문에서는 검열로 인해 삭제되어 있었다. 이처럼 검열로 인해서 삭제된 부분들은 해방 직후에 간행된 『성서적 입장에서 본 조선역사』를 통해서 부분적으로 복원할 수 있다.

함석헌의 「성서적 입장에서 본 조선역사」는 『성서조선』에 연재가 끝난 직후 성서조선사聖書朝鮮社에서 함께 엮어져 배포되었다. 이와 같은 사실은 『성서조선』 1936년 2월호에 게재된 광고를 통해서 추정된다. 그러나 이 광고에는 한 책으로 된 단행본 광고의 서명書名 밑에 표시되는 '전全'이라는 표현대신에 『성서적 입장에서 본 조선역사』라는 제명 밑에 '완完'이라는 표현을 달고 있다.[1] 이는 이 책이 완전히 독립된 단행본으로 간행되었다기보다는 이 글이 수록된 잡지의 글을 모아 엮어서 판매했다는 의미를 암시하기도 한다. 이 때 엮어져 판매되었던 '연재본'에는 식민지 당국의 검열로 삭제된 부분은 계속 누락되어 있었을 것이다.

---

1) 聖書朝鮮社, 1936, 『聖書朝鮮』 85, 表4의 廣告.

사실, 『성서조선』을 주관하던 김교신은 1938년 11월에 "이 역사 실린 호가 품절되기 시작한 뒤로 곧 단행본을 출판하고자 기도하여 보았으나 실현하기 어려웠고, 일역문日譯文으로 동경에서 출판하고자 준비 진보進步 중에 중일전쟁이 돌발하여 오늘에 이르렀다"고 말한 바 있다.[2] 이 증언에 입각하여 생각해 보면 일제강점기에 있어서 함석헌의 「성서적 입장에서 본 조선역사」는 단행본으로 출판될 수 없었음을 확인할 수 있다.

한편, 해방 직후 「성서적 입장에서 본 조선역사」는 노평구盧平久가 간행하던 『성서연구聖書研究』에 재록되었다.[3] 그리고 이 재록 작업이 끝난 직후 이 글은 1950년 4월 성광문화사星光文化社에서 단행본으로 간행되었다. 사실상 초판본으로 볼 수 있는 이 판본에는 일제시대 검열로 인해서 삭제되었던 부분이 복원되어 있었다. 또한 그 글의 내용도 『성서조선』에 연재되었던 부분과 비교할 때, 해방 이후 자신의 역사적 성찰결과들이 부분적으로 첨가되어 있음을 확인하게 된다. 한편, 이 책은 1954년 성광문화사에서 '증보재판增補再版'임을 표지에 밝히고 재차 간행되었다. 이 때 한국전쟁관계의 서술이 증보되었다.

『성서적 입장에서 본 조선역사』는 3판부터 그 제목을 『뜻으로 본 한국역사』로 바꾸어 간행되기 시작했다. 류달영의 발문跋文이 수록된 이 책은 1962년 일우사一宇社에서 그리고 1963년 숭의사崇義社의 명의로 간행되었다. 그리고 제4판은 1965년 제일출판사第一出版社에서 간행되었다. 이 4판에서는 '씨올'이라는 단어가 등장하고 있으며, '역사가 주는 교훈'을 책의 마지막 부분에 추가했다.

한편, 5판의 경우에는 삼중당三中堂에서 간행했는데, 여기에는 저자의 새로운 서문이 추가되어 있지만 그 내용은 4판과 거의 동일하다. 그러나 5판의 특징은 '씨올'이라는 단어 대신에 '민중'이라는 좀더 일반적인 용어를 사용하고 있다. 그리고 이 5판본은 1983년 한길사에서 간행된 "함

2) 金敎臣, 2001, 『김교신전집』I, 도서출판 부키, 109쪽.

3) 咸錫憲, 1950, 「序文」『聖書的 立場에서 본 朝鮮歷史』, 星光文化社, 2쪽.

석헌 전집 1"의 저본이 되었고, 1996년에는 "함석헌 선집 1"로 선정되어
출간되었다.

　이러한 여러 판본 가운데 1930년대 전후 함석헌의 역사인식을 검토하
기 위해서는 당연히 그『성서조선』에 연재되던 글이나 '연재본'을 연구
의 저본으로 삼아야 한다. 그러나 잡지에 연재되었던 글을 모아 엮어서
판매했을 것으로 짐작되는 이 일종의 초판본은 식민지 당국에 의해서 압
수당했으므로,4) 널리 유통되지는 못했고, 오늘날 이 '연재본'의 현물을
확인하는 작업은 사실상 불가능했다. 따라서 이 글에서는 『성서조선』에
연재되었던「성서적 입장에서 본 조선역사」(이하『조선역사』로 약칭한다)를
주된 자료로 이용하되, 그 결락된 부분들은 1950년에 간행된 '사실상'의
초판본을 통해 복원하는 방법을 사용했다. 함석헌에 관한 연구는 그의 생
전부터 이미 시작되었다. 그리고 그의 사후 함석헌 사상 전반에 걸쳐서
다방면에 걸친 연구가 진행된 바 있다. 이러한 연구의 일환으로 그의 역
사관에 대한 연구도 진행되었다. 함석헌의 역사관에 대한 기존의 연구는
역사학계의 주목을 받기보다는 주로 철학자哲學者나 신학자神學者들에 의
해서 긍정적으로 평가되기 시작했다.5) 그러나 1971년 역사학자 천관우千

---

4) 함석헌, 1983,『함석헌전집』1, 한길사, 17쪽.
5) 함석헌에 관한 연구논문은 함석헌 탄신 100주년을 기념하기 위해서 간행된 책자
　등을 통해서 집중적으로 제시되고 있다. 이 글들 가운데는『씨올의 소리』를 비
　롯한 여러 간행물을 통해서 이미 발표되었던 글들이 다수를 이루고 있다. 그러
　나 후대의 편찬물에 재정리 수록된 글들이 함석헌에 관한 연구자들의 최종적 견
　해로 간주되므로 함석헌 연구서들은 주로 이 편찬물에 수록된 글들을 참조했다.
　함석헌의 역사관과 관련된 기존의 연구성과로는 다음과 같은 논문들이 참조된다.
　金敬宰, 1982,「뜻·歷史·民族」『씨올·人間·歷史:咸錫憲先生八旬紀念文集』,
　한길사, 54~75쪽.
　장일조, 2001,「'뜻으로 본 한국역사'에 대한 역사철학적 해석」『민족의 큰 사상
　가 함석헌 선생』, 한길사, 337~363쪽.
　김경재, 2001,「함석헌 사관의 기독교적 요소」『민족의 큰 사상가 함석헌 선생』,
　한길사, 365~381쪽.
　김상봉, 2001,「함석헌의 역사철학과 고난의 자기의식」『민족의 큰 사상가 함석

寬宇는 「함선생咸先生의 한국韓國 사관史觀」을 발표하여, 한국사학자의 입장에서 함석헌에 대한 논의의 물꼬를 텄다.6) 한 서양사학자에 의해 함석헌의 사학에 대한 적극적 평가가 역사이론적 차원에서 진행된 바 있다.7) 그러나 한국사학계의 일반적 경향은 함석헌을 정통 역사학자로 인정하는 데에 신중한 입장을 취하고 있다. 함석헌의 사학에 대해 이러한 입장을 견지하고 있는 연구자로는 이만열李萬烈을 들 수 있다.8) 또한, 조동걸趙東杰도 함석헌의 저서가 종교적 성격이 과도한 저술로 보아 그 평가를 보류하기도 했다.9)

현재의 한국사학계가 가지고 있는 양면적 입장 가운데 함석헌의 사학에 대한 긍정적 견해는 천관우에게서 시작된다. 물론 천관우의 평가는 함석헌 사학에 대한 학문적 검토라기보다는 평론적 성격의 글이었다는 제한성이 있다. 그는 함석헌의 '『성서적 입장에서 본 조선역사』가 간행되었을 때 감격 속에 밤 세워 이 책을 통독했음'을 회상하면서, 함석헌이 '역사를 사료史料의 창고가 아닌 펄펄 뛰는 역사'로 만들었고, 분명한 사관을 가지고 한국

헌 선생」, 한길사, 434~468쪽.

김경재, 2001, 「함석헌의 역사이해 : '뜻으로 본 역사'를 중심으로」『함석헌 사상을 찾아서』, 삼인, 123~138쪽.

지명관, 2001, 「함석헌의 조선사관에 관한 고찰: 후지이 다케시의 일본사관과의 비교를 중심으로」『함석헌 사상을 찾아서』, 삼인, 203~235쪽.

6) 千寬宇, 1971, 「咸先生의 韓國 史觀」『씨올의 소리』, 1971. 12, 46~50쪽.

7) 盧明植, 2000, 「한국의 역사가 : 함석헌」『韓國史시민강좌』 26, 一潮閣, 111~146쪽.

노명식, 2001, 「한국의 역사가 함석헌」『민족의 큰 사상가 함석헌 선생』, 한길사, 299~336쪽.

노명식, 2001, 「토인비와 함석헌의 비교는 가능한가」『함석헌 사상을 찾아서』, 삼인, 141~201쪽.

8) 이만열, 1977, 『한국사의 기독교적 이해』, 아세아 연합신학연구원, 25쪽 ; 李萬烈, 1981, 「근대사학」『韓國基督敎와 歷史意識』, 지식산업사, 253~254쪽 ; 李萬烈, 1991, 「한 역사학도에게 비친 함석헌 선생」『나의 스승 함석헌』, 해동문화사, 272쪽.

9) 趙東杰, 1998, 『韓國現代史學史』, 나남출판, 338쪽.

사를 일관되게 서술한 '우리나라 당대의 첫째가는 역사가의 하나'라고 평가
했다.[10]

천관우는 역사란 지나간 사건의 역사·기록에 남겨진 역사와, 현언現言
의 역사 즉 지금 우리가 만들어가는 역사가 있다고 보았다. 그리고 그는
함석헌이 이 두 가지 역사에서 모두 선도적 역할을 한 사람으로 지목했
고, 함석헌이 쓴 한국사는 단순한 과거사의 서술이 아니라 실천적 관심에
충만한 오늘과 내일의 역사라고 보았다.[11] 이처럼 천관우가 함석헌을 높
게 평가한 데에는 역사학이 가지고 있는 '실천적 관심'에 대한 동의의 결
과였다.[12]

또한 천관우는 역사학의 일반 이론에 따라 역사에 있어서 '해석의 중
요성'을 인지하고 있었다. 즉, 그는 역사란 무수한 사실 가운데 특정 사실
을 선택하여 기술하는 일인데, 그 선택은 역사가의 문제의식에 따라 달라
질 수밖에 없음을 확인하면서, 사관史觀이란 그 선택의 기준, 해석의 원리
등을 말한다고 보았다. 그리고 역사에는 연구의 역사와 해석의 역사가 있
는데, 연구의 역사는 해석의 역사를 위한 전제일 뿐이며, 이를 위해서도
사관이 중요함을 역설했다. 이 입장의 연장선상에서 천관우는 함석헌이
'종교사관'을 통해서 역사를 해석하면서, 민족의 존재를 확인하고 민중의
'살 길'을 찾고자 하는 자세를 분명히 하고 있다고 보았다.[13]

한편, 노명식盧明植은 함석헌의 사관에 주목하여 그를 신관념학파의 영향
을 받은 '고난사관'의 제시자로 규정하면서, 현재주의적 입장에서 한국사
를 서술했고, 역사의 대중화에도 기여한 인물로 규정했다.[14] 또한 노명식
은 함석헌의 사관을 토인비(Toynbee, 1889~1975)의 역사관과 비교하고자 했

---

10) 千寬宇, 1971, 앞의 글, 46·47쪽.
11) 千寬宇, 1971, 앞의 글, 48쪽.
12) 千寬宇, 1971, 앞의 글, 48·49쪽.
13) 千寬宇, 1971, 앞의 글, 50~51쪽 참조.
14) 盧明植, 2000, 앞의 논문, 140·145쪽.

다. 노명식은 이 양자가 살았던 역사적 환경이 상이하고 상호간의 연결 가능성이 없음에도 불구하고, 그 역사 사상에 있어서는 상호간의 유사성이 있음을 지적하면서 함석헌의 사학史學 내지는 사관史觀을 높이 평가했다.15)

그런데 함석헌 사학의 전체가 아닌 그의 사관史觀만을 제한하여 이를 긍정적으로 평가한 연구자들도 있었다. 이기백李基白은 함석헌의 사관을 기독교적 입장의 '도덕사관'으로 규정했다.16) 그리고 그 사관이 도덕을 강조했지만, 그 민족적 입장이 단재丹齋 신채호申采浩(1880~1936)와 공통적이었음을 지적했다.17) 즉, 신채호는 낭가사상郎家思想이라는 민족 고유정신을 중심으로 우리 역사를 이해했고, 함석헌은 도덕을 중심으로 이를 이해했지만, 만주滿洲라는 땅에 대한 민족적 향수를 전하는 데에는 차이가 없다고 보았다.18) 그러나 이기백의 사론집이나 사학사를 다루는 본격적 논문들에서는 함석헌에 대한 평가가 잘 나타나지는 않고 있다.

한편, 이만열李萬烈은 함석헌이 '기독교사관'에 입각하여 근대적 역사이해의 방식으로 한국사를 조명했다고 보았다.19) 그리고 그의 『조선역사』가 일제하에 개성적 사관에 의해 저술 간행된 통사로 평가한 바 있다.20) 그러나, 이만열은 "히브리적 관념에 의하면, 인간의 역사가 하나님 앞에서 참 의미를 갖는 것은 '고난'으로써만이 가능하다"는 역사에 대한 기독교 신학의 입장을 전제하더라도, 『조선역사』에는 세 가지의 문제점이 있음을 지적했다.21)

즉, 그는 첫째로 『조선역사』에서는 고난이 한국인에게 피동적으로 주

---

15) 노명식, 2001, 앞의 논문, 삼인, 141~201쪽.

16) 이기백, 2000, 「나의 역사연구-이기백」 『韓國史學史學報』 1, 232쪽.

17) 이기백, 2001, 「깊은 외로움」 『다시 그리워지는 함석헌 선생님』, 한길사, 198쪽.

18) 李基白, 1989, 「學問的 苦鬪의 연속 : 연구생활 회고」 『韓國史시민강좌』, 一潮閣, 160쪽.

19) 李萬烈, 1981, 「근대사학」 『韓國基督敎와 歷史意識』, 지식산업사, 253쪽

20) 李萬烈, 1991, 앞의 글, 272쪽.

21) 李萬烈, 1981, 「근대사학」 『韓國基督敎와 歷史意識』, 지식산업사, 254쪽.

어진 것으로 서술되어 있다고 보았다. 그 결과 이 '고난'에 대처하는 한 국인의 태도가 수동성을 띠고 있고, 한국인이 한국사의 창조에서 소극적 입장을 견지하게 되었다는 문제점을 그는 지적했다. 두 번째로는 『조선 역사』에서 드러나는 지리결정론적 사고를 비판했다. 그리고 세 번째로 그는 함석헌의 고난관이 한국 지식인들에게 패배주의를 조장할 위험이 있다고 판단했다. 함석헌 사학에 대한 이만열의 이와 같은 비판에 대한 반론이 부분적으로 시도되기도 했다. 예를 들면, 노명식은 함석헌의 사관 이 지리결정론과는 관계가 멀다는 입장을 취했다.[22] 그러나 함석헌이 지 리결정론에 입각하여 한국사를 해석했다고 보는 견해는 상당수의 한국사 학 전공자들에게 암묵적 동의를 얻고 있다고 생각된다.

요컨대, 함석헌은 1930년대 당시 『성서적 입장에서 본 조선역사』라는 한국사 관계 통사를 저술했다. 이러한 함석헌의 사학사상을 검토하는 데 에는 『조선역사』의 여러 판본 가운데 1930년대 그가 집필했던 연재본을 중심적 사료로 활용할 수 있을 것이다. 그런데 오늘날 한국사학계에서는 함석헌을 역사학자로 분류하는 데에 약간의 주저함이 나타나고 있다. 오 늘날 학계에서는 그를 역사가로 인정하기 보다는 일반적인 사상가 가운데 하나로 평가하고 있기 때문이다. 그러나 그가 역사학자임을 주장하는 견 해도 제시되어 있고, 1930년대에 있어서 근대적 역사연구방법을 활용하여 확실한 개설서를 남긴 드문 인물이다. 따라서 그의 한국사 인식이 가지고 있는 사학사적 특성을 규정하는 작업이 진행되어야 하리라 생각된다.

3. 역사인식 형성의 배경

한 역사가의 역사인식이 가지고 있는 특성을 검토하기 위해서는 그 인 식의 형성에 영향을 미친 배경을 주목하게 된다. 인식형성의 배경에 대한

---

22) 盧明植, 2000, 앞의 논문, 120쪽.

이해를 통해서 그 인식이 가지고 있는 특성을 올바로 이해할 수 있기 때문이다. 함석헌의 역사사상을 이해하는 데에 있어서도 이 원칙은 동일하게 적용된다. 즉, 함석헌의 역사인식은 '종교사관'·'고난사관'·'도덕사관' 등으로 다양하게 지칭되고 있는바 이와 같은 그의 역사인식을 이해하기 위해서는 1930년대를 전후한 시대상황을 배경으로 의식할 수 있을 것이다.[23] 그러나 이보다는 좀더 직접적인 배경을 이해하기 위해서 그가 가지고 있던 종교적 신념과 교육적 환경 등에 주목해야 한다. 또한 이와 함께 그가『조선역사』를 집필하던 당시 우리나라의 사학계가 가지고 있던 특성을 간략히 살펴보고자 한다.

함석헌은 초등학교 시절 장로교의 청교도적 기독교 교육을 받았고, 이 교육을 통해서 '사회적 양심'을 유지할 수 있었다.[24] 그는 초등교육을 마치고 1916년 평양고등보통학교에 진학했다. 그는 평양고보 3학년에 재학 중이던 1919년 3·1운동에 적극적으로 가담했다. 3·1운동 때까지 그는 '장로교 안에서의 단순한 기독교인'으로 자신을 표현한 바 있다.[25] 그가 3·1운동에 관여하게 된 배경에는 그의 사촌형이었던 함석은의 영향이 컸다. 함석은은 평양지역 3·1운동의 책임자였으므로 함석헌도 평양에서 전개된 3·1운동의 준비과정에서부터 참여하게 되었다.

이 3·1운동에의 참여를 통해서 그는 사회참여 의식을 강화시킬 수 있었고, 민족적 현실에 대한 인식을 심화시킬 수 있는 기회를 얻었다. 그리하여 그는 이 운동에의 참여를 통해서 사회에 대한 기독교적 책임의식과

---

23) 함석헌이 살았던 1920년대의 사회상에 대해서는 서굉일, 1988,「1920년대의 사회운동과 남강」『南岡 李昇薰과 民族運動』, 南岡文化財團을 참조할 수 있다. 그리고 1930년대 함석헌의 역사관이 가지고 있는 시대적 배경을 이해하기 위해서는 民立大學運動(1923)이나 物産獎勵運動(1923)과 같이 朝鮮의 右派 民族主義에서 주도했던 운동들을 특히 주목할 수 있다. 또한 당시 民族主義 左派에 의해 주도되었던 非妥協的 民族主義運動까지도 시대적 배경으로 주목되어야 한다.
24) 함석헌, 1983,『함석헌 전집』4, 한길사, 207쪽 참조.
25) 함석헌, 1983,『함석헌 전집』3, 한길사, 170쪽.

민족주의의 합일을 경험할 수 있었다고 생각된다. 후일 그는 "나는 3·1
운동이 없으면 오늘은 없다. 그것은 내 일생에 큰 돌아서는 점이 됐다"고
술회한 바 있었다.26) 이처럼 그의 성장기 조선사회는 식민지지배 아래
놓여 있었다. "식민지주의는 민족주의의 학교가 되었고",27) 그는 성장기
에 이 민족주의의 학교에서 민족주의를 훈련받아 왔고, 그 자신도 민족주
의 운동을 직접 체험하게 되었다. 이 과정에서 그 사학 사상의 일각에는
'민족주의'가 자리잡고 있었다.

한편, 그는 3·1운동 이후 평양고보를 중퇴하고 1921년까지 향리에서
지내게 되었다. 이 기간에 그는 3·1운동 이후 기독교계의 보수화 경향을
주시하면서 기독교와 조선의 장래를 걱정하게 되었다.28) 그 후 그는 사
촌형인 함석규 목사의 권유로 오산학교에 진학하여 중등교육과정을 마칠
수 있었다. 함석헌이 입학할 당시 오산학교는 기독교계의 민족지도자였
던 고당古堂 조만식曹晩植(1882~?)이 교장을 맡고 있었고, 곧이어 1921년 9
월부터 다석多夕 유영모柳永模(1890~ 1981)가 조만식의 뒤를 이어서 교장직
에 취임했다. 그리고 함석헌이 오산학교에 재학 중이던 1922년, 오산학교
의 설립자였던 남강南岡 이승훈李昇薰(1864~1930)은 3·1운동으로 투옥되었
던 48인 독립운동가 중 마지막으로 감옥에서 출소하여 오산학교에 귀임
했다. 이에 함석헌은 이승훈의 훈도를 받으며 "개혁된 기독교 정신과 역
동적인 애국심을 섭취하게 되었다."29) 이곳에서 함석헌도 이승훈과 같은
기독교 신앙인으로서의 민족애와 사회구원의 사상을 가지고,30) 자신의
역사관을 형성시켜 갔다.

26) 함석헌, 1983, 『함석헌 전집』 4, 한길사, 126쪽.
27) Jack Snyder, 2000, "Varieties of Nationalism", *From voting to violence: democratization and nationalist conflict*, New York: W.W. Norton ; A Comparative Study, Dryden Press, p.183.
28) 김성수, 2001, 『함석헌 평전』, 삼인, 41쪽 참조.
29) 김성수, 2001, 앞의 책, 43쪽.
30) 이만열, 1988, 「南岡 李昇薰의 신앙」 『南岡 李昇薰과 民族運動』, 南岡文化財團, 334쪽.

그가 수학했던 오산학교에 관해서 함석헌은 "한 가정이요, 도장道場이요 수련소修鍊所였다. 설립한 취지부터 학문 공부를 한다기보다는 나라를 건지고 민족을 개조하기 위한 지도자를 길러내자는 것이었으므로 선생도 학생도 다같이 일종의 종교적 사명감 혹은 자부심에 불타고 있었다 … 무엇보다 두드러진 것은 민족정신이었다"고 회고한 바 있다.31) 또한 그는 후일 오산학교와 남강 이승훈이 자신에게 미친 영향을 "오산아, 네가 우리를 건졌구나, 남강이 아니고 우리가 어디 가서 묻겠는가"라고 술회한 바 있다.32) 이 회고를 보더라도 오산학교와 남강 이승훈은 함석헌의 역사관의 형성에 적지 않은 영향을 미쳤다고 판단된다. 그리고 함석헌이 오산학교에서의 수학했다는 사실은 당시 조선사회에서 역동적으로 실천되고 있던 '기독교 민족주의民族主義'의 자장磁場 안에 그 자신이 자리 잡고 있었음을 뜻한다.33) 오산학교에서 그는 역사에 대한 사고를 본격적으로 가다듬어 가기 시작했다. 그는 오산학교에 재학 중 웰즈(H.G. Wells)의 『세계사』(The History of the World)을 읽고, 역사와 진화론 및 과학주의 등에 관심을 가지게 되었다. 그가 후일 역사가가 되기로 결심하게 된 데에는 웰즈의 영향이 있었다.34) 그는 웰즈에게서 문화적·역사적 낙관주의를 전수받았다.35)

함석헌은 이 과정에서 역사학에 대한 좀더 깊은 학습의 필요성을 자각하게 되었다. 그러나 그는 오산학교를 졸업하고서 순수역사학의 연구를 지향하는 문과 계통 대학의 사학과에 진학하기보다는 동경고등사범학교

---

31) 함석헌, 1988, 「남강 이승훈 선생의 생애」『南岡 李昇薰과 民族運動』, 南岡文化財團, 39쪽.
32) 함석헌, 1988. 「서문」『南岡 李昇薰과 民族運動』, 南岡文化財團.
33) 기독교 민족주의에 관한 연구업적은 다음의 글을 통해서 종합·정리되어 있다. 한규무, 2000, 「한국기독교민족운동사 연구의 현황과 과제」『한국기독교와 역사』12, 75~108쪽.
34) 함석헌, 1983, 『함석헌 전집』17, 한길사, 212쪽 ; 김성수, 2001, 앞의 책, 43쪽.
35) 노명식, 2001, 앞의 논문, 삼인, 147쪽.

東京高等師範學校를 택하여 사비생私費生으로 진학했다.36) 그는 주로 역사교사를 양성하던 문과文科 1부에 진학하여 역사교사로서의 훈련을 받았다.37) 함석헌과 같은 해에 동경고등사범학교에 입학한 조선인으로는 문과文科 1부 병조丙組에 있었던 문석준文錫俊을 들 수 있다.38) 이들이 속해 있던 문과 1부의 수강과목을 살펴보면 전공분야인 역사(국사, 동양사, 서양사)와 함께 사범학교의 특성상 수신修身과목이 강조되고 있었다. 이외에도 이들에게는 1학년과 2학년의 경우 '국어급한문國語及漢文'과목을 통해서 일본어 교육에 많은 시간이 배정되어 있었다.39)

그런데 함석헌이 사범교육기관에서 특히 역사학과 교육학 계통의 강좌

---

36) 東京物理科大學編, 昭和11年(1936), 『東京物理科大學·東京師範大學 一覽』, 294
    ~295쪽. 함석헌이 재학했던 東京高等師範學校는 제2차 세계대전 終戰 이후 東京教育大學으로 개편되었다가, 筑波大學으로 다시 재편되었다.

37) 東京物理科大學編, 昭和6年(1931), 『創立六十年 : 東京物理科大學·東京高等師範學校』, 東京 : 東京物理科大學, 76~77쪽. 문과 1부는 다시 甲乙丙 3個組로 편성되어 있었다. 甲組는 修身·教育學·歷史를 주로 했고, 乙組는 修身·教育學·法制經濟를 주로 했다. 그리고 丙組는 修身·歷史·法制經濟를 주로 했다. 즉, 이러한 설강 과목을 감안할 때, 문과 1부의 졸업생 중 甲組 출신에게는 아마도 修身과 歷史 관계의 교사 자격증이 주어졌고, 乙組는 수신과 일반 사회 그리고 丙組 출신자의 경우에는 수신과 역사 및 일반 사회 계통의 교사 자격증이 주어졌을 것으로 추정된다.

38) 東京高等師範學校, 昭和 3年3月(1928), 文科 第一部 卒業試驗成績表 參照. 현재 筑波大學에 보관되어 있는 咸錫憲과 文錫俊의 '卒業試驗成績表'를 보면 함석헌은 明治 34年(1901) 1月 生으로 原籍이 '朝鮮'으로 되어 있다. 반면에 文錫俊은 明治 27年(1894) 8月 生으로 되어 있으며, 原籍 항목에 '(特)朝鮮'으로 되어 있다. 이로 미루어보면 문석준은 정규 입학생이었던 함석헌과는 달리 일종의 '특별 입학생'이었다고 추정된다.

39) 東京高等師範學校, 昭和 3年3月, '文科 第一部 卒業試驗成績表' 및 '東京高等師範學校 一覽' 自昭和2年4月 至昭和3年3月 등 參照. 함석헌이 속했던 甲組의 경우에는 역사(국사, 동양사, 서양사)를 4개년동안 수강함과 함께 교육학을 3개년동안 수강하고 있었고, '法制·經濟'는 1학년 때에만 수강했다. 그러나 丙組에 속했던 문석준은 4개년 동안 역사를 수강함과 동시에 '法制·經濟'도 4개년동안 수강했고, 교육학은 3개년을 수강했다. 이로 미루어 볼 때 이 두 사람은 입학 초기부터 그 학문적 취향에 있어서 차이가 드러나고 있다.

를 택했다는 사실은 그가 순수학문의 연구라는 입장을 취하기보다는 연구된 학문의 재해석과 전달에 더 큰 관심이 있었음을 나타낸다. 이러한 그의 태도에서 우리는 그가 고등교육기관에 입학하던 당시부터도 실증적 논문을 작성하던 당대의 역사학자들과는 다른 견해를 가지고 있었음을 짐작할 수 있다. 그러나 그는 당대에 있어서는 매우 드물게 조선인으로서 정규 고등교육기관에서 역사학을 정식으로 공부할 수 있었던 인물이다.[40]

함석헌은 동경고등사범학교에 입학한 이후 역사교육을 전공하는 한편, 우치무라 간조(內村鑑三)의 문하에 드나들며 무교회주의 사상에 접했고, 1925년에는 함석헌을 비롯한 그 문하생 6명(김교신, 송두용, 정상훈, 양인성, 류석동)이 '조선성서연구회'를 결성하여 기독교 신앙을 본격적으로 연구하기 시작했다.

이러한 함석헌의 행적은 동기생인 문석준의 그것과는 상당한 차이를 드러내는 것이었다. 함석헌과 문석준은 7살의 나이 차이가 있기는 했지만, 이 둘 사에에서 사상적 교류가 있었던 흔적을 찾기는 어렵다.[41] 그의 동기생이었던 문석준은 1924년 입학과 함께 맑스주의를 연구하고 있었다.[42] 함석헌은 6명의 갑조甲組 졸업생 중의 하나였고, 문석준은 7명의 병조丙組 출신 졸업생 중 1인이었다.[43]

---

40) 함석헌이 동경고등사범학교를 졸업한 연도는 1928년이었다. 한편, 李丙燾는 1919년 早稻田大學 史學及社會學科를 졸업했다. 1920년대에 이르기까지 정규 고등교육기관에서 역사학을 전공한 조선인은 불과 수명에 지나지 않았다.

41) 咸錫憲의 동기생인 文錫俊은 함경도 출신으로 해방 이후 북한에서 처음으로 사용된 역사개설서인 『朝鮮歷史硏究』를 저술했다.
   文錫俊, 1946, 『朝鮮歷史硏究』, 咸鏡南道民委員會敎育部 刊 참고.
   문석준의 유고를 엮은 이 책은 국판 254쪽에 이르는 본격적 개설서로서, 北朝鮮臨時人民委員會 敎育部의 추천을 받아 간행되었다. 이 책의 머리에 수록된 문석준의 약력에서도 그가 함석헌과 같은 해인 1928년 東京高等師範學校를 졸업하고 서울의 普成學校에 역사 교사로 취임했음을 밝히고 있다.

42) 文錫俊, 1946, 앞의 책, 1쪽 略歷 參照.

함석헌과 문석준은 졸업 후 귀국하여 민족운동에 관여하며 함께 조선 역사를 강의했지만, 그 사상적 기초에 있어서 상당한 차이를 드러내게 되었다. 함석헌은 당시 일본에서 연구되고 있던 좌파적 이념을 선택하기 보다는 철저히 기독자의 입장에서 역사를 사고하고자 했다. 그리고 함석헌과 우치무라 간조의 만남은 기독교 사상을 기반으로 하여 그의 역사관을 구체화시킬 수 있었던 주요한 계기가 되었다.

한편, 함석헌의 역사관이 형성된 배경을 이해하기 위해서는 그가 동경고등사범학교 재학 중 접했던 역사이론서나 수강과목의 종류 및 그에 대한 그의 반응 등을 정확히 파악하여 분석해야 한다. 그러나 현재로서는 이에 관한 정보를 미처 확보하지 못했으므로 추후에 보완해 나가고자 한다.

함석헌은 1928년 동경고등사범학교를 졸업하고, 교원자격증을 취득했다.[44] 그는 자신의 모교인 오산학교에 부임하여 역사歷史 과목과 수신修身 과목을 가르쳤다. 특히 역사과목에 있어서 함석헌에게 "당국에서는 일본 역사를 가르치도록 하였으나, 그는 우리나라 역사만을 가르쳤다"는[45] 증언이 있다. 이 증언을 근거로 하여 생각해 볼 때, 그는 교육현장에서 조선의 역사를 가르치며 조선의 역사에 관한 사색을 계속하고 있었음을 알 수 있다.

한편, 그가 교사로 재직하고 있던 1928년이후 『조선역사』를 집필하기 시작했던 1934년 사이 조선의 역사학계에서는 식민사학의 일대 도전에

---

43) 東京高等師範學校, 昭和 3年3月, 文科 第一部 卒業試驗成績表 參照 ; 東京物理科大學編, 昭和11年(1936), 『東京物理科大學·東京師範大學 一覽』, 294쪽.

44) 敎育史編纂會(文部省內)編, 1938, 『明治以後敎育制度發達史』 4, 參照. 明治29年 12月2日 文部省令 第12號에 의하여 制定된 <尋常師範學校尋常中學校高等女學校敎員免許規則> 第1條에 銘記되어 있는 기록을 참조할 때, 當時 高等師範學校卒業者에게 授與되는 免許狀은 尋常師範學校敎員免許狀, 尋常中學校敎員免許狀, 高等女學校敎員免許狀은 3종이었다. 아마도 함석헌도 이 3종의 자격증을 수여받았을 것으로 추정된다.

45) 엄영식, 1988, 「오산학교에 대하여」 『南岡李昇薰과 民族運動』, 南岡文化財團, 153쪽.

직면하고 있었다. 즉, 조선총독부에서 1922년에 설립한 조선사편찬위원
회와 1925년에 이를 확대 개편한 조선사편수회를 통해서 식민사학의 출
판물이 홍수처럼 쏟아져 나오고 있었다. 그리하여 1931년 이후부터는 조
선사편수회에서 간행한 방대한 분량의 『조선사朝鮮史』가 간행되기 시작했
다. 일본의 어용학인들은 실증주의를 표방하면서 식민사학을 서술해 가
고 있었다. 예를 들면, 경성제국대학에 재직하던 오다(小田省吾)의 『조선사
대계朝鮮史大系 최근세사最近世史』(1927) 등이 있다. 또한 이와는 별도로 아
오야나기(靑柳南冥), 호소이(細井肇), 샤꾸(釋尾東邦) 등과 같은 재야의 일본국
수주의 국학론자들이 식민사학을 전개해 나가고 있었다.[46]

　이에 대항하여 조선의 학계에서는 일종의 정신사관에 기초한 민족주의 사
학이 전성을 이루고 있었다. 예를 들면, 박은식朴殷植은 '국혼론國魂論'을 제시
하며 『한국통사韓國痛史』(1915)와 『조선독립운동지혈사朝鮮獨立運動之血史』(1920)
를 저술한 바 있다. 물론 함석헌이 당시 금서禁書로 되어있던 박은식의 역
사서를 읽을 수 있었는지는 미상이다. 그러나 함석헌이 역사에 대한 관심
을 고조시켜 나갔을 1923년 전후에는 황의돈黃義敦의 『신편조선역사新編
朝鮮歷史』, 안확安廓의 『조선문명사朝鮮文明史』, 장도빈張道斌의 『조선역사요
령朝鮮歷史要領』, 권덕규權悳奎의 『조선유기朝鮮留記』 등이 조선 국내에서 널
리 읽히고 있었다.[47] 그리고 신채호申采浩는 1930년 『조선사연구초朝鮮史
研究草』를 간행했고, 1931년에는 「조선사朝鮮史」와 「조선상고문화사朝鮮上
古文化史」가 조선일보에 연재되기 시작했다. 정인보鄭寅普나 안재홍安在鴻
등 후기 민족주의 사학자들은 함석헌의 『조선역사』가 간행된 이후 자신
의 역사연구를 본격적으로 발표하기 시작했다. 그렇다면 함석헌이 신채
호를 비롯한 식민지시대 전기 민족주의 사학자들의 글을 주로 읽었을 가
능성은 상당히 높다고 생각된다.

　한편, 1920년대 조선학계에서는 사적유물론史的唯物論에 대한 기초적

---

46) 조동걸 외, 1994, 『한국의 역사가와 역사학』 하, 창작과 비평사, 76쪽.
47) 趙東杰, 1998, 『現代韓國史學史』, 나남, 181쪽.

이해가 진행되기 시작했다. 이때 백일규白一圭 등은 사적유물론에 대해 기초적인 내용들을 언급을 하기 시작했지만, 사적유물론은 당시의 지식인 대다수에게 비교적 생소한 이론이었다.48) 그러나 1920년대 식민본국인 일본에서는 마르크시즘에 대한 소개가 비교적 활발히 이루어지고 있었고, 야마카와(山川)주의와 후쿠모도(福本)주의 등 이론적 논쟁이 진행되기에 이르렀다.49) 1928년에는 개조사改造社에서 마르크스·엥겔스 전집이 간행되기 시작했고, 곧이어 마르크스주의 경제학에 대한 전문적 연구서가 간행되었다.50) 한편, 이 유물사관은 식민지 조선의 학계에도 영향을 미치기 시작했다. 그리하여 백남운白南雲은 『조선사회경제사朝鮮社會經濟史』(1933)와 『조선봉건사회경제사朝鮮封建社會經濟史』(1937)를 간행한 바 있었다. 이처럼 당시 식민지 조선의 학계와 사회 일각에서는 마르크시즘에 대한 경도傾倒 현상이 일어나고 있었다. 그렇지만, 함석헌은 그의 행적을 추적해 볼 때 이와 같은 조류에 초연한 입장을 취하고 있었다고 생각된다.

요컨대, 함석헌의 역사인식이 형성된 사상적 배경을 살펴보기 위해서는 함석헌의 사상적 경향성을 분석해야 한다. 함석헌은 기독교 신도로서 기독교 사상의 영향을 일찍부터 받고 있었다. 그리고 그는 식민지 하에서 전개된 민족주의 우파 계열의 운동에 영향을 받았고, 특히 기독교 민족주의 운동 노선에 서 있었다. 그는 오산학교에서의 수학을 통해 역사에 대한 개안開眼이 이루어졌고, 동경고등사범학교 문과 1부에서 역사교육을 전공함으로써 전문적인 역사학자 내지는 역사교육자로서의 훈련을 받았다. 그는 자신의 모교인 오산학교에 역사교사로 부임한 이후 조선의 역사에 대한 사고를 계속했다. 그가 역사교사로 활동하던 당시 조선의 사학계에서는 봇물처럼 쏟아져 나오는 식민사학의 저술들에 맞서 민족주의 사

---

48) 趙東杰, 1998, 앞의 책, 207쪽.
49) 小山弘健 著, 한상구·조경란 역, 1991, 『일본 마르크스주의사 개설』, 이론과 실천, 61쪽 등 참조.
50) 河上肇, 1929, 『マルクス主義 經濟學の基礎理論』, 改造社.

학이 주창되었다. 정신사관적 특성을 가지고 있던 이 민족주의 사론과 함께 1920년대 이후 유물사관에 대한 이해가 식민본국인 일본과 식민지 조선에서 동시에 진행되기도 했다. 그러나 함석헌은 이러한 유물사관의 조류와는 무관하게 자신의 기독교 신앙과 민족주의적 분위기 안에서 『조선역사』를 저술하게 되었다. 기독교 신앙과 민족주의는 함석헌의 『조선역사』가 집필되기에 이른 사상적 배경 가운데 가장 주목되는 분야이다.

4. 기존의 학풍에 대한 비판

이상에서 살펴 본 바와 같이 함석헌이 『조선역사』를 서술할 당시 우리나라 학계에서는 다양한 이론들이 서술되고 있었다. 이 다양한 이론들을 함석헌이 모두 진지하게 검토했는지에 관해서는 의문이다. 그러나 함석헌의 역사의식은 조선사를 서술하고 있던 기존의 연구경향에 대한 비판에서 출발하고 있다.

함석헌과 함께 『성서조선』을 간행하던 김교신金敎臣 등은 함석헌이 『조선역사』를 연재하던 초기부터 기성의 역사연구 경향에 대한 비판의식을 뚜렷이 가지고 있었음을 인식했다. 예를 들면, 성서조선사聖書朝鮮社는 1934년 3월 동경에 있던 한 유학생으로부터 "선생님께서 생각한 현재 출판되어 있는 제일 좋은 조선역사책을 소개해 달라"는 편지를 받았다. 이에 대해서 성서조선사에서는 "조선 역사에 관하여 '제일 좋은' 것으로 천薦할 것이 없음을 슬퍼하노라. 사실史實을 기록한 책이야 나의 과문寡聞으로도 십지十指를 헤아린들 족足하리만 현금現今 군君이 갈망하는 조선역사는 지금 발표중인 함석헌 선생의 것 외에 내가 확신으로써 천薦할 만한 것이 없음을 유감으로 아노라. 함 선생의 조선역사는 '제일 좋은 것'이라고 군에게 뿐 아니라 천지신명 앞에도 부끄러움 없이 천薦할 수 있음을 확언하노라"고 답함으로써,[51] 동시대 다른 경향의 역사연구에 대한 비판

의식을 표한 바 있다. 성서조선사의 이 비판의식은 곧 함석헌의 비판의식
과 일치되고 있었다.

우선, 함석헌은 당시 사회에서 과학적 역사연구로 자부하던 실증주의
사학에 대한 비판을 시도하고 있다52). 즉, 그는 "역사가 무엇이냐 누구나
서슴치 않고 과거 사실의 기록이라 한다 … 과거의 사실을 기록한다고
하지만, 과거에 있었던 모든 사실을 여실하게 재현하는 것이 역사가 아니
다. 우선 그런 일은 불가능하다 … 또 설령 가능하더라도 불필요하다"라
고 규정했다.53) 이는 과거사실의 복원을 주장하던 랑케 류類의 역사해석
에 대한 거부를 뜻했다. 그는 '기록'의 한계를 지적하며, 사실로서의 역사
를 거부하고, 역사에 있어서 해석의 중요함을 말하고자 했다. 그리고 나아
가서 그는 말하기를 "대개 역사적 진眞을 자연과학적 기술에 있는 줄로 아
는데 대착오가 있다. 과거의 다수한 사가史家들이 공정한 역사를 쓰기 위
하여 해석 없는 사실기록을 하다가 수십 수 백 권의 납골당納骨堂 명록名錄
만을 쓰고 만 것이었다"고 비판했다.54) 이처럼 함석헌은 과학을 표방하던
실증주의사학이 가지고 있는 문제점을 직시하고 이를 거부하였다.

한편, 당시 일본에서는 베른하임의 『사학개론史學槪論』이 널리 읽히고
있었다. 이 책은 역사연구 방법론에서 실증의 중요함을 제시해주고 있었
다. 따라서 이 책은 실증주의사학을 아카데미즘의 표현으로 보고 있던 당
시 학계에서 대단한 환영을 받았다. 1920년에 일본어 번역판 2판이 나온
바 있었던 이 책은 당시 대학의 역사학도들에게는 필독의 서적으로 인식
되고 있었다.55) 이러한 당시의 상황을 감안할 때, 함석헌은 동경고등사범

---

51) 함석헌, 1934, 「독자 편지」 『聖書朝鮮』 63, 18쪽.
52) 당시 日本의 '實證史學'은 일본의 國家主義的 史學의 한 측면을 드러내는 것이
    었다고 생각된다. 함석헌은 이 植民地下 實證史學에 대한 비판을 통해 조선의
    민족적 각성에 이를 수 있었다.
53) 咸錫憲, 1934, 「'朝鮮歷史' 2 史觀」 『聖書朝鮮』 62, 9쪽.
54) 咸錫憲, 1934, 앞의 논문, 11쪽.
55) 베른하임 著, 趙璣濬 譯, 1960, 『史學槪論』, 3쪽의 譯者序文에 보면 이 책이 당

학교의 재학과정에서 당연히 사학개론서史學槪論書를 학습했으리라 생각
한다. 그런데 함석헌의 『조선역사』에서는 베른하임과 같은 사학연구 방
법론에 관한 소개가 직접적으로 나타나 있지 않다. 그러나 함석헌은 역사
의 연구와 교육에 있어서 사실의 규명보다는 그 해석을 더욱 치중했지만,
당시 일반적으로 인식되고 있었던 역사적 사실을 무시하거나 과장하고자
하지는 않았다. 그가 『조선역사』에 제시하고 있는 역사적 사실은 분명한
사료적 근거를 가지고 있었다. 그리고 당시 일부 민족주의 사학자들이 시
도했던 바와 같이 사실에 대한 확대해석과 가정 위에서 자신의 논리를
전개하고 있던 바와는 달리 확고한 사실에 대한 의미만을 집중적으로 서
술하고자 했다.

또한 함석헌은 당시 소개되기 시작했던 유물사관에 대해서도 비판적 입
장을 드러내었다. 이로 미루어 볼 때 그는 역사적 유물론(historical materialism)
에 관한 서적에 대해서도 일정한 독서의 경험을 가지고 있었던 듯하다.
그러기에 그는 유물사관과 기독교적 역사관을 비교하고, 기독교 사관을
표방하며 역사적 유물론(historical materialism)을 비판하게 되었다. 그리하여
그는 자신의 역사관이 "역사의 본원을 아무 생명 없고 목적 없는 우연적
물지에 귀歸하는 유물사상唯物思想과 다름"을 분명히 밝혀주고 있다.[56] 함
석헌이 유물론을 반대한 것은 역사에 미치는 '신神'의[57] 존재를 확인하는
데에 따른 당연한 결과였다. 함석헌은 유물론에 기반한 계급사관에 대한
비판을 다음과 같이 구체적으로 전개하고 있다.

시 일본학계에서 널리 읽히고 있었던 사실을 거듭 확인할 수 있다. 조기준도
1920년에 간행된 이 책의 번역본을 가지고 역사학을 학습했다.
56) 咸錫憲, 1934,「'朝鮮歷史' 3 - 聖書的 史觀」『聖書朝鮮』63, 9쪽.
57) 함석헌의 『조선역사』에서 사용되던 '神' 또는 '造物主'와 같은 용어는 『뜻으로
본 한국역사』 단계에 이르러 '하나님'으로 대치되고 있다. 그는 『조선역사』 단계
에서 종교다원론적 입장에서 기독교의 신을 파악하고 있었기 때문에, 당시에도
기독교적 神의 호칭으로 쓰여지던 '하나님'이란 용어를 직접 사용하지 않은 듯
하다. 神의 호칭이 이와 같이 변하고 있는 것은 그의 사상이 전개되어 나가는
과정에서 일정한 변화가 있었음을 암시한다.

계급사관은 사람을 사회생활에서 가지는 경제적 이해관계에 예속시키는
사상이다. 이해관계가 역사적 사건 변천의 동인이 되는 일이 많은 것은 사실
이다. 그러나 인생의 모든 일을 전연 그리로만 돌리자는 것은 분명한 독단이
다. … 또 계급에는 영속적 자기 의식이 없다. 과연 역사상에 지배 피지배 양
계급이 대립하여 있는 것은 사실이요, '우리 계급을 위하여' 하는 의식이 그
계급을 조성組成하는 분자의 머릿속에 있었던 것도 사실이다. 그러나 그 계급
은 항상 신진대사되어 왔다. 고로, 전연 추상적으로 생각하면 계속하는 계급
의 대립이 있으나 구체적 사실에 있어서는 단군시대의 지배계급과 오늘날의
지배계급과를 동일한 자아의식 속에 통일하여 '우리'라는 일인칭을 쓸 수 있
겠는가 하면 전연 불가능이다.[58]

여기에서 함석헌은 계급사관을 인간을 경제적 이해관계 안에 예속시키
는 사상이라고 규정하고 있다. 그리고 비록 계급의식이 있다고 하더라도,
지배계급은 언제나 신진대사되어 왔다고 주장했다. 즉 같은 지배 계급이
라 하더라도 과거와 오늘날의 지배계급은 다를 수밖에 없고, 계급에는 영
속적 자기의식이 없으므로 역사의 동인이 될 수 없다고 그는 생각했다.

함석헌은 영웅사관에 대해서도 반대했다. 그는 오산학교에 재학하던
때 이미 칼라일(Th. Carlyle)의『의상철학』(Sartor Resartus)를 읽음으로써 사회
의 제반 기관이나 종교조직, 행정 제도 등은 인간이 옷을 끊임없이 바꿔
입는 것처럼 새롭게 변해야 된다는 주장에 접하게 되었다.[59] 그렇지만
그는 칼라일의 영웅사관에 대해서도 이미 나름대로의 검토를 거치고 있
었다. 그는 칼라일의 영웅사관이 가지고 있는 진실된 측면을 부분적으로
인정하고 있다. 그러나 함석헌은 영웅사관이 개인만을 중시하는 사관이
므로 역사의 동인을 서술하는 데에 부적합하다고 보았다.

칼라일이 가르치는 영웅사관은 옷깃을 정正히 하고, 진지엄숙眞摯嚴肅한 태
도로 인생의 전선에 출진하고자 하는 숭고한 인생을 환기하는 진리가 있다.

---

58) 咸錫憲, 1934, 「'朝鮮歷史' 5 - 朝鮮史의 基調」『聖書朝鮮』 65, 6쪽.
59) 김성수, 2001, 앞의 책, 44쪽.

그러나 이는 아무리 하여도 인생의 개인적 방면만을 강조하는 사상이다. 개인
은 그 자체로 자족적自足的 것이 아니다. 그 배후에는 항상 사회가 선다. 고로
인생의 일은 그 개인 독자의 일로 보다도, 전체의 대표자의 일로 보아서, 보
다 더 의미심장해진다.[60)

후일 함석헌은 개인 보다는 민중 내지는 '씨올'의 존재를 분명히 터득
하게 된다. 이 사상의 단초는 영웅사관에 대한 비판에서부터 시작되고 있
었다.

한편, 당시 일부 민족주의 사학에서는 영웅사관적 요소를 가지고 있었
다. 여기에서 함석헌은 영웅주의 사관에 대한 비판의 연장선상에서 민족
주의 사관의 문제점에 대해서도 다음과 같이 지적하고 나섰다.

> 나는 6~7년 이래 중학생에게 역사를 가르치는 기회를 가졌으므로 어떻게
> 하면 그 젊은 가슴 안에 광영光榮 있는 역사를 파악시키려고 노력하여 보았
> 다. 그러나 무용無用이었다. 어렸을 때 듣던 모양으로 을지문덕 강감찬의 이름
> 을 크게 불러보려 힘썼으나 그것으로써 묻어버리기에는 조선의 역사 전체에서
> 발하는 신음의 소리가 너무도 컸다. 남들이 하는 모양으로 생생자生生字, 귀선
> 龜船, 석굴암石窟庵, 다보탑多寶塔을 총출동을 시켜서 관병식을 거행해 보려 하
> 였으나 그것으로써 숨겨버리기에는 속에 있는 남루襤樓가 너무도 심했다.[61)

함석헌은 당시 민족주의 사학에서 흔히 논하고 있는 민족적 영웅이나
민족문화의 찬연함에 대한 칭송을 포기했다. 이와 함께 그는 '배타적 민
족주의'에 대한 비난을 분명히 했다. 그리고 개인주의를 배척하여도 개인
의 가치를 존중해야 하는 바와 같이 민족의 가치를 알아야 함을 역설했
다. 그는 민족을 모르고서는 역사를 알 수 없고, 민족은 역사를 짊어지고
가는 존재[하담자荷擔者]라고 규정했다.[62) 이러한 그의 주장은 분명히 배

---

60) 咸錫憲, 1934, 「'朝鮮歷史' 5. 朝鮮史의 基調」『聖書朝鮮』 65, 5쪽.

61) 咸錫憲, 1934, 앞의 논문, 『聖書朝鮮』 65, 9쪽.

62) 咸錫憲, 1934, 앞의 논문, 『聖書朝鮮』 65, 7쪽.

타적 폐쇄적 민족주의에 대한 반대를 뜻하지만, 개방적 민족주의와는 상호 일치될 수 있는 여지를 남겨두고 있었다.

요컨대, 함석헌은 당대의 역사학 연구가 가지고 있는 문제점들을 비판적 안목에서 바라보고 있었다. 즉 그는 당시 실증주의 역사학에 대해 회의를 표명하며, '객관적 사실'을 추구하는 연구의 문제점을 지적했다. 그리고 '역사적 사실'이 가지고 있는 상대성을 밝혔던 바, 이는 실증주의 사학의 기본 원칙에 대한 회의를 드러내는 것이었다. 또한 그는 영웅주의 사학이 가지고 있는 일부 긍정성을 인정한다 하더라도 그 개인중심적 역사 이해에 반대했다. 그는 폐쇄적 민족주의가 가지고 있는 문제점을 지적하면서, 폐쇄적 민족주의는 반대하되 민족은 역사의 주체로 삼아야 한다고 말했다. 함석헌은 이러한 비판을 전제로 하여 자신이 새롭게 제시하고자 했던 역사이론을 모색했다.

5. 역사인식의 특성

함석헌은 기존의 역사서술 경향에 대한 반성을 통해서 자신의 '고유한' 역사철학을 형성시켜 나가고 있었다. 그의 역사인식은 자신의 신앙 및 당시 성행하던 시대사조와 밀접한 관련을 맺고 있었다고 생각된다. 그가 『조선역사』에 암시해주고 있는 바를 감안하면 그의 독서폭은 상당히 넓었다고 생각된다. 그는 신실한 기독자로서 성서에 대한 연구를 지속하고 있었다. 그리고 그는 당대의 역사가 중에서 가장 많은 역사이론서에 접했던 인물 가운데 하나였다. 이러한 결과, 그는 성서적 역사관을 제시하고자 했다. 그리고 역사적 관념주의(historical idealism)의 입장에서 신관념주의 철학을 수용하고 있었다. 또한 그는 신관념주의 철학이 가지고 있는 일종의 공허성을 보완하기 위한 측면에서 지리결정론 등과 같은 이론을 일부 보조적으로 수용하고자 했다고 생각된다.

함석헌의 역사인식 내지는 그 철학이 형성되는 과정에 있어서는 자신
이 사색과 함께 그가 경험했던 독서의 영향이 중요한 비중을 차지하고
있다. 『조선역사』를 저술하던 34세의 함석헌에게 가장 큰 영향을 주었을
책으로는 성서를 들 수 있다. 그는 성서의 독서를 통해서 역사를 사고하
고 조선사를 성서적 입장에서 서술하고자 했다. 그러므로 그의 역사철학
과 관련하여 주목되는 바는 우선 성서적 입장에서 전개되는 종말론적 역
사관을 들 수 있다. 함석헌은 자신이 종말론적 역사관을 가지고 있음을
다음과 같이 말하였다.

> '성서적 입장에서 본' 이라는 제목의 구절이 일반 사람에게는 걸림이 될
> 듯하니 빼면 어떤가 하는 의견이 잠깐 나왔으나 그것은 사슴에게서 뿔을 자
> 르는 같아 그대로 두기로 하였다. 이 글이 이 글된 까닭은 성경에 있다. 쓴
> 사람의 생각으로는 성경적 입장에서 역사를 쓸 수 있는 것이 아니라, 성경의
> 자리에서만 역사를 쓸 수 있다. 똑바른 말로는 역사철학은 성경 밖에는 없기
> 때문이다. 서양에도 없고 동양에도 없다. 역사는 시간을 인격으로 보는 이
> 성경의 자리에서만 될 수 있다.63)

이 인용문은 비록 1950년 판 『조선역사』의 서문에 수록된 것이지만,
1934년 전후 함석헌이 가지고 있던 역사관을 정리해 준 것으로 볼 수 있
다. 그는 이미 1934년에 집필한 '성서적 사관'에서 역사의 본원을 의지적
이요 생명적 존재자인 '신神'에게서 구한다고 했다. 또 우주는 신이 창조
했고, 신이 이 우주를 지지支持하는 정의의 법칙을 제시했다고 보았다. 그
리고 기독교의 위대한 사상으로서 종말관을 들고 있다.64) 그가 자신의 사
관을 '성서적 사관'으로 규정했던 것은 종말론적 역사관에 대한 전폭적 긍
정을 뜻하며, '성서적 사관'이란 종말론적 사관의 다른 표현이었다고 생각
된다. 따라서 그가 성서적 사관을 주장하는 것은 역사 발전에 대한 설명을

---

63) 咸錫憲, 1950, 「序文」『聖書的立場에서본 朝鮮歷史』, 星光文化社, 3쪽.
64) 咸錫憲, 1934, 「'朝鮮歷史' 3 – 聖書的 史觀」『聖書朝鮮』 63, 14~15쪽.

가능하게 해준 종말론적 역사인식에 대한 수용을 뜻한다고 생각된다.

함석헌이 제시했던 종말론적 사관은 그가 '세계사의 윤곽'이라는 표현으로 설명하고자 했던 세계사의 나선적 발전의 틀과 직결된다. 그는 세계사가 발생기와 성장기를 거쳐 성장이 다 된 후에는 시련의 시기가 온다고 해석했다. 그러나 이 시련의 시기는 반드시 극복되고 모든 것은 '애愛' 즉 아가페 안에 해결되는 완성기가 온다고 보았다.[65] 여기에서 함석헌은 성경의 사관이 아가페의 사관이라고 보았다. 그리고 그의 역사인식은 고난의 역사를 논하면서도 고난을 극복할 수 있는 낙관성을 가지게 되었다. 그가 제시한 고난의 역사는 민족적 회개를 촉구하여 민족 갱생의 길을 찾고자 하던 종말론적 역사관의 일종이었다. 고백과 회개를 통해 구원을 모색하는 기독교적 종말론의 기본적 입장이 그의 역사관에는 관철되어 있다.

그런데 1930년대의 함석헌은 성서에서 제시하고 있는 역사에 대한 이러한 관념은 기독교만의 독자적 사고방법이라고 믿었기 때문에 자신의 책이름에 '성서적 입장에서 본'이라는 수식어를 붙였다. 그러나 후일 그는 이러한 그의 종교사관이 기독교에 근거하고 있으면서도 독선적이고 배타적 기독교 종파주의에 빠지는 것을 스스로 경계하게 되었다.[66] 그가 성서적 입장에서 논하고자 했던 신은 기독교 신만은 아니었다. 기독교가 유일의 진리도 아니오, 참 사관史觀이 성경에만 있다는 말도 아니다. 같은 진리가 기독교에서는 기독교식으로 나타났을 뿐이라고 함석헌은 말하게 되었다.[67] 이와 같은 그 사상적 전개과정을 살펴 볼 때, 그의 사관은 성서적 사관이라고 칭하기보다는 종말론적 사관으로 부름이 더 타당할 듯하다. 이러한 그의 역사인식은 역사적 관념주의의 범주 안에 들 수 있다.

한편, 함석헌은 후일 자신의 사관을 '고난 사관'으로 지칭한 바 있

---

65) 咸錫憲, 1934, 「'朝鮮歷史' 4 - 世界史의 輪廓」『聖書朝鮮』 63, 6~7쪽.
66) 金敬宰, 1982, 「뜻·역사·민족」『씨올·人間·歷史』, 한길사, 63쪽.
67) 함석헌, 1983, 『뜻으로 본 한국역사』(함석헌전집 1), 한길사, 17쪽.

다.68) 그러나 그는 1930년대부터 '고난의 역사'를 강조했다. 고난의 역사를 강조했던 그의 사관은 애초부터 '고난 사관'으로 불러 줄 수도 있을 것이다. 그가 제시한 고난사관도 종말론적 사관과 깊은 관계를 가지고 있다. 그리고 이 고난에 대한 인정은 기독교적 예언자 정신의 현재화로 인식된다.69) 그리고 이는 고난의 극복을 통한 역사의 완성이라는 사명을 일깨워주는 기제로 작용하고 있다. 그러므로 그에 있어서 고난으로 점철된 역사는 "결코 실패가 아니었다."70) 또한 여기에서 함석헌은 고난의 주체로 민중을 발견하게 되었고, 이들을 역사의 주역 내지는 고난 극복의 주역으로 인식하기에 이르렀다.

한편, 그는 역사의 3대 요소 가운데 마지막으로 '조물주造物主의 섭리攝理'를 들었다.71) 여기에서 그의 역사해석은 '섭리사관'으로 규정될 수 있다. 그러나 그는 '조물주의 섭리'와 함께 인간의 자유의지를 논하고 있다. 즉, 그는 "자유롭고 의지가 있는 있어서만 생명은 가능하다 … 신神은 자기의 작품을 바라보고 앉아서 만족을 느끼는 노쇠한 예술가 같이 우주를 향락享樂하는 자가 아니다. 자유의지 위에 일하는 자다. 그리하여 그를 양육하고 교도하는 데서 자自의 아가페를 드러낸다"고 말했다. 그런데 신의 섭리와 인간의 자유의지가 갖고 있는 창조적 긴장관계의 규명은 아우구스티누스(Augustinus, 354~430) 이래 역사철학이 가지고 있는 과제였다. 그리고 아우구스티누스 이래의 기독교 역사철학에서는 신의 섭리가 인간의 자유의지와 충돌하지 않음을 설명했다. 이러한 기독교 역사철학의 전통을 함석헌은 따르고자 했다. 여기에서 그가 제시한 조물주의 섭리론은 인간의 자유의지를 무시한 숙명론적 역사관을 탈피할 수 있었다. 이러한 그

---

68) 함석헌, 1983, 앞의 책, 한길사, 383·385쪽.
69) 김경재, 2001, 「함석헌 사관의 기독교적 요소」『민족의 큰 스승 함석헌 선생』, 한길사, 372쪽.
70) 咸錫憲, 1934, 앞의 논문('朝鮮歷史' 4), 6쪽.
71) 咸錫憲, 1934, 「'朝鮮歷史' 5 – 조선사의 기조」『聖書朝鮮』64, 4·8쪽.

의 역사관을 볼 때, 그의 역사인식 내지 역사철학에서 기독교적 요소가 매우 강하게 작용하고 있음을 확인하게 된다.

이에 이어서, 함석헌의 역사철학 내지는 역사인식에서 드러나는 또 다른 특징은 1920년대와 1930년대 일본의 사학계에서 맹위를 떨치고 있던 독일의 신관념학파의 영향을 받았다는 사실이다.[72] 역사적 관념주의의 일종인 신관념학파의 역사철학은 베네데토 크로체(Benedeto Croce, 1866~1952)가 그 체계를 완성시켰다. 크로체는 역사의 기본 동인을 정신·이상·이념 등 관념적 요소에 귀착시키는 이론이었다.[73] 그리고 크로체의 저서 가운데 적지 않은 부분은 함석헌이 일본에 유학하던 기간 중에도 이미 번역되어 있었다.[74] 특히 크로체의 역사관을 집약하고 있는 『역사서술의 이론과 역사』(1915)는 1926년 일본에서 번역 출간된 이후 일본의 역사학계에서 널리 읽히고 있었다.

그런데 1920년대 후반기 함석헌은 일본의 동경고등사범학교에서 수학하던 과정에서 크로체의 역사철학에 관한 서적이나 논문을 접했을 가능성이 크다고 생각된다. 그리고 함석헌은 이 사상의 일정한 영향 아래 형성된 자신의 역사관을 『조선역사』에 투영하고 있었다. 이러한 사실은 그의 연재물 가운데 「사관」 부분에서 분명히 확인될 수 있다. 예를 들면,

---

72) 盧明植, 2000, 앞의 논문, 139쪽.

73) 盧明植, 2000, 앞의 논문, 140쪽.

74) 이시기 일본어로 번역된 도서들을 크로체 관계 도서들은 최소한 다음과 같은 9종이 있었다. ① 薄田貞敬(우스다 사다타카), 1927, 『現世訓』, 文明協會 ; ② 桂井当之助(카츠라이 토오노스케), 1915, 『實際の哲學』, 大日本文明協會 ; ③ 長谷川誠也(하세가와 세이야), 大槻 憲二(오오츠키겐지), 1930, 『美學及美學史』(世界大思想全集 46), 春秋社 ; ④ 青木嚴(아오키 이와오), 1932, 『ヴィコの哲學』, (世界大思想全集 70), 春秋社 ; ⑤ 馬場睦夫(바바 무츠오), 1927, 『美學原論』, 大村書店 ; ⑥ 鵜沼直(우누마 타다시), 1921, 『美の哲學』, 中央出版社 ; ⑦ 高見澤 榮壽(다키미자와 요시토시), 1927, 『ヘーゲル哲學批判』, 甲子社書房 ⑧ 吉岡佐太郎(요시오카 사타로오), 1928, 『ヘーゲルの哲學に於ける生あるものと死せるもの』, 批判社 ; ⑨ 羽仁五郎(하니 고로오), 1926, 『歷史敍述の理論及び歷史』, 岩波書店.

함석헌은 '현재하는 과거' 내지는 '과거의 현재성'을 강조하고 있었다.[75] 이는 크로체의 이론에서 영향받은 주장임에 분명하다.[76] 그리고 함석헌의 수난의 역사를 논하며 분노했던 것은 크로체가 역사연구의 계기로 분노(ira)를 중시했던 사실과 맥을 같이 하고 있다.[77] 후일 함석헌은 조선이 체험한 고난의 역사에 분노하며 이를 극복할 수 있는 방안을 역사학에 대한 사색을 통해서 구하고자 했다.

또한 함석헌은 사건과 해석의 관계에 대한 성찰과정에서 크로체의 사상으로부터 영향을 받았다. 함석헌은 '역사적 사건'이란 '해석자 인간에 의해서 해석되고 이해된 사실, 선택되고 설명되고, 의미부여된 사실' 뿐으로 규정했다. 그리고 그는 "주관主觀의 렌즈를 통과하고 있지 않은 있는 그대로의 사실이라고 하는 것은 없다 … 결국"라고 선언했다.[78] 바로 이러한 함석헌의 이해에서 크로체적 발상의 연장 현상을 볼 수 있다. 물론 함석헌은 해석학에서 논하는 전이해前理解와 이해理解의 당파성黨派性에 대한 이론을 알지 못했다. 함석헌은 딜타이의 역사적 해석학, 가다머의 철학적 해석학, 하버마스의 비판적 해석학의 논점들에 직접 영향을 받은 바 없지만, 크로체의 영향 아래에서 이들이 가지고 있던 문제의식을 가지고 조선사를 보고자 했다. 그리고 그는 현재라는 시점과 민중의 시각에서 역사를 보고자 했다.[79]

한편, 함석헌의 역사인식에서 드러나는 특성으로는 신관념주의新觀念主義 역사관과 함께 당시 1920년대 전후의 학계에서 성행하던 지리결정론의 영향을 부분적으로 수용하고 있다는 점을 들 수 있다. 지리결정론은 이미 19세기 최말엽最末葉 랏젤(Ratzel) 단계에 이르러 체계를 갖추고 제시

75) 咸錫憲, 1934, 「史觀」『聖書朝鮮』 62, 10쪽.
76) 크로체, 李相信 譯, 1978, 『歷史의 理論과 歷史』, 三英社, 101쪽 참조.
77) 크로체, 1978, 앞의 책, 363쪽.
78) 咸錫憲, 1934, 앞의 논문(史觀), 『聖書朝鮮』 62, 11쪽.
79) 김경재, 1990, 「함석헌 사관에서의 사실과 해석」『씨올의 소리』 11, 102쪽 참조.

된 바 있었다. 그리고 이 이론은 1920년대를 전후하여 구미 지리학계의
지배적 담론으로 자리 잡고 있었다.80) 구미학계의 이러한 경향은 일본에
도 전해졌고, 일본지리학계에서도 지배적 이론으로 자리하고 있었다. 특
히, 랏쩰의 지리결정론을 집약하고 있는 인류지리학(Anthropogeographie) 이
론은 1920년대의 일본 사회에 소개되어 있었다. 그리고 그의 지리결정론
을 구체적으로 설명하고 있는『해양론海洋論』전문이 1930년 일본어로 번
역되어 간행되었다.81) 그리고 이 지리결정론은 역사의 동인動因을 설명하
는 유력한 이론으로 인식되고 있었다.

함석헌도 당시 일본학계가 가지고 있던 이러한 특성으로부터 자유로울
수가 없었다. 그리하여 그의 역사인식에서는 지리결정론적 요소가 일부
내포되기에 이르렀다. 함석헌은 조선의 역사를 움직이는 기본동인基本動因
인 '조선사의 기조基調'로 "일은 조선 역사가 어우러진 그 지리요, 이는
그 역사를 지은 조선민족의 특질이요, 삼은 그 민족으로서 그 땅에서 그
역사를 짓게 한 조물주造物主의 섭리攝理"라고 제시했다.82) 이처럼 '조선
사의 기조'로 제일 먼저 지리를 제시하고 있는 한, 함석헌의 역사이론은

---

80) Ellen Churchill Semple, 1931, *The Geography of the Mediterranean Region : its Relation to Ancient History*, The Mediterranean in Universial History, New York: Henry Holt & Company, pp.3~16 참고. 이 부분에서 우리는 1930년대 지리학계의 지리결정론적 주장을 단적으로 살펴볼 수 있을 것이다. 한편, 다음의 책과 그 인용문을 통해서 1920년대 미국에서도 지리교육이 지리결정론에 입각하여 전개되었음을 확인할 수 있다. R. D. Salisbury & etc., 1919(?), *Mordern Geography for High School*, New York: Henry Holt & Company, pp. 2~3. "Human activities are so many and varied, and are influenced in so many ways by physical conditions ...... Geography is related no less intimately to present events." 이처럼 당시 세계 지리학계에서는 지리결정론이 크게 성행하고 있었고, 이점은 일본 학계에서도 이 영향을 받고 있었다. 따라서 함석헌도 바로 이와 같은 학문적 경향성 속에서 자신의 역사를 사고하고 있었다.

81) 市川誠一(이치카와 세이이치), 1930,『ラッチェル海洋論: 諸國民發展の源泉として の海』, 古今書院.

82) 咸錫憲, 1934,「'朝鮮歷史' 5. 朝鮮史의 基調」『聖書朝鮮』65, 4쪽.

지리결정론과 만날 수밖에 없었다.

함석헌의 『조선역사』에는 직접 전거를 밝히고 있는 부분이 드물다. 그러나 함석헌은 헌팅턴(Huntingtin)의 『문명과 기후』(Civilization and Climate)를 자신의 글에 직접 인용하고 있다.[83] 헌팅턴은 여기에서 기후와 같은 자연조건이 인류문명에 미치는 영향을 설명하고자 했다. 함석헌은 헌팅턴이 말한바 "지리는 기후·토질과 같고 민족은 과수果樹의 성질과 같다"라는 비유를 인용하면서 조선사의 특성을 다음과 같이 설명하고 있다.

> 지리가 역사에 대하여 중요한 관계를 갖는 것은 기후, 토질이 과실의 품질을 결정하는 것과 같다. 평과苹果(사과)의 양품良品은 황주 진남포에서 만날 수 있고, 귤은 제주가 아니고는 만날 수 없다. 동양同樣으로 그 지세地勢의 여하, 그 해안선, 그 기후, 그 토질의 여하에 따라 그 역사의 일정한 색체가 생긴다.[84]

이 자료에서 드러나는 바와 같이 함석헌은 역사의 중심적 요소 가운데 하나로 지리의 중요성을 강조했다. 그리하여 지세나 토질 기후 등 지리적 여건에 따라서 역사는 일정한 색채를 가지게 된다고 말했다. 그리고 글의 중간 제목으로도 '지리적으로 결정된 조선사의 성질'이라는 표현을 구사한 바 있다. 그런데 헌팅턴의 역사학 이론은 19세기 과학만능적 사고가 팽배할 때 역사도 자연과학적 해석이 가능하다는 오류를 드러내는 이론이었을 뿐이다. 함석헌이 이러한 이론을 이해하고 일부 수용했다는 사실은 1930년대 청년지식인이 가지고 있던 특성이자 한계이기도 했다.

함석헌이 가지고 있던 지리에 대한 인식은 당시 일본학계의 영향이었음과 함께 『성서조선』을 간행하던 김교신으로부터의 영향도 참작할 수 있다. 김교신은 1927년 동경고등사범학교 이과理科 제3부 갑조甲組를 졸업했다.[85] 김교신은 지리결정론에 대해서 "현세적으로 물질적으로 정치

---

83) 咸錫憲, 1934, 앞의 논문('朝鮮歷史' 5), 4쪽.
84) 咸錫憲, 1934, 앞의 논문('朝鮮歷史' 5), 4쪽.

적으로 고찰할 때에 조선반도에 지리적 결함, 선천적 결함은 없는 줄로 확신한다"는 입장을 전제하고 있다. 그러나 김교신은 동시에 "반도에는 특이한 희망이 있다 … 반도의 백성이 과거 반만년의 역사를 고요히 생각한다면 안전한 백성과 강대한 국민으로는 도저히 미칠 수 없는 바를 오득悟得함이 있을 것이다"라고[86] 말해 반도적 특성을 논하고 있음을 보면, 김교신도 당대의 학문적 특성이었던 지리결정론적 사고에서 완전히 벗어나지는 못했던 사람이었다. 그런데, 김교신이 지리결정론을 원칙적으로는 거부했던 사실과도 같이, 함석헌도 역사의 기조基調 즉, 근본적 원동력으로 지리만을 강조한 것은 아니다.[87] 그러나 그에 있어서 역사는 지리 이외에 역사의 주인인 민족의 특질이나 조물주의 섭리와 함께 전개되는 것이었다. 즉, 그는 역사의 동인을 지리라는 한 가지 요소에서만 구하고자 한 것은 아니었다. 그는 "사건의 산출자産出者는 환경이 아니오, 생활의 의식을 가진 민족이다"라고 규정한 바 있다.[88] 따라서 그의 사상을 전적으로 지리결정론이라고 단정하기는 어렵지만, 그가 역사서술에서 지리를 중시하고자 했던 점은 명확하다. 이는 그가 이성理性에 기초한 과학으로서의 역사를 논하면서 역사에 작용하는 조물주의 섭리 등 초이성적 超理性的 힘의 존재를 논하던 데에서 드러나던 한계를 보충하기 위한 방편이 아니었나 생각된다. 그렇다 하더라도 함석헌의 역사관은 역사에 미치는 자연환경의 요인을 지나치게 강조했다는 비평을 피하기 어려울 것이다. 이는 김교신이 지리결정론을 거부하면서도 지리결정론적 설명을 시도했던 점에 대한 비평과도 맥이 통한다. 요컨대, 함석헌의 역사인식 내지 역사철학의 기조를 이루고 있는 사상은 종말론적 역사인식이었다. 이

---

85) 金丁煥, 1994, 『金教臣 그 삶과 믿음과 소망』, 한국신학연구소, 396쪽.
86) 金教臣, 2001, 『김교신전집』 1, 63쪽.
87) 咸錫憲, 1934, 「'朝鮮歷史' 6 - 地理的으로 決定된 朝鮮史의 性質」 『聖書朝鮮』 66, 3~8쪽.
88) 咸錫憲, 1934, 「'朝鮮歷史' 7 - 朝鮮사람」 『聖書朝鮮』 67, 2쪽.

종말론적 역사인식에 의해 그는 나선형적 발전의 궤적을 그리며 전개되는 역사를 상정할 수 있었고, 고난의 역사를 극복하는 희망의 미래사를 전망할 수 있었다. 한편, 함석헌은 역사 관념주의의 연장선상에서 크로체 등에 의해 체계화된 신관념주의 역사관을 수용하고 있었다. 이 이론의 자극을 받으며 그는 실증사학에 대한 근본적 회의를 표시할 수 있었고, 현재하는 과거의 중요성을 인식하게 되었다. 그의 역사서술이 가지고 있는 역동성은 바로 이와 같은 이론의 수용을 통해서 주어진 것으로 생각된다. 그리고 함석헌은 역사전개에서 지리가 미치는 요소의 중요성을 강조했다. 이러한 그의 강조가 비록 지리결정론에 이르지는 않았다 하더라도 역사발전에 있어서 인간의 자유의지나 노력을 상대화시키는 기능을 발휘하기도 했다. 이러한 함석헌의 역사철학은 1920년대와 1930년대의 시대적 영향을 일정하게 받고 있었다.

6. 한국사 이해

1930년대 함석헌은 이상과 같은 자신의 역사철학을 조선사의 서술에 구체적으로 적용시켜 나갔다. 그는 당대의 민족주의 역사가들이 민족모순에 대해 성찰한 결과 민족주의 사학을 이루어 갔듯이, 신실한 프로테스탄트 기독자의 입장에서 조선사를 성찰하고 조선사에 관류하는 기본 동인을 파악하고자 했다. 그 자신이 가지고 있던 종교적 신조를 기반으로 하여 조선사를 집필하고자 하던 발상은 일본 유학 시절부터 시작되었을 가능성이 있다.[89] 그러나 그는 1929년 오산학교에서 역사교사로 조선사를 강의하기 시작한 이래 조선역사의 특질에 대한 사색을 정련시켜 나갔

---

89) 지명관, 2001, 「함석헌의 조선사관에 대한 고찰 : 후지이 다케시의 일본사관과의 비교를 중심으로」『함석헌 사상을 찾아서』, 삼인, 203쪽.
후지이 다케시(藤井武, 1888~1930)는 우치무라의 문하에 있으며 「성서에서 일본」을 저술했고, 함석헌과도 개인적 접촉이 있었던 인물로 밝혀지고 있다.

다. 그리고 그는 조선역사의 특징이 '비참과 고난과 남루襤褸와 재미없음'
에 있다고 규정하면서, 그 고난의 조선역사에 잠재하는 의미와 '우주적
영원의 가치'를 밝히고자 했다. 여기에서 그는 조선의 민족사란 고난을
거쳐 영광의 부활에 이른다는 기독교적 파스카(pascha) 과정으로 이해하게
되었다.[90] 이에 이르러 그는 '나는 왜 역사교사가 되었는가'라는 질문에
스스로 답하게 되었고, 고난의 역사인 조선사가 가지고 있는 진정한 의미
를 밝히기 위해서 『조선역사』를 서술하기에 이르렀다.

한편, 함석헌은 영웅주의 사관에 대해 회의한 바 있었다. 그 결과로 그
는 역사의 주체를 민족으로 설정했다. 그러면서 정사正史에서 제외된 인
물들의 동향을 주목하기도 했다. 그의 『조선역사』에 출현한 인물들을 분
석해 보면 당시의 다른 역사서보다 다양성을 가지고 있다. 그는 인간 자
체를 좀더 주목했고, 정치적 승리자가 아닌 정통역사에서 소외된 민중을
발견해 나가고 있다. 여기에서 그는 민족의 실체로 민중의 존재를 자각하
고 있었음을 알 수 있다.

함석헌은 앞서 언급한 바와 같은 자신의 역사관을 기반으로 하여 조선
의 역사를 다시 서술했고 시대구분을 시도했다. 우선 그는 조선의 역사도
세계사의 윤곽과 일치하는 것으로 파악했다. 이는 조선사의 특수성론 등
으로 세계사와 조선사의 연결을 차단하려 했던 식민사관에 대한 비판이
기도 했다. 그리고 그는 조선의 역사도 세계사와 동일하게 발생기와 성장
기 그리고 시련기를 거쳐 완성에 이른다는 목적론적 입장을 제시했다. 그
는 조선사의 자신의 역사관에 따라 조선사의 시대구분을 시도하고 있다.
그리하여 단군조선 시대를 발생기로 보았고, 열국시대를 거쳐 도래한 삼
국을 성장기로 비정했다. 그리고 고려는 성장기에서 시련기로 넘어가는
과도기적 단계로 설정했으며, 조선역사에서의 시련기는 조선왕조시대에
해당한다고 보았다. 그는 자신이 살고 있던 식민지시대의 시대구분적 특

---

90) 咸錫憲, 1934, 앞의 논문('朝鮮歷史' 5), 4쪽.

성을 제시하지 않았다. 그러나 그의 전체 사상을 감안할 때 식민지 시대
조선은 가장 큰 시련기에 처해 있는 것으로 해석한 듯하다. 그렇다 하더
라도 그는 『조선역사』에서 일본의 조선통치가 가지고 있던 문제점 내지
는 식민지 시대의 역사적 성격을 규정하지는 않았다. 검열을 의식해야 했
던 그로서는 출판을 전제로 한 글에서 자신이 살고 있던 시대에 대한 본
격적 비판을 서술하기란 사실상 불가능하였기 때문이었다고 생각한다.

　그는 조선사의 출발점이요 발생기로 단군조선의 존재를 주목했다. 물
론 그는 단군을 역사적 실존 인물로 보기를 거부했지만, 이 시기에 '농공
문화農工文化'가 성립되었다고 보았다. 그리고 이 시대는 "고난의 역사의
하등의 이유도 전조도 볼 수 없고, 도리어 희망을 약속하는 광휘光輝 있는
등장이었다"고 규정했다.91) 그는 조선사의 발생기를 서술하면서 '당당한
출발'이라고 서술했다.92) 그리고 '고구려 사람들의 핏줄 속에서 뛰놀고,
신라 사람의 머리 속에 솟고, 백제 사람의 가슴 속에 울리던 착하고 너그
럽고 굳고 곧고 날세고 의젓하던 정신'을 찬양했다.93) 이는 조선민족이
가지고 있는 원형질에 대한 전폭적 긍정을 뜻한다. 그리고 이와 같은 역
사 이해는 당시 일본인 연구자들에 의해서 조선역사가 중국의 식민지인
기자조선으로부터 시작된다고 규정하거나 조선민족의 고질불변한 민족
성을 논했던 것과는 판이한 역사해석이었다.

　그리고 단군조선이 끝난 이후 등장하는 '열국시대'를 들었다. 그는 "단
군조선 천년을 민족문화의 발아 시기라고 하면, 이 열국시대 천년은 묘상
苗床의 시기라 할 수 있다. 장래의 사명을 다 할 수 있는 자격자를 기르기
위하여 싹 터나온 종자를 특별한 방법으로 양육하는 때"라고 규정했
다.94) 그는 조선역사의 성장기로 삼국시대를 설정했다. 그는 삼국시대가

---

91) 咸錫憲, 1934, 「'朝鮮歷史' 8 - 당당한 出發」 『聖書朝鮮』 68, 6쪽.
92) 咸錫憲, 1934, 앞의 논문('朝鮮歷史' 8), 3쪽.
93) 咸錫憲, 1934, 「'朝鮮歷史' 10. 鎔鑛爐 中의 三國時代」 『聖書朝鮮』 70, 101쪽.
94) 咸錫憲, 1934, 「'朝鮮歷史' 9 - 列國時代의 苗床」 『聖書朝鮮』 69, 5쪽.

천년에 걸친 묘상의 시기를 통과하고 성립된 것으로 보았다. 동시에 그는 삼국시대가 민족적 단련의 시기였다고 판단했다. 이때 민족적 통일의 기초가 마련되었고, 삼국 상호간의 전란을 거치는 과정에서 종교적 욕구가 분출하여 불교를 수용해서 찬란한 문화를 꽃피던 시기였다. 이렇듯 삼국시대는 의미심장한 경륜의 시대였지만, 삼국시대의 시련은 실패로 돌아가 "광채 찬란한 정금正金을 얻기 전에 용광로는 터지고 말았다"고 그는 규정했다.95)

그는 고려시대를 성장기에서 시련기로 넘어가는 과도기적 단계로 설정했다.96) 그는 고려를 "정신적 저조기였고, 자아를 망각하고 허위에 취했던 때"로, 그리고 자신의 책임을 다하지 못했던 시기로 규정했다. 고려시대는 민족적 자아를 되살릴 수 있는 고조기가 세 번 있었는데 태조 왕건의 북벌사상, 윤관의 북벌, 그리고 최영의 북벌을 들었다. 그러나 이 세 번의 기회는 사대주의로 말미암아 무산되었다고 보았다. 그리하여 고려시대에 조선민족은 발생기 이래의 고토故土인 만주대륙으로의 진출노력을 포기하게 되었고, 조선 시대에 이르러서는 장백산長白山 남쪽에로 국한되어 버렸다고 생각했다.97) 특히, 그는 고려가 민족자아를 되살려야 할 자기 책임을 실천할 수 있던 마지막 기회인 최영의 북벌과 그 좌절에 통곡하고 있었다. 그리하여 그는 최영이 죽었다고 해도 "최영의 혼은 조선의 그 어린 가슴 속에, 그 뜨거운 혈관 속에 왜 아니 들어갔겠는가. 불사조는 스스로 태운 시체의 유회遺灰에서 갱생하여 영원히 사는 것같이 역사의 무너진 탑은 석재를 다시 다스려 새로이 일어서는 때가 있고야 말 것이다."라고 절규했다.98) 그는 최영의 죽음을 빌어 일제에 의한 조선의

95) 咸錫憲, 1934, 「'朝鮮歷史' 10 – 鎔鑛爐 中의 三國時代」『聖書朝鮮』70, 6쪽.
96) 咸錫憲, 1934, 「'朝鮮歷史' 11 – 高麗의 다하지 못한 責任 1」『聖書朝鮮』71, 7쪽.
97) 咸錫憲, 1934, 「'朝鮮歷史' 11 – 高麗의 다하지 못한 責任 2」『聖書朝鮮』71, 8쪽.
98) 咸錫憲, 1935, 「'朝鮮歷史' 11 – 高麗의 다하지 못한 責任 3」『聖書朝鮮』73,

망국을 통곡하면서도 조선은 망했으나 그 혼은 결코 죽지 않고 살아서
조선의 청년 남녀의 가슴과 혈관 속에 들어가 역사의 무너진 탑을 다시
세우는 날이 올 것이라는 전망을 제시하고자 했다.99) 그의 이와 같은 견
해는 역사를 혼魂과 백魄으로 구분하여 백은 죽었지만 살아 있는 혼은 죽
은 백魄 즉 조선이라는 국가를 다시 일으킬 것이라고 전망했던 박은식朴
殷植의 견해와 일맥상통하다.

  이에 이어서 함석헌은 고구려의 멸망으로 싹트기 시작한 역사적 단련
鍛鍊의 시기가 조선시대에 이르러서 본격적으로 전개되었다고 보았다. 그
가 본 조선시대는 실학운동이나 서학西學의 수용과 같은 새로운 문화를
창조하기 위한 노력 등이 존재하기는 했으나 민족적 자아를 되찾고자 하
는 노력보다는 사대주의와 당쟁으로 점철된 '중축中軸이 부러진 역사'임
을 면할 수 없었다고 보았다.100) 이러한 그의 역사학 연구는 17~18세기
반존화적·자주적 역사의식을 새삼 강조했던 실학파의 사풍이나 신채호
등의 민족주의 사학의 흐름과도 이어져 있다고 볼 수 있다.101)

  함석헌은 조선의 전체 역사 현상을 관류貫流하는 목적이 무엇인지를
찾고자 했다. 그리고 그가 조선사에 대한 성찰을 통해서 발견한 '큰 흐
름'은 고난이었다. 그가 한국사를 논하면서 가진 관심의 주축은 '신神'이
아니라 '고난'이라는 역사현상이었다. 그는 이 고난이 새로운 진화를 위
한 사명을 일깨운다는 사실에서 그 의미를 찾았다. 그러므로 그는 한국의
역사를 '고난에 찬 역사'로 규정한 비관적 역사관의 소지자로 규정될 수
는 없다. 그러나 그는 그 고난의 의미를 통해 미래에의 긍정적 사명을 추
구하고 있으므로 그는 궁극적으로 낙관적 역사관의 소유자로 볼 수 있다.
물론 그 낙관론에는 사회진화론적 요소가 자리잡고 있기도 했다.102)

  7쪽.
 99) 盧明植, 2000, 앞의 논문, 133쪽.
100) 咸錫憲, 1935, 「'朝鮮歷史' 12. 受難의 五百年」『聖書朝鮮』 74, 4쪽.
101) 盧明植, 2000, 앞의 논문, 145쪽.

그런데 함석헌은 조선 역사를 '조물주'의 뜻의 전개로 해석하기 보다는 '조물주의 뜻'으로 표현된 역사에서 관류하는 지배적 현상을 발견하고자 했다. 그가 찾으려던 고난의 뜻은 역사현상에 대한 이해와 해석을 지칭했다. 함석헌은 그 고난의 역사가 일종의 숙명이라기보다는 인간의 타락에 따라 드러난 현상이었고, 새로운 결단에 따라 극복될 수 있다고 이해했다. 여기에서 우리는 그의 역사관이 가지고 있는 인간을 역사의 주체로 삼고 있는 사고를 확인하게 된다. 그는 조선사를 통해서 구체적으로 신의 섭리와 인간 자유의지의 관계를 설명했으며, 인간의 자유의지에 의해 진화 내지는 발전의 과정을 걷고 있는 조선의 역사를 말하고자 했다.

한편, 함석헌이 『조선역사』를 저술했던 1930년대 전반기 식민지 조선 사회에서는 조선왕조의 사회와 역사의 잘못된 분석을 기초로 한 식민주의 사관이 강요되고 있었다. 식민사관에서는 조선사회의 내재적 발전을 부정했다. 그리고 함석헌이 『성서적 입장에서 본 조선역사』를 서술하던 당시 1930년대 초반 조선인 역사학자의 인식에서도 내재적 발전에 대한 인식이 매우 취약했다. 함석헌은 이와 같은 상황에서 조선사회의 내재적 발전에 관한 구체적 사례나 사실을 제시할 수 없었다. 그리고 그는 조선왕조를 '사대주의와 당쟁으로 점철된' 시련기로 인식했다. 이 점은 그의 역사인식이 가지고 있던 한계성을 나타냄이 분명하다. 그러나 함석헌은 식민사학자들의 조선왕조에 대한 견해와는 다른 측면에서 조선왕조사의 문제점을 지적해 나갔다. 그는 조선의 역사가 궁극적으로는 아우구스티누스에 의해

---

102) 安炳茂, 1975, 「咸先生님의 歷史觀」『씨올의 소리』, 54쪽. 안병무는 함석헌의 역사관이 한국사의 해설에서는 비관적이지만, 한국사도 세계사의 일환이라고 전제해서 볼 때에는 궁극적으로는 낙관적이라고 표현한 바 있다. 이 관찰을 올바른 관찰로 생각된다. 그러나 함석헌이 한국 역사를 이해하는 데에 있어서 그 중심을 '하나님'에 두었는지 아니면, '고난'이라는 역사의 현상에 중심을 두고 있는지를 구분해 보아야 한다. 그런데 안병무가 여기에서 논하고 있는 함석헌의 역사관 중 일부는 1930년대를 살고 있던 함석헌의 역사적 사고라기보다는 1970년대 중반기 함석헌의 역사관이었다는 측면이 있다.

제시된 종말론적 사관에서와 같이 시련을 거쳐 완성에 이를 것으로 전망했
다. 일반적 역사발전의 원칙을 조선사에 적용했던 이러한 함석헌의 역사
인식은 당시의 식민주의 역사학자들이 가지고 있던 어용 이론에 대한 저
항이라는 측면을 드러내고 있었다.

요컨대, 함석헌은 자신의 기독교적 역사관을 조선사의 서술을 통해서 구
체적으로 적용해보았다. 그는 단군조선시대를 조선사의 발생기로 보았고,
열국시대를 거쳐 삼국시대에 이르러 그 성장기에 이르렀다고 했다. 그리고
성장이 다 된 후에 시련의 시기가 옴을 말하면서 조선왕조시대에 이르러 이
시련의 시기가 본격적으로 시작되었음을 말했다. 그리고 조선의 역사도 이
시련의 시기를 거쳐 역사의 완성기에 이르게 되리라 전망했다. 그러나 그는
조선왕조사의 시련을 말하면서도 "민족을 긍정하려는 존재에로의 용기"를
잃지 않았다.[103] 그는 민족사의 전개에 대한 낙관적 전망을 결코 포기하지
않았다. 그리고 그는 조선역사의 완성기를 대망하고 있었다. 그의 이러한
사관은 역사적 관념주의가 가지고 있던 발전사관을 한국사의 해석에 적용
한 것이었다.

7. 맺음말 – 함석헌의 사학사적 위치

함석헌은 20세기 한국사회가 배출한 역사가이며 사상가 가운데 하나
이다. 그러나 그가 사상가라는 설명에는 이의를 제기할 사람이 없겠지만,
그를 역사가로 규정하는 데에는 약간의 이론異論이 있어 왔다. 이는 그가
서술한 조선의 역사를 일종의 섭리사관攝理史觀으로 해석했다고 이해한
결과이며, 그가 사실史實의 발견에 치중하던 실증주의적 역사연구자들과
는 달리, 사실의 의미를 집중적으로 탐구하려 했던 까닭이었다. 또한 그
가 1930년대 청년시기 한 때 역사서를 '저술하고' 중등학교에서 역사교

---

103) 김경재, 1990, 앞의 논문, 98쪽.

육을 담당한 바 있지만, 그 이후로 그의 삶이 전문적인 역사 연구와는 거의 무관했기 때문이기도 했다.

그의 역사인식은 '종교사관'·'기독교사관'·'섭리사관'·'고난사관'·'도덕사관'·'정신사관' 등 여러 가지 말로 불리었다. 그러나 그의 역사인식이 가지고 있는 가장 중심적 특성은 '역사적 관념주의'의 범위 안에 드는 종말론적 역사인식, 목적론적 역사인식이었다. 여기에서 그의 사관도 '종말론적 사관' 혹은 '목적론적 사관'으로 불러줄 수 있을 것이다.

그는 종말론적 역사인식을 갖는 한 신의 섭리에 대해서 무관심할 수 없었다. 그러므로 그는 인간의 역사에 작용하는 신의 섭리를 논했고, 그의 역사관이 '섭리사관'으로 불리기도 했다. 그러나 그는 신의 섭리와 인간의 자유의지 사이에 존재하는 긴장관계를 창조적 관계로 해석했고, 섭리를 말했지만 인간의 자유의지를 말살하려 하지 않았다. 그는 오히려 인간이 역사의 주체임을 역설했다.

또한 그는 '고난사관'을 제시하여 조선사의 신고辛苦로움을 설명하고자 했다. 그러나 그는 역사의 완성을 향해가는 목적론적 역사의식에서 고난의 극복을 논했으므로 역사적 비관주의에 빠지지 않았다. 그리고 그는 '고난사관'의 전개를 통해 민족의 예언자적 사명을 말하여 새로운 역사의 창조에 민족이 기여할 수 있는 길을 터놓고 있었다. 그리고 그를 궁극적으로 지배했던 미래에의 낙관을 가지고, 조선역사의 완성을 전망했다.

그는 민족주의 사관을 비롯한 정신사관의 취약점을 극복하고자 했다. 그리하여 전문적 역사학의 훈련을 받아 '과학을 했다'고 자부했던 그는 정신력 일변도의 역사해석이 가지고 있는 문제점에 대한 보완책으로 당시 일반 학계의 유행에 따라 역사에 미치는 지리적 요소의 중요성을 강조했다. 이는 역사의 삼대요건으로 시간과 인간과 지리를 설정했던 단재 신채호의 역사학과 연결되는 사고 방법이기도 했다. 따라서 그는 지리결정론에 몰입되기보다는 지리와 같은 자연환경을 지배할 수 있는 민족의 존재에 대한 신뢰를 버리지 않았다. 그리하여 그에게 있어서 민족은 역사의 하담자荷擔者로 인식될 수 있었다.

　이러한 함석헌의 역사인식은 당시 민족주의 사학자들과 함께 '역사적 관념주의'의 범주 안에 포함된다. 그리고 함석헌은 목적론적 종말론적 사관을 조선사 해석에 체계적으로 제시하여 '역사적 관념주의'(historical idealism)의 체계적 적용을 통해 '역사적 유물주의'(historical materialism)의 단조로움을 극복시켰다. 조선사에 대한 그의 사실인식은 1930년대의 수준을 반영한 것이었으므로, 오늘날 전문적 역사가들에게는 하등의 참고할 만한 사실이 없다. 이러한 제한성은 사실규명 부분에 있어서 대부분의 역사학자들이 갖게 되는 것이다. 마치 이는 신채호나 안재홍 등 민족주의 사학자들이 인식했던 역사적 사실이 오늘날 학자들에게는 달리 인정되고 있는 점에 방불하다. 그러나 그들이 민족주의 사학자로서 일정한 평가를 받고 있는 만큼은 역사적 관념주의의 입장에서 조선사를 재해석하고자 했던 함석헌도 1930년대의 조선사회가 배출했던 역사학자로 비정할 수 있을 것이다. 단지 험난한 조선의 현대사가 그에게서 역사책을 빼앗아 갔다. 그에게 강요되었던 식민지 지배와 분단시대의 고통은 그를 거리의 예언자로 내몰았다. 그러나 그의 이 예언자적 삶도 자신의 청년기를 통해서 형성된 역사지식과 투철한 역사의식의 산물이었다.

　한편, 이 글은 물론 관념주의적 역사 인식 자체가 가지고 있는 특성에 대한 가치판단을 시도하는 글이 아니라 함석헌의 역사인식 자체가 가지고 있는 특성을 제시하려는 데에 목적을 두고 있다. 이 입장에서 볼 때 함석헌 사학은 식민지시대 민족주의 사학이 가지고 있던 민족 갱생을 향한 치열한 의식과 맥이 통한다. 이 점에서 보자면 함석헌은 1930년대 조선 기독교 민족주의가 가지고 있던 특성을 그대로 반영하고 있는 민족주의 역사학의 일부로 보아도 큰 무리는 없을 것으로 생각된다. 다만, 그는 보편적 가치를 추구하는 기독자의 입장에서 폐쇄적 민족주의 내지는 국수주의에 대한 반대를 분명히 하고 있었다. 그의 민족주의는 '열린 민족주의'에 가까웠다. 그러기에 그는 역사의 주체인 민족의 존재에 대한 무한한 신뢰를 가지고 있었고, 예언자적 입장에서 민족의 고난에 대한 성찰을 시도했다. 물론 그에 있어서 고난극복의 방안은 정신적 요소가 중심을 이루고 있었다. 이 점은 역사적 관념주의자였던 그가 가지고 있는 특징이며 한계였다.

그러나 그는 목적론적 역사인식을 기반으로 하여 조선사의 전개과정을 본격적으로 이해하고자 했던 첫 번째 연구자였다. 또한 그는 발전이란 개념이 미약하거나 불분명했던 민족주의 사관을 극복하는 역할을 수행했다. 그에 이르러 관념주의적 역사인식은 발전이란 개념을 가장 확실하게 인식할 수 있었다. 그리고 그가 조선사의 서술에 적용했던 발전이라는 개념은 역사적 유물주의가 가지고 있던 조선사의 발전이라는 개념과 함께 역사 이해의 수준을 한 단계 고양시켜 주었다. 그는 일관된 사관 위에서 조선의 통사를 서술했다. 바로 이러한 점들에서 함석헌은 1930년대 한국사학사의 이해과정에서는 반드시 주목해야 할 인물로 남게 되었다.

그렇다 하더라도 오늘날의 연구자들은 그의 역사인식에 있어서 드러나는 문제점을 올바로 의식해야 한다. 그는 조선사의 역사서술에서 정신적 요소를 지나치게 강조함으로써 역사의 동인을 단순화시켰다. 그러기에 그는 조선사를 롱펠로우의 이반젤린이나 타골의 작품에서 드러나는 기탄잘리의 처녀처럼 의인화하며 감격하고 분노할 수 있었다. 또한 그는 비록 결정론의 오류에까지 이르지는 않았다 하더라도 역사에 미친 지리와 '성격적 특질' 혹은 혈연적 요소에 지나치게 집착했다. 그가 1930년대 이후 더 이상 역사를 연구하지 않았던 까닭은 이와 같은 1930년대적 이론에 대한 재검토나 반성이 결여되었기 때문이었다. 그러나 그는 그가 활발히 사회운동에 투신했던 해방 이후 시기의 역사학자가 아니라 1930년대의 역사가임에는 틀림없다. 그러므로 한국사학사를 연구하는 입장에서 그에 대한 접근은 그의 고매한 인격이나 그 사상의 호한浩瀚함과 자기 투신적 사회운동에 매혹되기보다는 그를 객관화하여 1930년대의 역사적 조건 위에서 시도되어야 한다.

제3장 한국사 연구에서 민족사관의 문제

1. 머리말

개항이후 조선왕조는 일본의 제국주의적 침략에 직면하게 되었다. 이 과정에서 일본인 역사연구자들은 근대적 연구방법론을 구사하여 조선의 역사를 연구하며, 팽배해 가던 일본 내셔널리즘의 영향 아래 조선의 역사를 해석하기 시작했다. 이러한 역사연구 경향을 오늘의 학계에서는 '식민사학' 내지는 '식민사관'으로 지칭하고 있다. 조선에 대한 일본의 침략과정에서 식민사학은 더욱 강화되었다.

식민지시대 한국의 역사연구자들 가운데 일부는 민족주의 사관 혹은 '민족사관'과 유물사관을 제시하며 일본의 '식민사관'에 대한 본격적 도전을 시도했다. 또한 해방 이후 남북한의 역사학계에서는 1960년대의 전후에 이르기까지 식민사학 극복론을 강하게 제시하면서, 식민사학에 대처할 수 있는 새로운 역사인식의 틀을 모색했다. 따라서 일제 식민지시대 역사연구 경향에 대한 비판과정은 한국사에 대한 역사인식의 발전과정 내지는 우리 학문을 바로 세우기 위한 노력의 과정과 일치된다.

돌이켜 보건대, 제국주의 침략기에 있어서 민족의 개념은 이민족의 침략과 지배에 대한 저항과 국가적 생존권을 보장하기 위해서 활용되었다. 당시의 한국사에서 민족주의의 역할은 긍정적으로 평가받아 왔다.[1] 그러

---

1) 姜萬吉, 1985, 「한국 近代民族主義의 전개과정」『韓國民族運動史論』, 한길사, 13쪽.

나 최근 우리 학계의 일각에서는 탈근대주의(post-modernism)의 영향 아래 민족 내지 민족주의 문제가 다시 거론되기에 이르렀다. '근대성' 극복과 관련하여 문제를 제기하고 있는 연구자들은 민족과 민족주의 그리고 민족사관에 대해서 상당히 부정적 시각을 가지고 접근하고 있다.[2] 그리하여 이제 민족 혹은 민족주의는 외부의 적이 아닌 내부의 공격에 직면하여 자신의 입장을 분명히 제시하도록 요청받고 있다.

그러므로 이 글에서는 민족주의 사관 내지 민족사관에 대한 오늘날의 이러한 시각을 의식함과 동시에 지난날 민족사관이 우리 학문에서 차지하고 있던 고유한 입장을 파악하여 이를 오늘의 우리 학문 특히 역사학이 나가야 할 방향과 관련해서 생각해보고자 한다. 사실 오늘날 우리 학문과 학계는 남북분단의 문제에 대한 철저한 인식을 요청받고 있다고 생각된다. 따라서 이 글은 분단과 대립이라는 반이성적 상황을 반성하고, 열린 지성으로 역사학 분야에서의 새로운 사관을 모색하며, 새로운 사관을 기초로 한 상호 변화를 추구하려는 의도 아래 작성해 보고자 한다.

이를 위해 이 글에서는 우선 식민지시대 식민사학론의 특성에 대해서 간략히 설명하고자 한다. 이어서 식민사학에 대한 비판의 출현과 그 기능을 검토해 보고자 한다. 그리고 식민지 시대와 해방 이후 한국사회에서 제기된 식민사학론 비판이 가지고 있었던 기능과 그 지향점을 밝혀보겠다. 또한 민족주의 사관이 가지고 있는 학문전통을 발전적으로 계승하는 일과 관련하여, 사관과 역사해석의 틀 가운데 하나로 남북간 화해와 상생 相生을 모색하는 '상생의 사학'이 성립할 수 있는 여지를 모색해 보고자 한다. 그러나 이 글은 사론을 시론적으로 제시하면서도 충분한 철학적 성찰이 부족했고, 역사 자체에 대한 인식에 있어서도 더 정련되어야 할 부분이 있을 것으로 생각된다. 그러므로 이 글은 어디까지나 시론적 성격을 가지고 있는 것일 뿐이다. 이 글이 가지고 있는 이 한계점의 극복을 위해

---

2) 임지현, 1999, 「한국사 학계의 '민족' 이해에 대한 비판적 검토」『민족주의는 반역이다』, 소나무, 52쪽 이하 참조.

서 지속적인 노력을 약속하면서 학문의 길을 같이 하는 여러분들의 고견을 경청하고자 한다.

2. 식민사관의 문제점

'식민사학'은 조선에 대한 일본 제국주의 침략을 정당화하기 위하여 일본 내셔널리즘 내지는 쇼비니즘적 차원에서 전개된 조선사 연구를 뜻한다. 이 식민사학에서 드러나는 조선사에 대한 왜곡된 역사인식의 총체를 '식민사관'으로 규정한다.3) 식민지시대 조선사의 해석에 적용되었던 식민사관은 정치적 측면에서의 타율성론他律性論, 사회경제사 서술에 있어서의 정체성론停滯性論, 문화적 측면에서의 모방성론模倣性論 등으로 나누어 볼 수 있다. 특히 정치적 측면에서 논의되던 타율성론은 당파성론黨派性論, 사대주의론事大主義論, 반도적 성격론半島的 性格論, 동근동조론同根同祖論, 만선사론滿鮮史論과 같은 다양한 형태로 나타났다.4)

식민사학은 조선에 대한 일본의 침략정책이 진행되던 과정에서 성립되었다. 식민사학론은 이미 일본 국학國學에서 주장되고 있던 일선동조론日鮮同祖論에 대한 체계화 작업을 통해서 형성되고 있었다. 그리고 그것은 후쿠자와 유키치(福澤諭吉)의 '탈아론脫亞論'(1885)과 타루이 토키치(樽井藤吉)이나 우치다 료헤이(內田良平)의 '대동합방론大東合邦論' 등이 제시됨으로써 정비되어 갔다.5) 이 이론에는 일본의 관학자官學者 대부분이 동조하고 있었으며, 여기에는 1920년대 이후 일부 조선인 연구자들도 개입되어 있었다.

이러한 분위기와 관련하여 한국사에 대한 식민사학적 해석의 경향은 이미 1880년대부터 출현하고 있었다. 그러나 식민사학이 본격적으로 전

---

3) 조광, 1994, 「개항기의 역사인식과 역사서술」 『한국사』 23, 한길사, 102쪽.
4) 이철성, 1994, 「식민지시기 역사인식과 역사서술」 『한국사』 23, 한길사, 102쪽.
5) 조동걸, 1998, 『現代 韓國史學史』, 나남출판, 257쪽 이하 참조.

개된 것은 1890년대 이후였다. 하야시 타이스케(林泰輔)의 『조선사朝鮮史』 (1892), 요시다 토고(吉田東伍)의 『일한고사단日韓古史斷』(1893)과 니시무라 유타카(西村豊)의 『조선사강朝鮮史綱』(1895)에서도 고대사를 위주로 한국사를 서술하면서 조선사의 타율성 문제를 제기했다. 또한 이 시기에 간행된 기쿠치 겐조(菊池謙讓)의 『조선왕국朝鮮王國』(1896, 民友社)이나, 쯔네야 세후쿠(恒屋盛服)의 『조선개화사朝鮮開化史』(1901, 東亞同文會) 등은 조선사의 해석에서 타율성 이론을 구체적으로 표현하기 시작했다. 1904년에는 후쿠다 도쿠조(福田德三)가 조선사에 봉건제가 없었다는 전제 위에서 사회경제분야의 정체성론을 제시했다.

식민사학은 1900년대에 접어들어 개인적 연구의 차원을 벗어나 조직적 연구기관을 통해서 보급되기 시작했다. 이 시기 조선사에 관한 대표적 연구 기관은 1908년에 남만주 철도 주식회사南滿洲鐵道株式會社의 부설 연구기관으로 창설된 만선지리역사연구실滿鮮地理歷史調査室이었다. 이곳에 소속된 연구자들은 '실증사학'을 표방하면서 조선사를 연구하기 시작했고, 식민사관의 일종인 만선사관滿鮮史觀을 성립시켰다.[6]

또한 1910년 한일합방 이후 식민사학은 조선총독부의 주도하에 진행되어 갔다. 총독부에서는 전문연구자들을 촉탁으로 위촉하여 조선의 역사와 문화에 대한 정리작업을 추진했다. 1916년 총독부 중추원에서는 '반도사편찬사업半島史編纂事業'을 일으켰다. 총독부는 1922년에 '조선사편찬위원회'를 조직했고, 1925년에는 이를 개편하여 '조선사편수회朝鮮史編修會'를 발족했다. 조선사편수회가 발족될 당시의 시대 상황이나 조선의 역사에 대한 이해의 특성은 "독립시대(한일합방 이전)의 저술(은) … 헛되이 독립국 시절의 옛꿈에 연연케 하는 폐단이 있고 … 근대조선에 있어서의 일로日露 일청日淸 간의 세력경쟁을 서술하여 조선의 나아갈 바를 설파하고, 혹은 '한국통사韓國痛史'라고 일컫는 한 재외 조선인의 저술 같은 것은

6) 旗田巍, 1964, 「'滿鮮史'의 虛像」『鈴木俊敎授還曆記念 東洋史論叢』; 李基東 譯, 1983, 「'滿鮮史'의 虛像」『日本人의 韓國觀』, 一潮閣, 138~154쪽.

진상을 규명하지는 않고 함부로 망설妄說을 드러내 보이고 있다. 이들 사적史籍이 민심을 어지럽히는 해독은 참으로 말로 다할 수 없다"고 파악되었다.[7] 이를 극복하고 식민지 지배의 정당성을 강조하기 위해서 조선사편수회는 막대한 예산을 할애받아 37책으로 된 편년체 사서인『조선사朝鮮史』의 간행을 비롯해서 조선사료총간朝鮮史料叢刊 20책 등 각종 자료를 정리 간행했다.[8] 조선사편수회를 비롯한 식민지 역사연구기구는 '조선백성을 충량忠良한 제국신민의 지위로 끌어올리는 것을 목표로 삼고 … 민심民心 훈육訓育의 한 목적을 달성코자 하는 데에 그 취지가 있었음'을 말하고 있다.[9] 이는 곧 식민사학자들이 조선의 역사를 왜곡하고 식민지 지배의 정당성을 역설하는 기능을 담당했음을 고백하고 있는 말이다.

1923년에는 이러한 식민사학의 연구와 보급을 위해서 1923년에는 조선사학회朝鮮史學會가 조직되었다.[10] 조선사학회는 총독부 정무총감政務總監을 총재로 하고 각부의 국장을 고문으로 둔 총독부 입장을 대변하던 학회였다. 1924년 경성제국대학京城帝國大學이 건립된 이후 사학과가 설치되어, 아카데미즘의 본산으로 자처하면서 식민사학을 심화시켰다. 조선사편수회와 '성대'城大는 식민사학의 양대 축으로서 각기 그 대중화와 연구심화를 지향하고 있었다.

당시 식민사학에서 강조하던 실증의 중요성은 역사연구의 과학화를 위한 대전제였고, 교훈적 역사를 벗어나 근대사학으로 진입하기 위한 필수적 조건이었다. 식민사학자들이 이 점을 강조한 것은 학문연구방법상 진일보한 것이었음에 틀림없다. 그러나 식민사학이 과학적 연구방법을 표방했던 자기주장의 이면에는 조선에 대한 일본 지배의 정당성을 위장하

---

7) 朝鮮史編修會 編, 1938(昭和13),『朝鮮史編修會 事業槪要』, 朝鮮史編修會, 6쪽.
8) 朝鮮史編修會 編, 1938(昭和13), 앞의 책, 137~141쪽.
9) 朝鮮史編修會 編, 1938(昭和13), 앞의 책, 5쪽.
10) 이만열, 2007,『한국근현대 역사학의 흐름』, 푸른역사, 591쪽.

려던 의도를 가지고 있었다.

한편, 식민사학이 근거하고 있었던 이론은 당시 독일을 중심으로 한 유럽 학계에서 성행했던 여러 이론이었다. 예를 들면 그들은 슈미트(Schmidt, Wilhelm, 1868~1954) 등이 제시했던 전파주의(Diffusionism) 이론의 입장에서 조선 문화의 우열을 논했다. 또한 동시에 그들에게서는 전파주의와 대칭되었던 타일러(Tylor, Edward Burnet, 1832-1917)류의 진화주의(Evolutionism) 이론도 혼재되어 있음을 확인하게 된다. 즉, 그들은 전파주의와 진화주의라는 상이한 이론을 편의에 따라 발췌하여 혼용하면서 식민사학의 이론을 수립하고 있었다.

그들은 19세기 최말엽에 독일 지리학계에서 제시되었던 프리드리히 라첼(Ratzel, Friedrich, 1844~1904)의 인류지리학(Anthropogeographie) 내지는 정치지리학(Politische Geographie)의 이론을 부분적으로 수용했다. 그리고 그들은 그 연장선상에서 '반도적 성격론'을 제시했다. 그리고 1920년대 독일에서 성행했던 인종주의적 민족성 이론을 가지고 조선민족의 고정불변하는 '고질적' 민족성을 논했다. 한편, 조선 사회경제에 대한 정체성 이론은 19세기 말 뷰허(Bücher, Karl, 1847-1930)가 제시했던 독일 역사주의 경제사학의 전통에서 파생되었다.[11]

당시 조선의 지식인들은 근대화된 유럽과 유럽을 모방하여 근대화를 성취한 일본에 대해서 애증愛憎을 가지고 있었다. 그들은 근대적 방법이나 이론에 강하게 경도되어 가고 있었다. 이러한 그들에게 근대 역사과학의 방법으로 소개된 '실증實證'이나 이 실증을 전제로 하여 적용되었던 각종 이론들은 조선 구래舊來의 이론들과는 달리 '선진'의 이론으로 인식되었다. 이 '선진' 이론의 자장磁場에는 친일적 연구자들에게 뿐만 아니라 일부 민족주의적 인사들도 포함되어 있었다. 즉, 식민사학이 근거하고 있던 이론은 당시 학계에서 위력을 발휘하던 '최신이론'이었다. 그러므로 일부 민족주의 사학

---

11) 강진철, 1989, 「사회경제사학의 도입과 전개」 『國史館論叢』 2, 國史編纂委員會, 174쪽.

자들도 동일한 이론에 근거하여 자신의 견해를 전개해 나가기도 했다. 그러나 오늘날에 이르러서 그 이론들은 모두 극복되어 생명력을 상실했다. 따라서 그 이론에 의해서 도출된 결과를 새삼스럽게 비판한다는 것은 큰 의미가 없는 일이다.

또한, 조선연구에 종사하면서 식민사학을 일구어 가던 일본인들 상당수도 근대적 역사연구의 전문적 훈련을 받지는 못했다. 당시 하야시 타이스케(林泰輔)나 기쿠치 겐조(菊池謙讓) 등과 같은 비非 역사전문가들에 의해서 초기의 식민사학 이론이 수립되어 가고 있었다. 또한 전문적 역사연구자들이라 하더라도, 일본인 연구자들에게 있어서 조선사는 근본적으로 '국사國史'가 아닌 '동양사'의 일부였다. 한편, 그들은 실증사학을 지향했지만 외국사인 조선사의 일부 측면을 일반화시켜 전체 역사에 적용하여 해석하는 오류에 빠졌다. 그리고 그들로부터 훈도된 일부 조선인 연구자들도 이 오류에서 벗어나기가 어려웠다.

그러나 '실증'으로 무장된 당시의 식민사학은 학문의 과학성을 표방하면서도 제국주의 침략과 지배의 정당성을 확립하려는 노력을 의도적으로 전개했다. 그리고 그들은 식민사학적 연구결과를 통해서 식민지 지배에 대한 조선인의 저항을 약화시키고자 했다. 그들은 조선인에게 자기모멸의식自己侮蔑意識을 강화시켰고, 식민지 지배를 역사적 숙명으로 이해시키고자 했으며, 식민지 당국이 추구하던 동화정책의 목적을 달성하는 데에 직접 기여했다.

따라서 식민시대의 관제사학인 식민사학이 비록 아카데미즘을 표방하며, 실증의 중요성을 강조했다 하더라도 거기에는 정치적 고의성이 있었다. 그리고 식민사학은 조선인의 독립의지를 약화시키는 데에 기여하는 결과를 나타내었다. 이로 미루어 볼 때, 식민사학은 제국주의적 통치논리의 일부였고, 조선사를 왜곡시켰던 정치적 작업에 지나지 않았다. 여기에 식민지시대 관제 역사학 연구의 문제점이 있었다.

3. 반식민사학론의 대두

식민지시대 식민사학에 대항하는 반식민사학론反植民史學論이 조선인 연구자들을 중심으로 하여 대두되었다. 이때 제기된 반식민사학론 가운데 우선 주목되는 바는 민족사관 혹은 민족주의사관을 들 수 있다. 이와 같은 사관을 가진 역사연구자들은 후일 그들을 민족주의 사학자로 규정해서 불러주었다. 민족사관 혹은 민족주의 사관에서는 조선 민족이 직면한 역사적·현실적 과제가 조선의 독립에 있다고 파악했고, 역사연구를 통해서 이를 관철하고자 했다. 당시의 민족주의는 반제·반봉건反帝·半封建의 실천목표를 지닌 것이었기 때문에 민족사학도 민족주의의 실현에 이바지한다는 뚜렷한 목적성을 지닌 역사학으로 출발하였다.[12)]

한편, 식민지시대에 전개되었던 반식민사학론 가운데에는 유물사관에 입각하여 조선사를 연구하고자 하는 시도도 있었다. 이들은 식민사학에서 조선사의 해석에 적용하고 있었던 이른바 '조선특수사정론'이 특수성의 논리에 머물러 있음을 비판하면서 인류사에 대한 보편적 발전의 원리를 조선사의 해석에 적용함으로써 식민사관을 극복하고자 했다. 이처럼 식민사학과 같은 시대에 대두되고 있었던 민족주의사학과 유물사관에서는 식민사학에 맞서려는 의도를 가지고 조선사를 연구했다.[13)]

민족주의 사학은 이미 1908년 신채호申采浩의 『독사신론讀史新論』을 통해서 제기되기 시작했다.[14)] 이들은 고대사의 해석에 적용된 식민사학의 폐해를 극복하기 위해서 고대사 분야에 대한 연구를 추진했다. 그러나 그들의 연구는 식민사학자들에 의해서 철저히 외면당했다. 고조선이나 고구려사에 대한 민족주의 사학자의 견해는 식민사학에서 주장하던 내용과

---

12) 韓永愚, 1994, 「1910年代 朴殷植의 民族主義 史學」 『韓國民族主義歷史學』, 一潮閣, 34쪽.

13) 정창렬, 1987, 「유물사관과 한국사학」 『역사비평』 1, 역사비평사, 345쪽.

14) 조광, 1994, 앞의 논문, 114쪽.

는 판이하게 다른 것이었다. 그리고 민족주의 사학자들은 발해와 신라를 합하여 남북조시대로 파악했던 고대사를 인식했지만 이 이론도 식민사학에 의해서 이른바 '통일신라시대'로 바뀌었다.

또한, 민족주의 사학자들은 제국주의 침략과 그에 대한 저항의 역사를 연구했다. 그들이 조선사를 연구한 까닭은 조선독립을 쟁취할 수 있는 정신적 근거를 확인하기 위해서 였다. 저명한 민족주의 역사학자였던 신채호申采浩나 박은식朴殷植 등은 당시 독립운동의 전선에 직접 뛰어들었던 인물들이기도 했다.15) 이러한 민족주의 사학자의 연구에 대항하여 조선사편수회가 성립되었음을 감안하면, 당대사의 연구에 미친 이들이 지향하고 있었던 반제국주의적 경향은 뚜렷한 것이었다.

민족주의 사학자들도 인종주의적 민족이론이나 언어학적 방법론을 원용하는 등 당시 일본 학계에 소개되었던 이론들에 근거하여 자신의 견해를 전개해 나가기도 했다. 그러나 일부 민족주의 사학자들은 역사사실에 대한 지나친 주관적 해석을 시도했고, 인류의 보편적 가치의 중요성에 대한 인식에 문제가 있었다. 또한 인류역사의 발전에 대한 전망도 약했다. 이러한 취약점이 민족주의 사학자들에게서 발견되고 있다.

한편, 유물사관에 의해서 조선사를 체계적으로 인식하려던 시도가 진행되었다. 이 분야의 연구는 1933년 백남운白南雲의 『조선사회경제사朝鮮社會經濟史』의 출간을 통해서 시작되었다. 식민지 시대 조선의 유물사관은 조선사에서 역사 발전의 보편성을 확인했고, 이로써 '조선특수사정론'을 배격했다. 이들은 특수사정을 내세우는 식민사학과 함께 민족주의 사학의 특수성 이론도 거부했다.16)

그러나 조선의 유물사관은 민족주의 사학과 함께 반식민사학으로서의

---

15) 李萬烈, 1990, 『丹齋 申采浩의 歷史學 硏究』, 文學과 知性社 ; 韓永愚, 1994, 앞의 논문 참조.

16) 姜萬吉, 1985, 「日帝時代의 反植民史學論」, 『韓國史學史의 硏究』, 乙酉文化社, 259쪽 등.

지향성을 가지고 있었다. 유물사관은 연구의 방법에서 과학성을 주장하며, 당시 식민사학의 일부에서 전유물처럼 강조하던 '실증'을 공유할 수 있었다. 유물사학론에서는 연구방법론으로서의 실증을 소홀히 하지 않으려 했다. 또한 동시에 그들은 역사해석의 이론에 있어서 보편주의를 지향하면서 민족주의사학을 능가하고자 했다. 당시의 유물사관은 식민지지배 이론에 대한 과학적 대항논리로서 기능했고, 민족주의 사학이 가지고 있었던 이론의 '취약성'을 보완하고자 했다.

그들은 조선사의 보편적 인식을 위한 단초를 열어주었다. 그러나 식민지시대 유물사관은 이론을 역사 사건에 기계적으로 적용시키는 데에 따르는 문제점을 드러내 주었다. 즉, 그들은 자국사의 해석에 유물사관의 역사이론을 무비판적으로 적용했다. 이로써 그들은 조선사의 역사적 진실을 왜곡하는 결과를 가져오기도 했고, 인류의 역사가 가지고 있는 다양한 측면을 획일화시켰다. 예를 들면, 그들이 조선의 고대사를 설명하며 고대 노예제사회에 대한 이론을 적용시켰고, 생산노예의 존재를 강조했던 사실에서 이러한 문제점을 확인하게 된다.

여기에서 식민지시대 반식민사학론이 가지고 있던 긍정적 기능과 부정적 측면을 동시에 확인하게 된다. 그러나 이 반식민사학론은, 순수 사학사적 입장에서 보자면, 민족의 현실에 대한 고민을 자신의 학문연구와 결합시켰고, 역사학의 연구가 추구해야 할 올바른 방향을 부분적으로나마 제시해 주었다. 바로 이 점에서 식민지시대 반식민사학론은 역사인식에 있어서 진일보한 측면을 제시해 주었다. 또한 이 시대의 반식민사학론은 자신의 삶과 역사연구를 연결시켜 역사연구가 가지고 있는 역동성을 드러내 주었다. 이 점들은 반식민사학론이 가지고 있던 긍정적 측면으로 지적되고 있다.

그런데, 이 시기의 반식민사학론의 긍정성은 항구적으로 지속될 수 있는 성질은 되지 못했다. 사론은 역사연구가 진행되던 시대적 조건의 영향을 받으며, 그 조건의 변화에 따라서 달리 평가되기 때문이다. 그렇다면 오늘의 역사연구에서도 민족주의의 독단성과 함께 보편주의 내지 세계주의의 일방성의 문제점을 유념해야 한다. 오늘의 한국은 보편적 가치를 존중하는 민족주의와 함께 다원적 세계주의를 지향하고 있다. 따라서 특정시대와 지역의 역사를 연구하기 위해서는 역사의 보편성과 특수성이 상호 균형 있게 존중되어야 한다. 오늘날 역사인식의 지평을 확대하기 위해서는 일제시대 반식민사학론까지도 지양하는 새로운 역사인식의 틀을 마련해야 한다.

4. 한국 학계에서의 식민사학 비판

해방이후 한국사회에서는 식민지 유제遺制의 청산을 위한 노력이 부분적으로 진행되어 갔다. 그러나 반민족행위자에 대한 처벌의 좌절을 통해서 볼 수 있는 바와 같이 식민지 유제에 대한 청산이 미흡했다. 이 점은 학계에 있어서도 동일한 양상을 나타냈다. 한국사학의 경우에도 마찬가지였다.

해방공간에서 재건된 대표적 학회로는 진단학회震檀學會가 있다. 진단학회는 해방 다음날 재건된 이후 '문화건설운동'의 논리에 따라서 '국사'의 대중화 작업을 추진해갔다. 그 결과 진단학회는 1945년 8월 27일 여운형呂運亨, 안재홍安在鴻 등이 주도하던 건국준비위원회와 손잡고 '국사강습회'를 개최했다. 그리고 1946년 5월에 『국사교본國史敎本』을 간행했다. 이 책은 정규학교에서 국사교과서로 활용되었고, 당시의 여러 조직들을 통해서 보급되어 갔다. 이렇듯 해방 직후 진단학회는 민주적 민족국가 건설의 필수 요소로 이해되던 문화건설운동에 적극 참여하고 있었다.[17]

한편, 진단학회의 국사보급운동은 학회 내부에서 조윤제趙潤濟에 의해서 제기된 친일파 자숙론自肅論에 의해서 일정한 영향을 받게 되었다. 자숙론

---

17) 震檀學會, 1994, 『震檀學會六十年史』, 震檀學會, 17쪽.

이 제기된 배경으로는 『국사교본』에 구한말을 서술하는 부분에서 송병준
宋秉畯과 이완용李完用에 대한 서술 보류되었거나 충분치 못했다는 점 때문
이었다. 이는 진단학회의 회장직을 민속학자 송석하宋錫夏가 맡고 있었고,
『국사교본』의 집필을 사학자 이병도李丙燾가 맡았던 결과로 해석되었기
때문이다. 그러나 이때 제기되었던 '친일파 자숙론'의 주장은 인문학 내
지 역사학 분야에 남아 있던 식민지 잔재의 청산 내지는 식민사학의 극
복논리로 이어지지는 못했다.

　물론, 해방 이후 한국인 연구자들에 의해서 집필된 한국사 관계 논저
에서는 식민사학의 상당부분에 대한 비판적 의식이 반영되어 있었다. 예
를 들면, 식민사학자들이 주장했던 일선동조론이나 사대주의론 등은 한
국인 연구자들이 간행한 저서에서 더 이상 나타나지 않았다. 그러나 당시
학문연구 수준의 저급성으로 인해서 정체성 이론이나 당쟁 망국론 등 일
부 식민사관적 요소는 묵인되거나 지속되고 있었다. 이처럼 해방공간에
서 한국인 연구자들은 식민사학론에 대한 종합적 검토를 보류한 채 자신
의 연구에서 식민사학론에 대한 부분적 거부를 시도했다. 그러나 해방공
간에서 식민사학의 극복을 위한 논리가 선명히 제시되지는 않았다. 해방
공간의 한국 사학계에서 식민사관에 대한 종합적 검토를 보류했던 근본
적 이유에 대해서는 별도로 살펴보아야 하겠지만, 그 이유는 다음과 같이
추정된다. 즉, 이는 민주주의와 민족문화 건설의 노력이 일제 잔재의 청
산보다 강조되던 당시 사회의 분위기와 일정한 관계가 있었다. 더욱이
1950년대 한국사회는 한국전쟁을 겪은 이후 이승만李承晩을 중심으로 하
여 추진되던 사이비 '미국식 민주주의'가 강조되고 있었다. 이 과정에서
지난날의 역사연구에 대한 비판적 인식은 더욱 용납되기가 어려웠다. 그
리하여 남한사회에서 식민사학에 대한 본격적 비판이 나타나지 못했다.

　남한사회에서 식민사학에 대한 비판은 1961년에 간행된 이기백李基白
의 『국사신론國史新論』을 효시로 잡을 수 있다. 그는 이 책의 서론緖論에서
일제 관학자들에 의해서 구사되었던 반도적 성격론, 사대주의론, 당파성

론, 정체성론, 문화적 독창성에 관한 문제 등을 비판적으로 지적했다.[18] 그는 특히 내재적 발전의 가능성을 차단한 '정체성'의 극복을 염두에 두었다. 그는 일제말 이래로 제시되고 있었던 신민족주의新民族主義 사관의 연장된 입장에서 식민사학을 극복하고자 했고, 1930년대에 일어나고 있었던 후기 문화사학의 전통을 이어받아 한국사의 체계화를 시도했다. 또한 당시의 식민사학에 대한 비판에는 4·19혁명 직후 한국사회에 팽배했던 네오 내셔널리즘적 분위기가 작용되고 있었다.

이기백의 사학은 역사의 과학적 인식을 추구하면서 교훈적 역사의 극복을 위한 노력이었고, 역사의 종합화를 시도하는 이론이었다. 그리고 이기백은 역사인식의 현재성이 가질 수 있는 위험으로 역사연구가 일종의 실용적 역사 혹은 교훈적 역사로 선회할 수 있는 가능성을 경계했다. 그 식민사학을 극복하기 위한 초기의 노력을 통해서 한국사에 대한 과학적 인식과 종합화가 진전될 수 있었다. 그러나 그의 비판론은 역사학이 가지고 있는 실증성에 굳건히 기반을 전통적 연구방향의 확인이기도 했다.

그러나 이와는 다른 방향에서 민족사학의 전통을 발전시키려는 이론들이 제시되기도 했다. 1970년대에 이르러서 '분단시대 사학론分斷時代 史學論'이 강만길姜萬吉에 의해서 제시되었다.[19] 이 이론은 분단 상황이라는 민족의 구체적 현실에 입각하여 민족이 지향해야 민주주의와 민족주의에 대한 문제를 역사연구에서 제기한 것이었다. 여기에서 제시하고 있는 민주주의의 자유와 평등은 인류가 추구하는 보편적 가치로 인식되었다. 그리고 '민족적 민족주의'의 입장에서 주장되던 통일은 인류의 보편적 가치인 자유와 평등을 민족사 안에서 보장하기 위한 유력한 방법으로 규정되었다.

이 분단사학론은 식민사학에 대한 비판과 반식민사학의 창조적 계승을 출발점으로 삼았다. 분단사학론은 식민사학에서 드러나는 보편적 역사인

---

18) 李基白, 1960, 『國史新論』, 一潮閣, 8쪽.
19) 姜萬吉, 1978, 『分斷時代의 歷史認識』, 創作과批評社, 13쪽.

식의 결여와 함께 그 몰민족적沒民族的 성격을 극복하고자 했다. 그리고
해방 이후 역사학계의 일부 연구자에게서 드러나던 몰현재성沒現在性을
지적하면서 '역사학의 현재성'에 관한 문제를 본격적으로 제기했다.[20] 분
단사학론은 일제시대의 반식민사학론에서 제기했던 민족이란 문제 이외
에 자유와 평등의 문제를 동시에 의식하고자 했다. 그리고 그 식민사학의
새로운 극복을 통해서 한국사 연구에 요청되는 보편적 가치들을 확인하
고자 했다. 따라서 분단사학론은 20세기 말엽 한국사학의 한 흐름을 이
해하는 데에 간과할 수 없는 경향이 되었다.

5. 화해와 상생을 위한 사학의 모색

민족사학은 민족이 처한 현실에 대한 철저한 이해와 민족이 지향해야
할 과제에 대한 심도 깊은 모색을 동시에 진행해 왔다. 이 연구의 태도는
1970년대 분단사학론을 통해서 다시금 확인되었다. 민족사학론이 축적해
온 이러한 전통을 고려한다면 민족사학 내지 민족주의 사학을 발전적으
로 이어 나가는 문제도 함께 생각해야 한다. 돌이켜 보건대 우리나라는
제2차 세계대전 이후 자력으로 민주화와 산업화를 성취한 거의 유일한
국가이다. 그러나 우리나라는 오늘날에도 지난 세기 냉전시대의 유산인
분단의 상황을 극복하지 못하고 있다. 그렇다면 오늘날 우리 민족에게 남
아 있는 중요한 과제를 외면하지 않고 직시하며 역사를 연구하는 태도도
민족사학론의 기본 입장과 연계되는 것으로 규정될 수 있을 것이다.

또한 분단사학론에서 제시했던 분단현실에 대한 직시에서 분단해소를
위한 직접적인 대안을 모색하는 일이 요구된다. 이는 새로운 사론의 형성
을 위한 시도의 일종이다. 이를 위해서는 남북한 역사연구자들이 공동으
로 지향할 수 있는 사관에 대한 모색 작업이 진행되어야 한다. 공동지향

20) 姜萬吉, 1978, 앞의 책, 34·47쪽.

이 가능하리라는 점을 인정한다는 것은 자신이 현재 고수하고 있는 사론에 변화가 올 수 있다는 전제가 있을 때 가능한 것이다. 우리는 그 작업의 과정에서 '상생相生의 사학史學'에 관한 논의를 시론적으로나마 진행할 수 있을 것이다.21) 이 시론은 오늘의 우리 사회가 처해있는 상황에 대한 성찰에서 시작되었다.

생각해 보건대, 오늘날 우리는 분단시대를 청산하고 민족의 화해와 일치를 지향하는 거대한 움직임에 함께 하고 있다. 남북의 화해와 일치는 시대의 요청이며 역사적 과제로 인식된다. 이에 한국사학의 경우에도 민족의 화해와 일치를 증진시키는 작업에 참여하고 이를 수행할 수 있을 것이다. 이 작업은 우선 사론史論에 대한 새로운 모색작업을 통해서, 그리고 남북의 역사 연구자들이 상호 이해와 교류를 증진시킴으로써 가능하게 될 것이다.

남북의 역사연구자들은 새로운 사관의 모색을 통해서 민족의 화해와 일치에 기여할 수 있다. 이 새로운 사관은 우리 문화가 가지고 있는 풍부한 지적 자산에서 그 근거를 찾을 수 있을 것이다. 이에 우리는 우리 전통과 현실의 요청에 따라서 역사해석을 위한 새로운 이론의 틀을 모색하기 위한 공동의 노력을 요청 받고 있다. 이를 위해서는 원융과 회통의 정신을 강조해 왔던 우리 사상사의 한 전통을 되살려야 한다. 우리는 화쟁론和諍論과 회통론會通論 등의 지적 전통을 가지고 있다. '화해와 상생의 길'을 추구하고자 했던 선인들의 이러한 지적 노력을 확인하면서, 이를 사론史論의 차원에서 다시금 주목해야 한다. 특히 원효元曉(617-686)에 의해서 제시되었던 화쟁론은 새로운 사론의 형성에 있어서 중요한 기여를 해줄 수 있을 것으로 생각된다.22) 그리하여 현대사회의 변증법적 사유형태

---

21) 이하의 부분은 조광, 2003, 「남북한 학술교류와 역사학 : 相生의 史學을 위하여」 『韓國史學史學報』 8, 韓國史學史學會, 157~176쪽을 재정리하여 제시한 것이다.

22) 和諍思想의 연구과정과 그 특성에 관해서는 다음 두 논문을 참조할 수 있다. 金尙鉉, 2000, 「和諍思想의 硏究史的 檢討」 『元曉硏究』, 민족사, 208쪽 ; 고영섭,

가 빚어내었던 상호 모순과 갈등이라는 대결상태에 종지부를 찍고, 상호
의 존재에 대한 인정과 존중의 길을 모색하는 '상생의 사론'을 모색해 나
갈 수 있을 것이다.

　상생의 사론에서는 화쟁론의 전통에서처럼 상호의 존재가 다름을 인정
하면서도 서로가 '둘이 아님'[不二]임을 확인하고, 다툼의 역사가 아닌 화
해와 일치의 역사를 일구어 나가야 한다. 원융무쟁圓融無諍을 추구했던 원
광圓光(555~638)과 화통불교和通佛敎의 길을 제시했던 자장慈藏(c.590~658)을
거쳐 삼국통일을 전후한 시기 원효元曉(617~686)에 의해서 다시 강조되었
던 화쟁론의 철학은 우리나라 사상의 중요한 줄기를 마련해주었다. 이 철
학적 전통은 보조국사普照國師 지눌知訥을 거쳐 조선시대의 불교사상 및
일반 종교사상에도 큰 영향을 미쳐주어 왔다.23) 1300여년이란 장기간에
걸쳐 다듬어져온 이 화쟁론은 오늘의 시점에서도 다시 주목할 만한 가치
가 있다.

　원효는 인간 세계에 존재하는 화和와 쟁諍의 양면성을 수긍했다. 그러
나 그는 '화쟁'이 화와 쟁을 정正과 반反에 두고, 그 둘 사이의 타협에 의
해서 이루어지는 합合이 아니라고 보았다. 아마도 그는 근현대철학의 변
증법적 원리의 배후에 놓여 있는 일종의 갈등마저도 간파할 수 있는 혜
안을 가졌던가 보다. 그러므로 그의 화쟁사상에서는 정과 반이 대립할
때, 정과 반의 근원을 통찰해서 이 둘이 불이不二라는 것을 체득하여 쟁과
화를 동화시켜 나가고자 했다.24)

　이러한 사상적 전통은 성리학의 국가의 지도이념이 되었던 조선왕조에
서도 사라지지 않았다. 특히 유학의 태극론이 전개되던 과정에서 화和를
추구하던 사상적 노력은 이어져 왔다. 그 예로서는 장현광張顯光(1554~
1637)의 철학을 주목하게 된다. 그는 당시의 지적 풍토가 이기론 중심이

　　2002,「원효연구의 어제와 오늘」『원효』, 예문서원, 15쪽 이하.
23) 吳法眼, 1992,『元曉의 和諍思想硏究』, 弘法院, 130쪽.
24) 金相鉉, 1994,『역사로 읽는 원효』, 高麗苑, 247쪽 이하 참조.

었음에도 불구하고 태극론太極論의 중요성을 강조했다.[25] 그는 우주론적 태극을 논하던 주역周易이나, 주돈이周敦頤 및 주희朱熹 등 중국철학의 전통을 지양하고 도덕적 입장으로 이를 발전시켰다. 장현광의 태극론은 융화와 회통의 지평을 열어주었다.

장현광은 태극을 인간의 도덕적 원두元頭로 파악하고 태극과 도덕의 관계를 명료하게 이론화했다. 그에 있어서 도덕은 태극의 주체적 인식體認과 실천을 통해서 비로소 정립되는 모든 가치의 표준이었다. 그는 '태극의 벼리는 선善'이라고 규정했고, 태극을 내재한 인간의 본성도 선하다고 보았다. 그러므로 태극의 본지本旨는 인간이 선한 본성을 실현함으로써 선한 덕목들을 향유하게 하는 데에 있다고 보았다. 16세기 장현광이 그러했던 것처럼 원융과 회통의 정신을 오늘의 우리는 되살려야 한다. 이러한 우리의 철학적 자신을 바탕으로 하여 우리 미래사가 공멸共滅이 아니라 공존共存과 상생의 길로 나가도록 노력해야 한다. '상생의 사관'은 이를 위한 이론을 제시해 주어야 한다.

'상생의 사론'은 상호 사론의 긴장과 대립관계를 조장하거나 극복과 통합을 논하려는 변증법적 입장에 대한 비판을 전제할 때에 가능하다. 상호 사론의 다양성과 차이점을 인정하고, 정正과 반反이 긴장과 투쟁을 거쳐 합合이 되어야 한다는 입장보다는 화和와 쟁諍이 불이不二라는 입장을 존중해야 한다.

한편, 우리는 화해와 상생이 사론을 추구하는 과정에서 확인해야할 부분도 있다. 즉, 모든 역사이론이나 철학적 원리들이 현실사회에서 적용되는 과정에서는 적지 않은 편차를 드러내고 있다는 점이다. 따라서 역사이론의 정당성이 현실 역사의 정당성을 보증하는 것은 아니라는 사실을 확인하게 된다. 여기에서 사관만능적史觀萬能的 생각은 청산되어야 한다. 그렇다 하더라도 올바른 사관은 현실 역사와 그 역사연구의 방향을 올바르게 이끌어 주는 구실을 하고 있음에 틀림없다. 그러므로 서로의 사관을

---

25) 金吉煥, 1987, 「張顯光의 哲學思想」『韓國哲學史』, 東明社, 298쪽.

건지하기보다는 여기에 새로운 요소를 투입하려는 변화에 대한 긍정적
자세가 갖추어 질 때 새로운 사관의 성립이 가능할 것이다. 새로운 사관
을 정립하기 위한 노력은 그 가치를 인정받아야 한다.

'상생의 역사관'은 상호 통합을 지향하는 사관으로 규정될 수는 없다.
일반적으로 헤겔리안(Hegelian)적 입장에서의 '통합'은 둘을 섞어서 하나로
만드는 물리적 결합을 말거나, 일정한 기준에 의해 양론兩論을 하나로 합
치시킨다는 의미로 해석된다. 이러한 통합은 한국전통사상에서 드러나는
화쟁이나 회통의 개념과 상당한 차이가 있는 논리이다. 화쟁이나 회통에
서는 상호 다름을 인정하고 수용하면서도, 서로가 둘이 아니고 다르지 않
음을 확인하는 '불이不二의 논리'이다. 여기에서는 헤겔리안적 입장에 대
한 비판이 요구되며, 화쟁론의 틀을 가지고 우리 역사를 새롭게 조명하고
자 하는 노력이 제시될 수 있을 것이다.

사실 역사학에서 상호 통합을 논하는 것은 역사인식의 획일화를 시도
하려는 것으로 볼 수도 있다. 역사관의 획일화를 꾀하려는 시도는 전제주
의 사회에서나 제국주의 사회에서 부분적으로 시도된 바가 있었다. 그러
나 이는 역사학이 지향해야 하는 방향이 결코 될 수 없으며, 사관의 통합
이란 애초부터 지적 폭력에 속한다. 그러므로 우리는 그 '통합'의 대안으
로 '회통'의 논리를 주목해 보아야 한다. 회통會通은 진검승부眞劍勝負를
통해서 일방一方이 타방他方을 흡수하는 것을 의미하지 아니한다. '상생의
사학'이 지향하는 바는 남북의 사론이 현실적으로 가지고 있는 이질성을
상호 인정하고, 상대방의 사론 가운데 합치될 수 있는 부분을 공동으로
인정하며, 그 공통성을 키워나가되 상호간의 이질성도 지속적으로 용납
하는 태도이다. 역사학에서의 회통론은 역사해석의 유일한 기준을 찾으
려는 노력이 아니라, 서로가 발견한 역사적 진실을 상호 확인하고 공유하
며, 역사적 진실에 공동으로 접근하고자 하는 시도가 되어야 할 것이다.

지난 20세기 후반기 남북의 역사학계에서는 상호 배타적 입장을 강화
해 왔다. 그들은 자신과 상대의 이론을 절대선과 절대악으로 규정하고,

자신의 이론이 가지고 있는 정당성만을 내세우며, 서로를 상극의 대상으로 파악하고자 했다. 그러나 이 상황은 반이성적일 수밖에 없었다. '자유주의 사관'과 '주체사관'이 그동안 견지해 왔던 상극의 평행구도에서는 대화가 불가능하고 불필요했다.

그러나 오늘날 우리는 21세기의 새로운 시점에 서 있다. 분단과 상호대립이라는 상황을 끝내기 위한 노력을 우리는 요청받고 있으며, 역사학도로서는 이를 위한 사론에 대한 모색도 필요하다고 생각된다. 여기에서 '상생의 사론'이 성립될 수 있는 가능성을 제시해 보았다. 그러나 '상생의 사론'에 대한 개념적 규정이 완성된 것은 아니며, 아직 시론적 단계에 머물러 있다. 그렇다 하더라도 화쟁론을 중심으로 한 이 '상생의 사론'에 대한 역사철학적 문제제기는 21세기 한국현대사의 진로를 모색하는 과정에서 검토될 수 있을 것으로 계속해서 기대해 보고자 한다.26)

또한, 상생의 사론을 정립하고자 하는 노력은 남북간의 학술교류를 통해서 더욱 박차를 받을 수 있다. 사실, 남북의 역사학계는 상호 연구자료와 연구성과들을 교환하고, 민족문화의 유산을 공유하려는 노력을 병행 강화해 나가기를 요청받고 있다. 물론 21세기에 접어들면서 남북의 역사연구자들이 상호 대면할 수 있는 기회는 종전에 비해서 월등히 증가했다. 학술회의를 통해서 상호 공동의 관심사를 검토하기도 했다. 북측의 유물을 남측의 박물관에서 전시하기도 했고, 북측의 연구자들이 작성한 민족문화의 유산에 대한 기록들을 남측에서 전시하기도 했다. 북측의 역사유적을 남측의 학자들이 답사하고 조사연구를 진행한 바도 있었다.27)

오늘날 우리는 남북역사학자협의회와 같은 조직을 만드는 데에까지 이

---

26) 박성배, 1991, 「원효의 화쟁논리로 생각해본 남북통일의 문제 : 원효사상의 현실적 전개를 위하여」『莊峰 金知見博士華甲紀念師友錄: 東과 西의 思惟世界』, 民族社 ; 고영섭, 1994, 『원효의 통일학; 부정과 긍정의 화쟁법』, 통나무 등의 연구에서도 통일의 이론적 근거로 화쟁론을 주목하고 있다.

27) 정태헌, 2007, 「남북 역사학 교류, 현황과 과제」『한국의 식민지적 근대 성찰』, 선인, 331쪽.

르렀다. 그러나 이러한 학술활동은 아직까지 초보단계에 지나지 않는다. 남북의 연구자들은 현재의 교환수준을 넘어서 상호의 역사적 유적지를 답사하여 문헌사학이 가질 수 있는 한계를 극복하기 위한 공동의 노력을 전개할 수 있을 것이다. 그리고 상호의 이해와 한국사 연구의 발전을 위해서 공동의 연구기회와 토론의 장을 펼쳐줄 역사학 연구단체가 결성되고, 정례화된 학술연구발표회와 토론회가 개최될 수도 있을 것이다. 그리고 민족이 화해와 일치를 증진시킬 수 있는『공동 역사교과서』나 부교재의 편찬작업을 추진해 나가고, 각급 교육기관에서 이를 체계적으로 교육할 수도 있을 것이다.

이제 남북의 화해를 위한 노력은 그 첫발을 내딛었다. 따라서 현재는 화해의 결실을 향유할 때가 아니라 화해를 위한 구체적 작업에 착수하기 시작할 시점이다. 이러한 작업의 수행과정에는 적지 않은 난관이 있을 것으로 예측된다. 그러나 남북의 연구자들이 서로 만나 공동의 장을 마련한다는 것은 민족의 화해를 증진시킴과 동시에 한국사 연구를 진일보시킬 수 있는 새로운 계기가 될 것임에 틀림없다. 그리하여 남북의 역사연구자들도 민족과 인간을 향한 대결의식과 증오를 화해의 정신으로 전환시키고, 분열을 일치로 바꾸어 나가는 데에 일조하게 될 것이다.

6. 맺음말

개항 이후 한국 역사연구자들은 당시 사회에서 진행되던 근대 지향의 노력과 보조를 같이 하여 역사학 연구의 근대화에 일정한 관심을 가지고 있었다. 이들은 역사연구에 관한 다양한 사조와 새로운 연구방법론에 접하면서 한국사에 대한 근대적 서술을 시도하게 되었다. 그들은 우선 사회진화론적 역사인식을 가지고 자신의 역사를 해석하고자 했다. 그러나 역사 해석상에 있어서 우승열패優勝劣敗의 사회진화론은 조선이 열패의 상황에 빠짐에 따라서 재검토되어야 했다.

이 상황에서 식민사학이 실증이라는 근대과학적 방법론과 근대의 역사이론이라는 무기를 가지고 19세기 말엽이래 조선의 역사학계를 공략했다. 식민사학은 정치적 측면에서 타율성 이론을 제시했다. 사회경제적 측면에서는 정체성 이론을 통해서 조선의 역사를 왜곡했고, 문화적 측면에서는 조선문화의 모방성과 주변성을 강조했다. 이러한 그들의 이론은 근대라는 화려한 의상에 싸여 있었고, 이에 적지 않은 조선인 연구자들도 공감하고 있었다.

그리하여 일부 조선인 연구자들은 3·1운동이 좌절된 이후 인도주의적 가치의 중요성을 의식하기도 했다. 그리고 당시 일본 학계에서도 제시되고 있었던 문화사학文化史學의 전통을 이어받아 이를 조선에 정착시켜 갔다. 그들은 일본 관학자들과 대등한 입장에서 조선사를 실증했고, 역사이론을 적용시켜 나갔다. 그러나 그들은 그 당시 학계가 가지고 있었던 이론의 한계를 벗어날 수 없었다.

한편 식민사학을 극복하고자 하던 일단의 연구자들은 식민사학에서 제시하고 있던 이론을 역이용하여 식민사학의 주장에 대한 반박을 시도했다. 또한 일부의 반식민사학론자들은 사적 유물론 등을 원용하여 식민사학에 저항했다. 식민지시대 조선의 역사를 연구하던 그들은 이와 같은 반론적反論的 연구를 통해서 역사연구의 시각을 넓혀주고 있었다.

일제시대 반식민사학론을 주장하던 연구자들은 독립을 통해서 자유와 평등이라는 보편적 가치를 신장하고자 했다. 그리고 해방이후 한국사회에서 주장된 반식민사학론은 역사연구의 과학성과 종합화를 주장했다. 또한 20세기 말엽에 이르러 분단사학론이 제시되면서 역사의 현재성에 대한 인식의 강화가 주장되었다. 당시 한국은 신식민주의적 종속상황이 강화되던 과정이었다. 이 상황에 대한 반성은 식민사학의 비판이라는 형식을 취하면서 한국이라는 지역의 구체적 역사가 추구해야 할 보편적 가치를 밝히고자 했다.

이제 한국사 연구는 21세기를 맞이했다. 이 시대에 있어서 식민지 시대 한국사연구의 의미를 다시 검토해 보았다. 이 시점에서는 선학들이 못다 이룬 식민사학의 잔재에 대한 청산작업이 수행되어야 한다. 과거의 연구자들은 식민사학의 서술 내용이 가지고 있었던 문제점을 제시하는 데에 그쳤다. 그렇다면 오늘의 연구자들은 그 식민사학의 이론적 토대를 철저히 분석하여 그 논리구조가 가지고 있었던 문제점을 지적해 나가야 할 것이다. 그 이론과 논리구조의 분석을 통해서 그 이론이 가지고 있는 결함을 밝힐 수 있을 것이다. 그리고 세계 학계에서 그 이론이 극복되는 과정을 밝혀서 한국사 해석의 새로운 틀을 모색할 수 있을 것이다.

식민지 시대 한국사서술에 있어서는 이러한 학문적 연구와 함께 실천적으로 해결해야 할 문제도 있다. 즉, 식민지 지배를 비롯한 여러 역사적 사실들에 대한 한일 양국간의 교과서 서술을 진지하게 검토해야 한다. 그리고 외국의 역사책 가운데 한국사에 대해서 아직까지도 식민사학의 내용이 서술되어 있는 부분을 찾아 고치도록 해야 한다. 이와 같은 사례로 독일에서 간행된 역사부도에는 4~6세기 일본의 영토에 백제와 신라가 포함되어 있는 예도 있기 때문이다.

그러나 학계에서는 무엇보다도 오늘날 진행되는 식민지 시대 사학론에 대한 연구의 목적은 바로 역사해석을 위한 새로운 이론의 틀을 모색하는 데에 있다. 이를 위해서는 '화해와 상생의 길'을 추구해 왔던 한국 전통사상의 의미가 사론적 차원에서 다시금 주목될 수 있을 것이다. '상생의 사론'은 분단된 민족과 이기적 인류, 그리고 오염된 자연의 문제점을 극복하는 데에 한국사가 기여할 수 있는 가능성을 제시해 줄 것이다. 그리하여 오늘의 우리는 이 '상생의 사론'을 새롭게 모색해 나가며 한반도의 미래사를 전망해야 한다.

제3부

한국현대의 역사연구

제1장 한국현대사학의 전개와
한국사연구회의 활동

1. 머리말

역사학 연구의 진전을 위해서는 기존의 연구 업적에 대한 그침 없는
점검과 반성이 요청된다. 역사학 연구에 대한 평가는 연구자 개인의 연구
성과를 기준으로 시도될 수 있다. 그러나 한 시대에 관한 연구 성과를 종
합적으로 평가할 때에는 연구자들이 자발적으로 구성한 학회의 활동을
주목하게 된다. 역사학 연구자들은 이 학회를 통해서 연구의 정보를 교환
하고, 연구 결과를 발표하며, 자신의 학문에 대한 평가를 받게 마련이다.
그러므로 특정 시대의 역사학 연구 성과를 검토하고 그 경향을 이해하기
위해서는 개인의 연구 업적에 대한 검토뿐만 아니라 학회의 활동을 분석
하게 된다.

한국사연구회韓國史研究會는 한국사 분야를 연구하는 전문 학회로서 1967
년 12월 16일에 창립총회를 통해서 설립되어 오늘에 이르고 있다. 이 학
회의 연구논문집 『한국사연구韓國史研究』는 "학계의 연구 수준을 대표하
는 학회지가 되었다."[1] 그리고 이 학회는 1995년 9월 현재 『한국사연구』
제90집을 간행하게 되었다. 이 학회는 현재 계간으로 간행되고 있는 이

---

1) 한국사연구회 편집부, 1992, 「韓國史研究會 創立 25周年 記念 座談會」 『韓國
史研究』 79, 韓國史研究會, 131쪽.

논문집을 통해서 456편의 논문을 게재 발표했고, 이 밖에 수종數種의 책 자를 발간해서 한국사 연구의 발전에 기여하고 있다. 그리고 이 학회에서 는 187회에 걸친 월례 발표회를 통해서 347편에 이르는 논문들이 구두로 발표되었으며, 전국 역사학 대회를 비롯한 여러 학술적 모임을 주관하여 개최한 바 있다. 이러한 작업을 전개해온 과정에서 한국사연구회는 오늘 에 이르러 한국사 연구 분야에서 가장 대표적인 학회로서 자타가 공인하 게 되었다.

이 학회는 이제 그 창설 30주년을 눈앞에 두고 있다. 이에 한국사 연구 가 새로운 발전을 모색하기 위해서는 지난 30여 년 동안 한국사연구회가 이룩한 업적들 및 그 발자취에 대한 검토가 요청된다. 한국사연구회의 학 문적 업적에 대한 평가를 위해서는 그 연구 성과를 양적 측면에서 계량 화해보는 방법이 있을 것이며, 질적 측면에서 연구의 수준이나 특성을 주 목할 수도 있다. 연구 성과를 양적 측면에서 평가한다 하더라도 이 학보 에 수록된 논문은 일정한 심사를 거쳐서 게재된 논문임을 전제해야 된다. 그러므로 양적 측면에서의 평가를 하더라도 그 질적 측면에서의 평가를 배제하는 것은 아니다. 한편, 다원적 사고多元的思考가 존중되는 현대에서 역사학 논저의 평가는 특정 이념만을 기준으로 삼을 수는 없으므로 질적 측면의 기준을 획일적으로 정하기도 어려울 것이다. 그렇다 하더라도 이 와 같은 검토 작업은 현대 한국의 사학계가 성취한 업적들과의 비교를 통해서 진행할 수 있으리라 생각된다.

한국사연구회가 걸어온 지난 30여 년 간의 역사 과정에서 성취된 학문 적 업적을 검토하는 일은 한국 현대 사학사史學史를 이해하는 데에 반드 시 필요한 작업일 것이다. 그리고 이와 동시에 한국사연구회의 기구나 그 운영, 그리고 재정에 관한 검토는 후일의 연구자들이 이 시대의 연구 풍 토를 이해하는 데에 참고 자료가 될 수 있을 것이다. 또한 이와 같은 작 업이 현실적으로는 한국사연구회의 회원 및 임원들에게 학회의 사정에 관해서 좀 더 체계적 이해를 가능케 해 줄 수도 있을 것으로 생각된다.

바로 이와 같은 복합적 의도 아래 이 글은 작성되었다.

이 글의 작성 과정에서 주로 활용한 자료는 『한국사연구』의 매 호마다 수록되어 있는 '휘보彙報' 부분이었다. 그리고 1992년에 개최되었던 '한국사연구회 창립 25주년 기념 좌담회'의 기록 및 초창기 회원들의 회고담도 자료로 활용했다. 이 글을 작성하는 과정에서 이 학회의 회의록이나 회계 장부 등 참고 자료들을 일부 회원들에게 수소문하여 보았지만, 최근의 것을 제외하고는 이러한 자료들을 입수하지는 못했다. 이와 같은 자료의 부족 및 필자의 능력 내지 경험상의 한계로 말미암아 이 글에서는 부족하거나 잘못된 서술들이 적지 않을 것이다. 그러나 이 글의 서술 내용에 대한 질정과 보완이 계속하여 이루어진다면, 이 글은 앞으로 어느 시기에 씌어질 본격적인 '한국사연구회의 역사' 집필 자료 중 하나가 될 수 있을 것이다.

2. 현대사학의 전개와 학회의 창설

한국 현대 사학의 출발점으로는 8·15 해방을 들 수 있다. 한국 현대 사학의 연구는 한국전쟁과 4·19 혁명이라는 역사적 소용돌이를 겪으며 꾸준히 발전해 가고 있었다. 이러한 과정에서 한국사 연구자들은 연구 작업의 효율적 전개를 위해서, 그리고 국내외 학계의 자극을 받아서 학회를 결성하여 활동하기 시작했다.

이 때를 전후하여 국내외에서 전개된 한국사 관계 학회의 설립과 그 동향을 살펴보면 다음과 같다. 즉, 1952년 역사학회歷史學會가 창설되었고, 식민지시대 때부터 활동해 왔던 진단학회震檀學會에서는 1955년에 이르러 전후 처음으로 『진단학보震檀學報』 제17호를 속간하게 되었고 이 때부터 해방 이후에 등장한 제2세대 학자들의 논문이 게재되기 시작했다.[2]

---

2) 震檀學會, 1994, 『震檀學會六十年史』, 震檀學會, 91쪽.

그리고 1958년 8월에는 사단법인 한국사학회韓國史學會에서 『역사연구歷史
硏究』를 창간했다. 한국사학회가 창설된 배경에는 기존의 역사학 관계 학
회가 특정 대학을 중심으로 폐쇄적으로 운영된다는 비판 의식이 자리 잡
고 있었다.[3]

그리하여 이 비판 의식에서 출발한 한국사학회도 역사학회와 마찬가지
로 '국사國史에 한限하지 아니하고 동양사東洋史 서양사西洋史도 합合하여 전
국全國 사학계史學界를 총망라總網羅하고자' 했다. 한국사학회에서 『사학연
구史學硏究』 창간호를 간행한 지 얼마 안 되어 1958년 11월에는 한국서양
사학회韓國西洋史學會가 창설되어 『서양사론西洋史論』의 발간이 시작되었다.
이렇듯 1950년대 후반기에는 새로운 학회들이 출현하여 역사학 연구에
박차를 가하고 있었다. 그리고 역사학 분야의 개별 학회 가운데 하나인 동
양사학회東洋史學會는 1965년에 창설되었다. 이와 같이 현대 사학의 전개
과정에서 개별 학회들의 활동이 점차 강화되어 가고 있었다. 이러한 상황
에서 1967년에 이르러 한국사연구회韓國史硏究會가 창설되기에 이르렀다.

이 학회가 창설된 배경과 동기 중 첫 번째로 지적할 수 있는 것은 역
사학 분야에 있어서 한국 사학韓國史學의 독자성을 확보·강화하는 것이었
다. 그리고 한국사 연구자를 양성하며, 한국사의 과학적 연구를 추진하고
자 하는 한국사 연구자들의 소망을 들 수 있다. 이와 같은 소망은 한일회
담을 전후하여 민족문제에 대한 인식이 강화되어 갔고, 한국학 내지는 한
국사에 관한 이해가 제고提高되던 사회적 분위기에서 더욱 강하게 제시되
었다. 그리고 학회가 설립된 1967년 당시에는 한국사를 연구하는 연구자
의 절대 인원수가 부족했다. 이는 당시 미국을 비롯한 외국의 경우에 자
국사自國史 연구자가 역사학 분야에서 중심을 이루고 있는 상황과는 큰
차이를 드러내는 현상이었다. 그리고 대학의 교양 과정에서도 한국사 강
의가 제외되기 일쑤였고, 세계 문화사가 대학의 교양 필수 과목으로 지정

3) 한국사연구회 편집부, 1992, 「韓國史硏究會 創立 25周年 記念 座談會」 『韓國
史硏究』 79, 韓國史硏究會, 135쪽.

되어 교양 교육의 주류를 이루고 있었다. 그러나 한국사 연구자들은 한국사를 대학의 교양 필수 과목으로 지정되도록 하여 국민의 역사의식을 강화하고 한국사에 대한 이해의 폭을 넓히고자 했다. 그리고 이를 위해서 대학에서는 사학과史學科 체제로부터 독립하여 한국사학과韓國史學科를 독자적으로 설정해야 할 필요성이 제기되었다. 학과의 독립을 통해서 한국사를 전공하는 학자들의 양성이 가능할 것으로도 판단했기 때문이었다. 또한 이렇게 양성되는 학자들과 기성학자들이 함께 하는 '연구研究의 장場'이 요청되었다. 이와 같은 학문적 이유에서 한국사연구회는 창설되었다.[4]

이 학회의 창설에서 두 번째 배경으로 지적될 수 있는 것은 한국사 연구자들의 견해를 대변할 수 있는 단체의 창설이 요청되고 있었다는 사실을 들 수 있다. 즉 한국사 연구자들은 앞서 언급한 바와 같은 한국사학계의 요구가 가지고 있는 정당성을 널리 알리고, 이를 문교부 등 정부기관에 관철하기 위해서는 학회의 창설이 필요한 것으로 판단하게 되었다.[5] 여기에서 이 학회는 한국사 연구자들의 단합을 시도하며 탄생되기에 이르렀다.

학회 창설의 세 번째 배경으로는 한국 현대사학의 전개 과정에서 분야별 학회 활동이 강화된 상황에 자극 받은 사실을 주목할 수 있다. 이 학회가 창설되던 1967년 당시 진단학회는 역사학 외에도 국어국문학國語國文學 등을 포괄하는 국학國學의 전 분야에 걸친 연구를 표방하고 있었다. 그리고 역사학회와 한국사학회는 동양사·서양사·국사 등을 망라한 학회로서, 종합 사학史學 잡지로서『역사학보歷史學報』및『사학연구史學研究』를 간행하고 있었다. 동양사학회와 한국서양사학회도 독자적으로 활동하고 있었다.

---

4) 한국사연구회 편집부, 1992,「韓國史研究會 創立 25周年 記念 座談會」『韓國史研究』79, 韓國史研究會, 132·133·135·137쪽.
5) 한국사연구회 편집부, 1992,「韓國史研究會 創立 25周年 記念 座談會」『韓國史研究』79, 韓國史研究會, 132쪽.

한편 당시의 사회적 상황을 검토해 보면, 1965년 6월 22일 한일협정韓日協定의 조인을 전후하여 당시 활발한 활동을 전개하고 있던 한국사학회의 활동에 문제가 발생했다. 즉 1965년 7월 9일 한국사학회[회장 김성균金聲均, 대표간사 김성준金成俊]에서는 대표간사가 중심이 되어 한일회담 반대 성명을 발표했고, 이 성명을 당시 국사편찬위원장을 겸임하고 있던 김성균 회장이 부인하는 사태가 발생했다. 그리고 1965년 7월 12일 재경 대학교수단在京大學敎授團에서는 굴욕 외교 반대 성명서를 발표했고, 이 성명서에 한국사를 전공하는 일부 교수들도 서명을 하게 되었다. 이로 말미암아 한국사학회의 간사진들이 회장의 부인 성명을 비판하며 퇴진했고, 이 사태는 한국사학회의 학문 활동에도 지장을 주게 되었다. 그리고 역사학회의 경우에도 재경 대학교수단의 성명에 참여한 인사들과 그렇지 않은 사람들 사이에 갈등이 발생했다.6)

더욱이 당시 정부에서는 한일회담 반대 성명에 동참하는 역사학자들이 많게 되자 학회의 통폐합을 강요하면서 역사학 관계 모든 학회를 한국사학회로 일원화하고자 하는 시도가 전개되기도 했다. 이로 말미암아 기존의 학회 활동들은 모두가 문제를 안고 있었다. 즉, 이 당시는 서양사나 동양사 분야에서는 독자적으로 학회 활동이 전개되고 있었고, 기존의 종합적 학회 활동도 어려움에 봉착했다. 이러한 상황에서 한국사 연구자들은 독자적 학회를 만들어 활동하려는 시도를 하게 된 것이다.

한국사연구회가 창설된 또 다른 배경으로는 외국 학계의 자극을 들 수 있다. 여기에서 말하는 외국으로는 특히 일본을 지목할 수 있다. 해방 이후 일본에서는 식민지 조선에서 활동했던 일본인 관료 및 지식인들이 모여서 조선학회朝鮮學會를 결성했고 이들은 1951년 『조선학보朝鮮學報』를 창간했다. 1952년 국내에서는 전시戰時임에도 역사학회가 창설된 배경의 이면에는 일본 학계의 이러한 활동상도 참작할 수 있을 것이다. 외국 학

6) 한국사연구회 편집부, 1992, 「韓國史硏究會 創立 25周年 記念 座談會」 『韓國
    史硏究』 79, 韓國史硏究會, 135쪽.

계의 동향 가운데 국내 학계에 더욱 큰 영향을 준 것은 1959년 일본에서
창설된 조선사연구회朝鮮史硏究會가 1965년에 이르러 『조선사연구회논문
집朝鮮史硏究會論文集』 제1집을 간행했고, 1966년 『조선사입문朝鮮史入門』을
펴냈던 사실을 들 수 있다. 이 『조선사입문』은 국내의 연구자들에게 매
우 큰 자극을 주었고, 이 자극으로 국내의 한국사 연구자들은 더욱 분발
하게 되었다. 그리고 일본에서 간행되는 『역사학연구歷史學硏究』 등을 통
해서 간접적으로 소개된 북한의 한국사 연구 업적들도 국내 연구자들에
게 자극을 주었다. 여기에서 국내의 한국사 연구자들은 한국사 연구에 박
차를 가할 필요성을 확인하고 새로운 학회의 결성을 위해서 노력했다.

　이와 같은 배경에서 한국사연구회는 창설되었다. 이 학회의 창설을 준
비하기 위한 공적인 모임은 1967년 11월 18일 오후 5시 서울대학교 문리
과대학에서 개최되었다. 이 모임에는 고려대의 이홍직李弘稙·강진철姜晉
哲·강만길姜萬吉, 연세대의 홍이섭洪以燮·손보기孫寶基·이종영李鍾英, 성균관
대의 신석호申奭鎬·민병하閔丙河, 서강대의 이기백李基白, 서울대의 한우근
韓㳓劤·김철준金哲埈·김용섭金容燮 등 12인이 참석했다. 원래 이 모임은 한
국사연구의 질적 향상과 국사학과國史學科의 분과分科 문제 등을 협의하기
위해 개최되었다. 그러나 바로 이 모임에서 학회의 창설이 논의되었다.
그리하여 이 모임에서는 '한국사韓國史 연구의 질적 향상을 도모하기 위
해서는 국사학자國史學者들의 유기적 결속有機的結束이 필요하고, 그러기
위해서는 국사학자들의 학회學會가 필요하다.'는 합의에 도달했다. 그리고
학회가 구성된 다음에 국사학과의 분과를 학회의 사업으로 추진한다는
데에 동의했고, 학회 규약의 초안을 작성할 위원들을 임명했다.[7] 그리고
1967년 11월 25일 오후 2시에 제1차 모임에 참석했던 인사들 대부분과
그 밖에 안계현安啓賢(동국대), 김용덕金龍德(중앙대), 김성준金成俊(이화여대) 등
이 새로 합류하여 모임을 가졌다. 이 모임에서 회칙 초안을 수정했고, 학

---

7) 한국사연구회 편집부, 1968, 『韓國史硏究』 1, 韓國史硏究會, 171쪽.

회의 명칭과 창립총회 일자를 결정했다. 또한 그해 12월 7일에는 '한국사
연구회 발기 취지문韓國史硏究會發起趣旨文'이 한국사연구회 창립발기위원회
의 명의로 발표되었다. 이 창립발기위원회의 위원들은 강만길·강진철·김
성준·김용덕·김용섭·김철준·민병하·손보기·신석호·안계현·이기백·이종영·
이홍직·천관우·한우근·홍이섭 등 16인이었다. 그리고 1967년 12월 16일 오
후 2시 성균관대학교 교수 회관에서 창립총회를 가졌다. 이 창립총회에
서는 약 50여명의 회원들이 참석하여 학회의 회칙과 명칭을 통과시키고
임원을 선출했다. 이로써 한국사 연구자들이 '대동단결할 수 있는 새로운
학회'로서,8) 그리고 '하나의 통합적 연구 기관'을 지향하면서9) '한국사연
구회韓國史硏究會'는 창설되었다.10)

  창설 작업이 진행되던 당시 이 학회의 명칭에 대해서는 여러 가지 의
견들이 제시되었으나, 1967년 11월 25일 "학회 명칭을 한국사연구회로
잠정한다."고 결정했다. 그런데 한국서양사학회, 동양사학회와 같은 기존
의 분야별 학회의 명칭을 감안할 때 한국사 전공자들의 학회 명칭은 한
국사학회가 가장 적격이었다. 그러나 기존의 학회 가운데 이미 한국사학
회韓國史學會가 있고, 이 학회가 국사를 비롯하여 동양사·서양사를 포괄하
는 '한국의 사학회史學會'라는 의미를 가지고 있었다. 그렇지만 한국사학

---

8) 한국사연구회 편집부, 1992, 「韓國史硏究會 創立 25周年 記念 座談會」 『韓國
   史硏究』 79, 韓國史硏究會, 134쪽.
9) 한국사연구회 편집부, 1968, 「發起趣旨文」 『韓國史硏究』 1, 韓國史硏究會, 172
   쪽.
10) 이 학회의 창설 과정에서 약간 이의가 제기되기도 했다. 즉 이미 역사학회가 있는
   상황에서 새로운 학회를 만들 당위성이 부족하다는 의견이 있었다. 이에 대해서
   동양사나 서양사 분야에서도 독자적인 학회가 있다는 사실이 강조되었고, 역사학
   전 분야를 포괄하는 학회로서 역사학회의 기능을 설정하기로 했다. 즉, 역사학회
   에서는 역사학의 방향이라든지 이론이나 회고와 전망을 다루면 학회로서의 특성
   이 강화될 것으로 논의되었다.
   한국사연구회 편집부, 1992, 「韓國史硏究會 創立 25周年 記念 座談會」 『韓國
   史硏究』 79, 韓國史硏究會, 132쪽 참조.

회는 일반적으로 '한국사韓國史에 관한 학회'로 이해되고 있었다. 그러므로 한국사의 전공자들이 모이는 이 새로운 학회는 부득이 '한국사연구회韓國史研究會'라는 명칭을 취하지 않을 수 없게 되었다. 이 학회의 명칭을 정할 때 '한국'이라는 단어를 빼자는 제안도 있었다. 그러나 한국사라는 용어 대신에 '국사國史'라는 용어를 쓸 때에는 국수주의적 단체로 오해될 여지가 있다는 의견이 수용되었다. 그리하여 이 학회의 연구 주제를 좀 더 객관화하여 '국사'보다는 '한국사'라고 표기하기로 합의했다. 당시 권위주의적 정권 아래에서 한국 사회의 일각에서는 학문 연구에 있어서 국수주의적 경향이 드러나고 있었다. 이 때문에 대부분의 발기인들은 이 학회가 국수주의적 단체라는 오해 가능성을 피하기 위해서 학회의 명칭에 '국사'보다는 '한국사'라는 용어를 선호했던 것이다.

이 학회의 설립 취지는 1967년 12월 7일자로 발표된 '발기취지문'에 명확히 드러나고 있다. 그런데 학회의 '발기취지문'이 작성되기에 앞서 학회 규약의 기초위원으로 1967년 11월 18일 모임에서 손보기·김철준·한우근 등 3인이 선임된 바 있었다. 후일의 회고담에 의하면, 이 발기 취지문의 원안原案은 김용섭이 작성하여 강만길과 협의한 것이었으며, 이 문안을 위의 학회 규약 기초위원 3인이 검토·수용했던 것이다.11) 이 발기 취지문에서는 한 국사학도의 임무가 "한국사韓國史를 과학적科學的으로 연구研究하고 이를 더욱 발전發展시킴으로써 한국사韓國史의 올바른 체계體系를 세우고, 아울러 한국사韓國史로 하여금 세계사世界史의 일환一環으로서 그 정당正當한 위치位置를 차지하게끔 하는 일"이라고 단언했다. 그리고 한국사의 연구는 질적으로나 양적으로 더욱 발전해야 함을 확인하면서, '한국사 학도韓國史學徒들은 이제 보다 더 긴밀緊密한 유대紐帶를 맺어 계획적計劃的이고 협동적協同的인 노력勞力을 통하여 한국사학韓國史學의 비약적飛躍的인 발전發展을 기필期必해야 할 시기時期'가 도래했음을 선언했다.12)

---

11) 한국사연구회 편집부, 1992,「韓國史研究會 創立 25周年 記念 座談會」『韓國史研究』79, 韓國史研究會, 136·138쪽.

　　요컨대, 한국사연구회는 한국사 분야의 독자적인 발전을 기약하면서 한국사 연구자들의 연구 단체로 1967년 12월 16일 창설되었다. 이 학회의 창설은 당시 사회나 학계의 분위기와 무관한 것은 아니었다. 이 학회는 한국 현대사학의 전개 과정에서 중요한 의미를 가지고 있었다. 이 학회의 발기 취지문에 나타나고 있는 바와 같이 이 학회에서는 한국 사학의 과학적 인식을 추구했다. 이러한 설립 취지는 오늘에 이르기까지 변함없이 지속되어, 이 학회는 한국사의 과학적 연구에 크게 기여해 줄 수 있었다. 그리고 이 학회의 연구자들은 한국사 연구의 새로운 이론과 과제들을 개발하거나 적용해왔고, 이를 통해서 이 학회는 한국사 연구의 활성화에 크게 기여해 오고 있다. 이 학회가 창설된 이후 한국사 연구는 '비약적'으로 발전했다. 이러한 발전에 이 학회가 자극을 준 바와 담당했던 몫이 크다고 생각된다. 그렇다면 이 학회의 발족은 현대 한국사학사에서 특기할 수 있는 일로 생각된다. 이 학회의 지속적인 발전을 위해서도 발기 취지문의 정신과 창립 회원들의 마음가짐을 거듭 음미할 만한 가치가 있는 것으로 생각된다.

3. 한국사연구회의 연구 활동

　　한국사연구회는 이미 검토한 바와 같이 '한국사韓國史를 과학적科學的으로 연구研究하고, 체계화體系化함으로써 민족문화 발전民族文化發展에 기여寄與할 것을 목적目的으로' 창설되었다. 이와 같은 목적은 1967년 학회 창설 이래 오늘에 이르기까지 변함없이 지속되고 있다. 그리고 이 학회는 이와 같은 목적을 달성하기 위해서 '공동연구, 연구발표회, 학술대회, 연구지 및 자료 간행, 기타 필요한 사업'을 하도록 규정되어 있다.13) 이와

---

12) 한국사연구회 편집부, 1968, 「發起趣旨文」『韓國史研究』 1, 韓國史研究會, 172쪽.

같은 학회의 설립 목적과 사업에 관한 회칙의 규정에 따라서 이 학회는
활동해왔고 한국사 연구의 발전에 중요한 기여를 해왔다. 그러므로 여기
에서는 1967년 학회가 창설된 이후 1995년 오늘에 이르기까지 학회의
연구 활동에 관하여 약술해 보고자 한다.

이 학회의 연구 활동 가운데 우선 주목되는 것은 월례 발표회를 들 수
있다. 이 월례 발표회는 매년 전반기에 3회(3월·4월·6월), 후반기에 4회(9월·
10월·11월·12월)씩 매월 3주 토요일에 개최됨을 원칙으로 하고 있다. 전반기
5월에 월례 발표회가 열리지 않는 까닭은 해마다 이 때에 전국역사학대회
가 열리고 있으며, 이 대회 한국사부韓國史部의 발표를 이 학회가 주관하고
있기 때문이다. 즉 매년 5월의 월례 발표회는 전국역사학대회로 대체되고
있다.

이 학회의 제1회 월례 발표회는 1968년 5월 11일 고려대학교 교수회
관에서 개최되었다. 이 월례 발표회에서는 서울대 교수 김철준金哲埈이
'신라시대新羅時代의 친족집단親族集團 − 금석문金石文에 나타난 칠세부모七
世父母에 대하여−'라는 주제의 연구 발표와 고려대 교수 강만길姜萬吉이
'조선후기朝鮮後期 상업자본商業資本의 발달發達−경시전京市廛·송상松商 등
의 도고 활동都賈活動을 중심中心으로−'라는 주제의 연구 결과를 발표했
다. 제1회 월례 발표회가 학회 창설 이후 5개월이 지나서 열리게 된 까닭
은 '그 동안 사업 기금을 마련하는 일과 학보를 편찬하는 일 등에 바빴
기' 때문이었다.[14]

이렇게 제1회 월례 발표회가 개최된 이후 1995년 9월 현재 187회 연
구 발표회에 이르기까지 이 학회의 발표회를 통해서 모두 347편의 논문

---

13) 한국사연구회 편집부, 1968, 「發起趣旨文」『韓國史硏究』1, 韓國史硏究會, 172~
173쪽.
　　이 학회의 목적과 사업에 대한 회칙상의 규정은 창립회칙 이래 1989년 개정 회
칙에 이르기까지 계속 유지되고 있다.

14) 한국사연구회 편집부, 1968, 『韓國史硏究』1, 韓國史硏究會, 174쪽.

들이 발표되었다. 이 월례 발표회는 한국사 연구의 최신 동향을 파악할 수 있는 모임으로서, 그 월례 발표회의 발표 주제는 한국 현대 사학사韓國 現代史學史의 흐름을 파악하는 데에도 도움을 줄 수 있을 것으로 생각된다. 이 연구 발표회에서 발표된 논문 가운데 상당수는 이 학회의 학보인『한 국사연구韓國史研究』에 수록·간행되었다. 그리고『한국사연구』의 지면이 제한되어, 월례 발표회에서 발표된 논문들을 학보에 모두 다 수록할 수는 없었다. 그러나 이 학회에서 발표된 논문들 가운데 상당수는 국내의 주요 학회지에 수록되어 한국사 연구의 진전에 이바지했다.

월례 발표회의 발표자는 간사 회의를 통해서 선정되었다. 이러한 관례 는 초창기 이래 현재까지 유지되고 있으며, 1994년에는 이 관례를 정리 하여 '한국사연구회 월례 발표회 규정'을 제정했다. 이 규정에서는 이 학 회의 회원은 월례 발표회를 통해서 자신의 연구 결과를 발표할 수 있도 록 했고, 발표 희망자는 발표 일자 2개월 전까지 발표 원고 전문을 학회 에 미리 제출하도록 규정했다. 그리고 발표 때에는 약정 토론자를 선정하 여 토론의 수준을 높이도록 했다. 이 월례 발표회의 발표자에게는 발표료 가 특별히 지급되지는 않았다. 그러나 약정 토론자의 경우는 학회에서 청 탁하여 초빙한 것이므로 최소한의 수고비를 지급하고 있다. 학회 창설 초 기에 월례 발표회의 토론은 일반 참석자와 발표자 사이에 진행되었다. 그 러나 월례 발표회에서 토론의 수준을 높이고, 발표자의 연구에 실질적인 도움을 주기 위해서 약정 토론자를 선정하기 시작한 것은 제8대 대표간 사[하현강河炫綱] 때인 1982년 3월에 개최된 제95회 월례 발표회부터였다.

이 때에는 한 주제 당 1인 내지 4인의 약정 토론자를 위촉하여 토론의 활성화를 기했다. 월례 발표회가 이와 같은 형식으로 12회에 걸쳐서 진 행되었지만 1983년 11월의 월례 발표 이후부터는 약정 토론자를 초빙하 지 않았던 종전의 방식으로 환원되었다. 당시는 연구 인원이 제한되어 있 었으므로 매 주제마다 약정 토론자를 초빙하는 것이 학회의 업무에 부담 으로 작용했기 때문이었다. 그 후 1989년 6월의 제146회 월례 발표회에서 약정 토론자가 다시 초빙되기도 했고, 제12대 회장[한영우韓永愚] 때인 1989년 10월의 제148회 월례 발표회 이래로 거의 모든 발표회 때마다 1인 내지는 2인의 약정 토론자가 배정되었다. 그리고 경우에 따라서는 매 발표 주제마다 해당 주제에 근접한 전공을 하고 있는 간사 가운데 사회자를 별도로 위촉하여 약정 토론의 진행을 돕기도 했다. 이 월례 발표회에서는 대략 2명 정도의 연구자가 발표를 해왔다. 그러나 1994년 12월의 제183회 월례 발표회 이후 발표 희망자의 급증으로 인해서 매 발표회 때마다 3인의 발표를 진행시키고 있다.

월례 발표회의 장소로 초기에는 주로 대학의 강의실을 이용했다. 서울대 문리대 시청각 교실·건국대 2부대학 강의실·서울사대 동창회관 회의실 등 시내 중심부에 있는 기관의 건물에서 대부분의 발표회가 진행되었고, 국사편찬위원회 회의실·한국연구원韓國研究院·한글회관 등에서도 월례 발표회가 개최되었다. 그러다가 1986년 6월 제125회 월례 발표회 이후 대부분의 발표는 대우재단의 호의로 대우재단의 세미나실 내지는 회의실에서 개최되어 왔다. 이 대우재단의 발표 장소 협찬은 매년 말마다 사용 허가를 갱신해야하는 것이지만, 대우재단은 학회의 연구 발표회를 개최하는 데에 적지 않은 도움을 주고 있다.

이 학회의 월례 발표회는 경우에 따라 지방에서 개최되기도 했다. 즉 1985년 11월 제121회 월례 발표회가 호서사학회湖西史學會와 공동 주최로 청주사대 강당淸州師大講堂에서 개최된 적이 있었다. 그리고 1994년 11월 제182회 월례 발표회가 대전의 충남대학교忠南大學校 중앙 도서관에서 개최되었으며, 1995년 6월 제186회 월례 발표회가 대구 계명대학교啓明大學校 동서문화회관東西文化會館에서 열렸다. 한편, 1995년 11월 제189회 월례 발표회는 광주 조선대학교朝鮮大學校 교수 회관에서 개최되었다. 서울 이외의 지역에서 월례 발표회를 개최하게 되었던 것은 그 지역 연구자들과 학문적 교류를 돈독히 하고, 그 지역 회원들에게도 월례 발표회에 참석할 수 있는 기회를 확대해 주고자 하는 의도에서였다.

이와 같은 월례 발표회 외에도 이 학회는 독자적으로 특정 주제를 가지고 세미나나 심포지움을 기획하여 추진한 적도 있었다. 즉, 1982년 4월에 개최된 제96회 월례 발표회는 '삼국유사 연구三國遺事硏究의 제문제諸問題'라는 주제의 세미나로 개최되었다. 그리고 1990년에는 1991년도의 사업 계획으로 "통일 지향 사학"이라는 전체 주제 아래 이데올로기·역사 교류·역사 교육·독일 통일 문제 등을 개별 주제로 한 심포지움의 개최가 기획되었다. 이 심포지움은 비록 개최되지는 않았다 하더라도 이 기획은 민족 통일 문제가 진지하게 재검토되던 그 당시의 시의를 감안하여, 한국 사학적韓國史學的 차원에서 민족 통일 문제에 진지하게 접근하고자 했던 시도로 볼 수 있다.

한편, 이 학회는 1994년 10월 18일부터 19일에 걸쳐서 '갑오농민전쟁甲午農民戰爭의 종합적 고찰綜合的考察'이라는 주제로 고려대학교 경영대학 신관 강당에서 심포지움을 개최했다. 이 심포지움은 갑오농민전쟁 100주년을 기념하는 사업으로 1993년도 제13대 회장[정창렬鄭昌烈] 때부터 준비되어 왔다. 그러므로 이 심포지움은 전임 회장이 중심이 되어 계속 준비·추진되었고, 이 심포지움에서는 모두 9편의 논문이 발표되었으며 심도 있는 종합토론이 진행되었다.[15]

이 심포지움에서는 1994년도에 개최된 동학농민전쟁 100주년과 관련하여 많은 심포지움에서 토의된 내용을 재점검하고 그 연구 성과를 평가함과 동시에 갑오농민전쟁에 관한 새로운 연구 결과들이 제출되었다. 그리하여 이 심포지움은 갑오농민전쟁 100주년의 학술적 활동을 마무리하는 의미를 가지게 되었다. 이 심포지움에서 발표된 논문들과 토론 내용을 정리한 단행본은 1996년도에 간행될 예정이다.

이 학회에서 주관하는 연구 발표회 가운데 생략할 수 없는 것은 매년 5월에 개최되는 전국역사학대회全國歷史學大會 한국사부韓國史部의 발표를

---

15) 한국사연구회 편집부, 1994, 『韓國史硏究』87, 韓國史硏究會, 235쪽.

들 수 있다. 이 학회는 창설된 직후부터 전국역사학대회를 역사학회·한
국사학회·동양사학회·한국서양사학회 등과 더불어 공동 주최해왔다. 그
리고 한국사연구회는 매년의 역사학 대회에서 한국사부韓國史部의 발표와
진행을 맡아왔다. 또한 전국역사학대회에 공동 주최 학회로 참여하게 됨
에 따라서, 순번에 따라 이 역사학 대회를 주관하기도 했다. 그리고 이
대회를 항상 직접 주관하지는 않는다 하더라도, 매년마다 선정되는 '공동
주제' 가운데 한국사 분야의 발표자를 위촉하는 일에 관해서 주관 학회
와 협조해왔다. 그리고 이 학회는 매 10년마다 한 차례씩 전국역사학대
회를 직접 주관해왔다. 이 때 선정한 공동 주제들은 연구의 가치가 있으
며 시의에 적절한 주제였다는 평가를 받아왔다. 이 학회는 제8대 대표간
사[하현강河炫綱] 때인 1983년에 제26회 전국역사학 대회를 주관하면서
'근대사近代史에 있어서의 제국주의帝國主義'를 공동 주제로 택했다.

이 공동주제의 발표 논문은 『한국근대사회韓國近代社會와 제국주의帝國主
義』라는 제목으로 1985년 삼지원三知院에서 간행되었다. 제26회 전국역사
학대회를 개최한 지 10년 후인 1993년에 한국사연구회는 제36회 전국역
사학대회를 주관했다. 이 때의 공동 주제는 '근대국민국가近代國民國家와
민족문제民族問題'였다. 이 공동 주제의 발표 논문들은 1995년 『근대국민
국가와 민족문제』라는 제목으로 엮어져 지식산업사知識產業社에서 간행되
었다.

이 학회의 연구 활동은 위와 같은 학술 발표를 통해서뿐만 아니라 단
행본 및 『한국사연구』와 같은 학보의 간행을 통해서 지속되고 있다. 이
학회에서 간행한 단행본 가운데 대표적인 것은 『한국사연구입문韓國史研
究入門』을 들 수 있다. 이 책은 한국사 각 분야에서 당시까지 성취한 업적
과 연구의 과제를 정리해 준 입문서였다. 이 책의 간행을 통해서 이 학회
는 한국 사학을 연구하는 사람들에게 많은 도움을 줄 수 있었다. 이 책은
1976년부터 그 간행이 논의되었다. 그러나 이 책의 간행을 위한 본격적
작업은 1978년 제6대 대표간사[김용섭金容燮] 때에 이르러 시작되었으며,

그 구체적 편목을 확정하고 필자들을 선정하여 원고를 청탁했다.

이 책의 편집이 기획된 이후 간행될 때까지 대략 100여회에 걸친 회의가 있었고, 이 책의 편집을 위해서는 당시 간사직을 맡고 있던 임원들이 특별히 노력했다. 이러한 과정을 거쳐 이 책은 1981년 3월에 지식산업사에서 간행되었고, 간행 직후부터 각 대학 사학과의 한국사 분야 입문서로 채택되었을 뿐만 아니라, 한국학 분야에 관심이 있는 적지 않은 사람들이 이 책을 찾았다. 그리하여 이 책은 한국사 분야의 연구 발전과 그 성과를 일반 지식인들에게 알려주는 기능을 담당했다. 이 책은 1987년 제10대 대표간사[차문섭車文燮] 때에 제2판을 간행했다. 이 제2판은 1984년 제9대 대표간사[변태섭邊太燮] 때부터 준비되었다. 이 제2판은 그 체제와 편목 및 집필자들이 1981년에 간행된 제1판과 상당한 차이를 드러내주었다. 이 제2판이 간행된 것은 일취월장日就月將하는 한국사 분야의 연구 성과를 적절히 정리해 주기 위해서였다.

한편, 1994년 이래 이 학회에서는 연구 입문서의 개정 문제를 논의해 왔다. 그리하여 이 입문서의 제목을 해방 50주년 기념『한국사연구韓國史硏究의 평가評價와 전망展望』으로 정했고, 각 시대별로 분책하여 편집하는 문제가 논의되었다. 그 과정에서 이 입문서는 선사시대先史時代·고대古代·고려시대高麗時代·조선전기朝鮮前期·조선후기朝鮮後期·개화기開化期·식민지시대植民地時代 및 현대現代와 총론總論 부분 등으로 나뉘었고, 각 시대별 분책에서는 대체적으로 정치·경제·사회·문화 등 각 분야에 걸친 연구 성과들을 분석·평가하는 내용이 실리게 되었다. 이 새로운 연구 입문서의 간행 준비 작업은 1995년 9월 현재 본격적으로 전개되지는 못하고 있다. 그러나 이 학회에서 계획하고 있는 해방 이후 50년간에 걸쳐 한국사 분야에서 성취된 연구 업적들의 목록집인 해방 50주년 기념『한국사논저총목록韓國史論著總目錄』이 곧 출간될 예정이므로, 이를 기반으로 해서 이 입문서의 간행 준비 작업도 촉진될 수 있을 것으로 생각된다.

한편, 그 동안 학회에서는 이상에서 언급된 책자들 외에도『청일전쟁清日戰爭과 한일관계韓日關係』(1985, 一潮閣)·『한국사학사韓國史學史의 연구硏究』(1985, 乙酉文化社)·『한국사 전환기韓國史轉換期의 문제들』(1993, 知識産業社) 등의 단행본을 간행했다. 이 책자들은 이 학회에서 주관한 공동 연구 작업들을 가행한 것이었다. 이 공동 연구들은 '한국사연구협의회'나 '한국학술진흥재단'의 지원을 받아 진행된 것이었다.

학회의 연구 활동에서 가장 중심을 이루는 것은 학보의 발간이다. 이 학회의 학보인 『한국사연구』는 1968년 9월에 창간호를 간행했다. 그 이후 1995년 9월에 이 학보는 제90집을 간행하게 되었다. 창간호 이래 계속 사용하고 있는 이 학보의 제자題字는 팔만대장경八萬大藏經에서 집자集字를 했다. 이 학보는 창간호부터 사륙배판의 판형으로 연간 4회 발간을 목적으로 했으나 재정난으로 인하여 이 간행 목표를 이룰 수는 없었다. 그러나 1976년 제5대 대표간새강만길姜萬吉] 때에 이르러 학보는 크라운판으로 판형을 바꾸고 연간 4회 발행 계간지季刊誌로 정착되어 오늘에 이르고 있다.

『한국사연구』는 창간 이후 제75집까지는 활판으로 간행되어 오다가, 1992년에 간행된 제76집부터는 컴퓨터 조판으로 간행하게 되었다. 이 이후 원고 제출자는 조합형 word('흔글'을 원칙으로 함)를 사용한 디스켓과 출력된 원고를 학회에 제출하게 되었다.16) 이 학보는 창간 이후 1995년 현재에 이르기까지 모두 3회에 걸쳐서 합집을 간행했다. 1985년 12월에는 제50·51 합집호가 간행되었고, 『한국사연구』에 수록된 논문의 총목록이 게재되었다. 그리고 1988년 10월에는 창간 20주년 기념호로 학보 제61·62 합집이 간행되었다.

한편, 『한국사연구』는 수차에 걸쳐서 특집호의 형식으로 간행되었다. 즉, 1974년에 발간된 제10집은 이 학회의 부회장을 역임했던 고 홍이섭洪以燮의 추모호追慕號 형식을 취하여 발간되었다. 여기에는 당시 대표간

---

16) 한국사연구회 편집부, 1992, 『韓國史研究』 76, 韓國史研究會, 137쪽.

사의 추념사追念辭와 고인의 유영遺影과 약력 및 저서·논문 연보를 게재했다. 그러나 제10집은 본격적 의미의 특집호라고 보기에는 어려움이 있을 것이다. 그리고 앞서 언급한 바와 같이 '학보 창간 10주년 기념호'(제21·22합집)와 '창간 20주년 기념호'(제61·62합집)가 학보 창간 기념 특집호로 간행된 바 있다.

또한, 1982년 9월 간행된 제38집은 '삼국유사三國遺事의 연구사적 검토研究史的檢討'라는 주제 아래 특집호로 기획 간행되었다. 여기에는 『삼국유사』의 연구사에 관한 6편의 논문과, 『삼국유사』에 관해서 연구한 두 편의 책자에 대한 서평書評, 그리고 『삼국유사』 관계 논저 목록이 수록되었다. 또한 1983년 12월에 간행된 학보 제43집은 '신라사 특집新羅史特輯'으로 편찬되어 신라사에 관한 7편의 논문이 발표되었다. 이어서 1995년 9월에도 '해방 50주년 기념 한국근현대사연구특집韓國近現代史研究特輯號'로 학보 제90집이 간행되었다. 여기에는 개항기 및 식민지 시대와 해방 이후의 한국현대사에 관한 12편의 논문과 본고本稿와 함께 역대 임원명단·월례 발표회 목차·『한국사연구』 총목차·한국사연구회 간행 저서 총목차 등의 자료 등을 수록했다.

한편, 초창기 이래 상당 기간 동안 학보에 수록될 논문들은 간사회의 심사를 거쳐서 그 게재 여부가 결정되었다. 초창기 간사들의 회고에 의하면 학보에 수록하기에 적당하지 못하다고 판단된 원고의 반송에 많은 애로가 있었음을 알 수 있다.[17] 1994년에는 논문 심사에 관한 기존의 관례를 성문화하여 한국사연구회 간행 규정을 제정했다. 이 규정에 의해서 학보에 게재되는 논문은 2차 내지 3차에 걸친 심사를 받도록 제도화되었다. 이 학회에서 이러한 간행 규정을 제정하게 된 것은 우선 게재되는 논문의 수준을 일정하게 유지하려는 데에 목적이 있었다. 그리고 대학이나 재단 등에서도 교수 업적 심사와 관련하여 학보에 수록되는 논문의 평가

---

17) 한국사연구회 편집부, 1992, 「韓國史硏究會 創立 25周年 記念 座談會」 『韓國史硏究』 79, 韓國史硏究會, 139쪽.

기준을 제출해 주도록 학회에 요청하고 있었기 때문이었다.

　이 학보에 게재되는 논문의 문헌 인용 지침이 1971년에 제정되어 학보를 통해서 발표되었다.[18] 이 문헌 인용 지침이『한국사연구』에 게재되는 논문에 적용되어 왔다. 그러나 이 문헌 인용 지침은 1980년대를 전후하여 유명무실하게 되어 갔다. 이와 같은 현상이 나타나게 된 까닭은 종전의 '문헌인용' 지침에서 한국사 관계의 다양한 자료들의 인용 방법을 포괄해 주지 못했고, 원고 작성을 할 때에 컴퓨터의 사용에 따라 종전과는 다른 새로운 문헌 인용 지침의 제정이 요청되었던 까닭이었다.

　한편,『한국사연구』에 게재되는 원고 매수는 1976년 이래 200자 원고지 150면 내외로 권장되어 왔지만, 연구자들이 굳이 이러한 권장 규정에 얽매이지는 않았다. 그리하여 원고의 매수가 많은 경우에는 학회에서 2회에 나누어 분재하기도 해왔다. 그러나 이 학보에 논문을 발표하고자 하는 연구자들이 급증하는 과정에서 1992년에는 학보의 회보會報를 통해서 원고 매수를 200자 원고지 150매 정도의 분량으로 제한한다고 발표했다. 이러한 원고 매수의 제한 규정은 1994년에 제정된『한국사연구』간행 규정에도 명시되었다. 그러나 학보의 간행 과정에서 이 규정이 철저히 준수되지는 못하고 있다.

　『한국사연구』에는 창간호 이래 제90집에 이르기까지 모두 456편의 논문들이 수록되었다. 수록 논문을 시대별로 나누어 보면 고려사高麗史 분야에 관한 논문[소계小計 81편]이 상대적으로 다수를 차지하고 있다. 선사시대先史時代에서 삼국시대三國時代에 관한 논문(소계 70편) 및 통일 신라統一新羅 시대에 관한 논문(소계 31편)은 1980년대 초에 집중적으로 발표되었고, 고려시대와 조선전기朝鮮前期에 관한 연구(소계 41편)도 이 시기에 많이 발표되었다. 조선후기사朝鮮後期史에 관한 논문들(소계 61편)이 가장 활발히 발표되던 시기는 1970년대 초였고, 그 이후로는 하강의 추세를 드러내고

---

18) 한국사연구회 편집부, 1971,『韓國史硏究』6, 韓國史硏究會, 149쪽.

있다. 개항기開港期 및 통감부 시대(소계 63편)와 일제시대(소계 54편)에 관한 연구는 1980년대 후반 이래 강세를 드러내고 있으며, 해방 이후 현대사現代史에 관한 연구(6편)는 1989년에 이르러 비로소 게재되기 시작했다.[19]

『한국사연구』에 게재된 이러한 논문의 증감 추세는 현대 한국 사학계가 지니고 있는 연구 주제의 특성을 시대별로 드러내 주는 것이다. 물론 이와 같은 논문의 시대별 수록 경향은 대표간사나 회장을 비롯한 연구회 임원들의 전공 영역이나 학문적 성향에 일부 영향을 받기도 하겠지만, 그렇다 하더라도 이 학보에 게재된 논문은 당시 한국사 연구자들의 대체적인 문제의식을 드러내주고 있다고 생각된다. 『한국사연구』에는 시대사時代史에 관한 연구 논문뿐만 아니라 서평書評 등이 간헐적으로 수록되었고, 논문평論文評·조사 보고調査報告·평설評說·특정 분야에 대한 논문 목록論文目錄 내지는 문헌 목록文獻目錄 등이 게재되어 왔다. 그리고 1995년 3월에 간행된 제88집부터는 '사평史評'이 신설되었다. 이 사평에는 종전에 설림說林 혹은 평설評說 등으로 편제되던 종류의 글들과 함께 역사 평론적 논문이나 학설사적學說史的 검토를 시도한 글 등을 수록하고 있다. 이 사평의 항목에는 단순한 책 소개가 아닌 본격적 서평이나 논문평인 경우에도 수록될 수 있을 것이다.

『한국사연구』에 게재된 논문 가운데에는 사학사적 의미를 갖는 논문들이 적지 않다. 즉, 『한국사연구』는 한국 구석기학舊石器學에 관한 최초의 논문을 게재하여 발표했다. 그리고 1960년대 후반기, 이 학회가 창설된 직후부터 자본주의 맹아에 관한 연구가 『한국사연구』를 통해서 계속해서 발표되어 왔다. 물론 자본주의 맹아론에 관한 연구는 이 학회가 창설되기 이전 『사학연구史學研究』 등을 통해서 발표되기 시작했으나, 이 학보가 창간된 이후 『한국사연구』는 자맹론資萌論 관계 논문의 주요 발표지가 되었다. 그리고 1970년대 초반에는 한국 실학實學을 비롯한 조선후기사 연구

---

19) 이 글의 말미에 수록된(附表 2) '『韓國史研究』 게재 논문의 시기별 분류'를 참조.

를 주도하고 있었다.

1980년대 후반기에 들어와서는 한국사의 연구에 이전 단계와는 다른 변화가 일어났다. 즉 한국사의 연구가 활성화되는 과정에서 한국사상사학회韓國思想史學會(1984년 창설)·한국고대사연구회韓國古代史硏究會(1987년 창설) 등의 예에서 볼 수 있는 바와 같이 한국사의 특정 시대 내지는 세부 전공 영역 별로 독립된 학회들이 구성되어 갔다. 그리고 역사 연구에서 진보적 시각을 견지하고자 하는 연구자들을 비롯한 일단의 연구자들이 역사문제연구소(1986년 창설)·한국역사연구회韓國歷史硏究會(1987년 창설)나 구로사학연구소(1988년 창설) 등의 연구 단체를 조직하여 독자적으로 활동하기 시작했다. 이 새로운 학회나 연구소들의 활동을 통해서 한국사 연구는 더욱 심화되어 갈 수 있었다.

이러한 상황에서『한국사연구』는 한국사 종합 논문집으로서의 성격을 강화시켜 나가고 있었다. 그러므로『한국사연구』는 이 단계에 이르러 특정 분야에 대한 연구 업적만을 집중적으로 게재하지는 않았다. 그러나 이때에도 역대 임원들은『한국사연구』에 게재되는 논문들이 해당 시대나 분야의 연구 논문 가운데 가장 높은 수준을 유지하도록 노력해왔다. 이노력을 제도화하여 1994년에는『한국사연구』에 게재된 논문들의 수준을 일정하게 유지하기 위해서 '『한국사연구』 간행 규정'을 제정하여 현재는 이를 적용해 오고 있다. 최근에는 이 학보에 발표를 요청하는 논문들 가운데 1/3 이상이 여러 가지 사정으로 인해서 수록되지 못하고 있다.

한편, 이 학회에서는 1994년 이래 해방 50주년 기념사업을 독자적으로 계획하여 추진해왔다. 학회의 이 사업에는 일정한 배경이 있었다. 즉, 1995년은 해방 50주년이 되는 해로서 민족의 해방을 기념하는 각종의 행사가 정부 각 부처별로 1993년 후반기부터 기획되기 시작했다. 이 기획과정에서 해방에 관한 학술적 차원에서의 연구는 교육부 대학 정책실에서 담당했다. 이 곳에서는 별도의 위원회를 꾸려서 이 연구 사업을 진행시켜 왔다. 교육부가 주관하는 이 사업에는 한국정치학회·한국국제정치학회·한

국정치외교사학회·한국정책학회·한국법사학회·한국미래학회, 한국경제학
회·한국경제사학회, 한국사회학회·한국사회사연구회, 한국언론학회·한국
교육학회, 여성학회와 같은 사회과학 계통의 학회들이 처음부터 참여하
여 활동하고 있었다. 그리고 인문과학 분야에서는 유일하게 국어국문학
회가 있었다. 또한 예술 분야에 속하는 한국음악학회·한국음악사학회·미
술사연구회·미학예술학연구회·한국연극학회 등이 연구 프로젝트에 참여
했다. 한편, 한국정신문화연구원·한국교육개발원·한국여성개발원·국방군
사연구소·한국과학기술원 등과 같은 소속 부처를 달리하는 국책 연구 기
관이 교육부의 프로젝트에 참여하고 있었다. 이상에서 살펴본 바와 같이
교육부는 19개의 학회와 5개소의 국책 연구 기관에 해방 50주년 기념 학
술 행사를 위촉했지만, 여기에는 순수 역사학 내지 한국사를 연구하는 학
회들은 단 한 곳도 포함시키지 않았다.

그 후 1994년 6월 30일 한국사연구회는 교육부 대학 정책실로부터 '광
복 50주년 기념 종합 학술 행사'에 참여하는 연구 계획안을 7월 16일 안
으로 보내라는 공문을 접수했다. 이는 그 종합 학술 행사의 학술분과 실
무위원으로 뒤늦게 참여한 사학자에 의해서 역사학계가 '광복 50주년 종
합학술행사'에 제외된 사실이 지적되자 이에 대한 응급조처로 공문을 한
국사연구회에 보낸 것으로 확인되었다. 이 공문을 수령한 후 학회에서는
간사회를 개최하여 이 행사에의 참여 여부를 논의한 결과 일단 참여하기
로 방향을 굳히고 이에 대한 준비를 진행하면서 교육부 당국에 대해서
한국사 계통 연구 주제를 대폭 강화시켜야 함을 요구했다.

이러한 상황이 진행되는 과정에서 교육부 대학 정책실 담당자들은 학
술분과 실무위원회의 의견임을 내세워서 한국사연구회에서 정하고자 하
는 주제에 대해서도 간섭을 시도하고자 했다. 이에 학회에서는 역사학 계
통 주요 학회들에 확인한 결과 1994년 7월 당시까지도 '광복 50주년 종
합학술행사'에 대한 통보를 교육부로부터 받은 바가 전혀 없었음을 확인
하게 되었다. 이에 학회에서는 교육부 당국이 역사학 분야를 제외시킨 자

신들의 실책을 뒤늦게 깨닫고 이에 대한 책임 회피의 방안으로 한국사연
구회의 참여를 화급하게 요청한 사실을 파악하게 되었다. 이러한 상황에
서 학회에서는 교육부가 주관하는 이 사업에 더 이상 관여할 명분이 없
음을 깨닫고 간사회의 결의를 통해서 광복 50주년 종합학술회의에 참석
하기를 거부하기로 했고 이를 교육부 당국에 통고하며, 한국사 분야를 처
음부터 제외시킨 사실에 대해 항의했다.

　그리고 한국사연구회는 1994년 초부터 제기되어 오던 해방 50주년 기
념사업을 독자적으로 기획하여 추진하게 되었다. 이 기념사업의 일환으
로 학보 제90집을 '해방 50주년기념 한국근현대사연구특집호'로 간행하
게 되었다. 그리고 해방 이후 50년간에 걸쳐 이룩된 한국사 관계의 연구
논저 목록을 집대성한 해방 50주년 기념『한국사논저총목록韓國史論著總目
錄』을 간행하기로 했다. 이 목록집 편찬의 기초 자료는 이 학회의 회장이
재직하고 있는 학교의 대학원 학생들이 동원되어 수행했고, 논문의 분류
에 대한 확인은 이 학회의 임원들이 자신의 전공 시대별로 분담하여 처
리했다. 이 책은『월간 역사학계月刊歷史學界』를 간행하고 있는 도서출판
새누리[사장 김무배金武培]의 협조와 대우재단의 부분적 지원으로 간행될
수 있었다. 그리고 이 목록집의 간행을 기초로 하여 해방 50주년 기념『한
국사연구의 평가評價와 전망展望』을 편찬하기로 했다. 이제 목록집의 간행
이 목전에 박두했으므로 이『한국사연구의 評價와 展望』의 편찬 작업도
진행될 수 있을 것으로 전망된다. 이와 같이 이 학회는 독자적으로 해방
50주년 기념사업을 추진했고 그 성과들이 속속 드러나고 있다.

　요컨대, 한국사연구회는 그 창립 이후 1995년 9월 현재에 이르기까지
한국사학계韓國史學界의 중심에 서서 연구 활동을 전개해왔다. 한국사연구
회가 창립 이래 오늘에 이르기까지 학계의 중심에서 활동할 수 있었던
것은 이 학회를 맡은 임원들과 회원들이 스스로의 학문 활동을 점검하고
반성하여 자기 혁신을 계속해온 결과라고 생각된다. 한국사연구회의 학
문적 연구 활동은 우선 월례 발표회(187회) 및 각종의 세미나나 심포지움

을 통해서 표출되었다. 그리고 단행본의 간행과 학보『한국사연구』의 간
행을 통해서 한국사학의 발전에 중요한 기여를 해오고 있다. 이 학회가
간행한 단행본으로는『한국사연구입문韓國史硏究入門』을 비롯한 수종의 책
자를 들 수 있다. 이 단행본들은 대학 사학과의 교재로 활용되고 있으며,
기타 한국사의 특정 분야를 이해하는 데에 도움을 주고 있다. 그리고 학
보의 간행을 통해서도 많은 수의 논문(465편)이 발표되었다. 이 논문들은
현대 한국 사학계의 연구 경향과 수준을 가늠케 해주는 논문들이었다. 이
러한 업적을 통해서 한국사연구회는 현대 한국사학사現代韓國史學史에 전
개에 특기할 만한 업적들을 축적해가고 있다.

　그러나, 1980년대 후반 이후 한국사학계에 등장한 새로운 시대 상황과
관련하여 한국사연구회는 자신의 학문적 활동 방향과 학보의 편집을 수
행해 나가면서, 지속적인 자기 혁신을 요청 받고 있다고 생각된다. 특히
1980년대 이후『한국사연구』는 시대의 추세에 따라 한국사 관계 종합 논
문집으로서의 역할을 맡아 왔다. 그렇다면 이 학보는 그 종합지로서의 성
격을 더욱 강화시켜 나갈 수도 있을 것이다. 그리하여 일반 시대사 관계
논문 이외에도 '사평史評'을 활용하여 전문적인 학설의 소개나 재검토 작
업·서평이나 논문평을 수록하거나, 일정 시기와 분야를 단위로 한 전문
적인 역사 비평을 시도해 나갈 수도 있을 것이다. 이는 현재 여러 군데에
서 집필되고 있는 단편적·나열적·개괄적인 '회고와 전망' 류의 기록과는
달리 한국 사학의 발전에 본격적으로 도움을 줄 수 있는 방향에서 기획
되어야 할 것이다.

　또한『한국사연구』에는 이 학회의 회원으로서 평소 한국사연구에 일
정한 업적을 남긴 연구자들에 관한 평가를 시도해 볼 수도 있을 것이다.
특히 학문적 업적이 큰 회원들이 사망했을 경우에는 그의 사학史學이 가
지고 있는 특성에 대한 평설評說과 함께 그의 논저 목록 등을 정리·제시
하여 객관적 연구와 평가를 위하여 자료를 제공하는 일도 가능할 것이다.
사망한 회원에 대한 이와 같은 평가는 세계 유수의 역사학 논문집에서도

관행화慣行化되어 있음을 확인할 수 있다. 이러한 작업은 현대 사학사의 정리에도 도움을 줄 수 있을 것이다.

또한 한국사연구회는 한국사의 여러 시대 및 각 분야에 관한 전문 학회와는 달리 한국사에 관한 종합적 학회로서의 성격을 가지고 있다. 그렇다면 이 종합 학회로서의 특성을 살릴 수 있는 학술 활동들이 기획될 수 있을 것이다. 예를 들면, 특정 주제에 관한 공동 연구 사업을 추진할 수도 있을 것이다. 그리고 일정한 기간마다 한국사 관계 특정 주제를 다각적으로 분석하는 '한국사대회'의 개최와 같은 계획에 관해서도 검토의 여지가 있을 것이다. 한국사연구회는 연구 환경의 변화에 능동적으로 대처하면서, 넓은 포용력을 가지고 자기 혁신을 계속해 나갈 때 한국사학의 발전에 올바로 기여할 수 있으리라 생각된다.

4. 한국사연구회의 기구와 운영

한국사연구회韓國史研究會의 기구機構와 운영運營에 관하여 살펴보기 위해서는 우선 그 회칙에 규정된 내용들을 분석할 수 있을 것이며, 회칙에 따라서 선임된 역대 대표간사를 비롯한 간사진들의 구체적인 사업 내용 등을 주목할 수 있을 것이다. 한국사연구회는 1967년 12월 7일 창립총회를 갖고 회칙을 의결한 이후[20] 모두 3회에 걸쳐서 이를 개정했다. 즉 한국사연구회는 1973년 12월 22일 회칙을 개정한 바 있었고,[21] 1975년 12월 13일에 개최된 총회에서 또 다시 회칙을 개정했다.[22] 그리고 현재 통용되고 있는 회칙은 1989년 12월에 개정하여 1990년 1월 1일부터 적용

---

20) 한국사연구회 편집부, 1968, 「會則」『韓國史研究』 1, 韓國史研究會, 172쪽.
21) 한국사연구회 편집부, 1973, 「1973년 12월 개정 회칙」『韓國史研究』 10, 韓國史研究會, 242쪽.
22) 한국사연구회 편집부, 1987, 「1975년 12월 개정 회칙」『韓國史研究』 59, 韓國史研究會, 160쪽.

된 회칙이다.23) 이와 같은 회칙의 개정은 연구 환경의 변화에 능동적으로 대처하고 학회 운영의 효율화를 기하기 위해서 진행된 작업이었다.

한국사연구회는 학회가 창설된 1967년 당시부터 "한국사 연구에 종사하고 있는 사람들로 구성된다."고 규정되었고, 이와 같은 회원 규정은 현재까지 변함없이 유지되고 있다. 이는 이 학회가 한국사 연구자들이 공동 목표를 가지고 창설되었으므로, 학회의 기본 구성원이 한국사 연구자임을 밝혀 주고 있는 것이다. 그리고 이 학회의 회원이 되기 위해서는 간사회의 승인을 얻도록 규정하고 있다. 한국사연구회는 창립 이후 이 규정에 따라 회원의 입회 신청을 받았다. 학회의 회칙에는 회원들에게 주어진 권리와 의무에 관해서 특별한 규정을 제시하지는 않고 있다. 그러나 학회의 회원은 관례에 따라서 학회의 정기 발표회를 비롯한 각종의 연구 모임에 초대되고, 학회에서 간행하는 학보學報인 『한국사연구』를 받아 볼 수 있었다. 그리고 회원은 총회에 참석하여 발언하고, 회장을 인준하는 데에 참여하는 것이 관례화되어 있었다.

학회의 회원으로는 1968년 9월에 간행된 『한국사연구』 창간호에 모두 82명이 수록되어 있고, 1971년에는 126명의 회원이 확보되었다. 또한 1977년 4월에 간행된 『한국사연구』 제16집에는 종신회원 45명과 일반 회원 및 학생 회원 438명, 합계 483명의 회원이 수록되어 있다. 이 학회의 위원으로는 1995년 9월 현재 종신회원 334명과 일반 회원 및 학생 회원 269명 합계 603명의 회원이 등록되어 있다. 이 학회는 창립 당시부터 회원의 국적을 가리지는 않고 한국사 연구자 모두에게 문호를 개방했다. 또한 창립된 1967년 당시부터 한국사 연구에 종사하는 기성 연구자뿐만 아니라 대학원에서 석사 과정을 이수하고 있는 학생들도 회원으로 승인되었다.

그 후 1975년에 이르러 간사회의 의결을 통해서 회원을 종신회원과 일

---

23) 한국사연구회 편집부, 1989, 「1989년 12월 개정 회칙」『韓國史研究』 67, 韓國史研究會, 150쪽.

반 회원 그리고 학생 회원으로 구분하게 되었다. 이 당시 종신회원 제도
를 신설한 것은 회원의 증가에 따라 학회의 운영에 근간을 이룰 수 있는
회원을 확보함과 동시에 학회의 운영에 필요한 재정을 확보하기 위한 방
안 가운데 하나였다. 이 때 종신 회비는 일반 회비의 20년분에 해당하는
금액으로 정했고, 일반 회원 외에 학생 회원을 두었다. 학생 회원들에게
는 일반 회원보다 회비 감액의 특전을 주어서 학생들의 한국사 연구를
장려하고자 했다. 이 때 학생 회원은 대학원 석사 과정 학생까지로 한정
했다. 회원에 관한 이와 같은 구분은 1975년 이후 관례적으로 적용되어
왔다. 그 후 1994년 6월에는 '한국사연구회 회비 관리규정'을 제정하
여,24) 회원에 관한 이 관례를 성문화했다.

　한국사연구회는 1967년의 창립 당시부터 오늘에 이르기까지 그 자체
의 운영 기구로 평의원회平議員會와 간사회幹事會를 두었다. 이 운영 기구
가운데 먼저 평의원회의 기능이 변천해 간 과정을 정리해보면 다음과 같
다.25) 이 학회가 창립 당시부터 평의원회 제도를 도입한 것은 연구 사업
의 추진과 학회의 관리상 회원 전체의 심의와 동의를 구하는 것이 사실
상 불가능하므로 학회 운영의 중심축을 설정하기 위한 목적이었다고 생
각된다. 창립 당시 한국사연구회의 평의원회는 '학회의 사업계획을 심의
하고 재정을 감사하는' 기구로 규정되었다. 이 당시 평의원회 의장을 비
롯한 대표간사 등의 임원은 총회에서 선출되는 것으로 규정되었다. 그 후
1973년 개정 회칙에서는 평의원회의 기능 가운데 '대표간사를 선임한다.'
는 조항이 첨가되었는데, 이 개정회칙에서는 학회가 회장 중심제에서 대
표간사 중심제로 전환되고 대표간사를 총회에서 선출하도록 규정한 창립
회칙에서와는 달리 평의원회에서 선출하는 것으로 개정했다. 그리고
1975년도 개정 회칙에서는 평의원회에서 대표간사 외에 평의원회 의장

---

24) 한국사연구회 편집부, 1994, 『韓國史硏究』 85, 韓國史硏究會, 240쪽.
25) 창립회칙 제6조 및 12조 ; 1973년 개정 회칙 제6조 및 제8조 ; 1975년 개정 회칙
　제7조·제10조 및 제12조 ; 1989년 개정 회칙 제7조·제10조 및 제12조.

을 선임한다는 조항이 신설되었다. 이 때의 개정회칙에서는 학회의 임원 가운데 '평의원회 의장'을 포함시키는 것으로 새롭게 규정되었기 때문에 이와 같은 문구가 첨부되었다. 또한 1989년의 개정 회칙에서는 대표간사라는 명칭을 회장으로 개정하고 평의원회 의장을 회장이 겸임하는 것으로 규정함에 따라서 이 학회의 평의원회 기능 가운데 '평의원회 의장 선출' 조항이 제외되고 '회장을 선임한다'는 구절이 신설되었다.

평의원회의 기능 변천 과정에 이어서 그 구성원인 평의원에 대해서 살펴보면 다음과 같은 변천 과정을 겪고 있었음을 알 수 있다. 즉 창립 당시에는 총회에서 평의원 약간 명을 선출하는 것으로 규정되어 있었다. 그리고 이 평의원 가운데에는 회장·부회장·대표간사가 당연직으로 포함되며, 간사 가운데 일부는 평의원을 겸임하되, 간사직을 겸임하는 평의원이 전체 평의원의 반 수 이상이 되어서는 안 된다고 규정하고 있다. 이와 같은 평의원 구성은 1973년도 개정 회칙에서도 계속 수록되어 있었다. 그러나 이 개정 회칙에서는 평의원의 선임에 관한 규정이 생략되었다. 그렇다 하더라도 이 1973년 개정 회칙 시행 당시에도 평의원은 총회에서 선출되는 형식을 계속 취하고 있었던 것으로 생각된다.

한편 1975년 개정 회칙에서는 평의원의 선임 방법에 대해 구체적으로 언급하기를 "평의원評議員은 대표간사代表幹事와 회장會長을 지낸 회원과 현임 대표간사를 당연직當然職으로 한다."라고 했다. 이 규정은 1989년 개정 회칙에 의해서 대표간사라는 칭호가 회장으로 바뀜에 따라서 '평의원은 대표간사와 회장을 지낸 회원과 현임 회장을 당연직으로 한다.'라고 규정되기에 이르렀다.

평의원회 회의에 관한 규정은 1967년의 창립 회칙을 비롯한 모든 개정 회칙에 명시되어 있다. 창립 회칙에서는 평의원들은 회장이 매년 5월과 12월에 정기적으로 소집하는 평의원회에 참석하여 '학회의 사업 계획을 심의하고 재정을 감사하는' 기능을 담당하는 것으로 규정되어 있다. 그러나 1973년도 개정 회칙에서는 평의원회가 평의원회 의장의 소집이나 대표간사의 요청에 의해서 회의가 소집되는 것으로 개정되었고, 1989년 개정 회칙에서 회장이 평의원회 의장을 겸임하게 됨에 따라서 이 평의원회의 소집권을 평의원회 의장에게로 귀속시켰다. 평의원회에 관한 조항이 이와 같이 수정된 것은 1967년 창립 당시와는 달리 점차 평의원회의 기능에 문제가 제기되었고 그 구성에 어려움이 따른 결과였다. 즉 학회 창설 당시의 규정에 의해서는 평의원회와 간사회라는 이원적 기구가 병존했다. 그리고 이로 말미암아 학회 업무 처리에 비효율적인 측면이 드러나게 되었고, 학회의 운영이 간사회 중심으로 바뀌어 감에 따라 회칙의 개정이 불가피했던 것으로 추정된다.

한국사연구회가 창설될 당시 다음과 같은 12명의 회원이 평의원으로 선임되었다. 명단에는 강진철姜晋哲(고려대)·김성준金成俊(이화여대)·변태섭邊太燮(서울대사대)·안계현安啓賢(동국대)·유홍렬柳洪烈(성균관대)·이홍직李弘稙(고려대)·천관우千寬宇(동아일보사 주필)·최영희崔永禧(국사편찬위원회 편사실장)·신석호申奭鎬(성균관대, 회장겸임)·홍이섭洪以燮(연세대, 부회장겸임)·한우근韓㳓劤(서울대, 대표간사겸임)·손보기孫寶基(섭외간사겸임) 등이 있었다.

이 평의원들 가운데 3인(변태섭·유홍렬·최영희)을 제외한 9인은 한국사연구회 발기위원회의 구성원이었다. 그 후 『한국사연구』의 기록을 검토해 볼 때 새로운 평의원의 명단이 수록되어 있지 않아 이 평의원은 1975년도까지 형식적으로 계속 유임되었음을 알 수 있다. 그러다가 1975년도 개정 회칙에 의해서 대표간사를 역임한 회원들로 평의원의 자격이 규정되었다. 이 규정에 의해서 새롭게 구성된 평의원회는 4명의 전임 대표간사(한우근·손보기·김철준·이종영)와 당시의 대표간사(강만길)로 이루어졌다. 이 평의원회는 1995년 9월 현재, 이상의 5명 가운데 작고한 2인(김철준·이종영)을 제외한 3인과 그 후임자인 9명(김용섭·이재룡·하현강·변태섭·차문섭·이희덕·한영우·정창렬·유승주)의 전임 대표간사 내지는 회장 등 모두 12명으로 구성되었다. 이 평의원회는 1989년도에 개정된 회칙에 따라서 신임회장을 선임하는 일과 사업 계획을 심의하고 재정을 감사하는 일을 맡아보고 있다. 한편 1989년도 총회에서는 평의원회에서 선임한 회장을 인준하면서, 평의원의 숫자를 30명 이내로 증원하자는 다수 안이 제기되었지만,26) 이 견해가 회칙에 반영되지는 않았다.

이상에서 살펴본 바와 같이 평의원회는 이 학회의 최고 의결 기구적 성격을 가지고 있었다. 이 평의원회와 함께 집행 기구적 성격의 조직으로는 간사회가 마련되었다. 이 학회의 간사회는 '학회의 사업 계획을 수립하며, 평의원회의 심의를 거쳐서 이를 실행하는' 기구로 규정되어 있다. 이와 같은 간사회의 규정은 이 학회가 창립된 이래 현재까지 변함없이 시행되고 있다. 이 간사회는 대표간사(간사제: 1967~1989) 또는 회장(회장제: 1989~1995 현재)이 이끌고 있다. 창립 회칙의 경우에는 대표간사를 총회에서 선출하는 것으로 규정하였으나, 1973년 개정 회칙 이래 현재까지는 대표간사를 평의원회에서 선임하는 것으로 변경되었고, 총회는 평의원회에서 선임된 대표간사 내지는 회장을 인준하는 것으로 개정되었다. 1973년 이후 대표간사 내지 회장은 "본 학회本學會를 대표하고 간사幹事를 임명하며 간사회幹事會를 주관하고, 본 학회本學會의 사업事業 및 운영運營에 관한 실무實務를 관장한다."는 규정에 따라 이 학회를 대표하게 되었다.27) 이 점은 창립 회칙과 큰 차이가 나는 부분이다.

창립 회칙에서는 한국사 연구자를 대표할 수 있는 회장 내지는 명예회장과 부회장 제도를 두었다. 그리고 회장과 부회장 산하에 평의원회와 간사회를 설치했다. 창립 당시의 회칙에 보면 회장은 '학회를 대표하고 회무會務를 관장管掌하는' 학회의 실질적 운영을 담당했을 뿐이고, 학회의 대표는 회장이 맡고 있었다. 따라서 군이 따지자면 대표간사의 학회 내 서열은 회장과 부회장의 다음으로 규정되어 있었다. 그러나 이러한 회장제會長制는 이 학회의 운영에 있어서 제2기가 시작되는 1969년에 이르러 사실상 유명무실하게 되었다. 그러므로 이 때에 이르러서는 회장이 선임

---

26) 한국사연구회 편집부, 1990, 『韓國史研究』 68, 韓國史研究會, 147쪽.
27) 1975년 및 1989년 개정 회칙 제7조

되지 않고 대표간사만이 총회에서 선임되었다.

그러나 1969년 이후에도 회칙상으로는 회장이 여전히 이 학회를 대표하고 있었고 대표간사는 실무 책임자로서의 기능만을 맡는 것으로 규정되고 있었다. 대표간사의 이와 같은 위상은 1973년도 개정 회칙으로 수정되었다. 이 때 이 학회에서는 학회의 회장제를 정식으로 폐지했고, 대표간사 중심제로 회칙을 개정했다. 그 후 1989년에 이르러 대표간사라는 명칭을 회장으로 변경해서 오늘에 이르고 있다. 이 때의 회장은 창립 회칙에서 규정되었던 회장의 직책과는 달리 창립 회칙의 회장 및 대표간사의 역할을 함께 담당하는 것으로 그 책임이 강화되었다.

창립 이후 현재에 이르기까지 이 학회의 대표들에는 명실 공히 한국사연구를 대표할 수 있는 연구자들이 선임되었다. 이 학회의 대표간사 내지는 회장 및 주요 직책을 역임한 간사들은 다음과 같다.28)

제1대(1967.12.~1969.12.)29)

명예회장	이병도李丙燾	성균관대 교수
회 장	신석호申奭鎬	성균관대 교수
부 회 장	홍이섭洪以燮	연세대 교수
대표간사	한우근韓㳓劤	서울대 교수
섭외간사	손보기孫寶基	연세대 교수
총무간사	김용섭金容燮	서울대 교수

제2대(1969.12.~1972.12.)

대표간사	손보기	연세대 교수
섭외간사	김철준金哲埈	서울대 교수 (1969.12.~1971.03.)
	안계현安啓賢	동국대 교수(1971.03.~1972.12.)
총무간사	차문섭車文燮	단국대 교수 (1969.12.~1971.12.)
	김용섭金容燮	서울대 교수 (1971.12.~1972.12.)

---

28) 한국사연구회의 역대 간사 명단은 『韓國史硏究』 90, 부록편에 수록되어 있다.

29) 한국사연구회는 회칙 상 회장이 학회를 대표하도록 되어 있었으나, 그 운영은 창립 초기부터 대표간사가 중심이 되었다. 창립 초기에 명예회장을 영입한 이유에 대해서는 한국사연구회 편집부, 1992, 「韓國史硏究會 創立 25周年 記念 座談會」『韓國史硏究』 79, 韓國史硏究會, 132쪽에 서술되어 있다.

제3대(1972.12.~1973.12.)[30)]

      대표간사　　김철준　　　　　　　　서울대 교수

      섭외간사　　강만길姜萬吉　　　　　고려대 교수

      총무간사　　한영우韓永愚　　　　　서울대 교수

제4대(1973.12.~1975.12.)

      대표간사　　이종영李鍾英　　　　　연세대 교수

      총무간사　　원유한元裕漢　　　　　국사편찬위원회

제5대(1975.12.~1977.12.)

      대표간사　　강만길　　　　　　　　고려대 교수

      총무간사　　김정배金貞培　　　　　고려대 교수

제6대(1977.12.~1979.12.)

      대표간사　　김용섭　　　　　　　　연세대 교수

      총무간사　　정창렬鄭昌烈　　　　　한양대 교수

제7대(1979.12.~1981.12.)

      대표간사　　이재룡李載龒　　　　　숭실대 교수

      총무간사　　이태진李泰鎭　　　　　서울대 교수

제8대(1981.12.~1983.12.)

      대표간사　　하현강河炫綱　　　　　연세대 교수

      총무간사　　신형식申瀅植　　　　　이화여대 교수

제9대(1983.12.~1985.12.)

      대표간사　　변태섭邊太燮　　　　　서울대 교수

      총무간사　　신형식　　　　　　　　이화여대 교수

제10대(1985.12.~1987.12.)

      대표간사　　차문섭　　　　　　　　단국대 교수

      총무간사　　김광수金光洙　　　　　건국대 교수

제11대(1987.12.~1989.12.)

      대표간사　　이희덕李熙德　　　　　연세대 교수

      총무간사　　최병헌崔柄憲　　　　　서울대 교수

제12대(1989.12.~1991.12.)

      회　　장　　한영우　　　　　　　　서울대 교수

      총무간사　　정옥자鄭玉子　　　　　서울대 교수

제13대(1991.12.~1993.12.)

      회　　장　　정창렬　　　　　　　　한양대 교수

---

30) 제3대 대표간사의 임기가 1년에 머물렀던 까닭은 대표간사가 당시 국정교과서
　　집필에 참여함에 따라 학회의 대표직을 사임했기 때문이다.

　　　　　총무간사　　권태억權泰檍　　　　서울대 교수
　　　제14대(1993.12.~1995.12.)
　　　　　회　　장　　유승주柳承宙　　　　고려대 교수
　　　　　총무간사　　조　광趙珖　　　　　고려대 교수

　　한편, 창립 회칙에서는 회장 및 대표간사를 포함한 임원의 임기를 3년
으로 규정하고 있었고, 임원은 중임할 수 있되, 간사는 매년 3분의 1을
교체하는 것을 규정했었다. 이 모든 임원들은 무보수 봉사를 원칙으로 하
고 있었고 이 전통은 현재까지 지속되고 있다. 이 창립 회칙의 규정에 따
라서 초대 대표간사(한우근) 및 2대 대표간사(손보기) 때에는 대표간사의 임
기 중에 각각 한 차례씩 간사의 1/3이 교체되었다. 그러나 1973년 개정
회칙에 의해서 대표간사의 임기가 2년으로 축소되었고 임기 중 간사 교
체에 관한 조항이 삭제되어 오늘에 이르고 있다. 창립 회칙에서는 간사회
에 섭외간사·총무간사·연구 간사(고대사부·중세사부·근대사부)를 설치하는
것으로 규정되어 있었다. 그리고 간사회에서 회장 다음으로 섭외간사의
역할을 중요시했다. 창립회칙에 규정된 간사의 구분에 관한 규정은 1973
년 12월에 취임한 제4대 대표간사(이종영) 당시에 추진된 회칙 개정 때에
삭제되었다.
　　이 이후 간사의 구분에서는 회의의 업무 처리를 위해 총무간사가 주요
역할을 맡게 되었고, 그 밖의 간사들의 명칭은 대표간사 내지는 회장의
판단에 따라 적절히 부여되었다. 즉 1973년 개정 회칙에서는 간사의 구
분에 관한 구체적 언급이 제외되었지만, 대표간사는 간사의 임명 과정에
서 섭외간사라는 직책을 제외했고, 대표간사 아래 총무간사·편집간사·연
구간사를 두었다. 그러나 제5대 대표간사(강만길) 때에 이르러 총무·편집·
연구 간사 외에 섭외간사가 다시 위촉되었고, 조직 간사와 지방간사가 임
명되었다. 그 후로는 간사의 구분을 총무간사와 연구간사·지방간사 등으
로 단순화시킨 경우도 있었고, 발표간사·사업간사를 새롭게 신설하여 학
회의 활성화를 기해 보고자 노력한 때도 있었다.

그러나 이러한 구체적 간사의 명칭에 구애됨이 없이 매 회기會期의 대표간사들은 한국사 영역의 전공 분야와 소속 대학 등을 참조하여 간사들을 임명했다. 이러한 간사들의 직책은 대개가 서울 시내에 소재한 대학의 중견 한국 연구자들이 거주하고 있었으며, 지방에 거주하는 연구자가 서울을 중심으로 하여 매월 개최되는 간사회의 및 월례 발표회에 참여하기가 사실상 어렵다는 이유에서 나온 것이었다. 그러나 이 학회에서는 지방에 거주하는 연구자들을 포괄하고, 지방에서의 한국사 연구를 촉진하며 회원 확보와 논문 수집 등을 위해서,[31] 지방간사 제도를 시행하기도 했다. 지방간사 제도는 제5대 대표간사가 활동을 시작한 1976년부터 현재 (1995년)에 이르기까지 간헐적으로 시행되었다.

이 지방간사 제도는 제6대 대표간사(김용섭) 때와 제12대 회장(한영우) 이후 13대 회장(정창렬) 때까지 지속되었고, 14대 회장(유승주) 때에 이르러 그 명칭을 지역간사로 개칭했다. 그 명칭이 지역간사로 개칭된 까닭은 '서울'과 '지방'이라는 대칭적인 개념보다는 '지역地域'이라는 병존적並存的 단어를 채택함으로써 각 지역의 한국사 연구자들과 유대를 강화하고, 논문 심사를 비롯한 학회의 사업을 수행할 때에 지역 간사들의 실질적 역할을 기대했기 때문이었다. 그 결과 매월 정례적으로 개최되는 간사 회의 및 월례 발표회에 적지 않은 지역 간사들이 참여하여 학회의 회기 업무를 함께 토론하고 결정해 나가게 됨에 따라 학회의 활성화에 적지 않은 도움을 주었다. 한편, 이러한 간사들은 대체적으로 대표간사 또는 회장이 취임한 초기에 일괄적으로 임명됨이 원칙이었지만, 경우에 따라서는 회장의 임기 중에 간사진이 보강되기도 했다.[32]

이 학회는 창립 초기부터 현재에 이르기까지 대표간사 내지는 회장이 간사회를 소집해왔다. 간사회는 관례 상 하계 및 동계 방학 기간을 제외하고 연간 10여회를 정기적으로 개최해왔다. 최근에 이르러서는 매월 월

---

31) 한국사연구회 편집부, 1990, 『韓國史研究』 71, 韓國史研究會, 129쪽.
32) 이와 같은 사례는 1991년과 1995년의 경우에 확인된다.

레 발표회가 개최되는 날 간사회가 함께 열리고 있으며, 각각 2개월 내외인 여름과 겨울의 방학 기간 중에도 한 차례씩 간사회가 개최되어 왔다. 간사들은 간사회의 참석을 일종의 의무로 인지해왔고 매번의 간사회 때마다 거의 모든 간사들이 참석했다. 그리고 지방 간사 제도가 설정된 이후에 지방 간사들에게는 간사회 참석의 의무가 부과되었던 것은 아니었지만, 최근 국내 교통 사정의 향상에 따라 서울 이외 지역에 거주하는 간사들의 참여율이 높아가고 있다. 이 간사회는 관례에 따라 개최되었고, 여러 회기 업무들이 협의·집행되었다. 이러한 관례를 규정으로 만들어 정리한 때가 1994년 6월이었다.[33]

이 규정에 의하면 간사회는 회원의 입회 승인과 회원의 확대 관리·평의원 회의 소집 요구·연구 발표회의 주관 및 발표자와 토론자를 선정하는 일·연구지의 편찬 및 게재 논문의 일차 심사 등을 맡아서 처리했다. 그 뿐만 아니라 간사회는 한국사 연구에 관한 특별 계획의 수립과 추진 및 연구서의 간행과 운영 재정의 확보·관리 등을 비롯한 필요한 사업을 심의·결정하고 집행했다. 물론 학회의 주요 사업은 학회의 회칙에 따라 평의원회의 심의를 받도록 되어 있다. 그러므로 간사회에서 심의·결정하는 것에는 일정한 한계가 있으며, 회장 내지는 간사회에서 중요 사항이라고 판단하는 안건은 평의원회의 심의를 거쳐서 간사회가 이를 집행하는 것으로 이해하면 될 것이다.

이 간사회의 진행은 개회 선언, 회장 인사, 전회前回 회의록 낭독, 업무 보고(공문 접수 상황·신입 회원 입회 승인·논문 신청 상황·재정 상황), 토의 사항, 폐회 선언 등의 순서로 진행되고 있다. 이 가운데 업무 보고 중 논문 신청 사항을 비롯한 일부 주제는 토의 사항과 밀접한 관계를 가지고 있기 때문에 편의상 토의 사항에서 함께 다루기도 한다. 이 간사회의 토의 결과는 회의록으로 작성되었다.

---

33) 한국사연구회 편집부, 1994, 「한국사연구회 간사회 규정」 『韓國史硏究』 86, 韓國史硏究會, 239쪽.

한편 이 학회의 교정校正 사무 내지 잡무雜務의 처리에 도움을 줄 서기書記의 직책이 간사회 내규로 창립 회칙 이래 설정되어 있었다. 서기의 직책은 대체적으로 석사 과정을 수료한 조교급 회원들 가운데 1~2명이 선정되었고, 이들에게는 최소한의 범위 안에서 수고료를 학회에서 지출하도록 했다.

한국사연구회에는 세 종류의 회의가 있었다. 이 학회의 가장 중요한 회의는 총회이다. 1967년 창립 회칙 이래 현재까지 총회는 매년 12월에 개최되는 것으로 되어 있다. 창립 회칙에서는 총회에서 중요 안건을 의결하고 임원을 선출하는 것으로 규정했다. 창립 회칙에서는 회장이 이 총회를 소집하며, 회장은 "평의원회·간사회 및 회원 1/3 이상의 요청으로서 임시총회를 소집할 수 있다."고 규정했다.

그러나 1973년 개정 회칙에서는 평의원회는 평의원회 의장이 소집하나 대표간사의 요청이 있을 때에는 평의원회 의장이 이를 소집할 수 있다고 명기했다. 이와 같은 조항은 1975년 개정 회칙에서 "평의원회는 평의원회 의장이 주관한다."라는 조항으로 개정되었고, 1989년 개정 회칙에서는 평의원회 의장을 회장이 겸임하도록 규정됨에 따라서 "평의원회는 평의원 의장이 소집한다."고 개정되어 오늘에 이르고 있다. 이 학회의 회의에는 평의원회 이외에 회장이 소집하는 간사회가 있다. 이 간사회에 관해서는 이미 언급한 바 있으므로 여기에서는 생략하고자 한다.

이 학회의 모든 회의는 재적 인원 "과반수의 참석으로 성립되고, 의결은 참석 인원 과반수로 한다."고 규정되어 왔다.[34] 그러나 1989년 개정 회칙에서는 "본 회칙本會則의 개정改正 및 본 학회本學會의 해산解散은 평의원회平議員會의 의결을 거쳐 총회總會에서 출석회원出席會員 3분의 2의 가결可決을 요한다."고 규정되어 있다. 그러므로 기존의 회칙에서는 학회의 회칙 변경이나 해산과 같은 중요한 사항의 가결을 위해서는 좀 더 신중을 기하도록 요구하고 있다.[35]

---

34) 1967년 창립 회칙 제16조 ; 1989년 개정 회칙 제17조 등 참조.
35) 한국사연구회 편집부, 1989, 「한국사 연구회 회칙」『韓國史硏究』67, 韓國史硏

그런데, 현재에 이르러 회원들이 전국에 산재해 있고 회의를 위해서
이들을 소집하여 과반수의 인원으로 성원成員한다는 것은 거의 불가능했
다. 그 동안 이 정족수에 관한 조항은 사실상 사문화死文化되어 있었다.
그러므로 적절한 시기에 이 학회의 회칙이 개정된다면 이 조문에 관해서
는 재고되어야 할 것이다. 한편 이 학회의 회칙에서는 "본 학회本學會는 필
요한 사업事業을 추진推進하기 위하여 특별기구特別機構를 둘 수 있다."고 규
정해왔다. 그러나 아직까지는 이 특별 기구의 설치를 통해서 구체적 사업이
정식으로 진행된 경우는 없었던 것으로 생각된다. 그렇다고 하여 이 조문이
사문화된 것은 아니다. 현재 활발히 전개되고 있는 한국사 연구의 상황을
살펴볼 때 이 학회는 앞으로 이 조문에 의한 특별 기구의 설치와 활동을 기
대해 볼 만할 것이다.

요컨대, 한국사연구회는 1967년에 창설된 이후 3회에 걸친 회칙 개정
을 통하여 학술 활동과 학회 업무의 효과적 수행을 위해서 노력해왔다.
이 학회는 그 동안의 운영 과정에서 어려움이 없었던 것은 아니지만 회
원들과 역대 간사진 및 대표간사 내지 회장들의 희생적인 노력이 한국사
연구와 학회의 발전을 위해서 크게 기여했다.

그러나, 우리는 이러한 사실을 확인하면서 학회의 운영에 요청되는 일
들을 거듭 생각해 보고자 한다. 이 학회는 앞으로 어느 시점에 이르면 시
대와 연구 환경의 변화에 따라 학회의 회칙을 개정하게 될 것으로 생각
된다. 그러한 경우에는 이 학회 회칙 가운데 사문화된 조항에 대한 재검
토 작업과 함께 새로운 변화를 반영하는 조항들을 신설하게 될 것으로
생각된다. 그러한 경우에는 이 학회 회칙 가운데 사문화된 조항에 대한
재검토 작업과 함께 새로운 변화를 반영하는 조항들을 신설하게 될 것이
다. 그리고 어느 때에는 학회 및 임원들의 명칭까지도 재검토하는 것을
시도할 수도 있을 것이다.

究會, 151쪽.

최근에 이르러 학계의 일반적 구분으로는 '학회'란 명칭을 통하여 전
국적 규모의 학회를 상정하고 있다. 그런데 '연구회'라고 할 때에는 연구
동호인의 소규모 모임으로 제한하여 사용하는 경우가 대부분이다. 그리
고 이러한 관념에 따라 대학이나 특정 재단에서 연구자의 논문을 평가할
때에도 전국 규모의 '학회'와 동호인적 '연구회'를 엄격히 구분하고 있다.
그러한 과정에서 '한국사연구회'에서 간행한『한국사연구』가 전국지全國
誌로 제대로 평가를 받지 못하는 어처구니없는 일이 1994년과 1995년에
걸쳐서 자주 발생하기도 했다. 이 때마다 학회는 학보에 논문을 게재한
회원들의 요청에 따라 발송해 주고 한국사학계의 상황을 설명해야 하는
번거로움이 따랐다. 이와 같은 일을 경험한 일부 회원들은 학보의 명칭은
그대로 유지하되, 학회의 명칭을 '한국사연구학회'로 개칭하는 문제를 제
기하기도 했다. 그러나 학회의 명칭을 개칭하는 것은 매우 중대한 문제이
므로 신중을 기해서 논의해야 할 것으로 생각된다.

한편, 수차에 걸쳐서 학회의 기구에 대한 문제들이 제기된 바 있다. 이
과정에서 평의원의 숫자를 30명 내외로 확대하는 방안이 논의된 바 있었
다. 그리고 회장의 임기가 2년이므로 지속적인 장기 사업을 추진하기가
어려운 상황을 극복하기 위해서는 회장의 임기를 3년으로 늘리거나 중임
할 수 있는 방안에 대한 검토가 요청되기도 했다.[36] 또한 이 문제의 극복
을 위해서는 차기 회장을 미리 선임하여 함께 활동함으로써 학회의 사업
에 연속성을 보장하는 방법도 고려의 대상이 될 수 있을 것이다.

한편 학회 임원들의 명칭으로 '간사幹事'라는 용어가 사용되고 있다.
그러나 요즈음 일반적으로 '간사'라 할 때에는 실무 집행자를 뜻하는 용
어로 사용되고 대부분의 학회에서는 '이사理事'란 용어를 채택하고 있다.
이러한 현재의 상황을 감안하여 임원의 명칭을 '간사'로부터 '이사'로 변
경하는 방안을 생각해 볼 수 있을 것이다. 그리고 학회의 문호를 대폭 개

---

36) 한국사연구회 편집부, 1992,「韓國史研究會 創立 25周年 記念 座談會」『韓國
    史研究』79, 韓國史研究會, 147쪽.

방한다는 의미에서 대학 전임 교수들이 학회의 임원을 맡아왔던 관례를
재검토하여 대학의 전임이 아닌 한국사연구자들도 학회의 임원에 취임할
수 있는 방안을 제도화하는 문제도 논의할 수 있을 것이다. 그러나 학회
의 관리와 운영에 무엇보다도 중요한 것은 이러한 명칭이나 기구보다도
한국 사학의 발전을 위한 회원들의 노력이었음을 지난 30여년간에 걸친
운영 과정에서 확인할 수 있었다.

5. 한국사연구회의 재정

학회의 운영에 있어서는 그 재정의 확보가 매우 중요한 일이다. 한국
사연구회의 경우에도 창립 이후 역대 간사진들은 재정의 확보를 위해서
많은 노력을 해왔지만 재정 문제는 아직까지도 현안의 문제로 남아 있다.
이 학회의 회계연도는 매년 1월 1일에서 12월 말일까지로 되어 있다.
1967년 창립 회칙에서는 이 학회의 재정을 '회비, 사업수입금, 찬조금 등
으로 충당한다.'고 되어 있었고 이 조문은 오늘에 이르기까지 큰 변동이
없이 유지되고 있다. 그러나 재정 문제는 학회 창설 초기부터 중요한 문
제로 제기되고 있었다.

그러므로 학회의 창립 직후 학회의 간사들은 각자가 자신의 일 개월분
봉급을 창립 기금을 마련하기 위해서 기부하기로 했다. 그리고 간사들은
임시 수당이 지급되던 1968년 1월에 이를 실천했다. 이 때 회장으로 추
대된 신석호申奭鎬는 20만원을 기탁해 주었다.[37] 창립 당시 학회 재정의
지출에 가장 큰 몫을 차지하고 있는 부분은 학보의 출판비였고, 학보를
계속적으로 간행하는 데에는 많은 재정의 소요가 예상되었다. 이에 학보

---

37) 한국사연구회 편집부, 1992, 「韓國史硏究會 創立 25周年 記念 座談會」『韓國
    史硏究』 79, 韓國史硏究會, 138쪽. 당시 『韓國史硏究』 창간호는 4×6배판 176
    쪽으로 간행되었는데 정가가 800원이었다.

를 출판사와 협조하여 간행하는 문제가 논의되었고, 학보의 간행을 광명
출판사(光明出版社, 사장 이학수李學洙)와 협의하게 되었다. 당시 광명출판사
에서는 이 학회의 회장 신석호가 저술한 중등학교의 국사교과서를 발행
하고 있었던 인연으로 이와 같은 제의를 받았다.

이러한 과정에서 1968년 9월에 간행된 이 학회의 학보인『한국사연구』
창간호부터 1970년 3월에 간행된 제5집까지는 광명출판사에서 제작비를
부담했다.38) 이 때 학회는 이 학보의 편집을 맡고, 광명출판사에서는 출
판과 일반 판매를 책임지는 형태를 취했다. 그리하여 1968년과 1969년에
는 학보가 연 2회 출간될 수 있었는데, 이는 학회의 창립 당시에 계획했
던 연 4회 발간 계획에는 미치지 못하는 것이었다. 그러나 이와 같은 '활
발한' 학보의 간행에 대해서 당시 학계에서는 대단한 사건으로 평가하고
있었다. 이 때 광명출판사에서는『한국사연구』의 정가를 매호每號 800원
으로 정하여 유가 판매를 하고 있었고, 학회에서는 간행된 책자의 일정
부수를 회원들에게 배포했다.

그러나 1970년 후반기에 이르러 광명출판사 측의 사정에 의해서 학회
에 대한 협찬이 더 이상 지속되지를 못했다. 이에 학회는 학보 발행을 위
한 심각한 재정난을 겪게 되었다. 이로 말미암아『한국사연구』제6집은
전호前號가 간행된 지 18개월이 지난 1971년 9월에야 간행될 수 있었다.
『한국사연구』제6집에는 "본회本會의 유지회원有志會員들의 뜨거운 협동協
同으로 출판出版하게 되었음을 밝히고, 이에 유지회원有志會員 여러분들께
사의謝意를 표한다."라는 편집후기가 수록되었다.39)

당시부터 활동했던 일부 회원들의 회고에 의하면, 학보의 제6집부터
제8집까지는 제2대 대표간사 손보기孫寶基가 간행비를 부담하여 발간될
수 있었다. 이 기간 동안 학보에 기고한 논문의 필자들은 대부분 원고료

---

38) 한국사연구회 편집부, 1992,「韓國史硏究會 創立 25周年 記念 座談會」『韓國
史硏究』79, 韓國史硏究會, 141쪽.
39) 한국사연구회 편집부, 1971,『韓國史硏究』6, 韓國史硏究會, 148쪽.

를 학회의 성금으로 기탁하여 학보를 간행하는 데에 협조해 주었다. 그 후 1973년 3월에 간행된 제9집의 경우에는 지식산업사[사장 김우정金宇正]가 출판을 담당해 주었고, 명지대학 학장 유상근兪尙根은 개인적으로 원고료 전액을 희사하여 주었다. 제3대 대표간사를 역임한 김철준金哲埈의 주선에 의해서 학회 원고료를 유상근이 지원하게 되었다.

이와 같은 출판비 및 원고료의 협찬은 제10집이 간행될 때까지 2회에 걸쳐서 지속되었다. 학보 제9집부터 제11집까지는 학회에서 지식산업사로부터 300부의 학보를 구입하여 회원들에게 배포하고 나머지 학보는 지식산업사에서 시판을 하는 조건이었다. 이러한 과정에서 지식산업사가 경영상 어려움이 발생했지만, 학보 제11집까지는 1975년 9월 지식산업사[사장 김경희金京熙]의 협찬으로 간행될 수 있었다.[40]

이 학보에 게재되는 원고에 관해서는 소정의 원고료를 지급해왔다. 그러나 현재 이 원고료는 매우 형식적인 액수에 불과하다.(200자당 300원) 그리고 일부 학회에서는 원고료를 지급하던 관행을 정리했고, 경우에 따라서는 게재료를 받는 방식으로 전환되어 가고 있다. 앞으로 이 학회에서는 이러한 점을 참조하여 학보에 게재되는 원고에 대한 원고료 지급 규정을 개정하는 방안에 대해서도 논의해 볼 수 있을 것이다.

학보의 간행이 출판사의 지원 없이 단독으로 간행되기 시작한 것은 1976년 제5대 대표간사[강만길姜萬吉] 때 이후부터였다. 이 때에 이르러 학회에서는 학회의 자산을 비축하고, 학보를 정기적으로 학회 자신의 책임 아래 간행하고자 했다. 이에 학회는 회원제를 강화하여 회비수입의 증대를 시도했고, 종신회원제를 도입하여 종신회원들이 납부하는 회비로 학보 간행에 필요한 경비를 우선 지출하게 되었다. 종신 회원제를 설정한 것은 학회의 기금을 확충하기 위한 노력이기도 했으나, 학회의 급박한 재정 사정으로 인하여 종신회원들이 납부한 종신 회비는 사실상 비축되지

---

40) 한국사연구회 편집부, 1992, 「韓國史硏究會 創立 25周年 記念 座談會」『韓國史硏究』 79, 韓國史硏究會, 141쪽.

를 못하고 최근까지 학보 간행에 우선적으로 충당되었다.

그러나 종신회원의 확보가 한계에 이르고 있으며, 종신 회비가 기금으로 비축되어 있지도 않은 상황에서 종신회원들에게 발송하는 학보의 비용이 현재로는 적지 않은 부담이 되고 있는 실정이다. 학회에서는 종신회원에게 약속한 학보의 발송은 어떠한 경우에라도 충실히 이행할 것을 다짐하고 있다. 이와 함께 학회는 출판비를 확보하기 위하여 독자적 사업을 추진하기도 했으며, 특정 재단이나 독지가의 지원을 받기 위해서 노력하고 있다. 한편, 학회에서는 1976년 이래 독자적으로 간행해온 학보의 재고본들을 현재는 서울 종로구 평동平洞에 소재한 한국연구원韓國研究院의 창고 겸 사무실에 보관하고 있다. 대략 1980년을 전후한 시기부터 한국연구원의 호의로, 무료로 이 곳을 사용해 오고 있다.

그 후 학회는 1994년 6월에 이르러 '회비관리규정'을 정하여 회비의 종류 가운데 특별 회비제를 설정하게 되었다.41) 이 특별 회비는 종신 회비(일반 회비 20년분)의 5배에 해당하는 금액으로 정했다. 그리고 향후 납부되는 이 특별 회비와 종신 회비의 경우에는 기금으로 비축하여 학회는 그 이식利殖만을 사용할 수 있도록 규정했다. 한편 종신 회비는 그 제도가 시행된 1976년 이래로 분납을 허용했다. 그러나 이 분납제는 종신 회비의 운용에 문제를 제기하기도 했다. 일부 종신회원들이 회비의 일부만 납부하고 잔액의 납부를 완료하지 못한 상태에서, 간사진이 교체됨에 따라 미수 회비의 수령에 문제가 생기게 된 것이다. 그리하여 종신 회비를 분납하고자 했던 회원 가운데 종신 회비를 완납하지 않은 회원의 경우에도 계속 종신회원으로 기재되어 종신회원의 대우를 받는 경우도 있었다. 이러한 이유로 인하여 종신 회원제가 학회의 재정에 상당히 압박을 가하는 요소가 되기도 했다.

그러므로 1994년에 제정된 회비 관리 규정에서는 종신 회비의 분납제

41) 한국사연구회 편집부, 1994, 『韓國史研究』 86, 韓國史研究會, 186쪽.

를 지속하되 여기에 일정한 제한을 가하게 되었다. 즉, 종신 회비의 분납은 종신회원의 가입을 승인한 간사진의 임기 내에 완납해야 하는 것으로 규정했다. 그리고 만일 그 임기 내에 완납하지 못했을 경우에는, 이미 납부한 금액을 일반 회비로 전환시키고 이를 해당 회원에게 통보하고 학회에 그 기록을 남겨 놓아 신규 종신회원에 관해서는 합리적으로 관리하기로 했다. 한편 그 동안 종신회원에 가입한 회원 가운데 적지 않은 수는 학보에 원고를 기고한 이후 원고료를 종신 회비의 일차 분납분으로 납부하고, 추후에 종신 회비의 차액을 납부한 회원들이 적지 않았다.

이 학회가 창설된 1967년 당시에는 학회 회비에 관한 뚜렷한 규정이 없었고, 유가로 판매되는 책값의 지불이 회비의 기능을 대신했다. 그리고 학회의 운영을 회비에 의존하기보다는 학회에 대한 유지 회원有志會員들의 찬조가 재정의 주류를 이루고 있었다. 그러나 1976년 이후부터는 학회 재정의 근간을 회비에 두게 됨에 따라서 회비의 비중이 증가되었고, 회비는 물가의 변동에 따라서 인상되어 갔다. 각 연도별 회비의 정액은 다음의 <표>와 같다.

〈표〉 한국사 연구회 회비 추세

연도	학생회비	일반회비	종신회비	특별회비	외국
1976	1,500	2,000	40,000	/	
1977	2,000	3,000	60,000	/	
1978	3,000	4,000	80,000	/	
1979	4,000	6,000	100,000		
1980~1982	5,000	7,000	120,000		
1983~1984	7,000	9,000	160,000	/	$20
1985~1990	8,000	10,000	* 200,000	/	$25
1991~1993	12,000	15,000	** 300,000	/	
1994~1995	15,000	20,000	400,000	2,000,000	$40

* 단체 종신 회비 20년: 200,000원, 10년: 100,000원
** 단체 종신 회비 20년: 300,000원, 10년: 100,000원

학회의 재정을 위해서는 이와 같은 회비 외에도 회원의 찬조금이나 외부의 지원금 및 상금도 중요한 몫을 차지하고 있다. 이 학회가 받은 외부 지원금으로는 학회 창설 초창기 광명출판사의 지원으로 학보 다섯 호가 간행된 것이나 지식산업사의 지원으로 세 번에 걸쳐 학보가 간행된 사실을 우선 들 수 있다. 그리고 특지가의 지원으로는 외부 인사가 2회에 걸쳐서 학보 원고료를 지원했던 사실 및 회원들의 특별 찬조를 들 수 있다. 이러한 지원 외에 1976년 학회에서는 삼성문화재단三省文化財團으로부터 학보 제15집부터 제18집까지 4책에 대한 간행 지원비로 500,000원을 수령한 바 있었다.

그리고 학회는 1984년 제9대 대표간사[변태섭邊太燮] 때에 3회에 걸쳐 문교부 학술 연구 조성비를 수령해서 학보를 간행했고, 그 후에도 대우재단·한국학술진흥재단 등의 간행비 보조를 받은 바 있다. 그리고 이 학회가 전국 역사학 대회를 주관할 때에도 한국학술진흥재단으로부터 대회 경비를 지원 받아 왔다. 그리고 1994년에 갑오농민전쟁 100주년을 맞이하여 이 학회가 개최한 심포지움인 '갑오농민전쟁의 종합적 고찰'도 한국학술진흥재단의 지원을 받아서 진행되었다.

한편, 이 학회는 제8대 대표간사[하현강河炫綱] 때인 1983년 중앙일보사에서 주관하는 제9회 중앙문화대상을 수상했다. 이 때 학회는 학보『한국사연구韓國史研究』의 간행과『한국사연구입문韓國史研究入門』의 편찬을 통해 학계의 발전에 이바지한 공적으로 수상했다. 그리고 1987년 제11대 대표간사[이희덕李熙德] 때도 세종문화상(학술부분)을 수상했다. 이 상은 문화공보부의 심사를 거쳐 국무총리가 주는 상이었는데, 한국사연구회는 국어학회와 함께 이 상을 공동으로 수상했다. 이 때 부상으로 받은 상금은 학회의 재정에 큰 보탬이 되었다.[42]

또한 학회에서는 제7대 대표간사[이재룡李載龒] 때인 1980년도에 기간

---

42) 한국사연구회 편집부, 1992,「韓國史研究會 創立 25周年 記念 座談會」『韓國史研究』79, 韓國史研究會, 143쪽.

본의 판매를 통해서 재정 확보에 도움을 받고자하여 학보의 총판처를 지정해서 학보 기간본의 판매를 위해 노력하기도 했다. 당시 학보의 총판은 태동문화사泰東文化社에 위임되었고, 태동문화사는 1981년까지 학보 총판 업무를 맡고 있었다. 그 후 1984년에는 학보 재고본의 판매처로 통문관通文館을 지정하여 재고본의 판매를 시도했지만 큰 수익을 얻지는 못했다. 그리고 1984년 4월에는 아세아문화사亞細亞文化社에서 학보 제1집부터 제31집까지 영인본 8책을 출간하여 이에 따른 인세를 받아 학회의 재정에 보탠 바 있으나, 이 이후 영인본 간행 사업도 더 이상 추진되지 않았다. 학보의 부분적 영인 작업은 학회의 재정을 확보하기 위한 차원에서 1987년에도 추진된 바 있다. 이 때 학회에서는 학보의 재고본이 매진된 호수號數를 영인해서 보완하여 재고본 보급을 위해 노력한 바 있었다.

학회 재정 확보의 한 방법으로 매번 간행되는 학보에 출판물 광고를 비롯한 광고를 게재하기도 했다. 경우에 따라서는 공익 광고가 학보에 게재된 적도 있었다. 그러나 제한된 부수의 학보에 광고를 게재한다는 것은 광고 효과보다는 협찬의 의미가 더 큰 것이었다. 그러므로 광고주의 지속적 확보에 한계가 있었다. 그 동안 간행된 학보에는 간헐적으로만 광고가 게재될 뿐이었다.

이 학회의 재정에 회비 못지않게 도움을 준 것은 학회에서 편찬한 책의 인세 수입이었다. 학회는 1981년 3월『한국사연구입문韓國史硏究入門』을 편찬하여 간행한 바 있었다. 이 연구 입문서는 간행된 당해연도에 1만부 이상이 판매되어 한국사 분야의 베스트셀러가 되었다. 그리고 이로써 이 책을 통한 인세 수입은 학회의 재정에 적지 않은 도움을 주었다. 그 후 1987년 2월에는『한국사연구입문』제2판이 간행되어 이 책도 적지 않은 부수가 인쇄되었다.

1995년 현재『한국사연구입문』제2판은 판을 거듭하고 있으나, 현재는 유사 입문서의 간행 및 한국사 분야의 눈부신 발전에 따라 새로운 형식의 입문서가 요구되기에 이르렀다. 이『한국사연구입문』외에 1985년

에 간행된 『한국사학사韓國史學史의 연구研究』(을유문화사 간행)도 판을 거듭
하여 1995년도 현재 제5쇄를 간행했다. 이 밖에도 이 학회에서 간행한 『한
국근대사회韓國近代社會와 제국주의帝國主義』(1985, 삼지원)·『청일전쟁淸日戰爭
과 한일관계韓日關係』(1985, 일조각)·『한국사韓國史 전환기轉換期의 문제들』
(1993, 지식산업사)·『근대국민국가와 민족문제』(1995, 지식산업사) 등의 간행
을 통해서도 일정한 인세印稅가 확보되었다.

이와 같이 도서의 간행이 학회의 재정에 중요한 몫을 담당했던 연고로
1985년에는 『한국사연구논문선집韓國史研究論文選集』의 간행이 구체적으로
논의되기도 했다. 이 선집의 간행 계획은 한국사 연구의 활성화를 꾀하
고, 그 연구 성과를 더 많은 회원들에게 알리기 위해서였다. 이 선집은
30권의 책자로 간행될 예정이었으며, 매 책마다 그 책의 주제와 일치되
는 기간 논문들 가운데 대략 12편 내지 15편의 논문들을 선정하여 재록
할 계획이었다.43) 그리고 이 선집의 간행을 구체적으로 추진했으나 논문
선정 과정에서의 문제점 등으로 인하여 이 사업은 포기되었다. 그 후
1993년에도 이와 유사한 작업을 일부 출판사로부터 제안 받은 바 있었
다. 그러나 이 작업은 1994년도에 간사회의 논의 과정에서 보류되었다.

1994년 이 학회에서는, 앞서 언급한 바와 같이, 해방 50주년을 기념하
기 위한 사업을 계획하여 전체 8권 분량의 각 시대별 한국사 연구 입문
서로서 『한국사연구의 평가評價와 전망展望』의 간행을 준비하기 시작했
다. 그리고 이 연구 입문서의 간행 작업을 위해서 해방 이후 50년 동안
간행된 한국사 관계 논저 목록을 정리하여 『한국사논저총목록韓國史論著總
目錄』을 간행하게 되었다. 이 논저 목록은 1995년 말까지는 간행될 것으
로 예상된다. 이러한 간행 사업들은 한국 사학韓國史學의 발전과 학회 재
정의 확보라는 측면에서 계속 진행되고 있다.

요컨대, 한국사연구회는 창립 당시부터 오늘에 이르기까지 재정적 어

---

43) 한국사연구회 편집부, 1985, 『韓國史研究』 48, 韓國史研究會, 185쪽.

러움을 극복하고 학문 활동을 꾸준히 전개해 올 수 있었다. 이러한 과정
에서 학회의 재정이 가장 많이 소요되고 있는 분야는 학보의 간행비였다.
1994년과 1995년 현재를 기준으로 하여 분석해 볼 때 연간 학보 간행비
의 15% 정도는 회비 수입으로 충당되고 있다. 그러므로 회원들이 납부하
는 회비만으로는 2년간 8회에 걸쳐 간행된 학보 가운데 1회분의 간행비
를 충당할 수 있었다는 결론이다. 이와 같은 상황은 1995년도뿐만 아니
라 거의 매 회기마다 반복되는 일이었다. 따라서 학회의 운영을 위임 받
은 각 회기의 간사들은 종신회원의 신규 발굴을 위해 노력해왔고, 회원의
회비 외에 인세 수입과 기타 지원금을 확보하는 일에 많은 힘을 기울여
왔다. 학보의 계속적인 간행은 회원들의 회비 납부와 이러한 노력의 합작
으로 가능했고, 이러한 노력은 앞으로도 계속될 것으로 생각된다.

그러나, 무엇보다도 학보의 안정적 간행과 학회 활동의 활발한 전개를
위해서는 학회의 운영을 위한 일정한 기금의 확보가 요청되고 있다. 더욱
이 이 학회의 운영을 위해 기부금을 기탁하고자 할 경우, 그러한 독지가
들에게 그 기부금에 대한 감세의 혜택을 주기 위해서는 학회의 법인화法
人化 작업이 요청된다. 또한 학회를 사단법인 내지는 재단법인화할 경우,
한국학술진흥재단 등에 각 대학 총학장의 명의가 아닌 학회장의 명의로
학회 회원들의 연구비를 독자적으로 신청할 수도 있을 것이다. 그러므로
학회의 법인화는 학회의 공동 연구 등과 같은 학문 활동을 전개하는 데
에 유리한 조건을 마련해 준다는 측면에서 이를 추진할 만하다고 생각된
다. 그리고 학회의 법인화를 통해서 금융실명제 아래에서 발생하는 복잡
한 문제들도 해결할 수 있을 것으로 생각된다. 그러므로 학회의 법인화
작업은 학회의 효율적 운영과 재정의 확보를 위해서도 추진할 만한 가치
가 있는 일로 생각된다. 이는 학회에서 계속해서 관심을 가져야 할 앞으
로의 과제이다.

6. 맺음말

한국사연구회는 1967년 12월 16일에 창설되었다. 이 학회는 한국사 연구의 독자성을 확보·강화하고, 한국사학계의 요구를 대변하기 위해서 발족했다. 이 학회의 발족 배경에는 국내에서 동양사나 서양사 등과 같은 역사학 분야의 각 학회들이 독자적 활동을 강화하고 있던 시대상에 자극을 받고, 외국의 학계에서 독자적 학회를 형성하여 한국사를 활발히 연구하던 상황을 들 수 있다. 그리하여 학회 창설 이후 오늘에 이르기까지 이 학회는 한국사 연구에서 중추적 연구 단체로 활동해왔다. 즉, 이 기간 동안 한국사연구회는 각종의 연구 발표회와 학보 및 한국사 관계 논저의 간행을 통해서 한국 사학의 발전에 기여해왔다. 그리고 학회의 발기인들이 추진해오던 한국사학과의 독립도 일부 대학에서는 이루어질 수 있었고, 한국사의 연구자들도 다수가 양성되었다. 이러한 측면에서 본다면 이 학회는 창립 당시의 목표에 상당히 충실해왔다고 생각할 수도 있다.

그러나 학회가 창설된 지 28년 후인 1995년 현재의 상황은 학회 창설 당시와는 일정한 차이를 드러내주고 있다. 이제 한국사학계는 연구 분야를 놓고 볼 때, 시대나 전공 영역 등의 세분화를 지향하면서 각 분야별로 별도의 독자적인 학회 활동을 전개하고 있다. 그리고 한국사라고 하는 분야에서도 사관史觀 내지는 역사 연구의 경향이나 연구자의 연령에 따라서 각 시대나 연구 분야를 망라하는 '종합적' 학회가 계속하여 출현하고 있다.

일부 대학에서는 한국사학과 내지 국사학과가 독립되어 인재를 배출해왔지만 대학의 학부제가 논의되고 있는 상황에서 한국사학과 내지 국사학과의 독자적 존재는 다시 위기를 맞고 있다. 한 때는 한국사 연구자들의 순수한 학문적 열정과 유신 시대維新時代의 쇼비니즘 분위기가 공존하는 가운데 '국사'의 중요성이 강조되었던 적도 있었다. 하지만 오늘날에 이르러 한국사는 대부분의 대학에서 교양 필수 과목으로서의 위치를 상실했다. 일반 지성인과 대학인들 사이에서 타오르던 한국사에 대한 열기熱氣는 다시금 냉각기로 접어든 듯한 인상을 주고 있다.

　역사의 연구는 그 사회가 직면한 시대적 요구에의 응답이며, 시대정신을 반영하게 되는 것이라고 한다. 그렇다면 한국사연구회는, 현대 한국 사회에서 자신이 걸어가야 할 길을 정확히 모색해야 할 것이다. 현재의 한국 사회는 민주화의 과제와 함께 민족 통일을 향한 책임을 지고 있다. 그리고 오늘의 한국 사회에는 '세계화'의 논리가 성행하는 와중에서도 민족 문화와 전통의 중요성을 일깨우고 확인해 주어야 할 연구자나 학회를 요청하고 있다. 바로 이와 같은 요청에 응답하여 이 학회는 한국사의 연구자들이 민족사의 흐름을 올바로 파악하여, 민족의 미래와 문화의 발전에 기여하는 데에 도움을 주어야 할 의무가 있을 것이다.

　그러므로 한국사연구회는 항상 현재의 연구 수준을 대변하고 미래를 지향하는 건강한 학회로 자리 매김해야 할 것이다. 그리하여 이 학회는 중견 학자뿐만 아니라 젊은 연구자들에게도 문호를 더욱 넓게 개방하고, 연구 환경의 변화를 감안하여 학회의 기구나 조직 등을 검토할 수 있는 여유를 가질 수도 있을 것이다. 그리고 한국사 연구자들을 하나로 엮어서 학문의 발전을 위한 그들의 견해를 사회와 국가에 대변하고 한국 사학의 국제화國際化를 위한 노력도 전개해 나갈 수 있을 것이다. 이러한 여러 일들이 한국사연구회가 수행할 앞으로의 사업에 포함될 수 있을 것이다.

〈附表 1〉『韓國史硏究』 논문 게재 및 회원 입회 상황

호	간행연월	수록 편 수		면수	신입 회원 수		비고
		논문	서평 등		종신	일반(학생)	
1	1968. 9	4	3	176		82	회칙 등 수록;
2	1968. 12	5	3	190		9	判形 : 四六倍板
3	1969. 3	4	3	192		6	
4	1969. 6	4	2	179		8	
5	1970. 3	6	2	201		17	
6	1971. 9	5	2	150		8	회원 명부 수록
7	1972. 3	7	2	236		21	
8	1972. 9	6	1	189		8	
9	1973. 3	4		210		15	
10	1974. 9	6		243		21	개정회칙 수록
11	1975. 9	6		291		5	
12	1976. 4	3	3	158	14	45	크라운板 간행
13	1976. 7	4	1	158	6	102	
14	1976. 11	5	1	162	3	70	
15	1977. 2	3		165			
16	1977. 4	3		164			회원 명부 수록
17	1977. 7	4	1	143			
18	1977. 10	4		141		7	
19	1978. 2	4		140	5	42	
20	1978. 5	4		153	5	53	
21·22	1978. 9	6		315	10	37	
23	1979. 3	4		145	3	33	
24	1979. 5	5		134	4	48	
25	1979. 8	4		148	4	50	
26	1979. 10	5		149	7	5	
27	1979. 12	4		147		13	
28	1980. 3	4	2	154	4	22	
29	1980. 6	3		140	2	50	
30	1980. 9	2		155			
31	1980. 12	3		160	4	38	
32	1981. 3	3		149		8	
33	1981. 6	3	3	139	5	65	
34	1981. 9	5		146	3	17	
35	1981. 12	5	1	147	1	12	
36	1982. 3	4	1	152	1	15	
37	1982. 6	3	1	173		136	

호	간행연월	수록 편 수		면수	신입 회원 수		비고
		논문	서평 등		종신	일반(학생)	
38	1982. 9	6	3	172	1	24	
39	1982. 12	6		151	2	7	
40	1983. 3	4		142	1	25	
41	1983. 6	4	1	143	2	75	
42	1983. 9	5		167		5	
43	1983. 12	7		183	5	6	
44	1984. 3	5		177	8	20	
45	1984. 6	5	2	173	8	84	
46	1984. 9	6	1	155	7	8	
47	1984. 12	6		187	6	13	
48	1985. 3	7		192	1	22	
49	1985. 6	6	1	182	3	55	
50·51	1985. 12	9		387	18	31	
52	1986. 3	6		208	10	9	
53	1986. 6	5		157	8	47	
54	1986. 9	4		140	4	14	
55	1986. 12	4		126	1	9	
56	1987. 3	3		135	1	10	
57	1987. 6	4		138	6	45	
58	1987. 10	4		162	2	6	
59	1987. 12	4		161	1	7	회칙 수록
60	1988. 3	5		208		7	
61·62	1988. 10	13		404	10	74	
63	1988. 12	3	1	136	5	4	
64	1989. 3	4		145	3	3	
65	1989. 6	4		163	4	56	
66	1989. 9	5		158	4	9	
67	1989. 12	5		151	6	7	개정 회칙 수록
68	1990. 3	3		143		11	
69	1990. 6	4		170	7	66	
70	1990. 9	4		132		5	
71	1990. 12	4		130	3	4	
72	1991. 3	3		121	3	4	
73	1991. 6	4	1	138	1	66	
74	1991. 9	4		162		13	
75	1991. 12	5		186		3	
76	1992. 5	4		138		9	

호	간행연월	수록 편 수		면수	신입 회원 수		비고
		논문	서평 등		종신	일반(학생)	
77	1992. 6	4		126		12	
78	1992. 9	4		156		6	
79	1992. 12	4	1	154		4	
80	1993. 3	4		136		5	
81	1993. 6	4		150		14	
82	1993. 9	4		148		9	
83	1993. 12	4		140		3	
84	1994. 3	5		172	18	5	발표, 간행규정
85	1994. 6	5		186		19	
86	1994. 9	6		188	1	4	
87	1994. 12	5		242	3	8	
88	1995. 3	5	2	210	4	66	
89	1995. 6	6	1	223	2	88	
90	1995. 9	12	1	578	1	11	
91	1995. 12	5	1	185	2	16	
92	1996. 3	4		205	2	18	편집방침
93	1996. 6	6		180	3	236	
94	1996. 9	6		195		28	
95	1996. 12	6		215	2	13	
96	1997. 3	4	5	217	4	30	
97	1997. 6	6		205	5	253	
98	1997. 9	6	2	178	1	37	
99·100	1997. 12	13	1	365	2	14	부록 : 논문총목록
101	1998. 6	6	2	202	3	39	
102	1998. 9	8		292		20	
103	1998. 12	5	3	237	2	29	문헌인용방법 수록
104	1999. 3	6	1	238	4	123	
105	1999. 6	7	3	291		5	
106	1999. 9	7	2	304	3	4	
107	1999. 12	6	4	214		9	
108	2000. 3	6	1	188	2	15	
109	2000. 6	6	2	247	1	29	
110	2000. 9	6	3	205	1	10	
111	2000. 12	7	3	253	2	7	
112	2001. 3	7	2	245	4	7	
113	2001. 6	7	3	241	2	8	
114	2001. 9	8		269		9	

호	간행연월	수록 편 수		면수	신입 회원 수		비고
		논문	서평 등		종신	일반(학생)	
115	2001. 12	7	2	261	3	7	간행규정 수록
116	2002. 3	6	2	209		2	간행규정 수록
117	2002. 6	7	2	277	1	22	간행규정 수록
118	2002. 9	8	1	258		5	
119	2002. 12	7	2	258	1	7	
120	2003. 3	9	1	290	7	14	
121	2003. 6	7	1	224	4	16	
122	2003. 9	11	2	328	1	12	
123	2003. 12	11	2	408	2	7	
124	2004. 3	8	1	296	2	5	간행규정 수록
125	2004. 6	7	2	309	1	10	
126	2004. 9	8	3	345	1	1	
127	2004. 12	9		319	1	1	
128	2005. 3	8	2	314		6	
129	2005. 6	5	5	318		5	
130	2005. 9	10	1	345	4	2	
131	2005. 12	10		321		3	
132	2006. 3	8	1	321	2	2	
133	2006. 6	6	4	266		3	
134	2006. 9	8	2	337		6	
135	2006. 12	10		310	1	1	
136	2007. 3	9	2	353	4	2	
137	2007. 6	10		370	3	8	
138	2007. 9	7		296			
139	2007. 12	6	2	264		1	
140	2008. 3	9		298	2	3	
141	2008. 6	9		314	2	8	연구윤리규정 수록
142	2008. 9	11	1	438	2	3	
143	2008. 12	10		421		3	
144	2009. 3	8	4	374		4	
145	2009. 6	9	4	443		3	
146	2009. 9	8	3	394			
147	2009. 12	9	3	405		3	
148	2010. 3	6	1	274		7	투고지침 수록
149	2010. 6	8	4	434		9	
합계		847	146	32,089			

〈附表 2〉『韓國史研究』게재 논문의 시기별 분류*

연도	원시~삼국	통일신라	고려	조선전기	조선후기	개항기~통감부	일제시기	해방이후	서평 등	총계
68	1	1	1		3	3			6	15
69			2	3	4				4	13
70	1		1	3		1			2	8
71	1			1	2	1			2	7
72	2	1			5	3	1		3	16
소계	5	2	5	7	14	8	1	0	17	59
73	1		1		1	1				4
74			2		2	2				6
75	2	1			1	2				6
76	4		3	2	1	1	1		5	17
77	3	2	4		1	1	3		1	15
소계	10	3	10	2	6	7	4	0	6	48
78	2	1	4	4			3			14
79	8	4	2	3		4	1			22
80	4	1	4	2	1	3	1		4	20
81	3		7	2	1	1	2		4	20
82	3	2	8	2	1	2	1		4	23
소계	20	8	25	13	3	10	8	0	12	99
83	4	7	2	1	1	3	2		1	21
84	4		7	1	1	4	6		3	26
85	2	3	4		2	6	4		1	22
86	3	2	2	1	4	3	4			19
87	2	1	2	2	4		4			15
소계	15	13	17	5	12	16	20	0	5	103
88	5	2	4	2	4	2	2		1	22
89	3	3	1	2	4	3	1	1		18
90	2		6	1	2	3	1			15
91	1		5	2	2	2	2	1	2	17
92	4		2	1	2	1	2			12
소계	15	5	18	8	14	11	8	2	3	84
93	2		3	2	4	1	3	1		16
94	4		2	3	3	5	3	1		21
95	1		1	3	6	5	8	4	5	33
96	2	3	4	5	1	2	4	1		22
97	8	3	6	2	5	1	4		8	37
소계	17	6	16	15	19	14	22	7	13	129

연도	원시~삼국	통일신라	고려	조선전기	조선후기	개항기~통감부	일제시기	해방이후	서평 등	총계
98	7		4	4	5	1	2		5	28
99	3		4	6	6	2	3	2	10	36
00	2	2	2	2	3	1	11	2	9	34
01	3	1	1	2	9	2	9	2	7	36
02	4	4	6	3	3	1	2	5	7	35
소계	19	7	17	17	26	7	27	11	38	169
03	6	8	6	2	10	3	2	1	7	45
04	2	3	7	3	7	1	5	4	7	39
05		3	5	5	9	2	2	7	9	42
06			6	3	10	3	6	3	8	39
07	7		7	1	8	3	3	3	2	34
소계	15	14	31	14	44	12	18	18	33	199
08	4	4	7	4	7	3	7	3		39
09	7	2	4	4	4	3	5	5	11	45
10**	5		2		4	3			5	19
소계	16	6	13	8	15	9	12	8	16	103
총계	132	64	152	89	153	94	120	46	143	993

* 92년까지는 『韓國史硏究』 제79집의 한국사연구회 창립 25주년 기념 좌담회에 실린 내용에 서평 등을 추가하여 정리한 것이다.

** 2010년도의 통계는 148집 및 149집에 수록된 논문만을 포함한 수치이다.

제2장 한국사 연구의 동아시아적 맥락

1. 머리말

역사학 연구에 있어서 일정기간 동안에 전개된 연구업적을 검토하고 앞으로의 연구방향을 가늠해 보는 일은 해당 분야의 발전에 있어서 필수적으로 요청되는 작업이다. 이 점에 입각하여 생각해보면, 한국사연구에 대한 회고와 전망은 해당 분야의 전공자들에게 자신의 연구를 반성적으로 살펴볼 수 있는 기회를 줄 뿐만 아니라, 다른 시대나 분야를 전공하는 연구자들에게 역사학의 연구경향에 대한 전반적 조망을 가능케 해준다. 그리고 이와 같은 전망을 통해 각 시대의 연구자들은 한국사연구자들이 가지고 있는 학문적 문제의식을 공유하면서, 자신의 연구가 지엽말단적인 소재주의적 연구에 그치지 않고 전체 한국사의 맥락에서 역사를 연구할 수 있는 건전한 성찰의 기회를 갖게 해 준다.

2005년도 한국사학계의 학문적 성과는 그 양적 측면에 있어서 다른 어느 때 보다도 풍성한 수확을 얻었다고 할 수 있다. 역사학회에 제출된 2005년도 각 시대별 회고와 전망에서 제시된 통계를 보면 한국현대사 부분을 제외하고도 대략 1,150여 편의 연구논문들이 발표되었으며, 조선왕조가 성립된 이후 그 멸망에 이르는 기간 동안에 관해서만도 대략 150여 종의 전문 연구서적들이 간행되었음을 알 수 있다. 연구업적이 그 양적 측면에 있어서 이처럼 급속한 성장을 해왔다는 사실이 바로 연구의 질적 향상을 뜻하는 것으로 연결되지는 않겠지만, 한국사의 활발한 연구는 바

람직한 현상으로 생각된다.[1]

　2005년도 한국사의 연구가 비교적 활발하게 전개될 수 있었던 데에는 해방 60주년, 을사조약 100주년, 한일협정 40주년 등과 같은 역사적 계기를 2005년도에 맞이했다는 사실을 우선 기억할 수 있다. 그리고 2005년도에는 중국의 동북공정이나 일본의 교과서 파동 등과 같은 사건의 여파가 작용한 까닭으로 생각할 수도 있다. 그러나 이 역사연구는 한국사학계가 자신의 역사를 정리하고 이를 공유하고자 하는 노력을 다른 어느 때보다도 더욱 강하게 전개시켜갔던 결과이기도 했다.

　한국사연구자들이 2005년도에 성취한 업적에 대한 회고와 각 분야의 연구에 대한 전망은 각 시대별 비평논문들을 통해서 충분히 제시될 수 있을 것으로 생각된다. 본 총론 부분은 역사학회에 이미 제출된 기존의 시대사별 비평논문에 서술된 내용들과 한국사연구휘보에 수록된 총설적 자료들을 중심으로 하여 서술하겠다. 따라서 이 글은 2005년의 연구 성과를 정리한 동학 제현들의 연구업적에[2] 철저히 의존하고 있음을 먼저 밝힌다. 그러나 이 총론 부분에서는 한국사연구자들이 상호 공유해야 하는 사료나 연구방법론 등에 관한 몇몇 성과들을 정리해 보고자 한다. 이에 이어서 각 시대사별 주요 연구 성과나 논쟁점 등에 관한 부분을 개략적으로 제시하고자 한다.

---

1) 각 시대별 회고와 전망을 시도한 비평논문을 통해서 밝힐 수 있는 2005년도 연구 논저의 편수는 다음과 같다. 고대사 연구논저 300여 편, 고려시대사 연구논저 110여 편, 조선전기사 논저 30편과 논문 187편 합계 217편, 조선후기사 논저 101편과 논문 289편 합계 390편, 한국근대사 논저 20편과 논문 110편 합계 130편으로 집계될 수 있다. 한국현대사의 비평논문에서는 그 분석대상의 논저 총수에 대한 언급이 따로 되어 있지 않다.

2) 이 글에 이어서 수록된 다음과 같은 비평논문을 참조할 수 있다. 김창겸, 「확대되는 한국고대사, 2005년 회고와 전망」 ; 이진한, 「고려시대사 연구의 성과와 현실」 ; 鄭在薰, 「조선전기사의 검토」 ; 송양섭, 「2005년 조선후기사 연구의 흐름과 전망」 ; 李榮昊, 『동아시아 국제질서의 변동과 대한제국 평가논쟁 ; 2005년 한국근대사의 연구경향』 ; 박태균, 『연구영역, 역사관, 서술기법의 확장, 그리고 논쟁의 시작』.

2. 한국사 연구의 계기적 조건

지난날 역사의 연구는 시대를 초연하여 전개해 나가야 할 것으로 생각해 왔다. 그러나 오늘날에 이르러서는 역사연구가 현재의 상황으로부터 일정한 영향을 받게 됨을 부인하기 어렵게 되었다. 한국사 연구자들 가운데 적지 않은 사람들은 자신이 처해 있던 역사적 환경이나 직접 체험한 역사경험에 입각하여 자신의 연구주제를 정련해 나가고 있다. 그렇다면 한 시기의 역사학 연구가 가지고 있는 특성을 파악하는 데에도 그 시대가 가지고 있는 대내외적 조건에 대해서 살펴보아야 한다.

2005년도는 대내적으로 볼 때 역사에 대한 반성이 강하게 강조되던 해였다. 예를 들면, 동학농민혁명 참여자의 명예회복을 위한 법이 제정되었고 2005년도에는 이를 위한 구체적 노력이 지방자치단체를 단위로 하여 광범하게 전개되어 나갔다. 또한 친일반민족 행위자에 대한 조사가 진행되었다. 그리하여 해방이후 현대사에 있어서 문제시되는 과거사 정리를 위한 노력이 국가적 차원에서 전개되었다. 과거사를 정리하여 역사를 정립하기 위한 이와 같은 노력에 대해 한국사회 일각에서는 문제가 제기된 바도 있다.

그러나 과거사 정리는 식민지 경험을 가지고 있는 독립국가라면 반드시 거쳐야 할 과제였다. 그리고 우리가 뒤늦게나마 과거사를 밝히고 정리하고자 하는 것은 일견 한국현대사회의 성숙성을 나타내 주는 일이기도 하다. 물론 우리 사회의 성숙성은 과거사의 처리와 관련된 의연한 자세를 통해서 더욱 증명될 터이지만, 2005년도 우리 사회는 언제인가는 매듭지어야 할 작업을 본격적으로 수행하기 시작했던 것으로 생각된다. 그리고 이와 같은 대내적인 분위기와 관련하여 한국사학계에서도 개항기 및 식민지시대를 거쳐 오늘에 이르는 한국근현대사의 주요 문제들에 대한 본격적 재검토 작업과 이 시대가 가지고 있는 역사적 의미를 다시 궁구해 보고자 하는 움직임이 일어났다.

한편, 국내에서는 2003년도에 '신행정수도 특별법'이 재정되었지만 이에 대한 찬반논쟁이 치열하게 일어났다 이 논쟁은 2004년도 10월 헌법재판소에서 이 법안을 위헌으로 판단할 때까지 활발히 전개되었다. 그리고 그 문제와 관련된 역사적 경험을 정리하기 위한 작업이 일어났다. 이 과정에서 고대사회부터 근현대에 이르기까지 천도와 관련된 주제에 관한 연구가 새롭게 전개되었다. 그리하여 2005년도 학계에서는 왕경王京(수도)이나 천도遷都에 관한 주제들이 폭넓게 연구되었고, 왕경에 대비되는 지방에 대한 연구도 진행되었다.

2005년도의 남북관계에서 특이한 점은 남북 역사학계간의 연대 연구 활동이 강화되었다는 사실을 들 수 있다. 그 공동 연구 활동은 단군과 고조선을 주제로 한 공동학술회의를 통해서 대표된다. 분단이후 남측의 단군학회와 북측의 조선력사학회가 수행한 공동연구의 성과인 '남북학자들이 쓴 단군과 고조선연구'를 출간했다. 이는 남북한의 역사학자들이 공동연구를 수행할 수 있다는 소중한 경험을 제공해준 학술회의였다.

이와 같은 대내적인 조건에 못지않게 2005년도에는 한국사의 연구에 자극을 준 대외적 사건들도 적지 않았다. 즉, 중국의 동북공정이 진행되는 과정에서 한국고대사 및 한중관계사에 대한 많은 문제들이 제기되었다. 이 동북공정에 대한 한국학계의 대응은 2004년도에 고구려연구재단이 결성된 이후 활발하게 전개되어 갔다. 고구려연구재단은 2005년도에도 고구려사를 비롯하여 한국고대사 전반에 걸친 방대한 연구 성과를 학계에 제시해 주었다. 그 결과 고대사 특히 고구려사를 중심으로 하여 각 시대에 걸친 한중관계 등이 집중적으로 연구될 수 있었다.

2005년도를 전후해서 해외이주 한인들에 대한 역사의 연구도 강화되고 있었다. 왜냐하면 2003년은 미주한인 이민 100주년과 러시아 한인이주 140주년에 해당되던 해였다. 그리고 2005년은 멕시코 이민 100주년을 기념하게 되었다. 이러한 과정에서 한인들의 해외이주 및 강제동원이나 강제이주에 관한 관심이 강화되어 그 연구결과가 바깥으로 나타날 수 있었다. 그리고 중국의 조선족, 미주 한인, 러시아의 고려인 및 멕시코의 한인 등에 관한 학술적 연구가 가능하게 되었다.[3]

한편, 2005년도의 대일본 관계는 많은 문제점을 제기했다. 일본은 과거 20세기 이후 한국현대사의 전개에 강력한 영향을 미친 국가 가운데 하나였다. 특히 2005년도 한국은 그 일본과 관련되는 여러 사건을 기억할 수 있었다. 즉, 1905년에는 이른바 '을사조약'이 강요되었고, 이로써 일본은 한국에 대한 본격적 침략과 지배를 강행시켜나갔다. 2005년은 바로 '을사조약'이 체결된 지 100주년에 해당되는 해였다. 또한 1945년 한국은 일본의 식민지배로부터 해방되었다. 따라서 2005년의 광복절은 간지干支에 따른 시간 계산에 있어서 새로운 획기점으로 인식되고 있는 그 60주년을 기념하는 해였다. 한일협정이 체결된 해는 1965년으로서, 2005년은 한일협정 40주년인 해가 되었고, 이를 기념하여 한일 양국정부는 2005년을 '한일 우정의 해'로 섣부르게 선포하기도 했다.

그러나 일본 수상의 야스쿠니 신사 참배문제와 독도문제 그리고 일본 역사교과서 문제 등으로 인해서 한일양국의 관계는 최근 어느 때보다도 경직되어 가고 있었다. 이러한 과정에서도 1905년의 '을사조약'과 관련된 연구들이 다수 출현했다. 특히 2001년도에 발생한 바 있었던 일본역사교과서 검정파동 이후 전 시대全時代에 걸친 한일관계사 연구가 폭넓게 진행되었다. 이 연구는 2002년도에 조직되어 활동하기 시작한 한일역사공동연구위원회 한국측 위원회가 주도하여 진행시켜 나갔다.

한일역사공동연구위원회의 경우, 일본 역사교과서의 문제점을 바로잡기 위한 노력의 일환으로 일본인 학자들과 공동연구주제를 선정하여 연

---

3) 윤병석, 2005, 『해외동포의 원류 ; 한인 고려인 조선족의 민족운동』, 집문당 ; 김게르만, 『한인이주의 역사』 ; 최덕규, 『러시아의 동아시아 정책과 한인』 『한국사학보』 19 ; 인천시 역사자료관 역사문화연구실, 2005, 『멕시코 이민 100년의 회상』, 인천광역시 역사자료관.

구를 수행해 왔다. 그 '공동연구'는 상호간의 합의에 의해 연구주제를 결
정하고, 그 주제와 관련된 연구를 양국학자들이 각기 별도로 진행하되,
상대방이 연구한 주제에 대해 공동토론을 통해서 진행되는 형식을 취했
다. 일본의 중등학교 역사교과서 서술을 바로잡기 위해서는 그 서술의 기
본이 되는 특정 역사에 대한 사실 인식이나 역사관을 바로 잡는 문제가
선행되어야 했다. 이러한 판단 아래 한일 양국의 정부 당국자와 학자들은
교과서 문제를 직접 다루지는 못했지만, 그 근본이 되는 역사문제를 우선
다루는 데에 합의했다. 그리고 양국의 학자들이 합의한 19개의 연구주제
에 대한 공동연구를 진행했다. 이와 같은 방법으로는 현재 일본 교과서에
문제되고 있는 부분을 당장 해결하는 데에는 어려움이 있었다. 그러나 그
연구의 결과는 교과서 서술의 기본이 되는 여러 문제들에 관한 논의를
통해서 교과서의 집필자들에게 참고자료를 제공하게 되었다. 그리고 일
본 문부과학성에서 역사교과서의 검정기준을 설정하는 데에도 객관적 연
구 자료를 제공해 줄 수 있게 되었다.

이 위원회에서는 양국위원들의 연구 토론결과를 6책의 최종보고서로
간행했다.[4] 그리고 동 한국측 위원회에서는 위원들의 논문과는 별도로
19개의 대 주제를 연구하는 데에 필수적으로 요청되는 103개의 세부 연
구주제를 정해서 국내의 학자들에게 연구를 진행시켰다. 그 결과 『한일
관계사연구논문집』(전10책)이 간행되기에 이르렀다.[5] 그러나 이 논문집에
수록된 거의 모든 논문은 양국관계의 수많은 역사문제 가운데 양국의 위
원들이 상호 합의할 수 있었던 19개 대주제와 관련된 논문만이 수록되었
으므로 한일양국에 관한 모든 문제들이 포괄되어 있지는 않았다. 또한 동
위원회에서는 일본 교과서 문제를 직접 다루지를 않았다.

한편, 한일양국의 역사교과서에 관한 문제가 제기되자, 대안교과서를

---

4) 한일역사공동연구위원회, 2005, 『한일역사공동연구보고서』, 한일역사공동연구
   위원회.
5) 한일관계사연구논문집 편찬위원회, 2005, 『한일관계사연구논문집』, 경인문화사.

편찬하기 위한 노력들이 일어났다. 그 결과 일본교과서바로잡기 운동본부에서는 '아시아평화와 역사교육연대'를 구성하여 일본과 중국을 함께 아우르는 동아시아의 역사교과서가 가지고 있는 문제에 대한 본격적 토론에 들어갔다. 그리고 한중일역사부교재 개발을 위한 노력에 착수하여 일정한 연구 성과를 얻게 되었다.

2005년도는 이와 같이 일본역사교과서가 우리 학계에 던진 문제들에 대한 한국 연구자들의 응답과 대안제시가 계속되었다. 그 과정에서 일본 역사교과서의 문제점을 직접 분석하고, 그 서술상의 오류에 대한 학문적 연구가 진행되기도 했다. 일본역사교과서 문제와 관련된 대중서들이 대거 출판되었다. 이와 함께 우리의 역사교과서에 대한 분석도 진행되었다.

이와 같은 사항들을 살펴볼 때 2005년도의 역사연구는 한국사회가 가지고 있는 대내외적 요구에 부응하면서 활발히 전개되었던 사실을 확인하게 된다. 그러나 이 대내외적 여건에 대응하는 한시적 연구들은 긴 안목으로 볼 때 역사학연구의 약藥과 독毒이 모두 될 수 있다. 역사학계는 한국사회가 요구하는 학문적 사항에 대해서 충분한 연구를 제공해야 한다. 그러나 이와 같은 외적 요구 때문에 역사학 연구에서 연구 분야별 쏠림 현상이 일어난다면 이는 결코 바람직한 현상일 수만은 없다. 동시에 이러한 사회의 요구에 대응하는 대증요법적對症療法的 연구는 역사학 전체의 발전을 저해할 수도 있다. 그러므로 우리 역사학계는 대증요법적 연구에만 매몰되지 말고 한국사의 구조적 이해를 위해서 필요한 역사학의 근본적 문제들에 대한 연구에 결코 태만해서는 안 된다고 생각한다.

3. 한국사 연구를 위한 기반의 조성

역사학 연구를 위해서는 역사학에 관한 각종 색인 작업과 함께 각 분야에 걸친 연구입문서나 연구사에 관한 정리 작업이 요청된다. 또한 역사를 해석하는 이론에 대한 연구도 당연히 수반되어야 한다. 물론 한국사의 연구는 인접 한국학 분야와의 연계 하에 학제간의 연구가 진행되어야 하며, 한국사의 이해와 관련이 깊은 보조과학들에 대한 인식도 요청된다. 한국사연구를 위해서도 이와 같은 원칙이 거듭 확인되어야 한다.

한국사를 연구하는 데에 필요한 시각은 한국학의 연구 성과를 통해서도 얻을 수 있다. 원래 한국학은 통합인문학으로서의 성격을 가지고 있고, 한국학의 중심에는 역사학이 자리 잡고 있기 때문이다. 2005년도에는 한국학의 연구 방향과 방법에 관한 고민이 계속해서 표출되고 있었다.[6] 그러나 2005년도 한국사학계에서는 본격적인 역사이론이나 사관 그리고 그 연구방법론을 제시해주고 있는 본격적 입문서 종류를 찾아 볼 수는 없었다.

한편, 최근의 한국사연구사를 종합하적으로 검토하기 위한 노력도 표출되었다. 그 결과 이화여자대학교 한국문화연구원에서는 『한국사연구50년』을[7] 간행할 수 있었다. 이 책은 총설에 이어서 한국고고학 연구에 관한 연구사적 정리 작업을 먼저 수록하고 있다. 여기에 이어서 고대사, 고려사, 조선전기사, 조선후기사, 한국근대사, 식민지시대사, 한국현대사의 연구동향에 관한 정리 작업을 시도했다. 또한 전근대 여성사연구의 현황과 과제 및 근대 여성사연구가 걸어온 50년간의 발자취를 정리해서 제시해 주었다. 각 연구주제별로 전문적 연구자들에 의해서 집필된 이 연구입문서는 해방이후 50년간에 걸친 연구 성과를 되짚어 보고, 21세기 한국사연구의 전망을 제시해 주고 있다.

최근 한국사의 연구는 장족의 발전을 거듭하여 각 시대별로 다양한 주제들이 연구되고 있다. 그리고 이 한국현대사회에서 성취한 연구업적들에 대한 심도 깊은 정리를 위해서는 각 시대별로 본격적인 연구입문서의 출현이 요청되고 있다. 이와 같은 상황에서 김정배 편저로 『한국고대사

---

6) 한영우 외, 2005, 『21세기 한국학, 어떻게 할 것인가』, 푸른역사, 208쪽.
7) 이화여자대학교 한국문화연구원 편, 2005, 『한국사연구50년』, 혜안, 564쪽.

입문』이[8] 간행되었다. 이 책의 1권은 '한국문화의 기원과 국가형성' 편
에서는 한민족의 기원과 형성, 선사시대의 예술과 신앙, 한국고고학의 시
대구분문제, 삼한의 기원과 국가형성 등 13개의 주제에 관한 연구사가
제시되어 있다. 그리고 2책 '삼국시대와 동아시아' 편에는 고구려의 성립
과 발전을 비롯한 13개의 연구주제들에 관한 입문이 수록되어 있다. 마
지막으로 3책 '신라와 발해' 편에는 신라통일론과 남북국 성립론, 발해의
성립과 발전 등 14편의 연구주제에 관한 검토 작업을 수행하고 있다. 이
책은 각 주제에 대한 연구 입문적 서술에 이어서 주요 논문들을 정선하
여 참고자료로 제시해 주었다. 이로써 이 연구입문서는 모두 한국고대사
연구에 있어서 핵심적 주제가 되는 40개 항목에 대한 연구사적 검토와
연구의 방향을 제시해 주고 있다고 생각된다. 또한 이 『한국고대사입문』
은 고대사 이외의 다른 분야에 있어서도 이와 유사한 본격적 연구입문서
의 간행이 가능함을 제시해주고 있다고 생각된다.

한편, 근현대 사회에 이르러서 한국사연구는 한국학연구의 일환으로
추진되어 왔다. 이러한 경향은 대학 연구소 등에서 진행된 한국사연구를
통해서 더욱 확연히 드러나고 있다. 연세대학교 국학연구원은 2005년도
『연세국학연구사』[9]를 간행했다. 여기에는 연희전문학교 문과가 창설된
1915년 이후 2004년에 이르기까지 연세대학교라는 학적 연대를 가지고
진행된 한국학의 성과에 대해 체계적 연구를 수행했다. 따라서 이 책에서
는 당연히 백남운, 백낙준, 홍이섭, 황원구, 김준석 등을 비롯한 국사학자
들의 연구업적에 대한 소개와 평가를 포함하고 있다. 오늘의 우리 한국사
학계에서는 그 연구사를 정리할 때에 한국학의 맥락 위에서 한국사학이
차지하고 있는 위치를 좀더 선명히 검토해야 할 필요가 있다고 생각된다.

---

8) 김정배 편저, 2005, 『한국고대사입문』 1(한국문화의 기원과 국가형성), 신서원,
400쪽 ; 김정배 편저, 2005, 『한국고대사입문』 2(삼국시대와 동아시아), 신서원,
384쪽 ; 김정배 편저, 2005, 『한국고대사입문』 3(신라와 발해), 신서원, 398쪽.
9) 연세대학교 국학연구원 편, 2005, 『연세국학연구사』, 연세대학교 출판부, 770쪽.

이와 같은 상황에서 이 책은 그러한 접근에 대한 시사점을 제공해주고
있다.

한국사 연구는 국내의 학자들뿐만 아니라 미국이나 유럽지역에서도 그
들의 언어로 연구되고 있다. 외국에서의 한국사연구는 한국학계와 일정
한 연계를 가지면서도, 경우에 따라서는 한국학계에서와는 다른 시각으
로 한국사를 바라보기도 한다. 그동안 영어권에서 한국사 연구자들이 증
가했고, 질적으로도 좋은 논저들을 발표한 경우도 있었다. 영어권에서 진
행된 한국사 연구의 결과들은 언어의 장벽으로 인해 국내의 학자들에게
본격적으로 검토되지 못하는 경우가 많았다. 이러한 문제점을 극복하기
위해서 영어권 학자들의 한국사연구에 대한 연구사적 정리 내지는 본격
적 소개서가 2005년도에 나올 수 있었던 것은 다행스런 일이었다.10)

한편, 2005년도에는 역사교육 분야에 있어서도 괄목할 만한 연구업적
이 나왔다. 김한종을 비롯한 일단의 연구자들이『역사교육과 역사인식』
을 간행한 것이다. 이 책에서는 역사인식과 역사교육의 관계 및 역사서술
양식과 역사학습, 비판적 역사읽기와 쓰기, 포스트모던 이론의 민족논의
와 역사교육 등에 관한 역사교육 입문적 글을 수록하고 있다.11) 여기에
서 제시되고 있는 역사교육의 이론은 한국사교육 내지 한국사의 인식을
강화하는 데에도 적용되리라 생각한다.

한국사의 연구사에 대한 정리에 이어서, 그동안의 연구 성과를 기반으
로 하여 간행되는 총서류의 출간에 대해서도 주목할 수 있다. 2005년도에
간행된 총서류의 책자로서는 국사편찬위원회에서 간행한『한국문화사』를
들 수 있다. 동 위원회가『신편 한국사』의 간행에 이어서 새롭게 간행하
기 시작한 이 책은 우선 5권의 시리즈로 간행되었다.12)『한국문화사』는

10) 정두희, 2005,『유교·전통·변용』, 국학자료원, 310쪽.
11) 김한종, 2005,『역사교육과 역사인식』, 책과 함께, 455쪽.
12) 국사편찬위원회 편, 2005,『한국문화사』1, 두산동아 ; 국사편찬위원회 편, 2005,
   『한국문화사』2, 두산동아 ; 국사편찬위원회 편, 2005,『한국문화사』3, 두산동

국사편찬위원회에서 편찬하고 도서출판 두산동아에서 간행하는 방법을
취하고 있다. 이 책은 '혼인과 연애의 풍속도' '배움과 가르침의 끝없는
열정' '거상, 전국 상권을 장악하다' '근현대 과학기술과 삶의 변화' '상
장례, 삶과 죽음의 방정식' 등으로 책별 제목을 달고 있다. 이 한국문화사
는 종전의 학계가 가지고 있던 '문화사=분류사'이거나 문화사=문화부
분만의 역사'라는 통념을 무너트리고 한국의 역사를 문화의 시각에서 재
조명해 보고자 시도하고 있었다. 이 시도가 좋은 성과를 얻게 되기를 기
원한다.

　도서해제나 색인 등은 역사연구에 있어서 길잡이가 된다. 2005년도에
는 하바드 연경 도서관에 소장된 한국본 귀중본에 대한 해제집이 간행되
었다.[13] 여기에서는 문집자료들을 비롯하여 한국사 연구에 필요한 자료
들의 목록을 찾아볼 수 있다. 이와 같은 목록 작업 내지 해제작업이 좀더
폭넓게 진행되어야 할 것이다. 예를 들면 UC 버클리 대학에 소장된 아사
미 문고의 방대한 한국사 사료들이 목록으로 작성되어야 한다.

　또한 역사연구의 주요도구로는 색인집을 들 수 있다. 역사연구 자료가
전산화되어 있는 경우에는 컴퓨터의 검색기능을 활용하여 주제어의 검색
이 용이해졌으므로 굳이 색인집을 간행할 필요가 없다는 주장이 나올 수
있다. 그러나 한국사연구에 필요한 그 방대한 자료의 디지털화 작업은 상
당한 어려움이 따를 것이며, 설령 이 자료들이 전자책으로 간행되었다 하
더라도 종이책 색인의 필요성은 결코 감소되지 않을 것이다. 그러나 이

　　아. 국사편찬위원회 편, 2005, 『한국문화사』 4, 두산동아 ; 국사편찬위원회 편,
　　2005, 『한국문화사』 5, 두산동아.
　13) 윤충남, 2005, 『하바드 연경도서관 한국귀중본 해제』(색인), 경인문화사, 294쪽 ;
　　윤충남, 2005, 『하바드 연경도서관 한국귀중본 해제』 1(경학, 역사학, 방목, 실기
　　등), 경인문화사, 453쪽 ; 윤충남, 2005, 『하바드 연경도서관 한국귀중본 해제』
　　2(지리, 한국역사, 한국문집 등), 경인문화사, 442쪽 ; 윤충남, 2005, 『하바드 연
　　경도서관 한국귀중본 해제』 3(한국문집), 경인문화사, 439쪽 ; 윤충남, 2005, 『하
　　바드 연경도서관 한국귀중본 해제』 4(문집, 서지학 총서류 등), 경인문화사.

색인작업이나 목록 작업은 그 작업의 지난성과 방대함 때문에 일개 연구자가 수행할 수는 없다. 역사학을 연구할 수 있는 기본 인프라에 해당되는 이와 같은 작업에 정책당국은 특히 관심을 기울여야 한다고 생각된다.

한편, 역사연구에 있어서 기본적 공구용도서인 연표의 편찬을 위해서도 우리 학계는 정당한 노력을 기울여야 한다. 2005년도에는 한일 근대사의 전개과정을 정리한 연표가 간행될 수 있어서 다행이었다.14) 연표나 색인 등은 학계의 연구 성과를 가장 잘 반영하는 것이다. 그러므로 학계의 연구가 진전되는 속도에 맞추어서 연표 등을 새롭게 보완하여 간행해 나가야 한다.

역사연구에 있어서는 사료가 또한 중요하며, 연구자는 기존의 사료에 대한 재해석을 시도해야 할 뿐만 아니라 새로운 사료의 발굴을 위해서도 노력해야 한다. 역사학은 사료와 그 사료에 대한 해석을 통해서 자기 존재를 드러내기 때문이다. 따라서 역사학이 연구자들은 사료를 중히 여기고 이에 대한 과학적 평가를 엄중히 진행하고자 한다. 한국고대사 연구에 있어서는『삼국사기三國史記』와『삼국유사三國遺事』가 절대적인 기본 텍스트가 된다. 이러한 사료연구의 과정에서 조인성은「삼국사기 범례의 모색」을 통해서 삼국사기 본기의 기사 선정에 적용된 범례를 복원해 보고자 했다. 그리고 한국학중앙연구원은『삼국유사』기이편에 대한 연구를 출간했다. 이 연구를 통해서 고대사 연구의 기본 텍스트에 대한 인식이 일층 심화될 수 있었다. 또한 고대사 연구에 있어서는 금석문과 목간 등의 자료도 새롭게 주목되었다.

한국사를 연구하는 사료 가운데 오늘날의 시점에서는 무엇보다도 고문서가 주목된다. 고문서를 발굴하여 탈초 정리하는 사업은 한국정신문화연구원(한국학중앙연구원)을 중심으로 하여 계속되어 왔다. 그밖에도 고문서에 대한 연구가 꾸준히 진행되고 있으며, 2005도에도 함평 이씨咸平李氏

---

14) 한일역사공동연구위원회 한국측위원회, 2005,『근현대한일관계연표』, 경인문화사, 410쪽.

고문서가 정리되었다.15) 그리고 나주 정씨羅州鄭氏 고문서자료 및 조선초기 공신들의 회맹록인 「동맹록同盟錄」과 같은 자료가 정리되어 지방사를 밝히는 데에 활용될 수 있었다.16) 이와 같은 고문서 자료의 발굴은 전통사회의 구체적 운영원리에 대한 이해를 가능하게 해줄 것으로 생각된다.

2005년도에는 근현대 한일관계사에 대한 연구가 중요시됨에 따라 이에 관한 사료집도 간행될 수 있었다. 즉, 국사편찬위원회와 한일역사공동연구위원회에서는 '대일과거청산 소송자료집'을 10책으로 간행했다.17) 이밖에도 해방 60주년 등을 맞아서 그 근대사회 형성 이후의 자료를 중심으로 하여 여러 자료집들이 간행될 수 있었다.18) 근현대사를 연구하는 사료집의 간행은 지금이 적기이라고 생각된다. 그러므로 이 사료집의 발간에 좀더 많은 관심과 투자가 이루어져야 할 것이다.

사료정리의 최종단계는 주석과 출판에 있다. 한국사 사료의 주류는 한문으로 저술된 것이며, 이에 대한 책임 있는 번역과 주석이 우리 학계에 요청되어 왔다. 한국사 사료에 대한 번역은 현재 민족문화추진회와 국사편찬위원회 등에서 꾸준히 진행되고 있다. 또한 이밖에도 학술진흥재단에서도 고전번역을 위한 특별 연구비를 지급하기도 한다. 학술진흥재단의 지원 결과로 2005년도에는 한말의 역사를 기록하고 있는 정교鄭喬의 『대한계년사』가 번역과 주석 작업을 완료하고 간행될 수 있었다.19)

한국사의 이해를 위해 필요한 기본적 자료들은 종이책으로 간행하는 데에 그치지 말고, 디지털화를 시도해볼 수도 있다. 현재, 역사학 관련 콘텐츠가 디지털화하여 인터넷을 통해 서비스되는 사례가 점차 강화되고 있

---

15) 김세민, 2005, 「하남지역 함평이씨 고문서」, 경인문화사, 218쪽.

16) 송양섭, 「2005년 조선후기사 연구의 흐름과 전망」.

17) 「원폭피해자 곽귀훈 소송기록」(3책), 「후지코시 강제동원 소송기록」(4책), 「일본제철 강제동원소송기록」(3책).

18) 문제안, 2005, 『8·15의 기억 : 해방공간의 풍경, 40인의 역사체험기』, 한길사, 432쪽.

19) 변주승 외 역주, 2005, 『대한계년사』(10책), 소명출판사.

다. 즉, 『조선왕조실록』을 비롯하여 방대한 역사연구 자료들이 디지털화되어 감에 따라 연구자들은 손쉽게 자료에 접근할 수 있게 되었다. 이로써 전문연구자뿐만 아니라 일반 대중들에게 역사 사료가 개방되기에 이르렀다.

생각해보건대, 한국사의 연구결과는 한국사학자들만의 것이 아니다. 그 연구결과는 대중에게까지도 환원되어야 한다. 역사학은 대중으로부터 이탈되어서는 안 된다. 이를 위해서는 역사연구 성과에 대한 대중화 작업이 진행되어야 하며, 여기에는 전문 역사학자들의 참여가 바람직하다. 현재는 역사학의 대중화를 위해서 역사학 분야에서 전문적 훈련을 거친 집필자도 출현하여 활발히 활동하고 있다. 그러나 이와 동시에 비전문가가 디지털 콘텐츠 등을 활용하여 대중용 역사서를 급조해 내는 경우도 적지 않았다. 이는 자료의 디지털화가 낳은 부작용이었다. 즉, 자료 검색기술의 발달로 인해서 비전문가도 단시간 안에 손쉽게 많은 사료에 접할 수 있게 되었고, 비전문가들이 역사학 관계 대중서를 지어서 상업출판에 회부하는 경우가 증가해 가고 있다. 이러한 역사대중서의 문제는 독자들에게 올바른 역사관이나 역사적 사실에 대한 지식을 제공하지 못한다는 것을 지적할 수 있다.

역사사료의 디지털화에는 이와 같은 부작용이 따르고, 막대한 재정이 소요된다. 그렇다 하더라도 현재 우리 학계는 이와 같은 문제점을 극복할 만한 저력이 있다고 생각된다. 그리고 우리 국력이 역사 자료의 디지털화 사업을 감당할 수 없을 정도로 취약하지는 않음에 틀림없다. 그렇다면, 우리 학계는 자신의 연구 업적을 대중화하는 데에 관심을 가져야 할 단계를 이미 넘어섰다. 이 문제에 대한 관심이 좀더 강화되어야 할 것이다.

역사학 연구의 기반과 관련하여서는 학회의 활동 등에 관해서도 검토해 볼 수 있다. 학회는 학문 활동의 최전선 현장이다. 학회에서는 학보를 통해 연구자에게 발표의 기회를 제공하고 있다. 학보에 게재되는 논문 상당수가 학회 발표 후 심사를 통하여 게재여부를 결정된다. 학회에서의 발표 때에는 약정토론자가 그 논문의 문제점에 관한 자신의 의견을 개진하게 마련이다. 그러나 학회지에 이와 같은 과정을 거쳐 확정된 논문을 수록할 경우에는 논문과 함께 토론문이나 토론내용을 정리하여 함께 발표함이 바람직하다고 생각된다. 물론 최종논문은 토론된 내용을 참고하여 수정해서 발표한 경우가 일반적이다. 그러나 한 연구주제에 관한 학문적 토론 과정은 후발 연구자에게 중요한 참고자료가 될 수 있다고 생각되기 때문이다. 또한 논문의 집필자도 자신의 논지와 관련된 주제에 관한 토론이나 심사상의 지적이 있었을 경우에는 논문의 본문이나 각주를 통해서라도 이에 대한 자신의 입장을 명확히 밝혀줌이 바람직하다고 생각된다.[20]

한편, 현재 우리나라 역사학계에는 학회별로 논문 집필지침이나 인용방법에 있어서 각기 다르다. 이는 역사학논문작성법에 대한 학계 내부의 합의가 아직 이루어지지 않고 있다는 말이다. 그러나 현재 우리나라 학계의 상황을 감안해 보면, 인용방법의 불일치로 인해서 학보 편집자뿐만 아니라 논문의 집필자나 그 독자들도 적지 않은 혼란을 겪고 있다. 이에 대한 전체 학계의 합의가 불가능하지는 않다고 생각되므로, 이 문제를 해결하기 위한 노력이 뒤따라야 한다고 생각된다.

또한 현재는 국제화가 빠른 속도로 진행되면서 모든 분야의 논문들이 표제어 및 주제어, 그리고 요약문을 영어로 작성해 내기를 요구하고 있다. 이 점은 학술진흥재단에 등재된 학술지의 경우에는 거의 의무사항으로 되어 있다. 그러나 한국사관계 용어의 영역을 위해서는 많은 문제점들이 드러나고 있다. 동일한 역사적 용어가 전혀 다른 영어 어휘로 표현하기도 한다. 자신의 연구결과로 밝혀진 새로운 기구나 사건들의 경우에는 이에 적절히 대응되는 영어단어를 결정하는 데에도 적지 않은 어려움을 겪게 된다. 영문으로 된 학술용어를 확정하기 위한 범학회 차원의 노력이 요청된다고 생각한다.

---

20) 이진한, 「高麗時代史 연구의 성과와 허실」.

4. 연구의 특성과 과제

한국사학계가 2005년도에 성취한 연구의 성과 중에서 가장 큰 것은 대중국관계와 대일본관계사에 대한 인식이 강화될 수 있다는 사실을 들 수 있다. 이는 중국의 동북공정이나 일본의 교과서 왜곡에 대응한 학문적 노력의 결과였다. 이 과정에서 고구려사를 비롯한 고대사의 상당부분과 일제의 침략과정이 좀더 자세히 밝혀질 수 있었다. 이러한 현상과 함께 각 시대별로 문화사 내지 사상사에 대한 연구가 활발히 진행되었다.

2005년도 한국사학계에서는 역사를 바라보는 시각에 대한 고민도 나타났다. 사관에 대한 새로운 모색의 시도가 진행되기도 했다는 말이다. 즉, 한국고대사 분야에서는 현재 한국고대사 학계의 주류적 움직임을 '식민사학의 연장인 신식민사학 혹은 후식민사학'으로 규정하여 사관의 정비를 주장하기도 했다.21) 이러한 주장이 가지고 있는 정당성에 대한 평가는 추후로 미루어야 할 것이다. 그렇다 하더라도 2005년도에 한국고대사를 설명하는 틀인 사관에 대한 재검토가 시도되었다는 사실은 짚고 넘어가고자 한다.

2005년도는 한국사를 바라보는 시각에 있어서도 '해륙사관'이라는 독특한 견해가 제출되었다.22) 즉 고대의 동아시아를 하나의 지중해적 모델로 비정하여 환동해문화권의 설정 가능성을 제기되었다. 그리고 우리 역사를 해양이라는 매체를 통해서 해석하고 체계화하려는 움직임이 일어나고 있었다. 또한 국제화가 진행되던 과정에서 한국고대사의 인물인 장보고를 세계화의 상징으로 재조명하고자 하는 시도도 있었다. 이와 같은 일련의 움직임은 우리 역사를 보는 시각에 새로운 가능성을 제시해 주었다.

---

21) 김창겸, 「확대되는 한국고대사, 2005년 회고와 전망」.
22) 윤명철, 「동해문화권의 설정가능성 검토」; 강봉룡, 2005, 『바다에 새겨진 한국사』, 한얼미디어.

사관에 대한 새로운 의견의 출현 등에 이어서, 2005년도에는 한국사의 연구방법론에 있어서는 다양한 시도가 진행되었던 사실을 주목할 수 있다. 그 시도 가운데 하나로는 비교사적 연구방법론을 들 수 있다. 물론 비교사적 연구방법론이 학계에 새로운 것은 결코 아니다. 그러나 이를 우리 역사의 연구에 적용시켜 보려는 노력이 상대적으로 좀더 강하게 출현했다는 말이다. 예를 들면, 고구려의 초기역사를 비교사적 방법으로 복원하려는 노력23)이 전개되기고 했다.

고려시대사 연구에 있어서도 비교사적 접근이 시도되었다. 즉, 이영은 고려와 일본에서 12세기 말에 무인정권이 성립된 원인을 검토하고 있다.24) 이 같은 비교사적 연구방법은 타방과의 비교를 통해서 자신의 역사에 대한 풍부한 이해가 가능하게 해 준다. 비교사적 접근방법은 조선후기사 연구에서도 드러난다. 즉 18세기 이후 20세기 초에 이르는 기간동안 '재분배경제'에서 '시장경제'로의 시도가 좌절된 까닭을 설명하는 과정에서 비교사학적 방법론이 구사되고 있음을 확인할 수 있다.25) 개항기의 역사를 연구하는 경우에도 '동아시아라는 역사적 문화적, 지역적 단위가 서구 중심의 근대성의 한계를 넘어 하나의 독자적 연대의 장이자 지적 실험의 장으로 진전되기'를 추구하면서 비교사적 연구방법론이 제시되었다.26)

그리고 사상사의 연구방법에 있어서 타사상과의 비교내지는 상호관계를 주목하는 연구방법론이 구사되었다. 즉, 유교사와 불교사의 경우에 각기 독자적 영역에서 연구되어 왔기 때문에 당대의 생동하는 역사현실 속에서 두 사상이 어떻게 상호 교류하고 엮어져 나갔는지를 밝히는 데에 실패했음을 반성적으로 제시했다. 그리고 이와 같은 방법론에 의해서 고

---

23) 이종욱, 2005, 『고구려의 역사』, 김영사.
24) 이영, 「무신정권 성립의 국제적 계기 : 비교사적 관점을 통한 고찰」 『논문집』 40, 한국방송통신대학.
25) 김재호, 「전통적 경제체제의 전환」.
26) 송규진, 김영구, 박상수, 표세만 등의 연구 시각을 주목할 수 있다.

려중기 이래의 사상사를 조망할 때 당대 사상이 가지고 있는 올바른 인식에 도달할 수 있을 것으로 보았다.[27]

또한, 지방사와 국가사의 유기적 통합이 시도되기도 했다.[28] 그리고 한국사의 연구에도 심성사적 연구방법의 적용이 시도되었다. 즉, 연세대 국학연구원에서는 「고려시대 한국인의 mentality 복원 연구 : 동심원적 삶의 범주와 다양한 심성」이라는 주제 아래 아날학파의 역사연구방법론을 한국전통시대사 연구에 적용시켜 나갔다. 이러한 시도의 가치는 충분히 인정되어야 할 것이다.

2005년도 한국사학계에서는 역사적 사실의 해석과 관련되어 진행된 크고 작은 논쟁들이 전개되었고, 여러 중요한 역사적 사실들이 확인되었다. 우선, 광개토왕릉비와 관련하여 태왕릉과 장군총 가운데 어느 것이 광개토왕의 능인가에 대한 논쟁이 제기되었다. 또한 고구려 멸망 이후 그 문화와 유민에 대한 역사적 계승에 관한 문제가 제기되었다.[29] 신라와 발해를 병존시켜 보려던 남북국 시대론에 대한 거부의 성격을 가진 이 주장은 발해사의 성격이 관한 논쟁으로 이어질 수 있었다.

또한, 한국고대사 분야에서는 고대사와 중세사의 시대구분과 관련된 논쟁적 주장이 발표되기도 했다. 즉, 고대에서 중세로 전환된 시대의 획기점에 관한 유력한 견해에서는 8세기 전반을 고대와 중세의 분기점으로 설정해 왔다.[30] 그러나 이 획기점에 관해서 고대로부터 중세로 이행된 시점은 958년 고려 광종의 과거제 시행을 기점으로 삼아야 한다는 주장이 제기된 것이다.[31]

---

27) 문철영, 2005, 『고려유학 사상의 새로운 모색』, 경세원.
28) 김일우, 2005, 「고려시대 탐라 주민들의 생업활동과 그 유형」 『國史館論叢』 106, 國史編纂委員會.
29) 김창겸, 앞의 논문.
30) 한국고대사연구회, 1995, 「고대와 중세 ; 한국사의 시대구분」 『한국고대사연구』 8.
31) 이도학, 2005, 「신라사의 시대구분과 중대」 『新羅文化』 25, 東國大 新羅文化研究所.

한국의 중세와 관련된 시대구분론에 있어서는 조선왕조의 시대적 성격을 규정하는 작업이 중요시되고 있다. 조선 건국의 성격을 규정하는 데에 있어서 이를 근세사회로 보는 경우와 중세사회의 내적 발전과정으로 보는 견해로 나뉘어져 있다. 이는 특정분야에서 발생한 단편적 변화양상을 일반화하여 당대 사회의 전체 구조를 대변하는 것으로 파악된 결과로 규정하고 있다.32) 여기에서는 고려와 조선을 '중세'라고 파악한 기본 관점을 가지고 있지만, 조선을 근세라고 규정하여 조선건국의 의미를 적극적으로 파악했던 기존의 연구 성과들도 일부 수렴하고 있다.33) 한편, 2005년도 조선시대사 분야에서는 왕권의 향방 내지는 그 특성과 관련된 주제들이 연구 발표되었다.34) 조선왕조가 국왕을 정점으로 한 왕조국가인 이상, 정치운영에 있어서 국왕이 차지하고 있는 비중에 대해서는 정당하게 연구되어야 한다. 이와 같은 이유 때문에 비교적 최근에 이르러 조선시대 정치사연구자들은 국왕에 대한 연구에 주목했다고 생각된다.

개항기에 관한 연구는 조공책봉체제의 붕괴와 불평등조약의 강요라는 당대의 현실에 주목하여 한미관계에 관한 연구가 진행되었다. 그리고 오리엔탈리즘(Orientalism)과 옥시덴탈리즘(Occidentalism)이 상호 교차하는 가운데 형성된 상호 인식을 밝히고자 하는 노력이 있었다. 침략과 저항에 대한 연구의 과정에서 대한제국의 성격과 관련된 일련의 논쟁이 전개되었다.35) 그리고 역사분쟁의 해결과 관련하여 '동아시아 담론'이 제시되었다.36) 이는 종전의 민족주의 담론이 가지고 있는 자국중심의 역사이해라는 한계를 극복하고 공존과 공영의 역사로 가기 위한 노력으로 평가된다.

---

32) 연세대학교 국학연구원, 2005, 『중세사회의 변화와 조선건국』, 혜안.

33) 鄭在薰, 「회고와 전망 ; 조선전기사의 검토」.

34) 송양섭, 앞의 논문.

35) 李榮昊, 「동아시아 국제질서의 변동과 대한제국 평가논쟁 ; 2005년 한국근대사 연구경향」.

36) 李榮昊, 위의 글 ; 송규진, 김명구, 박상수, 표세만 등의 연구 경향에서 이와 같은 시각이 발견된다.

한편, 해방이후 현대사의 연구에 있어서도 이승만과 해방정국, 한국전쟁과 민간인 학살, 박정희 시대 및 생활사에 대한 연구와 한일관계사에 대한 연구들이 진행되어 갔다. 그리고 현대사의 경우에는 '역사의 재현'이나 '기억'과 같은 서구의 역사연구 이론들을 적극적으로 흡수하여 새로운 방법론을 가지고 연구되기 시작했다. 그리고 구술자료나 증언 자료의 중요성에 대한 인식이 강화되었다. 현대사회를 살아가는 노동자나 여성의 관점에서 자신의 역사를 직접 써나가는 시도도 진행되었다. 이와 같이 2005년도 한국현대사의 연구에 있어서는 새로운 연구방법론과 이론들을 적용시키기 위한 시도들이 꾸준히 이어졌다[37].

5. 맺음말

2005년도 한국역사학계는 이상에서 일별한 바와 같이 활발한 연구 활동을 통해서 적지 않은 연구업적을 축적할 있었다. 그러나 이 연구과정에서도 여러 가지 문제점들이 노정되었다. 즉, 역사학 연구에서 쏠림현상이 드러나고 있다는 점이다. 예를 들면 한국고대사연구에 있어서는 고구려사에 대한 연구가 활발히 전개된 반면 신라사 연구는 상대적으로 답보된 상태에 머물렀다. 그리고 각 시대별 연구 분야에 있어서도 사회경제사 연구가 기피되는 경향이 드러나고 있다. 그리하여 전근대의 거의 전 시기에 걸쳐서 농업사나 상업사 연구가 급속히 감소되고 있다. 사회경제사의 실증적 연구를 기초로 하여 타 분야의 연구가 진전되어 가고 있음을 감안할 때 사회경제사 연구의 부진은 매우 우려되는 사항이다. 우리 역사연구자들은 이 점에 대해 경각심을 가져야 한다고 생각한다.

한편, 2005년도 일부 연구자들은 소재주의적인 단순 사례연구에 안주하려는 경향마저도 나타나고 있다. 이는 역사에 대한 구조적 인식을 저해

---

37) 박태균, 「연구영역, 역사관, 서술기법의 확장, 그리고 논쟁의 시작」.

하고, 역사를 골동품 수집과 같은 취미로 삼는 부작용을 낳게 될 것이므로 역시 경계해야 할 일이다. 그리고 역사의 대중화에 대한 심도 깊은 성찰이 요청된다. 시중에 범람하는 상당수의 대중적 역사서들에서 책임 있는 역사지식을 요구할 수는 없다. 따라서 우리 학계에서도 학문적 독창성이 있는 사변적인 글(philosophical article)과 함께, 이를 부연하여 대중화시키는 대중적인 글(public article)의 중요성에 대한 인식도 강화되어야 할 것이다. 이를 통해서 전문성이 결여된 대중서에 대한 경계를 새롭게 해야 한다. 또한 한국사의 연구 성과를 국제화하기 위한 노력도 전개되어야 한다. 이를 위해서는 한국사 논문이 언어를 달리하여 다른 나라 말로 번역 출간된 경우이거나, 대중적인 글을 집필한 경우에도 이를 학문업적으로 인정해주는 문제도 검토될 수 있을 것이다.

또한 한국사의 연구발전을 위해서는 한국사 각 분야 및 시대 전공자 간의 긴밀한 교류가 요구된다. 이를 위해서는 우선 한국사 논문에 사용되는 역사용어에 대한 반성적 검토 작업이 요청된다. 지금 우리 주변의 논문에서는 자신이 전공하는 시대의 고유용어들이 너무나 남발되는 경향을 경계해야 한다. 한국사 전공자들도 이로 인해 전공영역간의 대화에 불편을 느끼게 되고, 전공하는 시대나 연구영역이 다른 사람들은 인접분야의 한국사 논문을 이해하기 어렵게 되는 경우도 있다. 오늘의 연구자들은 학제간의 연구를 중시하고 있다. 이러한 상황에서 역사 고유용어의 남발은 결코 바람직하지 못하다.

그러나 대체적으로 볼 때 2005년도의 한국사연구는 사론이나 연구방법론에 대한 관심도 강화되었다고 볼 수 있다. 그리고 각종 당면문제를 연구하는 데에 한국사 연구자들의 역할이 요청되던 과정에서 연구를 위한 여건이 향상되어 갔다. 비록 연구의 편중성에 문제는 있었다 하더라도 한국사의 각 분야에 대한 실증적 연구업적도 다수 축적할 수 있었다. 2006년도의 경우에는 더 우수한 연구업적들이 더욱 많이 제시되기를 기대한다.

제3장 『한국문화사』의 서술과 편찬체제

1. 머리말

　오늘날 한국사 연구에 있어서 문화사에 대한 인식의 필요성이 점차 높아가고 있다고 생각된다. 한국사학계의 일부에서 이와 같은 요청이 제기되고 있는 것은 이 분야에 대한 기존의 연구가 그 양적 측면에 있어서나 질적 측면에 있어서 새로운 발전의 가능성이 있다고 생각하는 까닭에서이다. 즉 한국 문화사에 대한 연구가 이미 부분적으로는 활발히 전개된 바도 있었지만, 오늘의 문화사의 연구자들은 그 연구의 시각視覺을 정비하고 이론적 기초를 강화시킬 필요를 새롭게 느끼게 되었다. 그리고 문화사 연구의 영역이나 방법론에 관한 검토가 요청되었고, 이를 통해 한국 문화사 연구의 새로운 방향을 모색하고자 하는 진지한 노력이 요구되기에 이르렀다.

　이러한 요청과 관련하여 이 글에서는 한국사 연구에 있어서 문화사 연구가 가지고 있는 특성을 간략히 검토하여 반성의 자료를 구하고, 거기에서 드러나는 문제점을 밝힘으로써 새로운 연구의 방향을 모색해 보고자 한다.[1] 이를 위해서는 우선 기존의 한국 문화사 연구에서 드러나는 연구

---

[1] 이 글은 다음과 같은 기존의 원고들을 재정리하여 작성하였다.
　趙珖, 1996,「한국문화사 서술의 반성과 방향」『문화사와 미술사』, 한국미술사학회, 일지사, 26~44쪽.
　趙珖, 2002,『한국사론』 35, 국사편찬위원회, 243~269쪽.

의 이론 내지는 시각視覺에서 드러나는 문제점을 간략히 검토하고자 한다. 그리고 이에 이어서 조선후기 이래 오늘에 이르기까지 한국 문화사에 대한 연구가 어떠한 특성을 갖고 진행되어 왔는지를 살핌으로써 각 시대에 따라 한국 문화사의 연구자들이 드러내고 있었던 연구상의 경향을 파악해 보고자 한다. 또한 이러한 검토를 기초로 하여 한국 문화사를 연구할 때 요청되는 올바른 시각이 무엇인지를 확인해 보고자 한다.

한국문화사의 편찬에 대한 논의는 일찍부터 제기되었다.[2] 이러한 시도는 한국 전통 문화론에 대한 일련의 글들을 통해서도 전개된 바가 있었다.[3] 그러나 한국 문화사에 대한 연구는 한국사 연구자들만의 전유물은 아니었다. 그리하여 이 문제에 관해서는 서양사학자나 동양사학자들이 문화론적文化論的 입장에서 한국 문화 내지는 한국 문화사에 대한 이론적인 언급을 시도하기도 했다.[4]

오늘날에 이르러 한국사회에서는 문화의 중요성이 강조되고 있다. 이러한 상황과 짝하여 한국문화사에 대한 이해의 필요성이 강화되고 있다. 이는 오늘날 새로운 한국문화사에 대한 편찬작업이 이루어져야 한다는 요청을 한국사학계가 받고 있다는 말이기도 하다. 이에 이 글에서는 이 요청에 부응하여 한국문화사를 편찬하기 위한 전제작업으로서 근현대 한

趙珖, 2003,「'신편 한국사' 편찬과 '한국문화사' 편찬」『신편 '한국사' 편찬의 의의와 과제』, 신편 한국사완간기념 학술회의 발표자료집, 83~93쪽.
2) 김철준, 1974,「한국문화를 어떻게 바라볼 것인가」『한국문화론 특강』, 서울대학교 대학신문사, 1~13쪽.
김철준, 1976,「민족문화의 전통」『한국문화사론』, 지식산업사, 25~39쪽.
김경태, 1981,「한국문화사의 과제」『이화사학연구』11·12, 이화사학연구소, 7~12쪽.
3) 김철준, 1974, 앞의 논문, 1~13쪽.
김철준, 1976, 앞의 논문, 25~39쪽.
유홍렬, 1982,「한국인의 주체성과 고유문화 창조활동」『송정 이정림 선생 고희기념논총』, 송정이정림선생 고희기념논총위원회, 77~99쪽.
4) 차하순, 1978,「민족문화와 보편문화」『한국인의 사상』, 태극출판사, 399~416쪽. 이 글은 서양사학자의 입장에서 본 한국문화론에 관한 대표적 글로 생각된다.

국사연구과정에 있어서 문화사에 대한 관심의 전개과정과 그 역사학적 성
과를 먼저 검토하고자 한다. 그리고 그 연구 과정에서 드러나는 문화사의
개념을 살펴보고, 새로운 문화사의 편찬 이유와 편찬의 방향에 대한 의견
을 제시해 보고자 한다. 또한 불완전한 형태로나마 한국문화사의 편찬체
제와 관련된 의견을 개진하여 이에 대한 논의의 자료를 제시하고자 한다.

2. 문화사의 개념에 대한 검토

한국문화사를 편찬하고자 하는 노력은 당연히 문화사 내지 한국문화사
의 개념에 대한 규정작업을 수반하게 된다. 문화사의 개념을 분명히 하여
야 새로운 한국문화사 편찬의 방향이 설정될 수 있으며, 그 서술과 편집에
있어서 일관성을 유지할 수 있다고 판단되기 때문이다. 그런데 그동안 전
개되었던 문화사에 대한 연구 성과를 검토해 볼 때 문화사의 개념은 크게
두 가지로 파악될 수 있다. 즉, 문화사란 용어는 전통적으로 '분류사로서
의 문화사'를 지칭해 왔다. 그리고 이와 더불어 20세기 말엽부터 새로운
역사학의 입장에서 '역사해석론으로서의 문화사' 개념이 등장하여 문화사
를 바라보는 시각에 풍요로움을 더해주었으며, 문화사 연구가 나아갈 앞
으로의 길을 제시해 주었다고 생각된다. 따라서 본장에서는 문화사 연구
에서 드러나는 그 두 가지 개념에 대해서 간략히 검토해 보고자 한다.

1) 분류사로서의 문화사

문화사를 연구하기 위해서는 문화의 개념에 대한 이해가 전제되어야
한다. 그러나 역사학의 용어 가운데 '문화'라는 단어만큼 다양한 개념을
함축하고 있는 단어도 흔하지 않은 듯하다. 일부의 연구자들은 문화를 역
사 현상의 한 분야로 파악하면서 문화의 담당 주체와 관련하여 상층문화
(귀족문화) 대 기층문화(서민문화)로 분류한다.

또 다른 연구자들은 문화의 영역과 관련하여 '좁은 의미의 문화'와 '넓은 의미의 문화'로 나누기도 한다. 원래 문화는 '넓은 의미'로는 '인간의 창조적 활동의 결과로 형성된 정신적·물질적 소산물 전체'를 가리킨다. 한편, 이를 '좁은 의미'로 규정할 경우에 인간의 정신적 소산물만으로 제한하여 설명하는 경우도 있다. 또한 일부의 연구자들은 문화의 성격과 관련하여 이를 구분하기도 한다.

한편, '문화사'는 바로 이 문화의 역사를 뜻한다고 할 수 있다. 따라서 문화사의 개념이나 사용 용례는 '문화'라는 단어만큼 다양성을 띠게 마련이다. 역사학에서 문화사의 개념은 이미 19세기 중엽 이후 독일에서 전개된 '문화사 논쟁'을 통하여 정리되어 갔다. 이 과정에서 문화사는 정치사적 역사서술과 대립하여 인간의 정신이나 도덕 그리고 풍습이나 문화 등의 관계를 서술하는 역사학의 한 분야로 인식되었고, "문화사란 인류의 보편적 정신사"라는 합의가 도출되기도 했다. 이와 같이 문화사의 개념을 정신사적 영역에만 국한시켜 논하는 것을 '좁은 의미의 문화사'로 볼 수 있다. 이와 함께 넓은 의미의 문화사로서 정신적·물질적 소산물 전체를 포괄하는 개념이 제시되기도 했다.

한국사 연구에 있어서 문화사의 서술도 다양한 문화의 개념을 전제로 하여 시도되었다. 그러나 한국문화사에 관한 기존 연구 성과들을 검토해 볼 때 기존의 문화사연구는 대체로 '역사서술의 분야'를 가리키는 단어였다. 그리고 이 '역사서술의 분야'를 기준으로 한 문화사는 역사에 대한 통사적 서술과는 구별되는 특정 분야에 대한 체계적·종합적 연구였다.[5] 여기에서 문화사는 그 광의廣義 혹은 협의狹義의 문화를 시간의 연계선상에서 체계적으로 이해하려는 역사학의 한 영역이라고 설명할 수 있게 되었다.

그런데, '분류사적 문화사'에 있어서도 문화사의 개념을 좁은 의미로

---

5) 이러한 사실은 고려대학교 민족문화연구소에서 간행했던 『한국문화사대계』의 편목 구성을 통해서도 확인된다.

파악하는 경우와 넓은 의미로 이해하고자 하는 경우로 나뉜다. '좁은 의
미'로 본 '문화사'는 문화사를 정치사나 경제사 또는 사회사와 병존시키
고 있으며, 문화사를 인류역사를 구성하는 주요 요소 가운데 하나로 인식
하고 있다. 특히 이들은 문화사를 '인류의 보편적 정신사'로 인식하면서
사상 및 종교 도덕이나 예술·학문 등 전통적으로 정신생활의 영역에 속
하는 부분으로만 제한하여 규정하기도 했다.[6] 그러므로 이러한 좁은 의
미의 문화사는 '정신사'로 제한되어 있었다.

반면에 넓은 의미의 문화사는 '인간의 창조적 활동의 결과로 형성된
정신적·물질적 소산물 전체' 가운데 정치 경제 사회 문화 등 특정분야의
분류사를 문화사라는 개념으로 파악하고 있었다. 이 경우 문화사는 전통
적인 협의의 정신사에 속하는 분야 이외에도 매우 다양한 분야에 대한
분류사의 형식을 가지고 서술되고 있었다.

한국사의 서술에 있어서 문화사를 광의의 개념과 관련하여 해석하고자
하는 경향은 이미 1930년대 신민족주의 역사가들에 의해서 일부 시도되
고 있었다. 그리고 이와 같은 시도는 해방 공간과[7] 1960년대의 한국 문
화사 연구 과정을 통해서도[8] 계속하여 드러나고 있었다. 그러나 "광의의
문화사 서술이 일반 한국역사의 서술과 구별되는 특징을 나타내기 곤란
하므로" 한국 문화사의 서술에는 '좁은 의미의 문화사' 개념이 마땅히 적
용되어야 할 것으로 인식되기도 했다.[9]

그런데 넓은 의미의 문화사나 좁은 의미의 문화사 등이 드러내는 문화
사 연구의 장점은 하나의 특정 문화 현상에 대한 통시적 이해가 가능하
다는 점을 들 수 있다. 그러나 이와 같은 문화사 이해에서는 역사의 구조

---

6) 이상신, 1984, 『서양사학사』, 청사, 744쪽.
7) 李相佰, 1947, 「序」『조선문화사연구론』.
   손진태, 1948, 「서론」『조선민족사개론』, 5쪽.
8) 고려대학교 민족문화연구소, 1971, 「민족문화연구의 현재와 장래」『민족문화연
   구』 5, 165~270쪽.
9) 김경태, 1981, 앞의 논문, 9쪽.

적 특성에 대한 이해가 불가능하며, 역사의 주체인 민중의 문화에 대한 이해가 결여되어 있다는 비난을 받게 되었다. 여기에서 이러한 문화사 이해의 방향을 전환시키고자 하는 또 다른 경향들이 나타나게 되었다.

그러나 분류사적 입장에서 문화사를 서술하고 있는 경우, 상당수의 연구자들은 자신이 연구하고자 하는 문화의 영역이 역사 현상의 타 분야와 관계없는 자기 완결적 현상임을 암묵적으로나마 전제하여 이를 연구하는 경향이 강했다. 이와 같이 문화와 토대의 상호 관계 또는 문화와 여타 요소들과의 상관성에 대한 인식이나 성찰이 결여된 채로 문화사를 연구하는 경향에는 문제점이 있음을 지적하게 된다.

또한 이 경우에는 역사상에 나타나는 특정 엘리트를 중심으로 하여 문화사를 서술하려는 엘리티스트(elitist)의 경향이 두드러지게 나타나고 있다. 그러나 이 엘리티스트(elitist)적 입장과 더불어 메시스트(massist)의 입장에서 문화사를 서술하려는 시도도 전개되어야 한다.

이와 같은 문제점을 가지고 있었지만 1970년대 이후 활발히 전개되었던 분류사로서의 한국문화사는 한국사학계는 '문화사'로 지칭되던 이 분류사의 연구를 통해서 민족사와 민족문화에 대해 체계적 이해에 적지 않은 도움을 주었다. 한국 학계는 '분류사적 문화사'의 서술을 통해서 통사적 서술에서는 소외되었던 여러 특정 주제에 대한 연구와 이해가 가능해졌기 때문이다. 따라서 이와 같은 '분류사적 개념의 문화사' 서술은 상당한 긍정성을 가지고 있었다. 그러나 이와 같은 분류사로서의 문화사연구 방법론과 시각은 문화사 이해는 1970년대 이후 서양사학계에서 제시되었던 '새로운 역사학'의 연구와 관련하여 전반적인 재검토의 단계로 전환되어 갔다.

2) 역사해석론으로서의 문화사

문화사를 이해하는 데에 키워드가 되는 문화라는 개념은 앞서 언급한 바와 같이 여러 가지 뜻을 가지고 있는 다의적多義的 용어였다. 한국사에 있어서 문화사를 서술할 때 적용할 수 있는 방법으로는 '새로운 역사학'의 입장에서 전개될 수 있는 문화사 서술을 들 수 있다. 여기에서는 문화사를 정치사와 경제사 등과 같은 분야사의 하나로 보기를 거부한다. 그리고 문화는 사회구조를 반영하는 문화적 현상이 아니라 사회나 경제구조 자체를 잉태한 기저 내지는 모태(matrix)이며, 역사적 실체를 구성하는 가장 기본적인 요소로 인식하고자 한다.

즉 이 경우에 있어서 문화란 사회나 경제의 부산물이거나 역사 이해의 부수적 측면이 아니라 한 사회의 전체상을 살필 수 있는 우월한 요소로 인식되고 있다. 즉, '새로운 역사학'을 연구하는 사람들의 입장에서는 문화란 역사의 한 분야를 뜻하는 부수적 개념이 아니고 모든 역사적 현상을 포괄하는 우월한 개념으로 인식되고 있다. 따라서 이들에게 있어서 문화사는 역사학의 특정분야에 대한 지칭이 아니라 역사를 바라보는 특정한 시각을 지칭하는 말이 되었다. 그리하여 그들은 '문화의 사회사로부터 사회적인 것의 문화사'를 주창하며, 사회사적 입장에서 문화현상을 논하기를 거부하고 문화사의 시각을 통한 사회의 연구를 추구한다.10)

즉, 20세기 후반기의 역사학계에서 '문화사'는 '역사해석의 방법'을 지칭하는 용어로 사용되었다. 문화사가 역사해석의 방법일 수 있음은 이미 '광의의 문화사'를 주장하던 연구자들에 의해서 암시되었다. 이들은 역사를 전체사全體史로 파악하고자 했으며, 그 '전체사'의 역사이론은 문화사를 역사의 특정 분야에 국한시키지 않고, 역사를 해석하는 틀로서 문화를 주목했기 때문이다. 이와 같은 역사해석의 방법과 관련된 개념의 문화사는 정치사를 역사서술의 지배적 위치에 두고 그 밖의 분야들을 '특수사特殊史'로 취급했던 전통에 대한 반발에서 모색되기 시작했다. 즉 그들은 문

---

10) Carrad, P., 1992, "Poetics of the New History : Franch Historical Discourse from Braudel to Chartier", Baltimore: Johns Hopkins Univ Press.
주명철, 1993, 「프랑스 역사학의 새 경향」 『역사비평』, 23, 315~332쪽 참조.

화사의 개념을 '연구의 범위 내지는 영역을 어떻게 설정하고 있는가'라는 문제보다는 문화사를 바라보는 시각과 관련하여 설명하게 되었다. 오늘날 프랑스 학계를 중심으로 하여 세계학계에서 논하는 문화사의 개념은 주로 '역사해석의 방법'과 관련된 것이다. 이러한 경향을 편의상 '역사해석론적 문화사 개념'으로 불러줄 수 있을 것이다.

그런데 한국사 학계에서는 문화사를 서술할 경우에는 '분류사적 문화사 개념'을 존중해 왔다. 즉, 한국사학계의 문화사에 관한 연구 성과를 검토해 볼 때, 그 문화사 개념이 서술분야의 광협廣狹 내지는 다과多寡에 관한 문제로만 축소되어 있었다. 한국사학계에서는 '문화사'라는 통합적 명칭 아래 각 분야의 역사를 서술해 왔다. 여기에서 한국학계에서는 문화사를 '분류사' 내지는 '분야사'의 다른 표현인 듯 인식해 왔다. 이러한 문화사 인식은 '역사해석론적 문화사 개념'과는 상당히 다른 것이었다. 이와 같은 전통적인 문화사 개념을 가지고 있었던 당연한 결과로, 문화사가 한국사에 대한 역사해석상의 특성을 가진 연구로 전개되지는 못했으며, '문화사'가 역사를 연구하고 집필·서술하는 이론적 틀로서 작용하는 데에까지는 이르지 못했다.

그러나 '분야사적 문화사'는 오늘날 세계 학계에서 논의되고 있는 문화사 개념인 '역사 해석론적 문화사'와 상당한 시각의 차이를 드러내고 있다. 여기에서 『한국문화사』에 관한 편찬 계획을 논의할 때에는 '역사 해석론적 문화사 개념'의 적용이 가능한지의 여부에 대해서도 신중히 검토해야 한다. 그러나 지금 한국사학계의 경향을 감안할 때, 한국문화사의 편찬에서 '역사 해석론적 문화사'의 개념을 일거에 적용시키는 데에는 한계가 있다고 생각된다.

그렇다면 기존의 또 다른 하나의 방법으로 '분류사적 문화사 개념'을 기본으로 활용한다 하더라도 '역사 해석론적 문화사 개념'을 유념하면서 문화사를 연구·집필해 나갈 수 있는 가능성을 탐색해 보아야 한다. 그러나 한국사는 서양사에 비해서 그 근대적 역사 연구의 연혁이 아직 일천하다. 또한 한국사에는 분류사에 속하는 영역 가운데 아직 체계적 서술이 이루어지고 있는 못하는 분야도 많다. 그 당연한 결과로 서양사에서와 같이 역사 해석론적 시각과 방법론을 채용하여 한국문화사를 서술하는 데에는 한계가 있을 수 있다. 그렇다 하더라도 역사 해석론적 문화사가 가지고 있는 역사해석의 역동적 측면, 참신한 측면에 대한 관심이 포기될 수는 없을 것이다. 이에 한국문화사의 경우에도 새로운 연구이론과 방법론에 대한 관심이 더욱 강화되어야 할 것이다.

요컨대, 한국사학계는 대체적으로 문화사의 개념을 '한민족의 창조적 정신 활동의 결과로 형성된 정신적·물질적 소산물所産物 가운데 특정 분야를 연구하는 역사'로 생각해 왔다. 이는 다분히 문화사가 분류사 내지는 분야사를 지칭하는 말로 이해되었음을 뜻한다. 그러나 최근의 연구경향을 감안할 때, 문화사는 역사 해석론적 입장에서 새롭게 규정되고 있으며, 이와 같은 이론에 입각한 문화사 서술을 통해서 역동적인 역사이해를 가능하게 해 주었다고 생각된다.

따라서 한국문화사의 편찬에 있어서도 이와 같은 새로운 시각의 문화사 연구방법론을 적용해 보고자 하는 시도가 진행되어야 한다. 이와 같은 연구의 시각은 유물사관적 문화사론을 포함한 기존의 전통적 문화사 연구방법에 대한 재검토 작업이 될 수 있다. 그러나 이와 같은 시각에서 한국 사회와 역사를 조명하고 한국 문화를 논하려는 시도는 한국 문화에 대한 총합적 이해에 상당한 도움을 줄 수 있을 것으로 생각되므로 이에 관한 지속적 관심이 요청된다고 하겠다.

3. 한국문화사의 연구사적 검토

한국문화사의 편찬이라는 중대한 사업의 추진을 위해서는 한국문화사의 편찬에 관한 기존의 성과들에 대한 검토 작업이 수행되어야 했다. 즉, 한국사에 있어서 문화사 연구의 특성과 문제점을 파악하고 그 새로운 연구의 전망을 시도해보기 위해서는 각 시대에 따라 한국 문화사가 연구되어 온 과정을 주목해 보아야 한다. 한국문화사를 편찬하기 위한 기존의 노력에 대한 검토 작업은 이미 일부 추진된 바도 있었다.11). 본장에서는 한국문화사의 연구에 있어서 먼저 조선후기에서 개항전후에 이르는 기간을 진행된 성과들을 점검해 보고자 한다. 그리고 이에 이어서 식민지시대의 한국문화사 연구 상황을 검토하고, 해방이후 오늘에 이르는 현대사회에서 전개된 한국문화사 편찬을 위한 노력들을 간략히 정리해 보고자 한다.

1) 개항 전후의 문화사 연구

사실, 한국사의 서술에 있어서 문화사가 연구되기 시작한 때는 근대적 역사학의 연구가 시작된 식민지 시대 이후로 파악할 수 있다. 그러나 한국의 문화 현상에 대한 집중적 관심은 이미 조선후기 실학의 단계에서부터 나타나고 있었다. 18세기를 전후하여 나타나기 시작한 실학사상의 경우에는 전통적 화이관華夷觀의 변동을 통해 중화 문화로부터 분리된 독자적 문화 현상에 대한 관심이 고조되고 있었다.12) 이 문화적 자각 현상과 관련하여 국학國學 분야에 대한 연구가 진행되어 갔고, 이는 "몰아적沒我的 중국 의존에 대한 민족으로서의 자주적 각성"으로 평가되고 있다.13)

이와 같이 당시의 국학연구 차원에서 진행된 한국 문화사의 연구는 분명 긍정적 의미를 부여해 줄 수 있을 것이다. 그러나 당시는 경학經學에서 사학史學으로의 분화가 진행되던 초기 단계로서 사학의 구체적 분야에 관한 분류의 시도나, 문화에 대한 명확한 개념을 전제로 한 문화사의 연구가 진행되기에는 사학의 발전이 너무나 일천했다. 그러므로 이 시기의 문화사 연구는 한국의 문화적 현상에 대한 관심의 표명과 서술의 단계였지,

---

11) 조광, 1996,「韓國文化史 敍述의 反省과 方向」『文化史와 美術史』, 日志社, 26~44쪽.
12) 趙珖, 1985,「朝鮮後期의 歷史認識」『韓國史學史의 研究』, 乙酉文化社, 147쪽.
13) 황원구, 1975,「국학의 발달」『한국사』, 국사편찬위원회, 362쪽.

이를 분석하고 이론화할 수 있었던 단계는 결코 아니었다.

한국의 문화사에 대한 고양된 관심이 집중적으로 드러나고 있는 시기는 개항기를 들 수 있다. 이 때에 이르러 한국은 제국주의 열강의 침략에 노출되었고, 이에 대한 반침략反侵略의 의지와 관련하여 한국 고유의 민족문화에 대한 관심이 고조되어 갔다. 고유 문화에 대한 관심은 애국계몽운동기 계몽주의적 사학자들에 의해 집중적으로 표현되기 시작했다.

예를 들면 1908년 단재 신채호는 '국수보존설國粹保存說'을 통해서 한국에 "역사적으로 전래하는 풍속, 습관, 법률, 제도 등의 정신인 국수國粹를 보전하여" 애국심을 환기시키고자 했다.14) 한국 문화에 대한 이들의 관심은 민족주의적 지향의 강화와 더불어 강조되어 갔다. 그들은 한국 고유의 문화에 대한 자긍심을 높이고자 했고, '우승열패優勝劣敗 약육강식弱肉強食'의 사회진화론적 입장에 서서 문화의 발달을 논하고 고유문화의 강화를 기도하고 있었다. 당시의 대종교 운동과 같은 종교운동 등에는 이러한 특성이 함축되어 있는 것이었다.15)

그러나 이 단계에서 전개된 사회진화론적 계몽주의적 문화사 연구도 많은 결함을 가지고 있는 것이었다. 그것은 일본 제국주의의 침략에 대항하여 국권 수호의 차원에서 전개된 것이었고, 한민족韓民族의 우수성을 확인하려는 노력과 함께 진행되었다는 긍정성을 가지고 있다. 그러나 계몽주의 자체의 이론적 결함으로 말미암아 이와 같은 경향의 문화사 연구는 반제국주의적 문화사연구의 시각을 항구적으로 유지하는 데에는 상당한 결함을 드러내게 되었다.16)

그러나 이 단계의 문화사 인식은 식민지 시대의 문화사 인식에 있어서 선구적 인식의 틀을 제공해 주고 있었다. 여기에 이 시기 문화사 연구의 특성과 의의를 찾을 수 있을 것이다.

---

14) 『대한매일신보』 1908년 8월 12일, 國粹保全說 참조.
15) 노인화, 1994, 「애국계몽운동」 『한국사』 12, 한길사, 260쪽 참조.
16) 조광, 1994, 「개항기의 역사인식과 역사서술」 『한국사』 23, 한길사, 113쪽.

2) 식민지 시대의 문화사 연구

일제에 의한 강압적 합방 이후 한국 문화와 문화사에 대한 관심은 식민지 지배자의 경우에 있어서나 반침략 독립운동가의 경우에 있어서 모두 관심의 대상이 되었다. 식민당국에서는 식민지 지배의 필연성을 '합리적'으로 설명하고 식민통치의 효율성을 높이기 위해 '조선 문화'와 문화사를 왜곡하려 하였다. 반면에 독립의 방편으로 한국사를 연구하던 일단의 민족주의 사학자들은 제국주의 침략에 대한 저항의 수단으로 '국수國粹'를 강조하고 국학운동國學運動을 전개하기도 했다. 여기에서 한국 문화 내지는 문화사 인식의 두 가지 왜곡형태가 나타나게 되었다. 그것은 일제 식민 당국에 의해 추진되었던 「문화주의」의 해독과 한국인 민족주의자 사이에 나타난 「국수주의」의 문화인식을 들 수 있다.

일제는 조선에 대한 식민지 지배를 합리화하고 식민지 민중의식을 교묘히 조종하기 위해서 '문화'라는 말을 사용했다. 이 문화라는 말에는 정치, 경제, 사회의 모순을 회피하려는 마력이 있기 때문이었다.17) 그들은 민족말살 정책의 도구로서 삼일운동 이후 '문화통치'를 표방했다. 이는 식민지 지배의 심각한 위기로부터 벗어나기 위한 술책이었다. 문화통치를 요약하여 설명하는 정치선전 구호는 '실력양성', '문화주의', '문화운동'이었다. 이로써 그들은 민족해방의 역량을 분열시키려는 분할 통치론을 구사한 것이었고 그 결과 한국 민족운동의 과정에서는 이광수, 최남선류의 민족개량주의나 자치론자들이 등장하게 되었다. 그들이 제시했던 문화주의는 민족주의자들을 유인하여 교육진흥 내지는 식산진흥운동으로 그들의 활동역량을 전환시킴으로써, 민족 독립을 지향한 무력저항운동을 타협적인 무저항운동으로 바꾸기 위한 저의를 가진 것이었다. 이 문화주의는 '대정大正 데모크라시' 당시 일본에서 성행했던 문화사관과 일정한 관계를 가지고 있는 것이었다. 이 문화사관에 함몰되었던 대표적 인

---

17) 강동진, 1984, 「문화주의의 기본성격」『한국사회연구』 2, 한길사, 197쪽.

물로는 츠다 소오키치(津田左右吉)를 들 수 있다. 그는 후일 이른바 국민사 상사의 연구에 종사하면서 정치사 중심의 입장으로부터 벗어나서 정신문화를 강조하는 문화사관을 제시했다.[18] 그러나 후일 그가 일본 군국주의의 어용학자로서의 길을 걷게 되었음을 보면 문화사관과 이에 영향을 받은 문화 통치론의 향방을 우리는 짐작할 수 있을 것이다. 즉 식민지 당국이 제시했던 문화주의는 군국주의의 길로 직결되는 것이었고, 조선에 있어서 문화통치는 군국주의의 강화라는 일면을 가지고 있는 것이었다.

일제 통치 시기 한국 문화 내지 한국 문화사에 대한 잘못된 인식으로는 국수주의적 역사인식을 들 수 있다. 당시 조선은 일본 국수주의 내지는 일본 군국주의의 피해자였다. 그러나 이와 같은 현상에 대항해서 조선의 민족주의자들 가운데 일부는 조선 문화 내지는 문화사 인식에 있어서 조선적 국수주의를 주장하는 경우가 있었다. 우리는 이와 같은 경향의 일단을 단재 신채호에게서도 발견할 수 있으며, 그밖에도 적지 않은 사례를 지적할 수 있다. 이들은 국수國粹의 보존과 위대성을 주장했는데, 그 주장의 과정에서 과학적 엄격성과 문화적 개방의 필요를 망각하는 경우가 종종 나타났다.

식민지 시대에는 이렇게 문화 내지는 문화사 인식이 식민주의의 병폐와 국수주의의 편협성에 빠져가고 있었다. 이렇게 됨에 따라 식민지 해방운동의 일환으로 역사를 과학적으로 연구하던 사람들에게 문화에 대한 연구는 반동적이거나 타협적 자세와 관련된다는 인식을 주게 되었고, 다른 분야에 비하여 문화사 연구가 침체되어 가는 현상이 나타나기도 했다. 그리고 문화사연구의 중요성을 논한다는 것 자체가 비과학적이요 반동적인 것으로 매도될 수 있는 여지를 갖게 되기도 했다. 여기에서 한국 문화에 대한 올바른 시각이 계속해서 요청되고 있었다.

그런데 이와 같은 상황에서도 1920년대 전반기에 안확安廓 등에 의해

---

18) 坂本太郞, 1974, 『日本の修史と史學』, 東京: 日本評論社, 226面.

서 조선의 문명에 관한 주체적 연구 작업이 진행된 바 있었다. 그리고 이
와 같은 분위기에서 비타협적 민족주의자들에 의해 한국 문화 내지는 문
화사에 대한 관심이 강화되고 있었다. 한편 1930년대 전반기에는 '조선
학 운동'이 전개되었다. 이 운동에 참여했던 인물로는 안재홍, 정인보 등
을 우선 주목할 수 있다. 이들은 신간회의 해소에 반대하던 민족주의 좌
파계열의 인물들로서 신간회가 해소된 이후 민족 문화를 보존하는 일에
열정적으로 참여하고 있었다.

3) 현대사회의 문화사 연구

문화 내지는 문화사에 대한 연구는 해방공간에서 다시금 활발히 진행
될 수 있었다. 해방 직후부터 민족문화의 재건에 관한 논의가 도처에서
제시되었다. 그리고 식민지시대에 진행되었던 이 분야의 연구업적들이
부분적으로 간행되기에 이르렀다. 이와 같은 한국문화사 연구의 전개과
정에서 손진태, 이상백 등과 같은 연구자들에 의해 역사의 주체로 민중이
설정되기도 했다. 또한 당시의 좌파적 지식인들도 유물론의 전제 아래 민
족문화의 영역과 발전의 방법을 모색하기도 했다. 그러나 해방 직후 문화
사 연구의 열기는 당시의 정치적 혼란과 곧이어 전개된 한국전쟁의 과정
에서 침체의 길을 걷게 되었다.

한국 전쟁을 거친 이후 1950년대에는 민족문화에 관한 연구가 계속적
인 침체를 면치 못했다. 그러다가 4.19 혁명을 계기로 하여 민족문화의 전
통과 민족 주체성에 관한 논의들이 다시금 활발히 전개되기에 이르렀다.

이러한 견해들 가운데에서는 민족 문화에 관한 국수주의적 이해를 정
당화시키려던 시도가 전개되기도 했다.[19] 그러나 이러한 국수주의적 경
향과는 달리 한국문화의 본질에 대한 이해를 높이기 위해 한국문화사의
본격적 편찬을 위한 노력이 1960년대 이래 진행되어 가고 있었다. 즉, 문

---

19) 정영훈, 1987, 「한국에서의 국수주의와 그 성격」 『정신문화연구』 33, 223쪽.

화사편찬을 위한 종합적 노력은 고려대학교 민족문화연구소의 기획을 통해서 1964년부터 시작되었다.

동 연구소에서는 한국문화사에 관한 12개의 주제를 선정하고 상호 긴밀한 관계를 가진 2개의 주제를 1권으로 묶어 52개의 분류사를 6권으로 묶어 한국문화사대계를 간행했다. 그리고 1972년에는 여기에 증보·색인편을 더하여 7권으로 된 『한국문화사대계』를 완간했다. 고려대학교 민족문화연구소는 이에 그치지 않고 1975년부터 1980년에 걸쳐 『한국현대문화사대계』를 간행했다. 이 책은 개항기 이후 현대에 이르기까지 근현대 한국사회의 문화현상들을 모두 11개 부분 78개 분야로 나누고 이를 5권의 책으로 엮어서 간행했다.

민족문화연구소의 문화사에 대한 연구는 해방 이후 한국학계가 성취한 업적들을 종합하여 우리 역사와 문화의 독자성을 밝히고자 하는 노력의 일환이기도 했다. 그리고 이 문화사 편찬 사업을 계기로 하여 한국문화사에 대한 새로운 관심이 강화되어 갔다. 그러나 이때 적용된 문화사 개념은 전통적 문화사의 개념에 속하는 분야사 내지는 분류사적 성격의 것이었다. 이러한 문화사 개념은 한국문화사를 서술하는 과정에서 그후에도 장기간 적용되고 있었다.

한편, 국사편찬위원회는 1973년부터 1979년까지 7년간에 걸쳐 총 25권으로 간행되었던 『한국사』 편찬 작업을 수행했다. 국사편찬위원회 『한국사』의 편찬을 통해서 해방 이후 비약적으로 발전되어 갔던 한국사연구가 일단 집대성될 수 있었다. 동시에 『한국사』에는 각 시대별로 분야사로서의 문화사 개념이 적용되고 있었고, 각 시대의 문화에 대한 관심이 이전보다 월등히 강화되어 나타났다.

이 과정에서 1979년 9월 25일에는 대통령령 제9628호로 '한국민족문화대백과사전 편찬사업 추진위원회 규정'이 공포되었고, 이 규정에 근거하여 추진위원회가 구성되었다. 추진위원회는 이 편찬사업을 한국정신문화연구원에 위탁하고 동 연구원에서는 1980년 4월에 편찬부를 발족하여 그 편찬사업이 본격적으로 전개될 수 있었다.

그 결과 그 대표적 작업은 1991년에 27권으로 완간된『한국민족문화대백과사전』의 간행을 들 수 있다. 이 사전은 총 65,000항목을 수록하고 있으며, 모두 연인원 7,0000여 명의 전문학자들이 참여하였는데, 여기에는 당시 한국학을 전공하는 거의 모든 연구자들이 망라되었다. 그들이 작성한 원고량은 200자 원고지로 환산할 때 42만여 매에 이르렀다. 물론 이 사전의 편찬 작업은 개별 사항에 대한 해설작업으로서 체계적 역사서술과는 별도로 진행된 것이었다. 그렇지만 이 사전의 편찬 과정에서 한국문화사에 대한 이해의 폭은 대폭 확대되었다.

그러나『한국민족문화대백과사전』의 간행을 통해서 한국사 내지는 한국문화사의 체계적 인식에 관한 요구는 더욱 증가되었다. 특히 1980년대 이후 한국사연구는 이전 시기에 비해서 그 양적 질적 측면에 있어서 비교할 수 없을 정도로 대폭 향상되고 있었다. 이에 한국사에 관한 새로운 연구 성과를 반영하는『신편 한국사』의 편찬작업이 1993년도에 이르러 국사편찬위원회에서 기획되었다.[20] 이 사업은 편찬이 기획된지 11년만인 2003년에 이르러 총52책 및 색인 1책으로 구성된 기획물이 완간될 수 있었다. 이『신편 한국사』의 편찬은 한국사연구의 현주소를 밝혀줌과 동시에 한국사에 대한 새로운 연구를 촉진시켜 주었다. 이 책의 편찬 작업도 20세기 한국민족이 성취한 문화적 업적 가운데 하나로 기억될 수 있을 것이다.

신편『한국사』는 '민족의 창조적 문화활동'을 서술하고자 했다. 따라서 신편『한국사』의 경우에도 한국문화에 대한 집중적 관심이 주어졌음을 확인하게 된다. 물론, 신편『한국사』에서 언급된 '문화사'는 다분히 분류사적 시각에 의한 문화사의 개념과 연결되고 있지만, 부분적으로는 문화에 대한 새로운 개념들이 의식되어 있었다.

---

20) 국사편찬위원회, 1990,『한국사 개편 기초연구 방안』(발표회초록집), 3쪽.

신편 『한국사』는 사체史體로 볼 때 통사적通史的 서술敍述을 시도하고 있다. 즉, 한국사를 선사, 고대, 고려, 조선전기, 조선중기, 조선후기, 근대, 현대 등으로 시대를 구분했다. 그리고 각 해당 시대 안에서 정치, 경제, 사회, 문화 등으로 세분하여 한국사의 전개과정을 서술했다. 이러한 통사적 서술 방법은 전통적 편년체 사서가 가지고 있는 한계를 극복하고 한 시대의 역사전개과정을 체계적으로 제시해 주는 장점이 있는 사체였다.

이 신편 『한국사』에 수록된 내용을 분석해 볼 때, 이 책의 기획자들이 가지고 있던 문화 개념 가운데 분류사적 개념과 관련된 책들을 확인해 보면 다음과 같다. 즉, 신편 『한국사』에는 「구석기 문화와 신석기 문화」(2권), 「청동기문화와 철기문화」(3권), 「삼국의 문화」(8권), 「고려전기의 종교와 사상」(16권), 「고려전기의 교육과 문화」(17권), 「고려후기의 사상과 문화」(21권), 「조선초기의 문화Ⅰ」(26권), 「조선초기의 문화Ⅱ」(27권), 「조선후기의 문화」(35권), 「신문화운동Ⅰ」(45권), 「신문화운동Ⅱ」(46권), 「민족문화의 수호와 발전」(51권) 등 12책에 걸쳐서 분류사적 입장에서 서술된 문화사 주제들이 다루어지고 있다.

그러나 이 가운데 선사문화에 대한 부분은 고고학적 문화개념이므로 기존의 분류사적 문화사 개념과 차이가 날 수 있으며, 통일신라시대나 발해의 경우에는 그 문화에 대한 서술이 독립적 책자로 되어 있지 않고, 타 분야와 함께 서술되어 있다. 이러한 점들을 감안하더라도 신편 『한국사』에서는 전체 분량의 20% 이상을 '문화'라는 부분에 나누어 서술되어 있었다. 이러한 노력을 통해서 한국문화사에 대한 새로운 연구성과들이 집성集成될 수 있었다.

그러나 신편 『한국사』의 경우에는 통사적 서술을 위주로 하고 있으므로 한국사에서 드러나는 분류사적分類史的 / 부문사적部門史的 이해에는 한계가 있다고 생각된다. 편년적, 통사적 인식은 역사 인식에 있어서 가장 기초적 지식을 제공해 주는 것이므로, 신편 『한국사』는 한국역사의 기본 틀을 시간의 진행에 따라 제시해 주고 있다고 생각된다. 그러나 이와 같은 서술방법은 역사 이해를 위해서 반드시 요청되는 방법임에 틀림없다. 한국문화의 체계적 인식을 위해서는 각 분야의 문화사를 부문별로 서술하는 데에 그치지 않고, 문화를 통해서 우리의 역사를 재조명하려는 새로운 시각이 병존될 때, 한국사에 대한 이해의 폭은 월등히 넓어질 것이다. 이러한 이유로 인해서 『한국문화사』의 편찬 작업이 새롭게 기획되기에 이르렀다.

이 기획 작업은 신편 『한국사』의 완간을 목전에 둔 국사편찬위원회에서 한국사학계의 소망을 반영하여 그 후속 작업으로 『한국문화사』의 편찬하고자 하는 시도로 나타났다. 이러한 시도의 첫 번째 결과가 2002년 6월의 한국사 학술세미나를 통해서 제시된 바 있다. 이 세미나에서는 『한국문화사』의 편찬을 위한 방안들이 새롭게 모색되었다. 그리하여 한국문화의 전개과정을 「입문편」, 「선사편」, 「고대편」, 「고려시대편」, 「조선시대편」, 「근대편」, 「현대편」 등으로 시대구분을 먼저 시도해 보고자 했다.21)

모두 71책에 이를 것으로 계획된 이 『한국문화사』의 전체 목차를 편-부-권-장-절-항-목으로 나누어 각 시대의 문화현상을 서술하고자 했다. 그리고 각 장절에는 둘 이상의 분야사별 주제들이 중복될 수 있는 경우가 많으므로, 서술 내용의 중심적 주제를 기준으로 분류하여 체계를 세우고자 했다. 또한 여기에서는 총론, 자연과 경관, 정치문화, 사회의식, 경제생활과 물질문화, 풍속과 생활문화, 종교와 신앙생활, 학문, 과학과 기술, 예술, 문물의 교류에 관한 주제들을 다루되, 집필과정에서는 그 시대성을 드러내는 제목을 사용하기를 제안했다.

이 기획은 종전의 신편 『한국사』와는 달리 부문별 문화현상에 대한 심도 깊은 접근을 시도했다. 그리고 이 기획은 '문화로 보는 역사'라는 새로운 개념을 부분적으로 원용하여 종전에 간행된 신편 『한국사』에서 간과되었던 여러 주제들을 새롭게 검토할 수 있는 기회를 제공하고자 했다.

---

21) 노명호, 2003, 「총론」 『한국문화사의 체제와 방향 설정을 위한 기초연구』(국사편찬위원회 한국사학술세미나, 2002.6.7), 12쪽.

따라서 이 기획 자체만으로도 한국사에 대한 인식의 폭을 넓혀 줄 수 있는 기회를 마련해 주었다고 판단된다.

한편, 한국사학계가 문화사 편찬에 깊은 관심을 가지고 있던 상황에서, 한국 문화 내지는 한국 문화사에 대한 연구는 역사학계뿐만 아니라 인접 분야의 연구자들에 의해서도 진행되었다. 이들은 주로 전통문화의 계승 방향이나, 전통 문화와 외래문화의 관계를 논하는 과정에서 한국 문화사에 대한 관심을 표명해 주었다. 이들은 문화인류학이나 정치사회학 또는 한국철학 내지는 한국종교학의 입장에서, 그리고 문학이나 사회학의 시각을 가지고 한국 문화사의 전개에 대한 자신들의 견해를 제시해 주기도 했다.[22]

한편, 한국문화사의 서술과정에서 주목할 만한 경향으로는 유물론적 입장에서의 문화사 서술을 들 수 있다. 이는 "관념의 제 형태인 상부구조는 경제적 하부구조에 필연적으로 일치된다"는 입장에서 문화를 하부구조인 경제구조에 일면적으로 결부시켜 파악하려는 경향을 말한다. 즉 여기에서는 문화를 기초구조의 발전과정과 분리시켜 논할 경우에는 역사의 총합적 파악이 불가능해질 것이므로 문화가 기초구조와의 연관선상에서 파악되어야 한다고 주장하고 있다.

그런데 이 이론이 문화의 해석에 기계적으로 적용될 경우에는 문화의 독자성에 대한 인식은 부정될 수밖에 없게 된다는 문제점을 드러내게 된다. 이에 일부의 연구자들은 물질주의적 역사해석을 견지하되 경제 결정론의 교조적 입장을 수정 내지는 포기함으로서 문화가 경제구조에 대해 가지고 있는 상대적 자율성 내지는 독자성을 확보하고자 시도하고 있다. 그러나 이들의 경우에도 문화가 기초구조 즉 경제의 발전과정과 맺고 있는 관계를 도외시할 수는 없음을 계속하여 논하고 있다.

---

22) 강신표, 1986, 「한국사연구에 있어서 문화론」 『한국문화인류학』 18, 3~16쪽 ; 유초하, 1990, 「외래문화 수용과 전통문화 계승의 합리적 지양의 길」 『인문학지』, 충북대학교 인문과학연구소, 5~12쪽 등 참조.

유물사관에 의한 한국 문화사에 대한 이해는 이미 1930년대 말엽에 백남운의 『조선봉건사회경제사』 등을 통해 암시된 바 있었다. 그리고 해방공간에서 이러한 견해는 더욱 발전되어 갔고, 북한의 역사연구자들을 통해서 이와 같은 문화사 서술의 원칙이 견지되고 있다.

한편, 남한의 역사연구자들의 경우에 있어서도 그 일부는 물질주의적 문화해석의 입장을 견지하면서 "한국 문화사는 기초구조의 발전과정과 불가분의 관련 하에 이해되지 않으면 안 된다"고 생각하면서 "문화의 상대적 독자성을 인정하지 아니한다면 사실상 한국 문화사의 성립 그 자체에 문제가 있음"을 확인했다.[23] 현재 한국학계에서는 이와 같은 입장을 자신의 한국 문화사 연구를 통해서 관철시키고자 시도하고 있는 경우도 이어지고 있다.

유물사관에 의한 한국 문화사의 서술은 그 문화를 기초구조와의 연결선상에서 논함으로써 문화에 대한 이해의 지평을 확대시켜 주었다. 그리고 문화의 해석에 있어서 발전사관적 입장을 강화시켜 줌으로써 한국 문화에 대한 식민주의적 해석의 오류를 극복하는 데에 적극적으로 기여하기도 했다. 그러나 유물사관적 입장에서 문화사를 이해할 때 드러날 수 있는 경제 결정주의적 경직성이 일부의 연구자들에 의해 문제로 제기되었고, 이 문제점을 극복해 보고자 하는 시도가 제시되기도 했다.

그리고 이러한 원칙에 따라 1970년대에는 평양의 사회과학원 역사연구소에서는 『조선문화사』를 편찬·간행한 바 있었다. 이와 함께, 1990년대를 전후하여 북학 학계에서는 『조선전사』를 간행한 데 이어서 『조선부문사』를 정리해 왔다. 그리하여 북한의 학계에서는 2005년까지 고고학총서 60권과 역사학총서 40권 합계 100권의 총서의 간행을 준비하고 있었다. 역사학총서는 고조선(부여, 진국) 6권, 고구려 5권, 백제 2권, 전기신라 2권, 후기신라 2권, 발해 2권, 고려 5권, 이조 16권 등으로 구성되어 있

---

23) 김경태, 1981, 앞의 논문, 11쪽 참조.

고, 이 가운데 10여 책은 이미 원고가 탈고되어 있다고 한다.[24)]

그런데 새롭게 간행될 총서 100권에 수록될 내용에 대한 자세한 정보
가 없으므로 그 구체적 내용이나 편찬 방향에 대해서 속단하기는 어렵다.
그렇다 하더라도 북한 학계의 이러한 계획은 이미 완간된『조선전사』의
후속작업으로 추정된다. 그리고 북한의『고고학 총서』와『역사학 총서』
는 북한에서『조선부문사』에 편입되어 간행되었던 각종 분류사의 보완작
업일 수도 있으며, 이는 북한 학계에서 전개하고 있는 문화사의 편찬을
위한 노력의 일환으로 파악될 수도 있다.

이와 같은 상황에서 한국의 역사학계에서는 지속적인 관심의 대상으로
되어 있던 한국문화사를 편찬하고자 하는 구체적 노력이 전개되어 갔다.
그리하여 2002년도 이래 2003년에 걸쳐 한국문화사를 편찬하고자 하는
기획이 좀더 구체적으로 진행될 수 있기에 이르렀다.

4. 『한국문화사』 편찬의 이유와 지향점

『한국문화사』의 편찬 작업을 수행하기 위해서는 문화사의 개념이나
그 연구과정에 관한 관심과 함께 지금 이 시점에서(hic et nunc)『한국문화
사』를 편찬해야 하는 이유와 새롭게 편찬해야 하는『한국문화사』가 지향
해 나가야 방향에 대한 거듭된 검토 작업이 요청된다. 이 과정을 통해서
『한국문화사』를 편찬하기 위한 기초가 다져질 수 있기 때문이다.

1) 『한국문화사』 편찬의 시의성

돌이켜 보건대 역사는 민족의 세기를 거쳐 이념의 세기에 이르렀고 다
시 이를 뛰어 넘어 문화의 시대로 전환되어 가고 있다. 19세기 인류 사회

---

24) 최광식, 2003, 「개천절 남북 공동행사를 다녀와서」『민족 21』, 민족21, 61쪽.

는 민족문제가 중요한 주제로 부각되어 왔다면, 20세기는 이데올로기가 중심적 화두였다. 그러나 이 20세기말에 제정된 대한민국 헌법에서도 국가는 민족문화의 발전을 위해 노력할 책임이 있음을 선언하고 있다. 그런데 지난 20세기 정책당국은 문화에 관한 문제를 주로 '국민적 삶의 질'을 향상시켜준다는 관점보다는 '국가적 위신'을 높이는 문제로 인식해 온 듯하다. 여기에서 엘리트 체육이나 예술 또는 과학 등이 장려되기도 했고, 민족문화에 대한 관심도 이 차원에서 강조되어 왔다.

이처럼 문화는 지난 세기에도 중시되어 왔지만, 이제 21세기에 이르러 '문화'는 새로운 핵심 동력으로 자리 잡게 되었다. 이는 20세기에 강조되어 왔던 문화에 대한 태도보다 월등히 발전된 방향을 취하고 있는 것이다. 사실 21세기가 '문화의 세기'임은 이미 여러 연구자들에 의해서 전망된 바 있다.

그런데 21세기를 '문화의 세기'로 규정하는 것은 이 새로운 세기에 있어서는 '문화'라는 요소가 국민적 삶의 질을 향상시켜주고, 국가적 이해관계 내지는 국가의 이익과 직결되는 분야가 된다는 말이다. 즉, 새로운 세기의 문화는 '국가적 위신'을 높이는 데에 국한하지 않고 '국민적 삶의 질'을 향상시켜 준다는 데에 일차적 관심이 주어지고 있으며, 경제적 부의 증진에 있어서도 기본 요소로 부각된 것이다.

21세기에 있어서 문화는 더 나아가서 국가 경제 최후의 승부처로 인식되었고 문화산업의 중요성이 강조되었다. 즉, 국가는 지식 기반형 문화산업이 가지고 있는 부가 가치의 무한한 가능성이 주목되기에 이르렀고, 문화 인프라의 확충과 문화콘텐츠의 개발이 무엇보다도 중시되는 상황이 도래했다. 이와 같은 시대적 요구에 조응照應하여 『한국문화사』의 연구와 집필은 문화 인프라의 구축과 문화콘텐츠의 개발에 직접적이거나 간접적 측면에서 도움을 줄 수 있을 것으로 기대되기에 이르렀다.

또한, 현재 세계는 세계화(Globalization)의 문제에 봉착해 있다. 이는 현대 역사전개의 추세로 인식되고 있기도 한다. 반면에 세계화가 가지고 있

는 문제점에 대한 지적도 만만치 않으며 이에 대한 여러 대안들이 제기
되기도 한다. 그러나 이와 같은 현상에서 우리는 세계화에 대한 찬반을
떠나서 이에 대한 국가적 대책이 요구되고 있음을 확인하게 된다. 오도된
세계화는 문화적 획일주의를 강압하여 민족문화에 대한 위기를 초래할
수도 있게 되었다. 세계화가 주창되는 한 민족문화의 독자적 가치는 도전
을 받게 된다.

그러나 세계화가 강조되는 한, 민족문화사에 대한 관심은 더욱 커져야
한다. 현재 세계화의 최대 수혜자인 미국의 경우에 있어서도 자국사와 자
국문화에 대한 이해를 더욱 강화해 가고 있다. 이 사례를 통해서 볼 수
있듯이 자국문화에 대한 건전한 인식이 없이 전개되는 세계화는 세계를
향한 무장해제에 지나지 않을 것이다. 이러한 도전에 맞서서 민족문화의
가치를 확인하고 민족문화의 발전을 지향해 나가야 한다.

이와 같은 시대의 흐름에 입각하여 정부 당국에서도 문화를 한 국가의
정치·경제·사회를 포함한 제 분야를 아우르는 핵심역량으로 인식하게 되
었고, 국가의 운명이 국가 이미지 내지는 문화에 의해서 좌우될 것으로
파악하기에 이르렀다. 이는 문화가 단순히 삶의 질을 높이는 차원에서 주
목되던 단계를 넘어서 국가경쟁력의 핵심요소로 인식되고 있음을 나타내
기에 이르렀다. 그리하여 21세기 정보강국, 문화강국으로 제2의 도약을
위해서는 문화에 대한 특별한 관심이 요청되고 있다.

이상에서 약술한 국내외의 시대적 상황을 검토해 볼 때 한국문화사의
편찬 사업은 국민적 삶의 질을 향상시키고, 국민적 위신을 강화하는 데에
중요한 역할을 하게 될 것이다. 그것은 민족의 화해와 경제적 부의 증진
에 직접 간접적으로 기여하게 될 것이다. 그러므로 세계화의 이론에서 보
더라도 한국문화사의 연구는 국가경쟁력의 확보에 있어서 매우 중요한
일로 판단된다. 바로 이러한 데에서 우리는 『한국문화사』 편찬의 시의성
時宜性을 확인할 수 있게 된다.

요컨대, 21세기 사회에서 문화는 국민의 삶의 질을 향상시키는 문제에

국한되지 않고 국가경쟁력의 핵심 요소로까지 인식되고 있다. 그리고 세계화가 논의되는 상황에 있어서 자신의 문화에 대한 올바른 인식과 자리매김의 중요성이 부각되고 있다. 이러한 시대적 조건에서 우리는『한국문화사』의 편찬이 시대적 요청임을 확인하게 된다.

2) 문화사 편찬의 지향점

오늘날 제3세계의 역사를 논하는 데에는 유럽중심주의(europeanism, eurocentrism)의 폐해가 논의되고 있다. 그리고 한국사를 포함한 동양의 역사를 논할 때에는 유럽중심주의의 연장에서 나타난 오리엔탈리즘(orientalism)의 경향을 경계하고 있다. 유럽중심주의는 현대사에서 산업혁명 이후 유럽의 역사적 역할이 강화된 결과이기도 하다. 그리고 그곳은 근대역사학의 발전과정에서 유럽의 기여가 지대했던 까닭에 당연한 이론으로 받아들여지기도 했다. 그리고 아시아의 문화와 역사를 해석하는 데에 있어서 오리엔탈리즘적 편견이 적용되기에 이르렀다.

이 과정에서 일부 연구자들은 자국의 문화를 이해하는 데에 있어서도 유럽중심주의적 오리엔탈리즘적 편견을 가지게 된 바 있었다. 그러나 한국문화는 그 자신이 독자적 가치를 가지고 있다.

그 당연한 결과로 한국의 문화와 역사가 유럽적 준거에 의해서 평가되어서는 안 된다. 따라서『한국문화사』는 당연히 유럽중심주의를 극복하고 우리 문화의 특성과 가치 및 의미를 밝히고자 하는 입장에서 서술되어야 한다.

그렇다 하더라도 우리는 문화에 대한 개방적 인식의 중요성을 인정해야 한다. 한국문화사에 대한 기존의 인식 가운데에는 '고유문화'나 '전통성'만을 중시하거나 민족문화의 '배타적 우수성'을 강조하려는 쇼비니즘적 경향이 부지불식간不知不識間에 잔존되어 있다. 이와 같은 편벽된 문화이론은 이미 학계에서 그 수명을 다한 지 오래이다. 모든 문화에는 우열의 차이가 아니라 형식의 차이만이 있을 뿐이기 때문이다.

한국문화에 대한 쇼비니즘적 인식은 한국문화의 폭을 스스로 좁히는 것이며, 이와 같은 인식을 통해서는 진정한 민족문화의 발전을 기약할 수는 없다. 한국 문화사를 연구하는 올바른 자세는 소아병적 쇼비니즘의 적용에 있지 아니하다. 그것은 문화에 대한 개방적 인식의 입장에서 한국 문화의 보편성과 특수성을 규명하려는 태도를 통해 확인될 수 있는 것이다.

한국문화에 대한 쇼비니즘적 인식이 부당한 이유는 모든 문화의 요소들은 자기 완결적으로 존재할 수 없으며 상호 관련성을 갖고 있기 마련이기 때문이다. 그러므로 『한국문화사』를 편찬할 경우에는 문화의 각 분야들이 맺고 있는 상호관계 및 각 시대와 지역의 문화 사이에 존재하는 상호관계를 규명하기 위해 노력해야 한다.

즉, 기존의 연구에서는 각 문화의 분야들이 갖고 있는 상호 관련성에 대한 연구가 소홀히 취급되어 있다. 정치사를 서술할 경우의 예를 들면, 기존의 정치사는 정치제도와 그 운용 및 정치권력의 향방에 대해서는 충실히 서술했으나 정치가 맺고 있는 사회·경제·문화 등과의 관련에 대한 인식이 약했다.

한편, 새로운 『한국문화사』에서는 정신과 물질이 맺고 있는 상호 관련성을 밝히거나, 문화를 통해서 그 사회의 내적 변화까지도 검토해 나갈 수 있을 것이다. 또한 우리는 한국문화사의 특수영역에서 드러나는 시대적 특성과 각 시대간의 상호관계를 밝힐 수 있을 것이다.

그리고 한국문화사를 동아시아 문화사 내지는 세계문화사와의 연관 아래 검토함으로써 우리 문화가 가지고 있는 특성을 좀더 잘 이해할 수 있을 것이다. 그리고 우리나라 각 지역들에서 형성된 문화의 비교연구를 통해서 우리 문화사에 대한 이해의 폭은 더욱 넓어 질 것이다. 새로운 한국문화사를 편찬할 경우에는 종전과 동일한 주제의 연구라 하더라도, 이와 같이 상호 관계를 밝혀줌으로 새로운 서술이 가능할 것이다.

이와 더불어 새로운 『한국문화사』의 편찬을 위해서는 문화사 서술과정에서 새롭게 적용할 수 있는 이론적 틀에 대한 검토가 요청된다. 즉, 문화사 서술을 위한 새로운 이론에 대한 개방적 입장에서 적절한 이론적 틀에 대한 모색작업도 진행되어야 한다.

한국문화사 연구에 있어서 이론 적용의 개방성은 외국 이론의 무비판적 차용이나 그 이론의 보편성을 한국 역사와 문화에서 확인하려는 시도에 국한되는 것은 아니다. 이는 한국문화사에 대한 올바른 이해와 한국 문화의 발전을 위해서는 인류 공동체의 경험에 의해 축적된 그 해석의 시각과 연구의 방법론을 원용하는 데에 주저함이 없어야 한다는 말이다.

여기에서 새로운 『한국문화사』의 서술에서는 '문화를 통해 역사를 보아야 한다'는 문화사서술 이론과는 상당한 거리가 있는 것이다. 그런데 현재 한국사학계에서는 문화사를 분류사의 종합으로 인식하는 경향이 있다. 이러한 기존의 인식 자체는 문화사를 바라보는 시각에 있어서 질곡桎梏으로 작용되어 새로운 문화사를 서술하는 데에 있어서 장애가 될 수도 있다. 그러므로 새로운 문화사의 편찬과정에서는 아날학파적 입장에서 논의되는 문화사의 이론 등 새로운 역사이론에 대한 개방적 자세가 요청된다.

물론 최근에 이르러 한국사학계도 새로운 역사이론을 주목한 결과로 미시사에 대한 연구 방법론이 제시되었고, 생활사에 대한 관심이 점차 강화되어 가고 있다. 그러나 아직까지는 이러한 이론을 본격적으로 적용하여 한국문화사를 서술하는 데에까지 이르지는 못했다. 또한 연구자들에게 주목을 받지 못하여 '침묵하고 있는 자료'들을 사료史料로 만들기 위한 노력이 좀더 전개되어야 한다. 이와 같은 노력이 구체적으로 표현될 때, 새로운 『한국문화사』는 한국사학계의 수준을 한 단계 끌어올리려는 작업이 될 수 있을 것이다.

한편, 오늘날 학계에서는 '역사연구의 민주화'에 대한 문제가 제창되고 있다. '역사연구의 민주화'는 역사연구의 대상과 그 연구의 결과를 아울러 포괄하는 말이다. 즉, 종전의 역사연구는 지배계급이나 소수의 엘리트들을 중심으로 하여 진행되었다. 그러나 이를 통해서는 역사의 진면목을 파악할 수 없기 때문에 역사연구의 민주화가 주장되기에 이르렀다. 그리하여 이 주장자들은 소수 지배층의 역사로부터 일반 민중이나 '인간들'의 역사로 전환되어야 함을 역설했다.

그렇다면 역사학의 특정 분야이거나 경향을 뜻하는 한국문화사의 서술에도 이와 같은 민주화의 문제가 논의되어야 한다. 그리하여 『한국문화사』에서는 그 각 분야에 걸쳐서 지배계급의 역사뿐만 아니라 일반 '인간들'의 역사 모두를 포괄하고자 하는 시도가 전개되어야 한다. 그리고 인간과 인간들의 관계, 계급간의 상호 관계를 밝혀주기 위한 노력이 좀더 본격적으로 전개되어야 한다.

그리고 우리는 지난 역사에서 지배계급의 문화를 보더라도 손진태孫晉泰(1900-1960년대)가 일찍이 주장했던 것처럼 "피지배 민중과는 아무 관계도 없는 단순한 귀족계급만의 문화는 아니었고, 지배계급이 피지배계급을 토대로 하여 성장된 것과 같이 그 문화도 민중을 토대로 하여 성장된 것"임을[25] 바라볼 수 있는 혜안을 키워나가야 한다.

여기에서 우리는 과거 민중들의 문화와 마음가짐 그리고 그들의 가치체계들을 주목하여 그 '인간들'이 드러내는 삶의 모습을 확인해 나가야 한다. 그리고 이와 같은 연구결과는 소수의 연구자들만이 아닌 다수의 대중과 공유하고 향유해야 한다.

한편, 21세기에 있어서 문화는 국가와 지역의 안전을 강화해주는 기제로 직접 기능하게 될 것이다. 한국문화사의 경우에도 한민족의 궁극적 안전을 강화하고 증진시키는 방향에서 편찬될 수 있을 것이다. 한국문화사를 통해서 한반도와 한국에서 성취된 문화의 동질성이 확인되고 민족화해와 재일치의 당위성이 거듭 검증될 수 있을 것이다.

21세기 초두에 이르러서도 우리는 민족의 화해를 성취해야 할 과제를

---

25) 손진태, 1948, 『조선민족사 개론』, 5쪽.

안고 있으며, 이는 곧 국가의 안전과 직결되는 문제이다. 민족의 화해와 일치를 다지는 과정에서는 경제적 요소와 함께 문화적 인프라가 구축되어야 함은 당연한 일이다. 문화적 측면에 대한 배려 없이는 국가의 궁극적 안전을 지속할 수가 없을 것이다.

물론 오늘날 우리 학계의 일각에서는 '민족'이나 '민족주의' 및 그 역사해석 방향에 대해 강한 의문이 제기되기도 한다. 그러나 우리에게는 아직까지 민족국가를 완성해야 할 책임이 있다.26) 한국은 유럽이나 미국이 아니며 한국이 오늘날 처해 있는 국제적 국내적 상황은 다른 나라와 같을 수 없다. 여기에서 한국 역사학계는 '민족'의 화해에 기여할 책임을 아직도 짊어지고 있다고 생각된다. 아직도 우리에게는 1민족 1국가의 형성을 위한 노력이 계속하여 요청되고 있다.

그렇다면 한국 문화사 연구도 민족의 화해와 일치를 지향하는 방향에서 전개되어야 한다. 민족의 화해와 일치에 기여할 수 있는 『한국문화사』의 연구는 그 주제의 선정과 연구 자료의 확보 및 학술정보 내지 연구자의 교류를 통해서 가능하다고 생각된다. 즉, 새로운 『한국문화사』에서는 민족화해 내지는 통일에 관한 문제를 본격적 역사연구의 장으로 끌어내야 한다. 그리고 이미 화쟁론和諍論과 같은 철학의 전통에서 확인되는 바와 같이 우리의 문화전통 안에 자리 잡고 있는 화해의 전통을 밝혀나가기 위한 노력을 전개할 수 있을 것이다.

또한 『한국문화사』의 연구와 집필을 위해서는 남북으로 흩어져 있는 자료를 공동으로 활용하도록 도할 수도 있다. 그리고 연구자 상호간의 학술정보와 교류를 통해 『한국문화사』의 집필에 있어서 좀더 완벽을 기할 수 있을 것이다. 한편, 『한국문화사』의 특정부분에 대해서는 남북한 연구자들이 공동 집필을 위한 노력도 전개해 볼 수 있을 것이다.

물론 여기에는 상당한 상호 인내와 긴밀한 협의와 상당한 시간이 요청

---

26) 강만길, 1975, 「광복 30년 국사학의 반성과 방향」 『역사학보』 68, 歷史學會, 98쪽.

될 것이다. 그러나 새로운 연구들이 시대적 요청에 응답하여 이와 같은 시도아래 진행될 수 있다면 한국문화사는 한민족의 화해와 재일치에 적극적으로 기여하며, 비로소 미래를 지향하고 전망하는 학문이 될 수 있을 것이다.

요컨대, 새롭게 편찬되어 나갈 한국문화서는 유럽중심주의나 오리엔탈리즘을 철저히 극복해 나가야 한다. 그리고 이와 동시에 우리 문화가 가지고 있는 절대성, 우월성만을 강조하는 쇼비니즘적 경향도 당연히 극복되어야 한다. 우리 문화에 대한 통시적通時的 관심만을 정리하는 데에 그치지 말고 공시적共時的 입장에서 우리 문화와 인접 문화의 상호 관계에 관심을 가지고 연구해 나가야 한다. 그러면서도 새로운 문화사는 새로운 역사연구의 경향을 주시하면서 전개되어야 한다. 그리고 그 연구의 과정과 동기에 있어서 역사의 민주화와 관련된 여러 과제들을 고민하고 서술해 나가야 된다. 또한 민족의 화해와 일치를 지향하는 방향에서 새로운 문화사는 집필될 수 있을 것이다. 이와 같은 지향이 구체적 연구를 통해서 드러날 때 새로운 문화사는 성공적 저작물로 자리잡을 수 있을 것이다.

5. 문화사 편찬의 실천적 과제

『한국문화사』와 같은 대규모의 편찬사업을 위해서는 그 편찬과정에 대한 주의 깊은 배려가 요청된다. 그리고 이를 위해서는 한국문화사 연구의 현주소에 대한 명확한 진단이 요청된다. 편찬 방법에 대한 구체적 검토가 진행되어야 한다. 『한국문화사』의 편찬을 추진하는 과정에서 학계의 참여와 동의를 충분히 이끌어 내기 위한 제도상의 문제에 대해서도 함께 검토할 수 있을 것이다. 이러한 점들을 감안하여 한국문화사의 편찬과정에서는 다음과 같은 사항들이 충분히 검토되어야 한다.

1) 편찬과정 상의 문제점

한국문화사의 편찬 작업은 오늘날 한국 학계의 구성원 대부분이 참여하는 대규모의 편찬사업이 될 것으로 전망된다. 그런데 대규모의 편찬사업에 있어서는 무엇보다도 종합적 기획력과 기초 조사 작업이 중요하다. 편찬 작업에 있어서 기획력은 작업추진의 필요성과 규모 및 추진에 관한 내용을 검토하는 일로써, 이는 사업의 정당성과 효율성을 강화시켜 줄 것이다. 그리고 그 기초조사는 작업의 진행과정에서 봉착하게 될 시행착오의 가능성을 최소화시켜줄 것이다. 이러한 이유 때문에 일반 상업적 출판사의 경우에 있어서도 출판기획의 중요성을 인정하고 있다.

한국학계에서는 지난날 『한국민족문화대백과사전』을 편찬했던 경험을 가지고 있다. 필자는 당시의 편찬 경험이 얼마나 축적되어 계승되고 있는지는 잘 알지 못하고 있다. 그러나 그 작업이 진행되는 과정에서는 종합적 기획과 기초 작업에 난관이 있었던 것으로 전해졌다. 이를 타산지석他山之石으로 삼아 『한국문화사』를 편찬하는 데에 있어서 종합적 기획력의 확보와 기초 조사 작업의 수행을 위한 노력이 강화되어야 한다.

『한국민족문화대백과사전』과 『한국문화사』의 편찬 작업 사이에는 일정한 유사성과 함께 여러 차이점들이 있을 것이다. 즉, 이 두 종류의 편찬 작업은 모두가 한국문화에 대한 체계적 이해를 제공하기 위해 한국문화의 정리를 시도했다는 점에서 유사성을 확인하게 된다. 그리고 이 둘 사이에는 해당 학계의 수준을 나타내며, 해당 분야의 연구자들이 망라되고 있었다는 점에서 상호 유사한 측면이 있다.

'문화사'는 '대사전'의 경우보다도 그 기획과 집필에 있어서 종합적 판단과 적절한 역사관이 더 요청되고 있다. 이러한 점을 감안하여 여기에서는 한국문화사에 대한 상당한 안목이 있으며,『한국문화사』의 편찬에 지속적으로 일관성을 갖고 종사할 수 있는 주관기관 및 주관자를 선정하는 문제가 검토될 수 있을 것이다. 이 주관자를 중심으로 하여 종합적 기획과 기초조사 작업이 탄탄하게 추진되어야 한다.

현대사회에서 역사연구의 주체로는 대학이나 학회 또는 일반 연구자들이 부상되었다. 또한 공식적인 역사해석의 기준을 국가가 제시해주던 시대는 이미 지났다. 이러한 현대사회에서의 역사연구가 가지고 있는 특성 때문에 국가 기관이 주도가 되는 대규모의 역사 편찬 작업에 대해서 의문을 갖는 연구자가 있을 수 있다.

그러나 『한국문화사』의 집필과 같은 대규모의 편찬사업은 한 개인이 감당할 수 있는 문제가 아니다. 서술 영역이 방대한 『한국문화사』는 이미 개인이나 몇몇 연구자들의 협동연구라는 범위를 벗어나고 있기 때문이다. 그리고 '학회'의 경우에도 거의 매 2년마다 책임자가 교체되고 있는 현황을 감안할 때, 『한국문화사』의 편찬과 같은 장기간에 걸친 사업을 추진하기란 사실상 불가능하다.

또한 대학이나 특정 기관에서 이 작업을 추진할 수도 있을 것이지만, 그러나 이는 연구자의 광범한 동원이나 재원의 마련 등에 한계를 갖게 된다. 그리고 영리추구를 주요 목적 가운데 하나로 삼고 있는 일반 출판사도 상업적 이윤의 보장이 불가능한 이 작업을 수행할 수 없다.

그런데, 국사편찬위원회는 이미 개설적 시대사로 『한국사』 및 『신편 한국사』의 편찬을 비롯해서 대규모의 편찬사업을 추진해서 상당한 성과를 인정받고 있다. 이와 같은 여러 상황들을 감안할 때 『한국문화사』와 같은 대규모의 편찬사업에는 일단 국사편찬위원회와 같은 국가기관이 주도적 역할을 수행할 수밖에 없을 것이다. 그러나 국가기관이 이 사업을 주관하는 경우에도 일반 행정기관이 가질 수 있는 사업 수행상의 경직성을 최대한 견감시켜 가면서 『한국문화사』의 편찬 작업이 진행되어야 한다.

한편, 국사편찬위원회에서는 2000년 3월 이후 『한국문화사』의 편찬을 기획하면서 역사관계 학회와의 연대의 중요성을 거듭 확인한 바 있다. 그리하여 국사편찬위원회는 한국사관계의 대표적 학회인 '한국사연구회'에 한국문화사편찬사업 연구를 위촉한 바도 있었다. 그러나 『한국문화사』의 편찬은 이 시대의 연구수준을 집약적으로 반영하고 그 연구의 수준을 한 단계 높여야 하는 사업으로 생각된다. 따라서 이 사업의 기획과 추진에는 보다 광범한 학회 내지는 연구자의 참여를 유도할 수 있는 방안의 마련이 요망된다.

물론,『한국문화사』의 편찬을 위한 구체적 편목이나 서술의 방향에 대해서는 학계의 동의가 이루어져야 한다. 이를 위해서는『한국문화사』의 편찬 주체는 학계 여론의 수렴을 위한 노력을 좀더 본격적으로 전개할 수 있을 것이다. 물론『한국문화사』편찬의 주체는 그 스스로도『한국문화사』에 담겨져야 할 구체적 분야와 집필의 정신 및 방법론, 그리고 그 사업의 실행방안을 확립하기 위한 구체적 작업을 전개해 나가야 한다.

그러나 주체자는 이와 같은 독자적 노력과 함께 학계의 여론을 충분히 수렴하기 위한 방안의 하나로『한국문화사』의 편찬과 관련된 일반 공모를 시도하여,[27] 집필의 정신 및 그 실행방안 및 그 편찬과 관련되는 의견을 광범하게 구할 수 있을 것이다. 그리고 그 공모의 결과에 따라서는『한국문화사』의 편찬을 주관할 사람을 선정할 수도 있을 것이다. 만약 이와 같은 성과를 얻을 수 없었다 하더라도 이 공모과정을 통해서 국사편찬위원회는 최소한『한국문화사』의 편찬 시안을 보완하는 귀중한 기회를 얻을 수 있을 것이다.

한편, 현대에 이르러 학문 연구에 있어서 학제간 연구의 필요성이 강조되고 있다. 이러한 현상과 맞물려 한때 '역사학은 사회과학이 창출해 낸 개념의 소비처'로 인식된 바가 있었다. 그리고 역사학은 철학을 비롯한 인접 인문과학과의 교호작용을 통해서 발전될 수 있었고, 자연과학에 대한 인식과 자연과학적 사고는 역사학에도 일정한 영향을 주었다.

이와 같은 상황을 감안할 때『한국문화사』의 연구는 한국사학계 뿐만 아니라 인접 분야와의 협동 작업을 필수적으로 요구하고 있다. 특히 한국

---

27) 이와 같은 견해는 국사편찬위원회 주관 2001년 2월 23일자 '한국문화사 편찬을 위한 사업 준비회의에서 趙東一 교수가 제안한 바 있다.

문화사의 범위 안에는 이른바 '특수사'의 영역으로 분류되어 왔던 여러 분야들이 포괄되어 왔다. 만일 새로운 한국문화사도 종전에 진행되었던 분류사의 체제를 완전히 벗어나서 새로운 편집을 하기에 어려움이 있다면 한국사학계는 인접 학문분야와의 협동작업이 더욱 요청받을 것이다.

기존의 연구결과를 검토해 볼 때, 분류사는 천문학이나 의학과 같은 과학기술사의 분야나 특정 예술분야 등과 같이 광범하게 연구되어 왔다. 이러한 분야 가운데 상당수는 순수 역사학도가 접근하기 어려운 점도 적지 않다. 이 분야에 대한 종합적 연구를 위해서는 역사학과 그 인접분야와의 협동작업이 요청된다.

이 과정에서 한국사학계는 인접 분야와 협력하여 『한국문화사』의 편찬을 위한 이론적 틀을 확보하기 위한 노력을 전개할 수 있을 것이다. 이와 같은 학제간의 연구를 통해서 『한국문화사』의 편찬 작업은 한국사학계 뿐만 아니라 전체 학문 영역의 발전에 긍정적 기능을 발휘하게 될 것이다

한편, 현재 한국문화사는 대체적으로 각 분류사의 종합으로 인정되어 오고 있다. 이와 같은 인식의 정당성은 차치하고라도, 한국문화사 가운데 각 분야사가 성취한 기존의 연구 성과들을 검토해 보면, 분야별 연구수준이 다양하다는 사실이 드러난다. 이러한 현황을 일단 우리는 주목해야 한다. 그리고 한국문화사의 각 분야에 따라서는 그 연구 수준에 상당한 격차가 존재하고 있다는 사실을 확인하게 된다.

예를 들면, 국어학이나 국문학 분야는 다른 한국문화사 분야보다 월등히 심도가 깊은 연구를 성취해 왔다. 반면에 과학 기술사나 생활사 등의 분야에서는 아직 사실조차 확인되지 못한 부분이 있다. 따라서 한국문화사의 연구와 집필 과정에서는 이와 같은 분야별 연구수준의 편차를 시인해야 한다. 즉, 『한국문화사』의 모든 분야가 동일한 기준을 적용한 서술이 될 수 없음을 인정하고, 상대적으로 저조한 분야에 대한 향상의 방안이 마련되어야 한다.

이러한 점을 감안할 때『한국문화사』서술의 틀을 마련하는 데에 도움
을 주기 위한 공동 연구회가『한국문화사』의 집필자들을 대상으로 하여
적절히 개최되어야 한다. 즉,『한국문화사』는 그 안에 여러 분야를 포함
하고 있으며, 각 분야들은 서술 상에 있어서 일정한 특성을 가지게 마련
이다. 물론 집필자들은 이러한 이론이나 방법론을 이미 터득한 연구자들
일 것이다. 그렇다 하더라도 각 분야사의 집필에 요청되는 적절한 이론과
방법론에 대한 확인이 거듭 요청된다. 그러므로 분야별 집필자를 위해서
해당 분야의 이론 및 방법론에 대한 연구와 토론과 학습의 기회가 주어
져야 한다.

한편, 새로운『한국문화사』를 편찬하는 과정에서는 다양한 분야에 걸쳐
서 다양한 연구자들이 참여하게 될 것이다.『한국문화사』의 집필 과정에
서는 이 다양한 연구자들의 견해를 상호조정하기 위한 노력이 요청된다.
이를 위해서는『한국문화사』의 각 분야 별로 구상발표회나 중간보고회 또
는 연구결과 발표회 등의 적절한 개최가 요청된다. 이러한 과정을 통해서
『한국문화사』는 일정한 서술방법이나 연구의 시각을 확보할 수 있을 것
이다.

요컨대,『한국문화사』의 편찬을 기획하는 과정에서는 실천적 과제들에
대한 검토 작업이 요청된다. 여기에는 문화사의 기획과 그 범위 및 방향
설정, 필자위촉 등과 관련된 실천적 과제들이 제기된다. 이 과정에서 지
난날 문화사 서술에서 드러나는 제한적制限的 / 부정적否定的 사실들을 확
인하여 극복하려는 노력이 요청된다. 그리고 오늘날 역사학계의 연구 동
향 및 시대적 요구 등을 감안하여 학제간의 협력 등이 모색되어야 하며,
좀 더 효율적이고 적절한 편찬 방안들이 모색되어야 할 것이다.

2) 편찬체제의 구상 : 하나의 사례

국사편찬위원회에서는 최근『신편 한국사』52책을 간행하고 있는데

이 가운데 문화사 부분은 모두 12권에 이르고 있다. 그러나 이 12권에 서술된 한국문화사는 각 시대별 문화현상에 대한 개별적 서술에 머물고 있다. 이는 『신편 한국사』가 통사적 개설서라는 특성을 가지고 있음에서 유래한 불가피한 특성이다.

그러나 한국사에 대한 새로운 이해를 위해서는 문화의 시각으로 한국의 전체 역사를 조망하는 한국문화사의 서술이 요청된다. 그렇다 하더라도 이와 같은 새로운 시각에서 역사를 서술하고 있는 유럽사의 경우는 전통적 의미의 문화사를 비롯한 각 분야사에 대한 철저한 연구 성과가 전제되어 있음을 주목하게 된다.

그러나 한국사의 경우에는 분야사의 연구에서 많은 부분에서 미진하다는 사실에 한국사 연구자들은 대개가 공감하고 있다. 이와 같은 상황에서 당장은 한국사를 문화의 시각에서 전반적으로 새로 집필하게 되는 '한국문화사'의 편찬은 사실상 어려움이 따르고 있다. 그렇게 때문에 한국사의 경우에는 새로운 시각의 문화사를 본격적으로 편찬하기 위해서는 과도기적 단계를 거쳐야 하리라 생각된다.

따라서 한국문화사를 새롭게 편찬한다 하더라도 기존의 분류사적 기획을 완전히 포기할 수는 없을 것이다. 이 경우 한국문화의 각 분야들을 일관된 논리로 통괄하여 서술하는 새로운 『한국문화사』의 집필이 진행되어야 한다. 따라서 『한국문화사』의 편찬체제는 기존의 방법을 준용하여 분류사에 대한 종합이라는 측면에서 검토될 수 있을 것이다. 그러나 이 '종합'은 문화사 서술의 '새로운 시각'을 충분히 반영한 결과여야 한다. 그리고 새로운 『한국문화사』에서는 기존의 연구에서 검토되지 않았던 주제들에 대해서 집중적 검토가 이루어져야 할 것이다.

즉, 한국문화사의 기획에 있어서는 문화사 서술의 새로운 영역에 대한 발굴 작업이 진행되어야 한다. 물론 그동안 역사연구의 발전과정에 따라서 분류사적 문화사의 서술 영역도 넓혀져 갔다. 그러나 지존의 한국문화사를 서술하는 과정에서는 일종의 정형이 형성되어 있었고, 이 정형적 주제에서 벗어나는 분야에 대해서는 거의 연구되지 못했다. 그러나 『한국문화사』의 연구에 새로운 역사이론들을 도입할 때에는 그 동안 간과되었던 많은 분야들에 대한 새로운 연구가 진행되어야 한다. 따라서 『한국문화사』는 한국문화사 분야에 있어서 새로운 연구 영역의 개발을 위한 노력이 병행되어야 한다.

한편, 『한국문화사』를 서술하고자 할 때에는 그 서술대상이 되는 시대의 범위를 먼저 확정해야 한다. 이를 위해서는 『한국문화사』의 서술 하한下限에 관해서 충분한 검토가 진행되어야 한다. 『한국문화사』는 현재를 하한으로 잡을 수도 있다. 그러나 1910년 조선왕조의 멸망이나 1945년 민족해방도 하한의 또 다른 하나로 검토될 수 있을 것이다. 한국사의 경우는 상당부분에서 전근대사와 현대사 사이에 많은 차이가 존재하고 있다.

한국문화사의 시대구분을 시도할 때는 정치사적 기준을 중심으로 한 시대구분과 상호 일치되지 못한 점이 크다. 예를 들면 한국 사상의 역사를 기준으로 하여 문화사를 논한다면, 그 시대구분은 4세기(불교의 수용)이나 14세기(성리학의 수용), 18-9세기(서학 및 개화사상의 수용) 등을 각각의 기준으로 잡을 수 있을 것이다. 이는 정치사적 시대구분과 다른 점을 분명히 드러내 준다. 그리고 경우에 따라서 특정 문화현상에 대해서는 근대와 전근대의 구별이 무의미하며 이를 상호 연관하여 파악해야 하는 경우도 있다.

그러나 한국문화사의 경우에는 전통문화와 근대문화가 직접 연결되지 못하는 경우가 적지 않다. 이 때문에 1970년대 고려대학교 민족문화연구소는 『한국문화사대계』를 완간한 이후 『한국현대문화사대계』를 편찬했었다. 이러한 기존의 고민과 경험도 새로운 『한국문화사』의 편찬과정에서 참고할 수도 있을 것이다.

여기에서는 이러한 사실들을 감안하여 『한국문화사』를 편찬하기 위한 하나의 사례를 제시해보고자 한다. 이를 위해서는 기존의 한국문화사 관계 저술 및 국사편찬위원회에서 작성한 '한국문화사 분류항목(안)' 등과

최근의 문화사 연구경향 등을 참고하여 제시해 보고자 한다. 이 시안에서
는 편의상 현대문화사 부분은 제외시켰지만, 경우에 따라서는 이를 추가
할 수 있을 것이다. 그리고 여기에 제시된 한국문화사에 관한 53책의 자
세한 편목은 추후 보완작업을 통해서 더욱 세부적으로 밝혀낼 수 있을
것이다.

〈한국문화사 편목 시안〉

제1부 입문편 : 한국문화와 자연조건 그리고 인간(5책)
    제1권 한국문화론(한국문화의 개념, 한국문화의 특성론, 외국문화와의관
        계, 문화권)
    제2권 한국문화의 공간적 배경(지리적·지질적 특성, 동식물상)
    제3권 한국문화와 기상학적氣象學的 특성(기후, 수문水文 등)
    제4권 한국인의 형질인류학적 특성(생물학적 종족의 형성과정)
    제5권 한국인의 형성과 인구의 변화(문화적 민족의 형성과 인구론)
제2부 한국인의 말과 표현의 역사(4권)
    제1권 한국말의 형성과 전개(국어형성, 국어발달, 방언, 국어교육)
    제2권 한국 여론의 역사(국어國論, 공론公論, 사론士論, 민의民意, 유언비어
        流言蜚語의 역사)
    제3권 한국 인쇄와 출판의 역사(금속활자, 목활자, 목판인쇄술)
    제4권 한국독서의 역사(독서, 저자와 독자, 사속士俗)
제3부 한국인의 사상과 종교운동의 역사(5책)
    제1권 한국철학사
    제2권 한국불교사
    제3권 한국그리스도교사(천주교, 개신교)
    제4권 한국민족종교사(샤머니즘, 천도교, 대종교, 원불교 및 기타 자생종
        교)
    제5권 한국사회사상사(사회사상과 사회의식, 공사의식公私意識 등)
제4부 한국 인문사회과학의 역사(4책)
    제1권 한국사학사
    제2권 한국지리학사(풍수지리학, 지도학, 인문지리학)
    제3권 한국법사韓國法史(관례, 관행, 규칙, 법제, 법집행, 법사상)
    제4권 한국교육사(제도교육, 사회교육, 특수교육, 교육자와 수혜자, 교육운
        동)

제5부 한국 과학기술의 역사(5책)
    제1권 한국기초과학사(과학일반, 수학, 물리, 화학, 생물학)
    제2권 한국천문·기상학사
    제3권 한국한의학사韓國韓醫學史(질병과 치료의 역사)
    제4권 한국농학기술사(농업, 임업, 축산업, 수산업)
    제5권 한국수공업기술사(수공업기술, 광업기술)
제6부 한국인의 사회생활의 역사(12책)
    제1권 한국 씨족과 가족의 역사(씨족제도, 가족제도, 가족관계, 노인)
    제2권 한국 결혼의 역사(혼속, 구혼, 혼례, 축첩, 이혼의 역사)
    제3권 한국 여성의 역사(여성사 및 여성해방 과정)
    제4권 한국 어린이의 역사(태교, 아동교육, 아동에 대한 인식)
    제5권 한국 사회집단과 사회단체의 역사(계, 두레, 황두, 기타 노동조직, 민
        회民會)
    제6권 한국 도시의 형성과 도시민의 역사(도시화, 도시계획, 도시문제, 인
        구이동 등)
    제7권 한국 사회규범과 일탈행동의 역사(세시풍속, 사회규범 ; 관례,범죄
        사)
    제8권 한국 사회 복지와 사회보장의 역사
    제9권 한국 놀이와 여가의 역사(오락, 유희, 여행, 관광 등)
    제10권 한국 의복의 역사
    제11권 한국 음식의 역사
    제12권 한국 주거의 역사(주택, 수원水源, 하수下水, 보건위생)
제7부 한국 문학과 예술의 역사(8권)
    제1권 한국문학사회사
    제2권 한국회화와 서예의 역사
    제3권 한국조각사
    제4권 한국공예사
    제5권 한국건축사
    제6권 한국음악사
    제7권 한국무용사
    제8권 한국연극사
    제8권 한국체육사
제8부 세계 속의 한국과 한국인(6권)
    제1권 한국문화교류사(외국문화와의 관계, 문화 수용과 전파의 역사)
    제2권 한국동양어문학사(중국어문학, 일본어문학, 기타 동양어문학)
    제3권 한국서양어문학사(영어영문학, 불어불문학, 독어독문학, 러시아어

　　　　文學, 스페인어문학, 기타 서양어문학)
　　　제4권 한국 통역과 번역의 역사
　　　제5권 한국과 아시아 관계사(한국국제관계사 1)
　　　제6권 한국과 구미 관계사(한국국제관계사 2)
　　제9부 부록(4책)
　　　제1권 한국문화사 연표
　　　제2권 한국문화사 지도
　　　제3권 한국문화사 화보
　　　제4권 한국문화사 종합색인

　이상의 시안에서와 같이 한국문화사의 부와 권을 나누어 볼 수 있다. 그리고 각권의 경우에는 서술주제에 따라 별개의 책으로 나누어 질 수도 있을 것이다.

　① (문화사 시대구분의 문제점)

　② (기존의 분류사에 대한 의견) 한국문화사를 논의할 때 적용해 오던 기존의 분류사들도 얼마든지 새로운 시각에서 다시 검토할 수 있을 것이다. 그러나 여기에서는 기존의 한국문화사 서술에서 연구가 상대적으로 저조했거나 전혀 연구된 바가 없던 주제들을 중심으로 하여 그 편찬체제를 제시해 보았다. 따라서 기존의 편찬체제에 포함되어 있는 여러 주제들도 새롭게 편찬될 『한국문화사』에 포함시킬 수 있을 것이다.

6. 맺음말

　한국사의 연구는 이제 개설적 시대사의 정리를 거의 마무리한 단계에 이르렀다. 이제 한국사의 연구는 종합적 분류사로서의 문화사 연구를 통해서 그리고 역사서술상의 새로운 이론을 발견하여 적용하려는 노력을 통해서 연구수준을 비약시킬 수 있을 것이다. 또한 한국문화사연구는 현재 한국학계가 가지고 있는 연구수준의 반영에 그치지 않고 그 연구의 질적 향상을 도모해 줄 것이다. 한국문화사는 씌어진 역사를 새롭게 쓰는 작업임과 동시에 씌어지지 않았던 역사의 공백을 매우는 작업이다. 그러므로 『한국문화사』의 편찬은 한국사 연구의 지평을 넓혀주며, 한국사 연구의 발전에 기여해 줄 것임에 틀림없다.

또한 한국문화사 연구는 세계화(Globalization)가 논의되는 상황에서 한국문화의 정체성을 확인하고 한국인에게 문화 민족으로서의 자부심과 자긍심을 강화시켜 줄 것이다. 또한 우리는 이를 통해서 남북문화의 동질성을 확인하여 민족의 화해에도 기여해 줄 것으로 생각된다. 한국문화사 연구는 국가 경쟁력을 강화시키는 데에도 기여해 줄 것이다. 이러한 여러 측면을 감안할 때 『한국문화사』의 편찬 사업은 지대한 의미를 가지고 있다고 하겠다.

제4부

한국사학의 방향

제1장 한일간 역사분쟁의 발생과 한국의 대응

1. 머리말

역사교육은 과거의 역사적 사실에 대한 객관적 인정과 그 사실에 대한 올바른 해석을 통해 현재와 미래의 삶에 영향을 주고자 한다. 또한 역사 교육의 목적 가운데 일부로는 인접국 상호간의 이해증진과 평화공존 및 공동발전에 이바지해야 한다는 점이 강조되고 있다. 역사교과서가 가지고 있는 이러한 목적을 성취하기 위한 노력이 세계 도처에서 진행되어 오고 있다. 특히 1940년대 후반기 이후 유네스코에서는 역사교육은 이 목적을 달성하기 위해 특별히 노력해야 한다고 권장해 왔다.

그러나 일부 교과서들은 쇼비니즘적·군국주의적 역사이해를 통해서 주변국에 대한 편견을 조장시키고, 인접국 간의 갈등이 심화되는 원인을 제공하기도 했다. 이 때문에 역사교육계에서는 역사교육의 주요 도구가 되는 역사교과서의 편찬에 특별한 주의를 기울이기 마련이었다. 이와 같은 행동은 역사교과서가 국제분쟁의 원인으로 작용해서는 안 된다는 반성에서 나왔다.

한편, 한국과 일본은 상호 인접한 국가로서 서로의 역사에서 많은 부분을 공유하고 있다. 서로의 역사에서 공유하고 있는 부분이 많다는 사실은 그 상호간의 관계가 그만큼 깊었음을 의미한다. 여기에서 한일 양국은 공유하는 역사적 사실에 대한 공통된 이해를 추구해야 하는 책임을 가지고 있다고 하겠다. 물론 한일양국은 역사교육 일반에서 논의하는 바와 같이 역사적 사실에 대한 인정을 공유해야 함을 말하되, 그 해석상의 다양성을 인정해야 할 것이다.

그러나 한일 양국은 상호 공유하고 있는 역사적 사실에 대한 객관적 인식이나, 그 역사 사실에 대한 해석에 있어서 현격한 차이를 드러내고 있는 부분이 적지 않다. 한일간의 역사분쟁은 기본적으로 일본 제국주의 학자들이 한국사에 대해 가지고 있던 식민사학 때문에 발생했다.[1] 20세기 후반기에 이르러서도 일부 문제되는 일본 중등학교 역사교과서들은 과거 제국일본帝國日本이 가지고 있었던 쇼비니즘적·군국주의적, 극우적 역사이해를 반영함으로서 인접국에 대한 편견을 조장시키고 있었다. 이로 인해 오늘날에 이르기까지 양국간에는 역사분쟁이 지속되고 있다.

제2차 세계대전 이후 일본의 역사교육계는 황국사관과 군국주의적 침략성을 찬양하던 역사교육의 전통으로부터 벗어나야 했다. 그 당연한 결과로 패전 직후 일본 학계 일각에서는 제국주의적 역사인식을 바로잡고자 하는 노력이 전개되기도 했다. 그러나 1949년 중화인민공화국의 성립과 1950년 한국전쟁을 계기로 하여 일본 사회의 우경화 경향이 강화되었다. 그리하여 일단의 극우세력들은 일본의 제국주의적 침략을 정당화고, 국수주의적 역사인식을 강조하려는 의도 아래 일본 중등학교 검정 역사교과서의 서술 내용에 문제를 제기했다.

이 과정에서 일본에서는 1955년, 1982년, 2001년도에 세 차례에 걸쳐 이른바 '교과서 공격'이 일어나게 되었다. 일본에서의 '교과서 공격'은 검정 역사교과서에 국수주의적 이념이나 주장을 포함시키려던 시도 때문에 발생했다. 그러므로 일본의 정상적 교과서 집필자들은 이를 '교과서 공격' 즉, 자신들이 집필한 교과서를 공격하는 행위로 인식할 수 있었다. 그렇지만 한국학계의 입장에서 볼 때 그러한 주장은 '교과서 공격'이라는 차원을 넘어 역사적 사실에 대한 은폐와 왜곡으로 판단되었다.

---

1) 趙東杰, 2004, 「한·일간의 역사분쟁과 전망」『역사교육논집』32, 역사교육학회, 1쪽.

또한 일본 중등학교 역사교과서 왜곡의 시도는 '교과서 공격' 시에만 드러나지 않고, 일본 문부성의 교과서 검정과정에서 지속적으로 나타나고 있었다. 그래서 한국학계는 일본에서 '교과서공격' 사건이 일어나거나, 역사교과서의 검정과정에서 극우적 주장의 내용들이 용납될 때, 이를 '역사왜곡' 또는 '역사도발'로 규정했다. 이로 인해 한일 양국사이에는 역사분쟁이 일어났고, 이 역사분쟁은 교과서 검정 시기와 맞물리며 거의 주기적으로 반복되고 있었다.

한일양국의 역사분쟁 과정에서 제기되는 문제는 고중세사와 근현대사에 걸쳐 광범하게 일어나고 있다. 일본의 역사교과서들 가운데는 한국사의 자율적 발전을 부인하고 타율성을 강조하는 식민사관을 답습 반복하기도 했다. 일본 고중사의 왜곡 서술로 인한 역사분쟁은 일본측이 과거 황국사관에 의해 왜곡되었던 역사인식을 답습하려는 문제와 관련되고 있다. 그리고 이러한 고중세사의 왜곡은 근현대사의 왜곡과 표리관계에 놓여있고, 근현대사 왜곡을 위한 전제작업으로 인식되기도 했다.

즉, 고대사의 서술에서 한반도 남쪽이 일본의 식민지 지배를 받고 있었다는 임나일본부설, 삼한과 삼국이 일본에 조공했다는 삼한·삼국조공설 등이 있다. 또한 한국측 연구자들은 일본 역사교과서에서는 일본 고대사회의 발전에 미친 한반도의 긍정적 역할을 인정하는 데에 인색하다는 점을 지적한다. 그리고 중근세사에 있어서도 조선의 연해민이 '왜구'의 주요 구성원이었다는 주장, 임진왜란의 일본군 침략을 일본적 시각에서만 설명하려는 시도 등을 들 수 있다.

한편, 한국은 근대사회에 들어와서 35년간 일본의 식민지 지배를 경험했다. 일본은 조선을 식민지화함으로써 동일문명권 내의 국가를 식민지로 전락시켰다. 이 점에서 서구 열강들이 제3세계 지역을 식민지화한 경우와는 분명한 차이가 드러나고 있다. 그리고 일본의 역사학계 일부에서는 그 제국주의적 침략과 식민지 지배의 정당성을 강변하기 위해 한국의 역사를 왜곡해 왔다. 여기에서 한일양국의 역사분쟁은 특히 근현대사 분야에 집중되어 있다.

즉, 일본의 역사왜곡은 운요호雲揚號 사건과 조선 개항에서 일본의 침략적 의도가 없었고, 조선독립의 계기를 마련했다는 강변으로 나타났다. 또한 그들은 동학농민전쟁과 청일전쟁에 대한 올바른 설명을 거부하며, 이를 침략전쟁으로 규정하기보다는 조선의 독립을 위한 전쟁으로 미화했다. 그리고 을미사변에 관한 내용을 약화 축소시켰으며, 러일전쟁이 가지고 있는 제국주의 식민전쟁적 성격을 방위전쟁으로 호도했다. 한일강제병합의 합법성을 주장하기도 했다. 이러한 왜곡작업은 한마디로 일본의 침략성을 부인하거나 약화시키려는 의도 아래 진행되고 있었다.

또한 식민지 시대의 서술에 있어서는 식민지 지배의 정당성과 식민지 지배 시혜론에 대한 주장, 독립운동에 대한 탄압, 관동대지진과 조선인학살, 종군위안부를 비롯한 강제동원에 관한 문제 등도 뜨거운 주제로 논의되고 있다. 현대사에 있어서도 동해 표기 문제, 독도 영유권 문제, 전후 배상 문제 등이 남아 있다. 이러한 문제들로 인한 역사분쟁은 장기간에 걸쳐 지속되어 왔다. 그리고 이 문제의 해결을 위한 노력들이 점차 구체적으로 드러나게 되었다.

2. 역사왜곡의 발단

한일 양국의 역사분쟁은 대체로 일본측의 역사 교과서 서술에서 드러나는 문제점에 대한 한국측의 문제제기라는 형식으로 전개되었다. 역사분쟁이 발생하게 되면 한국측은 대체적으로 교육부를 중심으로 하여 역사학계 및 역사교육학계의 의견을 수렴해 왔다. 그리고 그 결과에 국민감정을 반영하여 외교부가 일본 정부 기관인 외무성에 문제를 제기하는 형식을 취했다.

한편, 일본의 중등학교 역사교과서는 교과서 집필자의 서술내용에 대한 문부과학성의 검정을 통해서 간행되고 있다. 그러므로 역사교과서의 문제점에 대한 실질적인 책임은 교과서 검정의 최종 권한을 가지고 있는 일본 교육행정 당국 내지 일본 정부의 문제점이기도 했다. 따라서 교과서 분쟁에 대한 일본정부의 대응도 외무성이 문부성의 견해를 참작하여 이루어지고 있었다.

한일양국간에 역사분쟁이 일어나게 된 주요 원인은 일본의 교과서 검정제도에서 확인된다. 즉, 전후戰後 일본은 검정제도를 시행하여 1948년 이후부터 문부성에서는 교과서 검정기준을 정해서 제시했지만, 그 검정은 공선제 도도부현都道府縣의 지방자치단체 교육위원회에 부여했다. 그러다가 1953년 이후부터 문부대신이 교과서의 검정권한까지 갖게 되었다.[2] 그러므로 일본의 역사교과서는 문부성이 제정한 검정기준에 따라 심사를 거친 검정제도에 따라 간행되고 있다.

검정을 거친 일본의 역사교과서에 왜곡된 내용이 있을 경우에 그 일차적 책임은 교과서 저자가 짊어져야 한다. 그렇다 하더라도 일본 문부성은 검정기준을 제시했고, 검정 업무를 주관한 당사자이므로, 교과서왜곡의 최종적 책임은 문부성 즉 일본정부가 감당해야 했다. 이러한 논리에서 역사분쟁이 일어날 경우 한국 정부가 제기하는 항의의 대상은 일본정부 기관인 외무성이 되어왔다.

이처럼 역사분쟁은 외교문제임과 동시에 학술적, 교육적 문제이기도 했다. 물론 한국측은 교과서 분쟁을 한일양국간의 외교문제로 이해하고자 했다. 그러나 일본의 경우에는 상당기간 동안 교과서 공격이나 역사교과서의 검정에 관한 일은 일본 국내의 문제로서 외교적 분쟁의 대상이 아니라는 주장을 견지해 왔다. 그러나 현재에 이르러 중등학교 역사교과서 검정문제와 관련된 역사분쟁은 한일양국 간의 주요 외교현안 가운데 하나로 자리잡게 되었다.

---

2) 조동걸, 2004, 앞의 논문, 4~5쪽.

일본의 역사교과서에 대한 왜곡시도는 제2차 세계대전 이후에도 계속 되었다. 특히 1955년 이후 일본의 극우세력들은 역사교과서에 대한 본격 적 통제를 기도하며 군국주의를 찬양하는 등 황국사관의 부활을 기도했 고, 그들의 입장이 교과서 검정에 반영되기에 이르렀다. 이와 같은 극우 세력들의 교과서 비판을 '제1차 교과서 공격'이라 부르고 있다.

그러나 일본 중등학교 역사교과서가 한국사와 관련된 내용을 서술하면 서 이를 왜곡시키고 있던 상황에 대해서 한국학계는 해방공간의 혼란과 한국전쟁의 참화에서 벗어나지 못하던 상황에서 이에 항의할 여력을 갖추 지 못했다. 또한 한국 근현대사에 대한 연구가 1950년대 전 기간을 통해 서 정체되어 있었다. 이러한 당시 학계의 상황에서 근현대사 문제를 중심 으로 한 일본교과서 왜곡에 대한 항의의 제기는 거의 불가능한 일이었다.

이때 일본에서는 제1차 교과서 공격이 일어났다. 이 교과서 공격은 주 로 부적절한 역사관 내지 역사해석에 근거하여 역사적 사실을 왜곡시켜, 자신들의 침략성을 부인하는 형식이었다. 이와 같은 내용은 학생들의 역 사관을 심각하게 오도할 우려가 있는 것들이었다. 그리고 교과서 공격의 여파로 1963년에『신일본사新日本史』가 교과서 검정에서 탈락하자 저자인 이에나가 사부로(家永三郎) 교수는 1965년 제1차 교과서소송을 제기했다.3)

일본역사교과서에 나타난 한국사관계 내용에 대한 문제 제기는 1965 년 한일국교 정상화 직후부터 시작되었다. 그러나 이미 한일회담이 진행 되던 과정에서 식민지시대에 대한 역사적 연구의 필요성이 제기되었다. 그리고 독립운동에 대한 연구의 필요성이 제기됨에 따라 청구권자금의

---

3) 이에나가 교수의 교과서재판은 1967년에 제2차 소송이 있었고, 제3차 소송은 1984년부터 1997년까지 승소할 때까지 모두 13년간에 걸쳐 진행된 사건이었다. 또한 일본 보수 극우세력들에 의한 '제2차 교과서 공격'은 1982년부터 1983년 까지 전개되었다. 그리고 2001년 제3차 교과서 공격이 일어났다. 君島和彦, 1997,「歷史學は敎科書裁判から何を學んだか」『敎育』621 ; 정재정, 1998,「이 에나가 교과서 재판을 통해서 본 역사학과 역사교육」『일본의 논리 ; 전환기의 역사교육과 한국사인식』, 50~69쪽 참조.

일부로 1969년에는 독립운동사편찬위원회가 발족되었다. 이 위원회는 한 일기본조약의 취약성을 호도하기 위한 방안 가운데 하나로 구성된 측면 이 있었다. 그러나 이 위원회의 출범은 한국현대사의 일부 자료가 정리되 고 근현대사에 관한 연구가 진행될 수 있는 새로운 전환점이 되었다.

이처럼 한국내에서는 근현대사를 중심으로 한 역사대화를 위한 준비 가 점차 갖추어져가고 있었다. 이때 유네스코는 국제이해의 수단으로 역사교육을 중시했고 국가간의 학술교류를 계속하여 장려했다. 이에 따 라 유네스코 한국위원회와 유네스코 일본위원회는 역사교육관계 세미 나의 개최를 처음으로 시도했다. 그러나 이 시도는 이에나가(家永三郞) 교 과서 재판의 여파에 따른 일본측 위원회의 자세 변화로 말미암아 무산되 었다.4)

한편, 이에나가 교수의 교과서 소송의 진행과정에서 일본의 역사교과서 문제를 한국학계도 점차 주목하게 되었다. 그리하여 1970년대 일부 한국 측 연구자들은 일본역사교과서에 실린 한국사관계 내용 중 왜곡된 부분들 에 관한 문제를 제기하기 시작했다.5) 그리고 1975년 이후 한국에서는 '한 국관 시정사업'의 일환으로 문교부 편수국이 중심이 되어 일본 역사교과 서의 문제점을 정리하려 시도하다가 2년 후에 이 작업이 중단된다.

특히 1976년 이후 국내외 연구단체에서는 일본교과서의 왜곡 시정을 위한 학술회의를 개최하기도 했다. 예를 들면, 1976년 일본조선사연구회 는 이 문제에 관한 세미나를 개최한 바 있었다. 그리고 국내에서도 대한 교련과 역사교육연구회 등에서 이 문제의 극복을 위한 협의회, 심포지엄 등이 개최되었다. 이와 같이 1970년대에 이르러 일본 역사교과서 문제가 좀더 본격적으로 거론되기에 이르렀다.

---

4) 신주백, 2001, 「일본의 역사왜곡에 대한 한국사회의 대응」『한국근현대사연구』 17, 한국근현대사연구회, 218쪽.

5) 咸星洸, 1970, 「中日兩國의 初·中·高校 歷史敎科書上의 韓國史에 관한 敍述問 題研究」, 고려대학교 교육대학원 교육학석사 학위논문.

이때 이원순은 「일본사 교육에서의 한국사의 제문제」를 발표했고, 이 논문은 『한국학보』 제4집(1976.9.)에 게재되어 이 분야에 관한 학문적 연구의 단초를 제공했다. 그리고 1976년말에 역사교육연구회에서 간행한 『역사교육』에서도 일본교과서 왜곡문제가 논문으로 발표되었다. 그리고 1979년에는 문교부 차관을 위원장으로 하는 한국관시정사업추진협의회 韓國觀是正事業推進協議會가 정부차원에서 다시 결성되어 외국 교과서의 한국관계 왜곡 서술 문제를 다루기도 했다.6)

이상의 사례들에서 볼 수 있는 바와 같이 1970년대까지만 하더라도 일본의 역사왜곡에 관한 문제는 전문적 연구자들 사이에서 진행되던 우려사항에 불과했다. 특히 당시 일본에서 연구를 진행하던 재일한국인 학자들 사이에서는 이 문제가 좀더 심각하게 인식되고 있었다. 그러나 일본 역사교과서 문제는 전국민적 관심의 대상이 되지는 못했다. 이에 대한 언론계의 반응도 미미했을 뿐이었다.

이러한 상황에서 1982년 일본에서는 '제2차 교과서 공격'이 발생했다. 즉, 1980년 일본 자민당은 '교과서에 관한 소위원회'를 설치하고 '국책에 따른 교과서'의 제작을 주장했고, 그 결과 검정제도가 더욱 강화되었다. 그리하여 1982년에는 삼일운동을 '폭동'으로 서술하는 등 개악된 교과서들이 검정에 통과되었다. 그리고 군국주의적 침략을 정당화하려는 시도가 부분적으로 일어나기도 했다.

이로써 '제2차 교과서 공격'이 본격화되었다. 이때 한국의 언론에서는 일본 정부가 교과서 검정권을 악용해서 일본역사교과서의 왜곡작업을 수행하고 있다는 비난을 제기했다. 그러나 일본 정부는 이와 같은 한국언론

---

6) 1979년 문교부 편수국에서는 일본 역사교과서 상에 왜곡된 내용을 분석하여 외무부를 통해서 일본 역사교과서 저자와 출판사 9개소에 제공했다. 그러나 3개 출판사에서 역사 용어 일부만을 바꾸는 등 그 성과는 미미했다. 韓國教育開發院, 1982, 『韓日歷史教科書 內容分析』, 69쪽 이하 참조 ; 신주백, 2001, 앞의 논문, 221쪽.

의 주장을 부인하면서, 한국이 일본 역사교과서에 대한 문제제기를 일종의 내정간섭이라고 주장하기에 이르렀다.[7]

이 주장의 부당성은 일본 중등학교 역사교과서 왜곡문제를 종전과는 달리 한국 사회의 전체적 관심사로 부각시켜 주었다. 이로서 한일간의 역사분쟁이 본격화되었고, 중국정부도 자국과 관련된 역사문제에 관해 일본에 항의했다. 이때를 계기로 하여 일본 역사교과서 문제는 더 이상 일본국내의 문제에만 그치지 않고 본격적인 국제분쟁으로 전개되어 갔다. 그리하여 1982년 7월말 이후 국내에서는 반일여론이 급등했다.

그러나 한국정부에서는 일본의 경제협력에 차질이 발생할 것을 우려하여, 반일여론을 극일여론으로 희석시키고자 했다. 그리하여 '한국관 시정사업'의 강화책을 다시 제시하는 한편, 비등한 반일여론을 독립기념관 건립운동을 유도했다. 1982년 8월에 독립기념관 건립 발기대회가 열렸고, 국민성금을 모금하여 세워진 독립기념관이 1987년에 개관하게 되었다. 그리고 그 부설기관으로 독립운동에 관한 관계 자료수집 및 보존을 위해 한국독립운동연구소가 세워져 자료의 정리와 연구를 표방했다.

한편, 일본에서 전개된 제2차 교과서공격과 관련하여 1982년 국가기관인 국사편찬위원회는 일본 역사교과서의 한국사왜곡 내용을 분석에 착수했다. 그 결과 한국정부는 근현대사 부분의 13개 항목을 포함하여 39개 항목이 왜곡되었음을 지적하여 일본정부에 전달하면서 이에 대한 시정을 요구했다. 당시의 항의내용은 국사편찬위원회가 1983년 『일본역사교과서의 한국사 왜곡내용의 분석』(245쪽)이라는 제목의 책자를 통해서 확인할 수 있다.[8]

이에 대해 일본정부에서는 역사교과서 왜곡 내용에 대한 시정을 약속

---

7) 『東亞日報』 1982년 7월 20일 ; 『東亞日報』 1982년 7월 28일자 참조 ; 신주백, 2001, 앞의 논문, 227쪽.
8) 국사편찬위원회, 1983, 『일본역사교과서의 한국사 왜곡내용의 분석』, 국사편찬위원회, 1~245쪽.

하면서 1982년 9월 14일 문부대신 이름으로 '교과용 도서검정조사심의
회 사회과부회'에 한국 정부의 항의 내용에 대한 자문을 요청했다. 그리
고 그 결과로 1982년 11월에는 "인근 아시아 제국과의 관계에 관한 근현
대의 역사적 사실에는 국제이해와 국제협조의 견지에서 필요한 배려가
있어야 한다"는 '근린제국조항'이 새로운 검정 기준으로 설정되었다.9)

그리하여 일본 정부는 이 새로운 검정기준에 의해서 1982년에 7개항,
1984년까지 8개항 합계 15개항이 수정되었다고 한국정부에 통보해 주었
다. 일본정부가 교과서의 시정을 약속한 것은 1955년도와 비교할 때 상
당히 전진적인 것이었다. 그러나 그 시정은 부분적 시정에 불과했고 성실
하게 수행되지 않았다는 평가를 받기도 했다.10)

이러한 분위기에서 한국과 일본은 양국간 문화교류의 촉진을 목적으로
각기 '한일문화교류기금'과 '일한문화교류기금日韓文化交流基金'을 발족시
켰다. 일본측에서 구성된 일한문화교류기금은 1983년에 일한의원연맹과
경제단체연합회가 주도한 재단법인체로 발족되었다. 그후 일한문화교류
기금은 학술회의의 개최와 함께 청소년, 교사, 연구자의 교류 등 다방면
에 걸쳐 상호 이해를 위한 사업을 진행시키게 되었다.

한편, 1983년 『역사교육』에서는 일본의 역사교육을 특집으로 다루어
중등학교 역사교과서의 한국사 관계 왜곡 문제에 대한 본격적인 학술연
구를 통한 대응 방안이 촉진되기 시작했다. 이 특집은 '일본 역사교육의
변천(이원순)', '일본의 역사교육과정과 교과서(윤세철)', '일본역사교육의
한국관(최양호·정재정)' 등의 논문이 수록되어 있었다. 이 특집의 편집에 참
여했던 연구자들 가운데 이원순, 정재정 등은 일본과의 교과서 왜곡문제
에 대해서 지속적이며 심층적인 연구를 수행했다.

---

9) 『朝日新聞』 1982年 11月24日 ; 『東亞日報』 1982년 11월 25일
10) 趙東杰, 2004, 앞의 논문, 12쪽.

3. 역사분쟁의 진행

일본의 중등학교 역사교과서 왜곡은 1980년대 후반기에 이르러서도 한국사회에 지속적인 반발을 야기시키고 있었다. 특히 1986년 '일본을 지키는 국민회의'가 제출한 『신편일본사新編日本史』가 일본의 '고교용 도서검정조사심의회'의 검정에 통과했다.11) 그 결과 또 다시 한국사회의 여론이 비등해 졌고, 역사분쟁이 재연되었다. 역사교과서 왜곡이 또다시 진행되던 1984년 이에나가 교수는 교과서 소송을 다시 제기하여 일본의 침략, 조선인의 저항, 731부대의 만행, 남경대학살 등 검정에서 문제가 된 역사적 사실과 사상문제에 관한 10개 항에 관한 검정의 위헌성을 제기했다.12)

이때에 이르러 일본측의 일한문화교류기금과 한국측의 한일문화교류기금의 활동도 점차 강화되었다. 특히 한일문화교류기금은 학술회의 등을 주관하면서 한국학자들의 연구를 지원하는 사업 등을 전개했다. 또한 그 지원사업의 일부로 한일간의 역사분쟁과 관련된 주제에 대한 연구를 추진한 바 있다.13) 특히 한일문화교류기금은 양국간의 역사분쟁의 해소를 위한 노력을 직접 전개하여, 1989년도에 '역사교과서 서술의 제문제'에 관한 심포지엄을 개최했다. 그리고 일본교과서의 고대 한국에 대한 기술, 조선왕조 시대 및 식민지 지배에 관한 서술상의 문제점 등을 밝히는

---

11) 金渙, 1990, 『日本歷史敎科書의 韓國史敍述에 관한 硏究』, 국민대학교 박사학위논문, 142쪽.

12) 이 사건은 '제3차 교과서소송'으로 불리며, 이 소송은 1997년 大野判決을 통해서 그 검정내용의 문제점을 일부 인정했지만, 교과서 검정제도 자체를 옹호하는 판결이었다.

13) 李進熙, 1986, 『古代韓日關係史硏究上의 諸問題』, 한일역사교류기금 ; 高柄翊, 1989, 『群倭와 琪花瑤草;朝鮮通信使 本觀』 ; 한일역가교류기금 편, 1990, 『開港後 日本의 對韓利權侵奪에 나타난 諸特性 ; 특히 電線鑛山利權을 中心으로』, 한일문화교류기금 等.

연구서를 간행했다.14)

한일문화교류기금은 그 후에도 일본 역사교과서 문제로 인한 갈등의 극복을 위한 노력을 전개했다. 즉, 역사분쟁에 대한 궁극적 해결을 지향하면서 서독西獨과 폴란드 간에 진행되던 역사교과서 문제 협의과정을 주목했고, 민족적 편견과 차별을 극복하기 위해서 역사교육이 중요함을 확인했다. 또한 이 기금에서는 한일역사교육이 가지고 있는 문제점을 본격적으로 거론하면서 역사교육에 있어서 보편성과 개별성의 문제에 대한 논의를 전개했다.15)

일본 외무성 산하의 재단법인인 일한문화교류기금도 그 사업을 더욱 발전시켜 1995년에는 일본정부로부터 양국간의 평화우호사업을 수탁받았고, 1999년에는 한일간의 학술 문화와 청소년 교류에 관한 사업을 수탁받았다. 이 과정에서 일한문화교류기금은 역사문제의 분쟁 해결을 위한 작업에 수행하기 시작했고, 2002년 이후에는 한일역사공동연구위원회의 일본측 사무국기능을 담당하고 있다.

한일문화교류기금 내지 일한문화교류기금은 역사문제를 전담하는 기구로 설립된 기관은 아니었다. 그러나 이 기금의 설립으로 비록 부정기적이었다 하더라도 일본 중등학교 역사교과서가 가지고 있는 문제를 논의할 수 있는 창구가 한일양국에 '민간차원'에서 마련될 수 있었다. 이 이

---

14) 한일문화교류기금 편, 1989,『일본고교 역사교과서의 고대 한국에 대한 기술의 문제점』; 1989,『일본에 있어서의 교과서문제와 식민지 지배의 반성』; 1989,『일본의 교과서에서 본 조선조 시대 ; 한일간의 신시대에 상응하는 서술을 바라며』, 한일문화교류기금 간행.

15) 崔槇鎬, 1987,『日本의 教科書歪曲是非에 부치는 旁註:獨逸現代史에 관한 論議를 中心으로』, 한일문화교류기금 간 ; 한일문화교류기금 편, 1989,『서독의 역사학과 역사교육 ; 서독 폴란드 역사교과서협의를 중심으로』; 한일문화교류기금 편, 1989,『國家像과 民衆像 ; 민족적 편견과 차별의 근원을 밝히는 장으로서』, 한일문화교류기금 ; 한일문화교류기금 편, 1998,『역사교육에 있어서의 보편성과 개별성의 문제 ; 한일의 역사교육에 초점을 맞추어』, 한일문화교류기금 간행.

후 한일 양국에서는 일본중등학교 역사교과서와 관련되어 발생하는 역사분쟁의 해결을 위한 순수 민간차원의 노력이 좀더 활발하게 진행될 수 있었다.

한편, 1990년대에도 역사분쟁은 그치지 않았다. 당시 교과서 분쟁 해소 노력과 관련된 한국의 움직임 가운데에는 민간연구기관인 '국제교과서연구소'의 활동이 주목된다. 이 연구소는 1995년 국제화시대의 역사교육과 역사교과서에 대한 연구를 주도했다. 그리고 이듬해에는 역사학과 역사교과서 관계를 주목했다. 물론 이 연구소는 일본교과서 왜곡문제만을 전문적으로 다루지는 않았다. 그렇다 하더라도 이 연구소의 주요활동 가운데 일부로 일본역사교과서 문제가 포함되어 있었다.16)

그리고 1990년대 후반에 이르러 유네스코 한국위원회가 중심이 되어 교과서 분쟁을 해결하여 국제이해를 심화시키고자 하는 노력이 전개되었다. 그 결과 유네스코 한국위원회는 1997년 유네스코 독일위원회와 함께 '21세기 교과서포럼'을 개최하여 역사교과서가 국제평화에 미치는 영향을 집중적으로 검토했다.17) 그리고 이와 같은 작업을 바탕으로 하여 1998년 유네스코 한국위원회에서는 『21세기 역사교육과 역사교과서 ; 한일 역사교과서 문제해결의 새로운 대안』을 간행하여 역사분쟁 해결을 위한 방안이 모색되었다.18)

또한 1990년대에 접어들어 이후에는 한국의 역사교육연구회, 한일관계사연구회 등의 학술단체에서 일본 역사교과서와 관련된 문제에 대해 꾸준한 관심을 가져왔다. 1990년에는 역사교과서 문제에 대한 전문적 연

---

16) 국제교과서연구소, 1995, 『국제화시대의 역사교육과 역사교과서』 ; 국제교과서연구소, 1996, 『세계화시대의 역사학과 역사교과서』 ; 국제교과서연구소, 2005, 『한일역사교과서 수정의 제문제』, 국제교과서연구소.
17) 유네스코 한국위원회, 1991, 『근대 한일관계사 왜곡과 수정의 제문제』(심포지엄 발표논문집)
18) 유네스코 한국위원회, 1998, 『21세기 역사교육과 역사교과서 ; 한일 역사교과서 문제해결의 새로운 대안』, 오름.

구서들이 간행될 수 있었다.[19] 또한 1990년에는 한일양국의 학자들이 '한일역사교과서연구회'를 민간 차원에서 결성하여 정기적 만남을 통해 일본역사교과서와 관련된 문제를 지속적으로 협의했다. 이 단체에서도 연구성과를 모아서 책자로 간행했다.[20]

역사분쟁과 관련된 민간의 활동이 전개되던 시기와 병행하여, 1993년 김영삼 대통령의 문민정부가 수립된 이후 대일외교의 치욕적 과거를 청산해야 한다는 여론이 비등했다. 특히 1990년부터 '한국정신대문제대책협의회'에서는 '종군위안부' 문제에 대한 역사적 반성과 교육을 주장해왔다. 이에 일본 정부에서는 종군위안부 문제를 역사교육에 포함시키겠음을 천명했고, 1994년 '종군위안부'에 관한 내용이 9종의 고등학교 역사교과서에 수록되었다. 그리고 1997년에는 중학교 역사교과서 일부에도 이와 같은 내용이 수록되었다.

한편, 이와 같은 상황에 대한 일본 보수진영의 반발이 일어났다. 일본의 집권 자민당은 1993년 '역사검토위원회'를 만들었다. 이들은 일본의 침략을 인정하는 역사관을 자학사관自虐史觀으로 규정하여 반대하고, 중등학교 교육을 통해 일본 국가에 대한 긍지를 강화하려 했다. 1995년에는 동경대학 교육학과 교수 후지오카 노부가츠(藤岡信勝)는 '자유주의사관연구회自由主義史觀研究會'를 창설하였다. 이들은 중등학교 역사교과서에 종군위안부 문제 등이 수록된 것은 자학사관의 연장으로 규정했다. 그리고 동유럽 공산주의 국가의 몰락 이후 보수적 성향을 더욱 강화시켜 이들은 1997년 1월 '새로운 역사교과서를 만드는 모임'을 결성했다.[21]

이와 관련하여 1995년에는 역사 왜곡문제가 다시 발생했고, 한국사회

---

19) 황백현, 1992, 『일본교과서 한국역사왜곡의 실제』, 국민독서운동회 ; 李元淳, 1994, 『韓國から見た日本の歷史敎育』, 靑木書店.

20) 정재정, 2000, 「쟁점과 과제;한국과 일본의 역사교육」『역사교과서 속의 한국과 일본』(역사교육연구회 편), 혜안.

21) 西尾幹二·藤岡信勝 外, 1997, 『歷史敎科書との15年戰爭』, PHP研究所, 44~45쪽.

는 과거사 문제에 관해 일본헌법상 일본국을 대표하는 천황의 사과를 요
청하고 있었다. 그러나 이 요구는 관철되지 못했고, 대신 무라야마(村上)
수상이 "통절히 반성하고 자라나는 세대들의 역사인식을 심화시킴으로써
우호협력의 미래를 열어가자"라는 사과담화를 발표했다. 그렇다 하더라
도 이를 계기로 하여 역사 문제에 대한 좀더 심화된 접근이 가능하게 되
었다.

그리고 1997년에는 '한일역사연구촉진 공동위원회'가 양국의 학계와
언론계 인사들로 구성되어 두 차례에 걸친 전체회의를 가졌고, 2000년 5
월 31일에는 「최종보고·건의서」를 양국정부에 제출했다. 이 「최종보고·
건의서」에서는 '역사연구를 촉진하기 위한 한일역사연구회의의 설치'를
비롯하여, 상호이해의 촉진을 위해 지방자치단체, 학교, 시민단체 등의
교류확대 지원 등 6개에 걸친 건의사항을 담고 있었다.[22]

4. 역사분쟁의 해소를 위한 노력

한국의 민주화가 진전되던 과정에서 1998년 10월 김대중 대통령은 오
부치(小淵惠三) 수상과 함께 '21세기 한일 파트너쉽 공동선언'을 발표했다.
이 선언은 "과거사에 대해 통절히 반성하고 자라나는 세대들의 역사인식
을 심화시킴으로써 우호 협력의 미래를 열어가자"라고 했다.

그러나 이 선언의 정신과는 대조적으로 이른바 '새로운 역사교과서를
만드는 모임'은 '자학사관自虐史觀'을 극복하고 '자유주의사관自由主義史觀'
을 제창하면서, 1999년에는 『국민의 역사(國民の歷史)』를 산케이 신문을
통해서 간행했다. 그리고 이어서 2001년 산케이 신문의 산하기관인 후소
샤(扶桑社)에서 간행한 『새로운 역사교과서(新しい歷史教科書)』가 검정에 통

---

22) 외교통상부, 2000, 「보도자료 ; 한일역사연구촉진 공동위원회의 최종보고·건의
사항」 ; 조동걸, 2004, 앞의 논문, 22쪽.

과되었다.[23] 이것이 이른바 '제3차 교과서공격'에 해당된다.

후소샤의 『새로운 역사교과서』의 검정통과로 인한 파문은 여기에 그치지 않았다. 역사교과서 문제로 인해 한국측의 반일감정이 강화되고, 이로 인해서 양국 관계가 급속히 냉각되어 갔다. 이에 한국의 교육인적자원부에서는 일본역사교과서왜곡대책반을 조직하여 이에 대한 대응책을 모색했다. 이와 같은 상황에서 양국 정상들은 2001년 10월15일 양국 학자들간의 역사연구회의를 국가적 지원하에 구성하기로 합의했다. 그러나 일본 국내에서 보수파 의원들로 구성된 '역사교과서 문제를 생각하는 초당파 모임'이 결성되어 정부의 직접적인 지원에 반대했다.

이 과정에서 2002년 3월5일 양국의 외무장관 회담에서 지원위원회는 정부기구가 아닌 민관합동기구로 설정하고, 연구위원회는 민간기구로 설치하기로 합의했다. 그리하여 한일 양국에서는 각기 역사연구자를 중심으로 하여 활동기간 2년을 원칙으로 하는 '한일(일한)역사공동연구위원회'를 각각 설치했다. 또한 한일 양국은 민관 합동기구로서 '한일역사공동연구위원회 지원위원회'를 구성했다. 그리하여 한일역사공동연구위원회는 2002년 5월25일 공식으로 발족하여 서울에서 제1차 합동회의를 개최할 수 있었다. 이 위원회는 한일 양국 정부의 공식적 지원 아래 역사분쟁을 해소하기 위해 조직된 첫 번째의 연구위원회였다.

한일역사공동연구위원회의 활동이 전개되던 기간 중에 이 활동에 지장을 준 외부의 문제도 있었다. 즉, 2002년 9월18일 고이즈미 총리의 평양 방문을 계기로 하여 일본인납치문제가 본격적으로 제기되었고, 일본에서는 신보수주의가 강화되었다. 일본인 납치문제는 한일간의 역사문제에 대한 공동연구의 분위기를 조성하는 데에 있어서 부정적 영향을 간접적으로나마 미쳐주게 되었다. 일본의 정계 일각에서는 역사문제에 대한 신중한 접근을 요구하기 했다.

---

23) 후소샤판 『새로운 역사교과서』의 채택율은 전체 0.039% 정도에 불과했으나, 일반 시판용으로 75만부가 판매되었다.

그러나 제1기 한일역사공동연구위원회는 양국의 합의에 의해 그 활동 기간을 1년 더 연장하여 2002년 5월부터 2005년 5월까지 활동했다. 이 위원회는 모두 19개의 대주제를 선정하여 공동으로 연구를 진행시켰다. 그리고 한국측은 19개의 대주제와 직결되는 세부 사항에 대한 105개의 소주제를 정하여 연구를 독자적으로 진행시켰다.

그 결과로 한일 양국의 동 위원회에서는 6책에 이르는 공동보고서를 한국어와 일본어로 간행하여 교과서 집필자와 출판사 및 관계기관에 참고하도록 배부하게 되었다. 그리고 한국측위원회에서 추진했던 소주제에 관한 연구결과는 한일양국의 공동보고서와는 별도로 10권의 책으로 경인문화사에서 간행하게 되었다.

제1기 한일역사공동연구위원회의 활동으로 역사교과서 문제가 결코 종료될 수 없었다. 이에 제1기에 이어서 제2기 한일역사공동연구위원회가 2007년 6월에 발족했다. 제2기 위원회의 활동은 원래의 계획이었던 2년간보다 6개월이 더 연장되어 2009년 12월에 그 사업을 종료했다. 제2기 위원회에서는 모두 19개의 대주제에 대한 공동연구를 진행시켰다. 한일양국의 위원회는 제2기 위원회의 공동연구보고서를 2010년 2월말까지 지원위원회에 제출하여 이를 공간하기로 합의했다.

한일 양국의 학자들은 한일관계사 및 식민지통치와 관련된 공동연구주제 가운데 일부를 선정하여 연구했다. 그들은 이 연구를 통해서 일부 문제되는 주제에 대해서는 동일한 인식에 도달할 수도 있었다. 그리고 그들은 상호간의 연구에서 드러나는 차이점에 대한 정확한 인식을 가질 수 있었다. 그러나 이 위원회는 공동연구를 통해서 모든 연구주제에서 공통된 연구결과를 추출하는 데에는 한계가 있었다. 그렇다 하더라도 이 위원회는 한일양국의 정부와 학자들이 역사교과서문제 내지 역사분쟁의 해소를 위해 공식적인 관심을 표명했고, 공동으로 노력하기 시작했다는 데에서 그 의의를 찾을 수 있을 것이다.

한편, 한일역사공동연구위원회의 활동이 전개되던 기간에 국내의 일부

기관도 일본과의 역사분쟁 해소를 위한 노력을 전개하고 있었다. 즉, 2000
년을 전후하여 한국교육개발연구원은 일본 중등학교 교과서 문제를 주목
하여 이 문제의 해결을 모색하며 연구를 지속했다. 한국교육개발원은 일
본 중등학교 역사교과서의 내용을 분석하고, 일본 교과서에 대한 왜곡대
책을 모색했다. 그리고 일본의 교과서 검정규정 및 역사교육과정 등에 관
한 연구를 수행했다. 이와 함께 역사분쟁을 해소시키기 위한 국제적 경험
에 관한 연구를 수행하고 있었다.24) 또한 이 시기 일본교과서문제의 연
구에는 정신문화연구원/한국학중앙연구원 및 고구려연구재단/동북아역사
재단을 비롯한 여러 연구기관의 노력이 합쳐지고 있었다.25)

　　한일양국의 역사분쟁과 관련하여 한국의 학계는 2001년 한국사연구회
가 중심이 되어 이에 대한 반대의 입장을 일부 일본중등학교 역사교과서
에 수록된 한국사관계 서술의 오류에 대한 시정 요구를 분명히 했고, 역
사학 관련학회의 공동심포지엄이 개최하여 이 문제에 대한 학문적 대응
방안을 모색했다. 그리고 2001년 12월에는 일본을 대표하는 역사학연구
회, 일본사연구회, 조선사연구회 등 학회와, 역사교육자협의회, 역사과학
협의회 등 단체, 합계 5개 학회와 단체들이 한국을 대표하는 한국사연구
회와 역사학회 그리고 한국역사연구회, 역사교육연구회, 일본사연구회 등
5개 학회를 초청한 공동심포지엄을 일본학에서 개최했다.

　　이때 양국의 학자들은 일본에서 부적절한 교과서가 간행된 사실을 비

<hr>

24) 한국교육개발원, 1999,『일본중등학교 역사교과서의 한국관계 내용에 대한 분
    석』; 장영순·김기봉·한운석, 2002,『독일·폴란드 역사교과서 협의사례연구』;
    이찬희, 2002,『일본역사교과서 왜곡대책 및 한국 바로 알리기 수탁사업결과
    평가분석 보고서』; 이찬희, 2002,『일본 고등학교 교과용도서 검정규정 및 역
    사교과서 검정결과』; 한국교육개발원 편, 2002,『국제화해 게오르크 에케르트
    국제교과서연구소 25주년 기념논총』; 이찬희, 2007,『한일역사교육과정 비교』
25) 한국학중앙연구원 한국문화교류센터, 2006,『민족주의와 역사교과서;역사갈등을
    보는 다양한 시각』, 에디터 ; 한운석·김용덕·차용석·김승렬, 2008,『가해와 피
    해의 구분을 넘어 ; 독일폴란드 역사화해의 길』, 동북아역사재단 ; 동북아역사재
    단, 2009,『한일역사현안 관련 일본역사교과서 연구논저 목록』

판하는 등 7개항의 '합의문'을 채택했다.26) 이 모임은 2003년 6월30일 한국의 서울에서 계속되었다. 이 심포지엄은 일본과 한국의 전문적 역사 연구자들이 일본 중등학교 역사교과서 상에 나타난 한일 양국관계사 부분의 서술이 가지고 있는 문제점을 상호 검토하고 그 해결방향을 토론했다.

또한 일본 역사교과서 왜곡에 대해서 남북한의 공동대응이 시도되기도 했다. 즉, 2001년 3월에는 평양에서 '일제의 조선강점 비법성에 대한 남북 공동자료전시회'와 함께 학술토론회가 개최되었고, 교과서 왜곡의 시정을 요구하는 공동성명이 발표되었다.27) 이와 같은 공동성명의 발표가 가능했던 까닭은, 남북한이 현실적으로는 비록 상이한 역사관을 가지고 있다 하더라도, 남북한이 오랫동안 하나의 역사공동체를 이루어온 단일한 역사단위였기 때문이다.

한편, 한일간의 역사분쟁을 위한 해결책을 모색하면서 역사분쟁을 성공적으로 해소시킨 다른 나라의 사례들에 대한 연구자의 관심도 높아졌다. 그리하여 독일과 프랑스, 독일과 폴란드 사이에 전개된 역사대화의 사례에 관한 검토작업이 수행되었다. 그리고 전시의 점령자와 피점령자 사이의 관계에 대한 연구와 함께 식민지 지배국과 피식민국 사이의 대화에도 관심을 갖게 되었다. 이러한 학문적 노력은 한일간의 역사교과서 분쟁을 해결하는 데에 있어서 도움을 줄 수 있을 것으로 생각된다.

한일간의 역사분쟁을 해소하는 데에 도움이 되는 외국사례에 대한 연구는 이미 한일문화교류기금 및 유네스코 한국위원회의 활동업적을 통해 시도 확인되는 바이다. 그러나 이때에 이르러 외국사례에 대한 심층연구가 진행되었다.28) 이 연구는 주로 독일과 폴란드의 사례를 비롯하여, 독

---

26) 국사편찬위원회, 2001, 『일본역사교과서에 반영된 일본학계의 연구성과 보고서』, 28쪽.

27) 북한의 경우 金錫亨 등의 연구를 통해서 한일관계사에 대한 새로운 주장이 제기되기도 했고, 일본교과서 왜곡 문제에 관해서는 1960년대 후반기에 다음과 같은 한 편의 논문이 확인되고 있다. 함창조, 1967, 「일본역사교과서들에 날조되고 있는 조선관계 서술 비판」『력사과학』, 1967년 2호.

일의 게오르크-에케르트 연구소에서 전개하고 있는 유럽에서의 국제교과서 협의활동을 검토하였다. 그리고 2008년에는 독일과 프랑스의 공동역사교과서인 『1945년 이후 유럽과 세계』(휴머니스트)가 간행되기에 이르렀다.

또한 2001년에 후소샤의 『새로운 역사교과서』문제가 제기되자 시민단체에서도 역사분쟁의 해소를 위한 노력을 강화했다. 예를 들면, 한국에서는 84개의 시민단체들이 연합하여 '일본교과서 바로잡기 운동본부' 등을 발족시켜 이 문제에 대해 지속적인 반대여론을 제기하게 되었다. 그리고 일본에서도 '어린이와 교과서 전국 네트워크21'과 같은 NGO 및 역사 교육자 협회를 비롯한 학계와 교육계의 결속이 진행되었다. 이러한 시민단체들은 한중일 3국의 연대활동을 전개하게 되었고, '아시아평화와 역사교육연대'와 같은 단체의 활동으로 발전되어 갔다.

같은 기간 동안 한국과 일본의 학계와 비정부기구에서는 한일간의 공동역사교과서의 편찬문제가 연구·협의되었다. 이에 관한 주요 업적으로는 다음과 같은 저서를 들 수 있다.

① 鄭在貞·石渡延男, 2001, 『韓國發日本の歷史敎科書への批判と提言 ; 共存の敎科書づくりのたぬに』, 桐書房
② 韓日가톨릭主敎會議 編, 20023, 『가깝고도 가까운 나라』, 한국천주교주교회의
③ キリスト敎學校敎育同盟 關西地區國際委員會編, 2003, 『日韓の歷史敎科書を讀み直す;新しい相互理解を求ぬて』
④ 한일공통역사교재 제작팀, 2005, 『조선통신사』, 한길사
⑤ 한중일3국 공동역사편찬위원회, 2005, 『미래를 여는 역사』, 한겨레신문사
⑥ 전국역사교사모임·역사교육자협의회 한일공동역사교재 편찬위원회, 2006, 『마주보는 한일역사;화해와 공존을 위한 첫걸음』, 사계절

---

28) 한국교육개발원, 2002, 『국제화해 게오르크-에케르트 국제교과서연구소 25주년 기념논총』, 한국교육개발원 ; 장영순·김기봉·한운석, 2002, 『독일·폴란드 역사교과서 협의사례연구』, 한국교육개발원 ; 한운석, 2008, 『독일의 역사화해와 역사교육』, 신서원 ; 한운석·김용덕·차용석·김승렬, 2008, 『가해와 피해의 구분을 넘어 ; 독일폴란드 역사화해의 길』, 동북아역사재단.

⑦ 역사교육연구회·역사교과서연구회, 2007, 『한일교류의 역사;선사부터 현대까지』, 혜안
⑧ 歷史敎科書硏究會·歷史敎育硏究會, 2007, 『日韓歷史共通敎材;日韓交流の歷史』, 明石書店

이와 같이 공동역사교과서를 편찬하고자 하는 시도가 2000년대에 들어와서 여러 방면에 걸쳐 전개되었다. 이와 같은 성과는 그동안 한일양국의 학계와 교육계에 축적된 연구성과와 반성에 힘입어 나타날 수 있었다. 그러나 한일 양국은 역사교과서를 검정제도 아래에서 간행하고 있으므로 엄밀한 의미의 공동역사교과서의 채택에는 정당한 절차가 따라야 할 것이다. 그렇다 하더라도 학계와 시민단체에서 전개되고 있는 공동역사교재의 편찬 시도는 역사분쟁의 해소에 있어서 긍정적인 역할을 하게 될 것으로 생각된다.

요컨대, 한국과 일본은 2001년 이후 후소샤의 『새로운 역사교과서』로 상징되는 역사분쟁에 대처하기 위해 한일역사공동연구위원회를 설립했다. 이로서 양국의 정부와 연구자들은 역사분쟁의 해소를 위해 공식적으로 공동노력을 전개하기 시작했다. 그리고 양국의 학계와 시민단체에서도 이를 위한 노력을 배가해 갔다. 그 결과 양국간의 역사문제에 대한 차이점과 공통점을 좀더 분명하게 정리해갔다. 그리고 학계와 교육계의 일각에서는 한일양국의 공동역사교재를 편찬하기 위한 노력들이 전개되었다. 이러한 움직임은 모두 역사분쟁의 해소를 위한 노력의 전개를 뜻한다.

5. 맺음말

한일 양국 사이에는 성호 중첩되거나 공유하고 있는 역사적 사건들이 있다. 그런데 한일양국은 이 사건들에 대한 사실 인식이나 그 평가에 있어서 일정한 편차를 드러내기도 했다. 한일 양국의 역사분쟁의 현장은 일

본 중등학교 역사교육 부문이었다. 역사교과서는 분쟁의 가연제可燃材가 되었고, 그 분쟁이 재연再燃되는 시기는 역사교과서에 대한 검정작업을 전후한 때였다. 한일간 역사분쟁의 실체가 일본 중등학교 역사교과서 검정에 대한 문제로 나타나게 되었다.

오늘날 한일 양국에서는 역사교과서의 자유선택제가 아닌 검정제를 채택하고 있다. 검정제 아래에서 교과서에 나타나는 오류의 일차적 책임은 교과서의 집필자에게 있음은 분명하다. 그러나 그 최종책임은 검정의 기준을 마련하고 검정작업을 수행한 정부당국이 짊어져야 했다. 이와 같은 논리에서 일본 정부는 중등학교 역사교과서의 '오류'에 대한 최종책임을 짊어지는 것으로 한국측에서는 판단하게 되었다.

이 때문에 일본 중등 역사교과서를 중심으로 한 역사분쟁이 발생하게 되면, 한국사연구자들과 역사교육학자 그리고 역사교육 분야에서 직접 종사하고 있는 교사 및 시민사회 구성원들이 그 수정을 요구하게 되었다. 이 요구가 강하게 제기되는 경우 한국정부는 일본 당국에 대해 역사교과서의 수정을 요청하게 되었다. 한국 정부의 이와 같은 항의는 한국사회의 뒤끓는 여론을 반영한 것이기도 했다.

일본 문부과학성의 검정을 통과한 중등학교 역사교과서 가운데 특히 문제되었던 사례로는 1985년도의 교과서 분쟁을 우선 주목할 수 있다. 또한 2001년도에는 후소사(扶桑社)판 역사교과서로 인한 분쟁이 심각히 전개되기도 했다. 그리고 2009년도 지유사(自由社)에서 간행한 교과서의 사실왜곡을 해결하는 일은 현안의 과제로 남겨져 있다.

역사교과서의 서술 내용으로 인한 역사분쟁의 발생은 한일 양국의 우호와 친선에 큰 장애가 되었고, 동아시아의 평화를 위해서도 결코 바람직한 일이 되지 못했다. 그러므로 오늘날 한일 양국 NGO에서는 상호 이해와 우호를 증진시켜 공동발전과 번영을 이루고 동아시아의 평화 증진에 기여하기 위해 국제적 연대를 기초로 하여 많은 노력을 기울이고 있다. 일본의 양심적 지식인들도 과거사를 반성하면서 역사교육이 오도되는 현실을 비판하고 있다. 이와 같은 노력들은 매우 긍정적으로 평가받을 수 있다. 또한 한국의 역사연구자들도 역사교과서가 가지고 있는 문제점들에 대한 신중한 검토 작업을 수행하고 있다.

그렇다 하더라도 한일간의 역사분쟁은 NGO 차원의 노력에 의해서 해결될 수 있는 문제가 아니다. 역사분쟁을 해결하기 위해서는 역사교과서에 대한 검정권을 가지고 있는 정부 당국의 성의 있는 노력이 전개되어야 했다. 한일 양국 사이에는 역사와 관련된 많은 미해결 사항이 있고 이로 말미암아 분쟁이 계속되었다. 이와 같은 분쟁의 해결을 위해 양국의 당국자와 학자들은 상호 진지한 노력을 강화시켜 나가야 한다. 이를 통해서 한일양국은 상호이해를 증진시킬 수 있고, 공동번영의 미래를 향한 새로운 길을 함께 걸을 수 있으리라 판단되기 때문이다.

제2장 상생의 역사학을 위하여

1. 머리말

한국현대사는 남북의 분단을 극복하고 민족의 재일치와 통일을 성취하는 일을 최대의 과제로 삼고 있다. 이 과제는 2000년 6월 15일에 발표된 반세기에 걸친 적대적 대립을 극복하고 화해와 교류를 위한 남북 정상간의 공동선언을 통해서 확인되었다. 이 6·15공동선언은 갑자기 발생한 돌발적 사태였다기보다는 화해와 재일치를 지속적으로 촉구해왔던 민족적 염원의 표현으로 생각된다. 이에 이르러 21세기 한국사회에서는 남북한 간에 있어서 상호인정과 교류의 강화가 요구되고 있다. 이에 최근에 이르러 남북한 학계의 학술교류가 강화되어 나가고 있는 상황이다.[1]

이 과정에서 남북한 학계의 학술교류의 일환으로 역사학 분야의 학술교류도 부분적으로 진행되기에 이르렀다.[2] 역사학분야의 학술교류는 연구 자료의 교환, 상호간의 연구과정에서 드러난 미진한 사실史實에 대한 보안작업이 우선적으로 진행될 수 있다. 그리고 그 교류는 여기에 그치지

---

[1] 조동걸, 2003, 「南北 역사학자의 학술교류 序說」『제46회 전국역사학대회 발표 논문집』, 451~455쪽 참조.

[2] 국제고려학회 서울지회, 2000, 「역사분과 발표회: 남북한의 학술교류, 그 방향과 전망」『국제고려학회 서울지회 제2회 전국학술대회 발표 요지집』1. 이 발표회 자료집에는 한창균 교수의 「북한고고학의 연구 현황과 과제 : 연구사적 검토를 중심으로」, 최광식 교수의 「남북한 고대사학계의 학술교류」 및 조광의 「남북한 역사학계의 학술교류」 등 세 편의 글이 수록되어 있다.

않고 역사를 연구하는 시각과 관련하여 남북한이 함께 수용할 수 있는 공통된 사관史觀의 형성을 위한 노력으로 이어질 수 있을 것이다.

그런데, 현재까지 대한민국과 조선민주주의인민공화국의 역사학계는 서로 상이한 역사 이론과 연구방법론을 구사해왔다. 이 둘은 그 학문적 연구 성과에 있어서도 상호 교류를 거의 갖지 못했다. 남한의 학계는 자유주의 이론을 기반으로 한 다양한 사론의 입장에서 역사를 서술했다. 반면에 북한의 역사학은 해방 직후 마르크스주의적 유물사관에 의한 역사 서술의 단계를 거쳐, 1970년대 이후에 이르러 '주체사관'에 의해서 민족사를 재해석해 왔다.3) 이처럼 남북의 역사연구자들은 상호 이질적 방향에서 역사를 연구해 왔다.

이러한 상황에서 6·15선언 이후 남북의 역사학자들은 상호교류를 조심스럽게 시도하기 시작했다. 이 교류의 과정에서는 우선 남북한 학술교류의 방향과 전망에 대한 모색작업이 진행되었고4), 곧이어 각종 사료 및 연구업적의 교환이 진행되었고, 북한의 고고유물이 남한에서 전시 공개되기도 했다.5) 그리고 최근에 이르러서는 일제하 조선인 강제동원 문제, 정신대 문제, 동해와 코리아(Korea, Corea)의 표기법 등과 같이 개별적으로 수행된 연구 결과를 남북한 학자들이 공동으로 토론하기도 했다.6) 역사적 사실에 대한 공동의 토론이 가능했던 까닭은 한민족이 장기간에 걸쳐

---

3) 정두희, 2001, 『하나의 역사, 두 개의 역사학』, 소나무.
4) 국제고려학회 서울지회 역사분과, 2000, 『남북한의 학술교류: 그 방향과 전망』(제2회 국제고려학회 서울지회 전국학술대회 발표요지집), 국제고려학회 ; 이 글은 이때 필자가 발표했던 「남북한 역사학계의 학술교류: 상생의 사학을 위하여」를 보완 정리한 글이다.
5) 최광식, 2003, 「한국사학(전근대) 교류의 평가와 과제」『남북한 학술교류의 성과와 과제』(제4회 국제고려학회 서울지회 학술대회 발표논문집), 국제고려학회 서울지회, 16쪽.
6) 정태헌, 2003, 「남북한 학술교류의 성과와 과제: 근현대사」『남북한 학술교류의 성과와 과제』(제4회 국제고려학회 서울지회 학술대회 발표논문집), 국제고려학회 서울지회, 22쪽.

서 동일한 문화공동체와 역사공동체를 형성해 왔기 때문이었다.

그런데 이와 같은 역사학분야의 교류 과정에서도 상호 이해를 위한 새로운 사관의 형성을 논하려던 시도는 구체적으로 전개되지 못하고 있다. 역사를 해석하는 이념적 근거가 되는 사관에 대한 상호 검토가 생략된 역사학의 교류는 많은 허점을 드러낼 수밖에 없다. 남북한 역사학계의 교류가 진전을 이루고 이를 통해서 민족의 화해와 재일치에 기여하기 위해서는 그 사관에 대한 검토가 당연히 진행되어야 한다.

즉, 역사학 분야에서 남북한의 교류는 민족사의 전개과정에서 드러나는 역사적 사실에 대한 공동연구를 시도할 수 있을 것이다. 그리고 남북의 역사학자들은 서로의 연구 자료를 공유하여 상호간의 연구에 자극을 줄 수도 있을 것이다. 그러나 역사학 분야의 교류는 이에 그칠 수 없고 공동의 사관을 모색하는 단계로 나아가야 한다. 물론 동일한 역사의식을 형성하는 일은 현재의 단계로서는 상당한 진통이 수반되는 어려운 일이다. 그렇다 하더라도 이를 위한 노력이 진행되어야 한다. 이를 위해서는 우리의 문화전통과 역사철학 일반에 대한 검토가 전제되어야 한다. 이에 이 글에서는 새로운 사관으로 '상생의 사학史學'에 대한 가능성을 모색해 보고자 한다.

역사의식에 있어서 상호 접근 없이는 분단의 극복이 성취될 수 없다. 그러므로 분단 극복 내지는 민족 화해의 사관史觀에 대한 모색작업은 오늘날 한국사학계가 가지고 있는 피할 수 없는 과제라고 생각된다. 이 글에서는 역사학분야에 있어서 상존尙存하는 분단의식의 극복을 위한 구체적 노력의 진전을 기대해 보고자 한다. 그리고 역사학계에서 극복될 분단의식의 결과를 민족사회에 환원시키려는 노력을 전망해 볼 수도 있을 것이다. 이를 위해서 남북의 역사학자들은 남북한이 모두 인정할 수 있는 『공동역사교재』의 간행을 위해 노력할 수 있을 것이다.

2. 상호 대화를 위한 사론의 검토

1) 역사학과 사론史論

역사학은 사료와 그 사료에 대한 해석을 통해서 성립된다. 사료에 대한 해석의 기준은 각각의 사론史論에 의해서 제시되고 있다. 사료를 통해서 확인되는 역사적 사건은 단일회적이요 반복불가능한 객관적 존재이다. 그러나 그 사건에 대한 해석은 사론에 따라 다양하게 전개되며, 이 때문에 역사는 항상 새롭게 해석되고 다시 씌어져야 한다.

지난날 남북의 역사연구자들은 19세기 독일의 헤겔 철학에 근거한 변증법辨證法에 기초한 역사이론을 사회의 변화와 발전을 설명하는 올바른 역사이론으로 오랫동안 인정해 왔다. 변증법의 원리를 간략히 표현하면, 즉자卽自가 스스로의 발전에 의해서 그 자신을 부정하는 대자對自를 낳고, 다시 그 모순이 지양됨으로써 새로운 통일을 얻는다고 했다. 역사의 발전은 모순矛盾의 투쟁과 이 투쟁을 통한 종합으로 이해되었다. 정正(thesis)과 반反(antithesis)의 긴장관계를 거쳐 합合(synthesis)에 이르게 된다는 변증법적 사고방법은 근현대의 역사해석에 큰 영향을 미쳐주었다. 그리하여 19세기 후반 이래 자유방임적 자본주의 사유思惟도 변증법과 무관하지는 않았으며, 마르크스와 엥겔스의 유물사관도 변증법적 원리에 의해서 역사를 설명했다. 북조선의 주체사관도 변증법에 기초하고 있으며, 남한의 연구자들도 이를 기반으로 한 사론을 대체적으로 인정해 왔다.

그러나 변증법은 서유럽 철학의 산물로써, 상호의 대립과 투쟁 및 긴장된 사회관계를 정당시하는 사유구조를 인간에게 가져다주었다고 생각한다. 그리고 변증법에 기초했던 현실 사회주의의 문제점을 오늘의 인류는 체험하게 되었고, 상호간의 투쟁 내지는 경쟁을 신성시하던 자본주의 내지는 신자유주의의 한계에 대해서도 알게 되었다. 그리하여 오늘의 사회는 변증법의 틀을 뛰어넘는 새로운 사유의 제시를 요청하게 되었다.

이제 우리 역사학계에서는 화해와 일치를 지향하는 새로운 사론의 형
성을 요청받고 있다. 그런데, 사건의 해석에 기준이 되는 사론은 그 지역
이나 시대의 사상적 전통이나 특성에 의해서 규정되어 왔다. 그리고 역사
의 '현재적 요청'에 따라 새로운 사론이 제시되게 마련이었다. 돌이켜 보
건대 우리나라 근대 역사학이 출현한 직후 민족주의 사관이 제시되었고,
분단의 상처가 심화되어 갈 때 이를 극복하기 위한 '분단시대 사학론'이
제창된 바 있었다.[7]

이는 지난 20세기 한국사회가 가지고 있던 고민을 해결하기 위한 모색
과정에서 제시된 사론들이었다. 그런데 새 천년기 그리고 21세기의 문턱
을 막 넘어선 오늘날의 한반도에서는 새로운 사태가 전개되기 시작했다.
남북한 사회에서는 지난 세기의 냉전체제를 청산하고 새로운 민족공동체
를 열고자 하는 노력이 진행되고 있다. 또한 우리는 민족의 문제를 넘어
서 인간 존엄성 그 자체를 강화해 나가야 한다는 요청을 받고 있으며, 인
간의 무지로 인해 황폐화한 자연은 인간에 대한 보호를 포기하려 한다.

인간 조건의 변화는 새로운 역사학과 사관을 요청한다. 이 때문에 유
럽의 연구자들은 '환경사학'과 같은 역사연구의 새 분야를 개척하고 있
다. 우리의 생활 조건과 한반도의 상황도 일대 변화가 일어나고 있다. 이
변화 가운데 상당 부분은 역사의 발전을 뜻하는 것이기도 하다. 이 시점
에서 우리는 새로운 사관의 출현을 요청받고 있다. 우리의 새로운 사관은
우리 사상의 전통에 뿌리를 두고 우리의 현실을 타개할 수 있는 이론이
되어야 한다. 그렇다면 우리는 원융圓融과 상생相生을 중요시하던 우리 문
화의 전통에서 그 사관의 단초를 찾을 수 있을 것이다.

2) 새로운 사관의 모색을 위한 전제조건

새로운 사관의 형성을 위해서는 변증법적 사관에 대한 반성과 함께 우

---

7) 강만길, 1978, 『분단시대의 역사인식』, 창작과 비평사.

리의 문화 전통에 대한 성찰이 요구된다고 했다. 그러나 여기에서도 새로운 사관의 상호모색을 위해서는 다음과 같은 몇 가지 전제조건에 대한 승인이 이루어져야 한다고 생각된다.

첫 번째로, 남북한 간 역사학 분야의 대화를 위해서는 대화 쌍방이 상호 대화의 필요성과 효용성을 인정해야 한다. 대화의 필요성과 효용성에 대한 인식이 없이는 진정한 대화가 진행될 수 없다. 그리고 학술적 분야에 있어서 생산적 대화는 학술적 토론의 형식을 가지게 마련이다. 모든 학술 분야에 있어서는 대화와 토론의 중요성이 강조되고 있다. 이는 남북의 역사연구자에게도 동일하게 적용되어야 한다. 그러므로 남북의 연구자들에게는 대화의 가능성과 효용성을 인정하는 기반 위에서만 상호 학술적 대화가 가능하다.

두 번째로, 역사학 분야에서의 대화에는 상호간의 존재 인정이 우선적으로 요청된다. 남북이 분단된 상황에서 50여 년간에 걸쳐서 상호 비의존적으로 발전·전개시켜온 모든 업적과 현황에 대한 상호 이해와 인정을 기반으로 할 때 대화가 가능하다. 물론, 그 업적과 현황에 대한 판단에 있어서는 상호간의 견해가 다를 수 있다. 그러나 이 경우에는 '내재적 분석방법'에 따라 상대방의 논리를 통해 상대방을 인식하고자 하는 태도가 상호 이해의 관건이 된다. 이러한 태도를 대화 쌍방이 가질 때 생산적 대화가 가능하다.

세 번째로, 역사학 분야에서 전개되는 남북의 대화는 자신이 가지고 있던 인식의 틀과 인습에 대한 도전임을 확인해야 한다. 남북은 각자 50여 년간의 분단시대를 살았다. 이 과정에서 자신의 고유한 인식의 틀과 인습이 형성되었다. 그러므로 대화는 그 인식의 틀과 인습에 대한 도전일 수밖에 없으며, 대화는 바로 이것들을 파괴하는 행동이며, 경우에 따라서는 역사학의 발전과 민족의 미래를 위해서 괴로운 자기부정까지도 감수할 수 있는 각오를 쌍방이 가져야 한다.

네 번째로, 상호 변화의 가능성에 대한 신뢰가 요청된다. 대화의 과정에서 일방은 자신의 주장에 입각하여 상대방이 '절대적 진실'로 내세우는 요소를 공박하기도 한다. 그러나 이는 자신의 주장을 '절대적 기준'으로 전제하게 되는 역설적逆說的 위험을 안고 있다. 대화는 가치 판단의 기준에서 '절대성'의 강조를 보류하거나 이를 약화시키고 제거하고자 할 때 가능하다. 우리는 상대에 대한 일방적 변화의 강요를 대화라고 하지 않는다. 그것은 대화를 가장한 일종의 정치선전이나 기득권 옹호의 논리에 지나지 않기 때문이다. 그러므로 대화는 상호 변화의 가능성에 대한 인정이 중요하다. 상대방의 변화를 주장함과 함께 자신의 변화도 감수해야 한다. 대화는 교류를 낳고 교류는 변화를 초래한다. 이는 역사의 경험 법칙이다.

다섯 번째로, 역사학에서의 대화는 역사의 발전에 대한 공통된 인식과 역사학의 사회적 책임 및 민족화해의 정당성에 대한 승인을 요구하고 있다. 역사학의 법칙으로는 발전의 개념이 강조되고 있다. 인류사를 검토할 때 어떠한 역사라도 발전의 길을 걸어왔고, 이는 한반도에서의 남북관계나 그 역사학 연구 자체에도 적용되는 것이다. 또한 역사학은 과거와 현실에 대한 분석을 통해서 인류와 민족이 나아갈 미래의 방향을 제시해주는 데에서 그 사회적 책임을 수행한다. 한국사학의 경우에는 민족의 화해를 촉진하는 데에서 그 사회적 기능을 확인할 수 있다. 물론 역사학에서 현재와 미래를 제외하는 경우도 있다. 그러나 이는 역사학의 발전과정에서 제시되었던 일시적 현상일 뿐이며, 여기에 항구적 가치를 부여하기는 어렵다고 생각한다.

따라서 역사학에서의 대화도 남북 연구자 모두가 공유할 수 있는 역사 발전에 대한 긍정적 인식과 역사학의 사회적 책임에 대한 이해가 전제될 때에 비로소 가능하다. 이와 같은 전제가 없다면 상호 대화나 화해에 대한 논의 자체가 성립될 수 없다.

3. 상생의 전통에 대한 접근

1) 화쟁和諍과 상생相生의 전통

상생의 사학에 관한 이론적 검토의 시도는 2000년도 초에 이미 진행된 바 있다.[8] 이는 한국의 전통사상에 대한 주목에서 출발했다. 우리의 사상사를 검토해 보면 융화融和와 회통會通을 중요시하던 철학적 전통이 있다. 이 전통은 한국불교사 상에서 화쟁和諍 사상으로는 나타났다. 화쟁 사상이란 모든 논쟁을 화和로 바꾸려는 사상으로, 우리나라 불교 사상 가운데 가장 핵심적 사상으로 지목되고 있다. 이는 불교 승단僧團을 위한 화쟁과 불교 교리의 화쟁으로 대별된다.

신라시대 이래 우리나라 승단에서는 화합의 이념을 중요시하여 화쟁론을 제시하며 다음과 같이 말했다. "몸으로 화합함이니 함께 머물러라(身和共住)." 입으로 화합함이니 다투지 말라(口和無諍). 뜻으로 화합함이니 함께 일하라(意和同事). 계로써 화합함이니 함께 닦아라(契和同修). 바른 견해로 화합함이니 함께 해탈하라(見知同解). 이익으로 화합함이니 함께 나누어라(利和同均).

신라시대 이래 우리나라 불교에서는 승단의 '화쟁'을 넘어서 교리의 화쟁도 주장하고 있다. 이는 신라 불교사상이 가지고 있던 독자적 특성이

---

8) 趙珖, 2000, 「植民地時代 韓國史硏究에서 反植民史學論의 提起와 그 意味」『The 6th International Conference on Korean Studies』(Sponsord by Center for Korean Studies University of Hawai'i ect, Feb., 18, 2000) 여기에서 필자는 "학계에서는 무엇보다도 오늘날 진행되는 식민지 시대 史學論에 대한 연구의 목적은 바로 역사 해석을 위한 새로운 이론의 틀을 모색하는 데에 있다. 이를 위해서는 '和解와 相生의 길'을 추구해 왔던 한국 전통사상의 의미가 史論的 차원에서 다시금 재음미 될 수 있을 것이다. '相生의 史論'은 분단된 민족과 이기적 인류, 그리고 오염된 자연의 문제점을 극복하는 데에 한국사가 기여할 수 있는 가능성을 제시해 줄 것이다."라고 서술했다.

었다. 신라의 원광圓光(555~638)의 사상은 화쟁론의 초기적 형태를 드러내
주었다. 그는 불교의 승려이면서 유교의 윤리관까지 수용하고자 했고, 원
융圓融을 바탕으로 하여 무쟁無諍으로 나아가고자 했다. 그리고 자장慈藏
(c.590~658)은 종파 분립을 초월한 통화 불교通和佛敎의 길을 제시하며 교
화에 전념했다.

신라불교 화쟁 사상의 이 전통은 삼국통일을 전후한 시기 원효元曉(617-
686)에 의해서 다시 강조되었다. 원효는 평화와 화해가 넘치는 새로운 신
라 사회를 건설하기 위해서 화쟁의 논리를 완성시켜 나갔다. 그는 종파
불교 시대를 겪고 있던 중국 불교의 경향을 극복하고자 했다. 그리하여
그는 특정 종파를 고집하거나 배격하지 아니하고, 다양한 종지宗旨를 새
롭게 융합하여 새로운 가치를 찾고자 했다.

원효는 인간 세계에 존재하는 화和와 쟁諍의 양면성을 수긍했다. 그러
나 그는 '화쟁'이 화와 쟁을 정正과 반反에 두고, 그 둘 사이의 타협에 의
해서 이루어지는 합合이 아니라고 보았다. 아마도 그는 근현대 철학의 변
증법적 원리의 배후에 놓여 있는 일종의 갈등마저도 간파할 수 있는 혜
안을 가졌던가 보다. 그러므로 그의 화쟁 사상에서는 정과 반이 대립할
때, 정과 반의 근원을 통찰해서 이 둘이 불이不二라는 것을 체득하여 쟁도
화로 동화시켜 나가고자 했다.

원효의 화쟁사상은 중국이나 일본 불교에도 일정한 영향을 주었다. 그
리고 이 사상은 대각국사 의천義天(1055~1101)이나 지눌知訥(1158~1210)과
같은 고려 불교 사상의 뿌리를 형성시켜 주었다. 이 사상적 전통은 조선
왕조의 불교에서도 계승되었다. 유불선 삼교 회통론三敎會通論을 주장했던
서산대사 휴정休靜(1520~1604)을 비롯한 조선왕조의 고승들도 이 사상의
전통을 발전시켜 나갔다.9)

---

9) 오형근은 대승적 화쟁을 통해 남북한의 화합이 가능함을 간략히 언급한 바 있다.
   오형근, 2003, 「대승적 화쟁과 남북한의 화합」『남북한 학술교류의 성과와 과제』
   (제4회 국제고려학회 서울지회 학술대회 발표논문집), 국제고려학회 서울지회,

2) 조선 유학의 태극론

15세기를 전후하여 우리나라 사상계에서는 성리학의 수용을 통해서 일대 전환이 진행되었다. 조선왕조는 종전의 불교사상과 결별하고 성리학을 지도이념으로 삼았다. 그리고 16세기 이후 조선 성리학계에서는 송명이학宋明理學을 초극하여 우리 사상을 정립하고자 하는 노력이 진행되었고, 여기에서 조선 성리학이 성립되었다.

당시 조선 성리학에서는 본체론보다 심성론에 더 큰 관심을 가지고 있었다. 그러나 본체론은 심성론의 전개에 있어서도 기본이 되는 것이다. 여기에서 조선의 성리학자들도 태극太極에 관한 관심을 가지게 되었다. 음양陰陽 양의로 구성되어 있는 태극의 개념에 관해서는 다양하게 규정되어 왔다. 그러나 그 뜻을 대체적으로 말하자면, 태극은 그 동정動靜에 따라 모든 존재를 가능하게 해주는 '근원존재'로 규정되어 왔다. 이 우주론적 태극론은 인간도덕의 원천을 설명하는 도덕론적 태극론으로 전개되어야 했다.

그런데 16세기 조선성리학을 완성시킨 이들과 그 후계자들의 사상적 특성은 주로 심성론에서 확인된다. 그들은 이와 기의 상호관계를 주목하는 이기론理氣論을 발전시켰다. 즉, 이언적李彦迪(1491~1553)이나 서경덕徐敬德(1489~1546)은 자신의 성리설을 전개하면서 그 기초가 되는 태극의 존재를 궁구했다. 이들의 태극론은 이이李珥(1536~1584)나 이황李滉(1501~1570)에게도 일정한 영향을 주었다. 그러나 그들의 주된 관심은 심성론에 있었다.

한편, 16세기 우리나라 사상계에서는 자신의 철학을 확립하고자 하는 노력과 함께 그 지적 전통에 관한 모색이 새롭게 시도되었다. 이 과정에서 신라시대 이래 화쟁론의 사상적 특성이 유학계에서도 발현되고 있었다. 이와 관련하여 우리는 장현광(旅軒 張顯光, 1554~1637)을 주목하게 된다. 그는 당시의 지적 풍토가 이기론 중심이었음에도 불구하고 태극론의 중

33쪽 참조.

요성을 강조했다. 그는 우주론적 태극을 논하던 『주역周易』이나, 주돈이周敦頤 및 주희朱熹 등 중국 철학의 전통을 지양하고 도덕적 입장으로 이를 발전시켰다. 장현광의 태극론은 융화와 회통의 지평을 열어주었다.

장현광은 태극을 인간의 도덕적 존재로 파악하고 태극과 도덕의 관계를 명료하게 이론화했다. 그에 있어서 도덕은 태극의 주체적 체화와 실천을 통해서 비로소 정립되는 모든 가치의 표준이었다. 그는 '태극의 벼리는 선善'이라고 규정했고, 태극을 내재한 인간의 본성도 선하다고 보았다. 그러므로 태극의 본지本旨는 인간이 선한 본성을 실현함으로써 선한 덕목들을 향유하게 하는 데에 있다고 보았다.

그는 태극의 본지가 다음과 같은 다섯 가지에서 드러난다고 보았다. 즉, 그에 있어서 태극의 본지는 경상經常을 인식하여 길吉하게 하면서 흉凶은 없게 하며, 리利는 있으나 해害는 없게 하고, 성成은 있으나 패敗는 없게 하는 것이었다. 그리고 계繼는 있으나 절絶은 없게 하며, 복福은 있으나 화禍는 없게 하는 것이었다.

그는 이와 같은 도덕적 선의 강목들이 융화와 회통의 성격을 지닌 것으로 규정했고, 여기에서 그의 태극론은 그가 주장하는 융화·회통 사상의 철학적 근거가 되었다. 그는 당시의 성리설을 일종의 공리공담으로 파악한 듯하며, 새로운 철학과 도덕을 모색하면서 이와 같은 이론을 제시했다.

장현광이 살았던 16세기말과 17세기 초 조선왕조의 사회는 내우외환에 시달리고 있었다. 당시 조선왕조는 대외적으로 볼 때 임진왜란(1592~1598)과 정묘호란(1627)과 병자호란(1636)이라는 전쟁을 겪었다. 또한 조선왕조는 대내적으로 15세기에 형성된 경국대전 체제가 붕괴되어 나가며 새로운 사회로의 전환이 모색되고 있었다. 조정에서도 당쟁이 발생했고, 전란을 겪은 이후 전후 복구를 위한 여러 방안들이 모색되었다. 철학계에서는 퇴율退栗, 그러니까 이황과 이이 이후 이론적 논쟁이 심화되고 있었다. 이 시점에서 그는 우리 사상의 중요한 전통인 원융과 회통의 정신을 되살리고 우리 사상계에 새로운 지평을 열어 주고자 했다.

한편, 한말의 철학자 최한기崔漢綺(1803~1879)에게서도 우리 사상의 특성인 회통론會通論의 측면이 확인되고 있다. 그리고 1880년대에 이르러 동학사상이 유불선 합일로 규정되었던 것도 한국 전통문화가 가지고 있었던 원융 및 회통이라는 입장과 연결되는 것으로 해석된다. 여기에서 근대화를 체험하기 이전 우리의 사유는 신라시대 이래 근세에 이르기까지 면면히 어어 오던 회통론의 전통을 가지고 있었음을 확인하게 된다.

4. 상생의 사론을 위한 노력

1) 사상思想과 사론史論의 전개

조선왕조를 지배하고 있었던 성리학의 이기론은 조선왕조의 국가와 사회 질서를 규정하는 근본 사상으로 작용했던 중세적 사유 형태였다. 이 사유 형태와 관련하여 사史를 경經의 용用으로 파악하려는 성리학적 사관史觀이 성립되었다. 이 성리학적 사관에서는 정통론과 의리론을 기반으로 하여 자신의 역사관을 전개해 갔다.

한편 성리학에 기초한 조선왕조 사회에서는 현실적으로 인간 불평등의 필연성이 강조되어 갔고, 이를 기초로 하여 신분제가 유지되고 있었다. 당시 성리학에서는 인간 내부의 차별을 설명하는 예禮의 논리가 성행했고, 인간 상호의 조화를 추구하던 악樂의 논리는 자리 잡지 못했다. 우리 사상의 주요 전통 가운데 하나인 원융과 회통은 조선왕조 시대의 지배적 담론에서 벗어나고 있었다. 이러한 사실은 조선후기 사회에서 단속적으로 일어나던 민중저항의 원인을 사상사적 측면에서 설명할 수 있는 근거가 된다.

그리고 우리나라에서는 개항기 이래 새로운 사학史學이 수용되었다. 개항기 이래 계몽주의적 역사관과 관련하여 제시되었던 사회진화론적 사고는 인간 내부의 갈등을 정당화했다. 식민지 시대 반反식민사학론의 하나로 등장했던 마르크스의 유물사관도 사회의 갈등을 강조했고, 자유방임적 자본주의 이론도 역사해석에 있어서 공존과 협동보다는 투쟁과 지배를 미덕으로 삼았다. 지난 20세기 한반도에서 전개되었던 남북의 분단은 이 역사관의 충돌이라는 성격도 가지고 있었다. 이처럼 근현대 사회에 이르러 우리 사상의 원융과 회통을 논하던 전통은 지속적인 도전을 받게 되었다.

이에 우리는 우리 전통과 현실의 요청에 따라서 역사 해석을 위한 새로운 이론의 틀을 모색하기 위한 공동의 노력을 요청 받고 있다. 이를 위해서는 원융과 회통의 정신을 강조해 왔던 우리 사상사의 한 전통을 되살려야 한다. '화해와 상생의 길'을 추구하고자 했던 선인들의 지적 노력을 확인하면서, 이를 사론史論의 차원에서 다시금 주목해야 한다. '상생의 사론史論'은 분단된 민족과 이기적 인류, 그리고 오염된 자연의 문제점을 극복하는 데에 한국사가 기여할 수 있는 가능성을 제시해 줄 것이다. 그리하여 오늘의 우리는 이 '상생의 사론史論'을 개발해 나가며 한반도의 미래사를 전망해야 한다.

상생의 사론에서는 화쟁론의 전통에서처럼 상호의 존재가 다름을 인정하면서도 서로가 '둘이 아님'[不二]임을 확인하고, 다툼의 역사가 아닌 화해와 일치의 역사를 일구어 나가야 한다. 16세기 장현광이 그러했던 것처럼 원융과 회통의 정신을 오늘의 우리는 되살려야 한다. 그리하여 우리 미래사가 공멸共滅이 아니라 공존共存과 상생의 길로 나가도록 노력해야 한다. '상생의 사관'은 이를 위한 이론을 제시해 주어야 한다.

'상생의 사론'은 남북한 학계에 적용되고 있는 기존 사론이 가지고 있는 부분적 가치를 상호 인정하고 존중하는 데에서 시작될 수 있다. 즉 서로의 연구자들은 북조선에 주체사관이 엄연히 존재하고 있고, 남한에서는 '자유주의적 사관'이 주류를 이루고 있음을 서로 인정해야 한다. 이는 다음 <그림 1>과 같은 상황으로 모색할 수 있다. 그리고 이에 그치지 말고 상호 공유할 수 있는 부분에 대한 인정이 진행되어야 한다.

<그림 2>에서와 같이 남북한의 사론에서는 분명히 공유할 수 있는 요소들이 있다. 예를 들면 주체사관에서 제시하고 있는 인간의 존재 가치에 대한 전폭적 인정이나 민족의 동질성에 대한 신뢰는 남한의 역사학자들과 공유할 수 있는 분야이다. 또한 북의 연구자들도 남의 역사학에서 존중하는 사료에 대한 실증적 접근 방법도 수용할 수 있는 부분이다. 이처럼 상호 일치되는 요소를 찾아서 이를 공유하고자 하는 기본자세가 견지된다면, 사론의 경우에서는 그 공유할 수 있는 부분이 <그림 3>의 경우에서처럼 더욱 넓어질 것이다.

'상생의 사론'은 상호 사론의 긴장과 대립관계를 조장하거나 극복과 통합을 논하려는 변증법적 입장에 대한 비판을 전제할 때에 가능하다. 상호 사론의 다양성과 차이점을 인정하고, 정正과 반反이 긴장과 투쟁을 거쳐 합슴이 되어야 한다는 입장보다는 화和와 쟁諍이 불이不二라는 입장을 존중해야 한다.

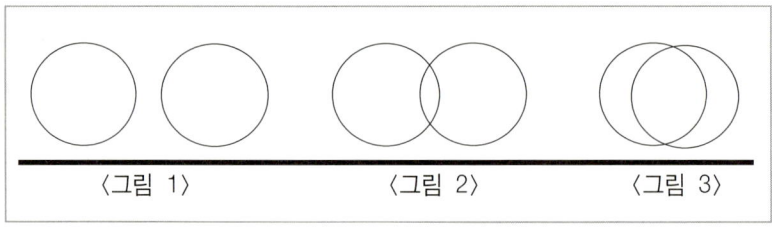

〈그림 1〉   〈그림 2〉   〈그림 3〉

한편, 우리는 화해와 상생이 사론을 추구하는 과정에서 확인해야할 부분도 있다. 즉, 모든 역사이론이나 철학적 원리들이 현실사회에서 적용되는 과정에서는 적지 않은 편차를 드러내고 있다는 점이다. 따라서 역사이론의 정당성이 현실 역사의 정당성을 보증하는 것은 아니라는 사실을 확인하게 된다. 여기에서 사관 만능적史觀萬能的 사고는 청산되어야 한다. 그렇다 하더라도 올바른 사관은 현실 역사와 그 역사연구의 방향을 올바르게 이끌어 주는 구실을 하고 있음에 틀림없다. 그러므로 새로운 사관을 정립하기 위한 노력은 그 가치를 인정받아야 한다.

'상생의 역사관'은 상호 통합을 지향하는 사관으로 규정될 수는 없다.

일반적으로 헤겔리안(Hegelian)적 입장에서의 '통합統合'은 둘을 섞어서 하나로 만들거나, 유일한 기준에 의해 두 논리를 하나로 만든다는 의미로 해석된다. 이러한 통합은 한국 전통 사상에서 드러나는 화쟁和諍이나 회통會通의 개념과 상당한 차이가 있는 논리이다. 화쟁이나 회통에서는 상호 다름을 인정하고 수용하면서도, 서로가 둘이 아니고 다르지 않음을 확인하는 '불이不二의 논리'이다. 여기에서 필자는 헤겔리안적 입장에 대한 비판을 요구하며, 화쟁론의 틀을 가지고 우리 역사를 새롭게 조명하기를 제시해 보고자 한다.

사실 역사학에서 상호 통합을 논하는 것은 역사인식의 획일화를 시도하려는 것으로 볼 수도 있다. 역사관의 획일화를 꾀하려는 시도는 전제주의 사회에서나 제국주의 사회에서 부분적으로 시도된 바가 있었다. 그러나 이는 역사학이 지향해야 하는 방향이 결코 될 수 없으며, 사관의 통합이란 애초부터 지적 폭력에 속한다. 그러므로 우리는 그 '통합'의 대안으로 '회통'의 논리를 주목해 보아야 한다. 회통會通은 진검승부를 통해서 한 쪽이 다른 쪽을 흡수하는 것을 의미하지 아니한다. '상생의 사학'이 지향하는 바는 남북의 사론이 현실적으로 가지고 있는 이질성을 상호 인정하고, 상대방의 사론 가운데 합치될 수 있는 부분을 공동으로 인정하며, 그 공통성을 키워나가되 상호간의 이질성도 지속적으로 용납하는 태도이다. 역사학에서의 회통론은 역사 해석의 유일한 기준을 찾으려는 노력이 아니라, 서로가 발견한 역사적 진실을 상호 확인하고 공유하며, 역사적 진실에 공동으로 접근하고자 하는 시도가 되어야 할 것이다.

지난 20세기 후반기 남북의 역사학계에서는 상호 배타적 입장을 강화해 왔다. 그들은 자신과 상대의 이론을 절대선과 절대악으로 규정하고, 자신의 이론이 가지고 있는 정당성만을 내세우며, 서로를 상극相剋의 대상으로 파악하고자 했다. 그러나 이 상황은 반이성적일 수밖에 없었다. '자유주의 사관'과 '주체사관'이 그동안 견지해 왔던 상극의 평행구도에서는 대화가 불가능하고 불필요했다. 본 발표문은 이러한 반이성적 상황을 반성하고 열린 지성으로 역사학 분야에서의 상호 대화와 상호 변화를 추구하는 데에 목적이 있었다.

현재, '상생의 사론'에 대한 개념적 규정이 완성된 것은 아니며, 아직 시론적 단계에 머물러 있다. 그렇다 하더라도 이 '상생의 사론'에 대한 역사 철학적 문제 제기는 21세기 한국현대사의 진로를 모색하는 과정에서 검토될 수 있을 것으로 계속해서 기대해 보고자 한다.

2) 교류 강화交流強化를 위한 노력

남북의 역사학계는 역사를 연구하는 과정에서 상호 공존하고 보완할 수 있는 가능성을 가지고 있다. 남북은 오랜 기간동안 동일한 역사공동체를 이루어 왔다. 사실 그동안 남북한은 한 역사공동체의 서로 다른 면을 강조해 왔다. 우리는 하나의 민족공동체의 역사를 올바로 서술하기 위해서는 이 양 측면을 동시에 보아야 한다. 그리고 남북의 역사연구가 가지고 있는 장단점을 우리 역사의 양면으로 이해하려는 인식이 요청된다.

남북에서 진행된 역사연구의 경향을 간략히 비교해 보면 다음과 같다. 즉, 북조선의 역사 역사연구에서는 고고학이나 고대사 분야에 있어서 지역적으로 유리했고, 남한의 경우에는 신라사나 백제사 그리고 고려나 조선과 같은 통일왕조의 연구에서 유리한 점이 많았다. 역사학의 분야에 있어서도 북조선의 학계에서는 민중생활사나 사회경제사 일부 분야의 연구 등에 있어서 훌륭한 연구업적을 축적하고 있다.

반면에 남한은 제도사나 사상사 종교사 분야의 연구에서 북의 연구업적을 넘어서고 있다. 근현대사에 있어서도 북의 연구는 일제하 독립운동 과정에서 중요한 의미를 갖고 있는 김일성의 독립운동 등에 관해 천착하고 있다. 물론 북의 경우에는 김일성 주석의 항일투쟁사를 과대 취급했지만, 남은 이를 철저히 부인하거나 무시하는 오류를 범했다. 그러나 남한의 경우에는 오랫동안 민족주의 계열의 독립운동을 밝혀왔고, 1980년대 이래 사회주의권의 독립운동에 관해서도 괄목할만한 연구 성과를 수립했다.

또한 남한의 역사학계에서는 세계사에 대한 이해가 상대적으로 강하다. 물론 북조선의 역사학계에 있어서도 세계사 교과서가 존재하며, 그들이 간행하는 『역사과학』이나 『조선고고연구』 등의 잡지에서도 전체 논문 중 대략 10% 내외는 그들 고유의 시각에 의해서 집필된 세계사에 대한 연구 논문이다. 이러한 연구 성과들을 종합하면 남북의 역사서술에서는 서로 보완될 수 있다고 생각된다.

그러나 이와 같은 긍정성과 함께 남북의 역사 연구에서는 문제점도 동시에 드러난다. 북의 역사연구에 있어서는 이데올로기에 의해 사실을 확대 해석하고, 역사적 진실의 결론에 도달하는 데에 근본 사료제시의 취약성이 감지된다. 또한 공식사公式史의 강조는 인간 사고를 특정 틀 안에 제한하여 인간 주체의 발전에 역행하는 결과를 빚기도 했다. 남의 역사연구에서도 전문적인 역사연구가 살아 있는 인간과는 동떨어져 간다는 문제가 남아 있다.

물론 남의 학계에서도 '시민을 위한 역사'·'민중을 위한 역사'를 논하며 역사의 대중화를 위한 노력이 진행되고 있다. 그러나 남의 역사연구에서 주요한 부분들은 연구를 위한 연구에 머물고 있다는 점이다. 이러한 문제점을 극복하고, 상존의 방향을 취함이 미래에 있어서 한국사연구에서 새로운 과제가 될 것이다. 그리고 남북의 연구자들은 자신이 가지고 있는 장점을 살리고, 자신이 상실했던 주제를 재검토해야 한다. 그리고 함께 연구를 진행할 수 있는 새로운 주제를 공동으로 발견하기 위한 노력을 진행할 수 있을 것이다.

남북의 역사학자들은 새로운 사관을 형성하기 위한 노력을 진행함과 동시에 상호의 교류를 강화시킬 수 있을 것이다. 상호의 교류는 우선 역사 연구 자료와 연구 성과에 대한 교류부터 시작될 수 있다. 즉, 남한의 학계에서 소유하고 있는 역사 연구의 자료들을 북조선의 연구자들이나 연구 기관에 전달하고, 북조선이 가지고 있는 자료들도 남한의 연구자에게 전해져야 한다. 서로 교환할 수 있는 자료들의 예를 들자면, 북조선의 학계에서 활용한 바 있었던 정주 납청에 관한 고문서나 강진읍지 등과 같은 자료가 될 수 있다. 남한의 경우에도 각종의 문헌사료를 비롯한 고문서류를 교환할 수 있을 것이다. 한편, 그 동안 남북은 적지 않은 자료들을 한글로 번역해 왔다. 이러한 남북한 상호간에 정리 번역했던 민족문화의 지적 유산을 공유하는 것도 가능한 일이다.

또한 남북의 연구자들은 자신의 연구 결과들을 각종의 학술지를 통해서 발표해왔고 여러 종류의 단행본을 간행했다. 이러한 자료들도 서로 교류하여 상호 검토하고 참조할 수 있을 것이다. 그리고 학술적 토론을 통해서 서로의 연구에 발전을 기약해 나가는 것도 가능할 것이다. 이 학술 연구 모임은 정기적 학술 집회로 발전되어야 한다.

역사학 분야에 있어서 학술 교류는 남북에 산재한 역사 현장에 대한 상호 답사를 통해서 구체화될 것이다. 그리고 공동 연구 주제를 설정하고 이를 남북의 연구자들이 함께 참여하여 연구를 진행해 나가야 한다. 이러한 공동의 연구를 통해서 남북의 연구자들은 서로의 시각을 조정해 나가야한다. 또한 이 연구를 기초로 하여 남북 상호간의 이해와 화해를 증진시킬 수 있는 역사 교육의 방안이 논의되어야 한다. 이를 위해서는 남북한의 각급 학교에서 함께 사용할 수 있는 『공동역사교재』를 편찬하기 위한 노력이 수반될 수 있다.

이 모든 작업을 위해서는 남북의 역사학자들은 새로운 상호 인식을 요청받고 있다. 남북이 역사학자들은 서로의 존재를 인정하고 상호 존중의 자세를 견지하며, 민족의 화해와 일치를 증진시켜야 한다는 책임감을 확인해야 한다. 그리고 남북의 역사 연구자들의 상호 이해와 교류를 증진시키기 위한 기구의 설치가 요청된다.

5. 맺음말

오늘날 남북은 분단시대를 청산하고 민족의 화해와 일치를 지향하는 거대한 움직임에 함께 하고 있다. 남북의 화해와 일치는 시대의 요청이며 역사적 과제이다. 이에 한국사학의 경우에도 민족의 화해와 일치를 증진시키는 작업에 참여하고 이를 수행할 수 있을 것이다. 이 작업은 우선 사론史論에 대한 새로운 모색작업을 통해서, 그리고 남북의 역사 연구자들이 상호 이해와 교류를 증진시킴으로써 가능하게 될 것이다.

남북의 역사연구자들은 새로운 사관의 모색을 통해서 민족의 화해와 일치에 기여할 수 있다. 이 새로운 사관은 우리 문화가 가지고 있는 풍부한 지적 자산에서 그 근거를 찾을 수 있을 것이다. 우리는 화쟁론和諍論과 회통론會通論 등의 지적 전통을 가지고 있다. 이를 통해서 현대사회의 변증법적 사유형태가 빚어내었던 상호 모순과 갈등이라는 대결상태에 종지부를 찍고, 상호의 존재에 대한 인정과 존중의 길을 모색하는 '상생의 사론史論'을 모색할 수 있을 것이다.

또한, 남북의 역사학계는 상호 연구 자료와 연구 성과들을 교환하고, 민족 문화의 유산을 공유해 나가야 한다. 상호의 역사적 유적지를 답사하고, 이를 통해서 문헌 사학이 가질 수 있는 한계를 극복하기 위한 공동의 노력이 전개되어야 한다. 그리고 상호의 이해와 한국사 연구의 발전을 위해서 공동의 연구기회와 토론의 장이 마련되어야 한다. 남북의 연구자들이 함께 만나는 역사학 연구단체가 결성되고, 정례화된 학술 연구 발표회와 토론회가 개최될 수도 있을 것이다. 또한 민족이 화해와 일치를 증진시킬 수 있는『공동 역사교과서』의 편찬 작업을 추진해 나가고, 각급 교육기관에서 이를 체계적으로 교육해야 한다.

이와 동시에 남북한 역사연구자들의 상호 이해와 교류를 증진시키고, 한국사 연구에 기여할 수 있도록 상호 협의기관의 설정이 요청된다. 이제 남북의 화해를 위한 노력은 그 첫발을 내딛었다. 따라서 현재는 화해의 결실을 향유할 때가 아니라 화해를 위한 구체적 작업에 착수하기 시작할 시점이다. 이러한 작업의 수행 과정에는 적지 않은 난관이 있을 것으로 예측된다. 그러나 남북의 연구자들이 서로 만나 공동의 장을 마련한다는 것은 민족의 화해를 증진시킴과 동시에 한국사 연구를 진일보시킬 수 있는 새로운 계기가 될 것임에 틀림없다. 그리하여 남북의 역사 연구자들도 민족과 인간을 향한 대결 의식과 증오를 화해의 정신으로 전환시키고, 분열을 일치로 바꾸어 나가는 데에 일조하게 될 것이다.

그러나 이 글은 상생의 사학을 제시하기 위한 본격적 논문이라기보다는 하나의 시론이요 서설적 입장에서 기록된 글이다. 이를 하나의 사론으로 정립하기 위해서는 우리 전통사상에 대한 보다 본격적인 검토와 더불어 변증법적 사고의 한계에 대한 철학적 검토 작업이 병행되어야 한다고 생각된다. 이 문제는 별고를 통해서 좀 더 천착된 이론을 제시해 보고자 한다.

부록: 토론에 대한 반토론反討論

1. 문제 제기의 의미

역사학도는 자신이 취해야 할 사관과 연구방법론에 대해 지속적 성찰을 요청받고 있다. 이 요청은 새로운 천년기의 연구자에게도 의연히 지속되고 있다. 역사연구자가 취하게 되는 사관은 자신이 존재하던 당대의 철학적 사유와 역사적 현실에 대한 해석을 통해서 제공된다. 그리고 그 연구방법론은 역사학 연구의 보조 과학이나 인접 과학의 발전에 의해서 새롭게 제시되고 있다. 이 상황에서 필자는 한국사 연구자의 일인으로서 오늘의 한국학계와 사회에 도움을 줄 수 있는 사관에 대한 모색을 어설프게나마 시도하게 되었다.

여기에서 필자는 '상생相生의 역사학'이 성립될 수 있는 가능성을 모색하기 시작했다. 이러한 시도는 1999년도부터 진행되었고, 이를 위해서는 두 가지의 과제를 감당해야 할 것으로 생각했다. 그 두 가지의 과제는 '변증법적 역사 전개의 문제점에 대한 인식'과 '한국 사상사적 전통에 뿌리를 둔 이론의 개발 가능성 확인'이라는 주제였다. 이는 매우 방대한 문제를 제기하는 것임에는 틀림없었지만, '상생의 역사학'으로 표현될 수 있음을 상정하게 되었다.

그리하여 필자는 이 이론에 관한 시론적 언급을 시도하게 되었으며, 2000년 2월 하와이 대학이 주관했던 국제고려학회 학술대회의 발표문「식민지시대植民地時代 한국사 연구韓國史研究에서 반식민사학론反植民史學論의 제기提起와 그 의미意味」의 등에서도 '상생의 역사학'에 대해 언급했다. 즉, 이 발표문의 결론 부분에서는 "오늘날 진행되는 식민지 시대 사학론에 대한 연구의 목적은 바로 역사해석을 위한 새로운 이론의 틀을 모색하는 데에 있다. 이를 위해서는 '화해와 상생의 길'을 추구해 왔던 한국 전통사상의 의미가 사론적史論的 차원에서 다시금 주목될 수 있을 것이다. '상생의 사론'은 분단된 민족과 이기적 인류, 그리고 오염된 자연의 문제점을 극복하는 데에 한국사가 기여할 수 있는 가능성을 제시해 줄 것이다"라고 언급하는 등, 필자는 '상생의 역사학'에 대한 성립가능성과 기대를 표현했다. '상생의 역사학'에 대한 관심은 남북학계의 대화 가능성에 대한 문제로 연결되고 있었다.

한편, 2000년 4월에 개최된 국제고려학회 서울지회의 운영위원회에서는 제2회 전국학술대회의 공통적 주제로 언어, 역사, 경제/경영, 사회, 교육, 체육/예술 등의 7개 분과에서 '남북학술교류'와 관련된 테마들을 마련하기로 확정했고, 역사분과의 참여도 최종 결정되었다. '남북학술교류'는 국제고려학회의 창립 취지를 통해서도 천명된 바 있었다. 그리고 서울지회가 조직된 이후에도 이 과제에 대한 의식은 지속되고 있었다. 그러므로 제2회 학술대회의 주제인 '남북학술교류'는 남북정상회담에 따른 발빠른 대응으로만 해석되어서는 안 된다. 물론, 학술대회가 개최되기 전에 진행된 남북정상회담은 이 학술대회의 시의성을 높여주었다고 생각한다. 이 과정에서 역사학 분과도 공동주제에 관한 발표자들을 찾아서 선정하게 되었다.

「남북한 역사학계의 학술교류 – 상생相生의 사학史學을 위하여」라는 주제 발표에 대한 토론문을 접수했다. 학문의 발전이나 토론의 활발한 진행을 위해서는 주제 발표자와 토론자의 견해가 일치되어서는 안 된다. 그의 토론문을 검토할 때 이 점에서 토론자는 필자의 주제 발표에 대한 토론자로서 가장 적격한 역할을 하고 있다고 생각한다. 또한 토론자는 북한의 역사연구 현황에 대해서 관심을 가져왔던 일단의 연구자 가운데 하나였다. 그는 북한 역사학이 가지고 있는 문제점을 제시하면서 '통합'과 교류의 가능성에 대한 부정적 입장을 밝혀주었다.

토론자는 토론요지를 통해서 필자가 서술을 보류했던 문제들을 제시해 주었다. 그는 남한의 한 연구자 입장에서 현재의 북조선 역사학계가 극복해야 할 것으로 생각되는 과제를 제시해 주었다. 즉 그는 북조선의 주체사상에서 파생된 체제의 고착성과 함께 사론史論의 경직성을 강조했다. 그는 상호의 학계가 가지고 있는 현실을 기반으로 대화를 시도해야 하는데, 남북의 역사연구에서는 상호 상이한 입장이 강하므로 남북간의 대화 가능성을 부정적으로 보아야 한다고 주장했다.

이러한 그의 견해는 현실적 연구 상황을 기반으로 하여 대화를 시도해야 한다는 당연한 사실에 대한 확인으로 볼 수 있다. 이 문제제기는 남북 역사학계의 학문적 대화를 위해서 확인하고 넘어가야 할 중요한 측면을 밝혀 준 것이며, 남한의 토론자에게 대화상의 주의점을 일깨우기 위한 고언이었다. 한편, 이번의 문제 제기는 1970년대 이래 우리 역사학계에 제시되었던 '역사학의 현재성'에 대한 이론적 문제제기의 연장으로도 볼 수 있다. 이 시점에서 우리 학계에서는 그 이론적 문제에 대한 본격적 재검토가 요청되고 있다고 생각된다. 이러한 점들을 감안할 때 토론자가 지적한 내용이 가지고 있는 학술적 의미는 충분히 인정되어야 한다.

지난날 일부의 연구자들은 이와 유사한 문제제기를 보수적 역사이론이거나 반공 사학론反共史學論의 일부로 간단히 규정하기도 했으나, 이와 같은 태도는 재검토되어야 한다. 이제 우리는 토론자의 문제제기를 통해서 남북 역사학계의 대화에 대해서 좀더 진지하게 생각할 수 있는 기회를 갖게 되었다.

지정토론자가 제출해 준 '토론요지'에 대한 반대 토론反對討論은 우선 대화와 화해를 위한 기본 전제의 확인에서 시작된다. 그리고 토론 요지에 제기되어 있는 문제들에 대한 필자의 의견을 제시하겠으며, 남북 역사학계에서 대화의 필요성과 '상생의 사론'이 가질 수 있는 의미를 거듭 확인해 보고자 한다.

2. 기본전제에 대한 확인

남북간의 대화나 역사학 분야에서의 대화 가능성 모색을 위해서는 다음과 같은 기본적 전제조건에 대한 승인이 이루어져야 한다.

첫 번째로 역사학 분야의 대화를 위해서는 대화 쌍방이 상호 대화의 필요성과 효용성을 인정해야 한다. 대화의 필요성과 효용성에 대한 인식이 없이는 진정한 대화가 진행될 수 없다. 그리고 학술적 분야에 있어서 생산적 대화는 학술적 토론의 형식을 가지게 마련이다. 모든 학술 분야에 있어서는 대화와 토론의 중요성이 강조되고 있다. 이는 남북의 역사연구자에게도 동일하게 적용되어야 한다. 그러므로 남북의 연구자들에게는 대화의 가능성과 효용성을 인정하는 기반 위에서만 상호 학술적 대화가 가능하다.

두 번째로 역사학 분야에서의 대화에는 상호간의 존재 인정이 우선적으로 요청된다. 남북이 분단된 상황에서 50여년 간에 걸쳐서 상호 비의존적으로 발전·전개시켜온 모든 업적과 현황에 대한 상호 이해와 인정을 기반으로 할 때 대화가 가능하다. 물론, 그 업적과 현황에 대한 판단에 있어서는 상호간의 견해가 다를 수 있다. 그러나 이 경우에는 '내재적 분석방법'에 따라 상대방의 논리에서 상대방을 인식하고자 하는 태도가 상호 이해의 관건이 된다. 이러한 태도를 대화 쌍방이 가질 때 생산적 대화가 가능하다.

세 번째로 남북의 대화, 역사학 분야에서의 대화는 자신이 가지고 있던 인식의 틀과 인습에 대한 도전임을 확인해야 한다. 남북은 각자 50여년간의 분단시대를 살았다. 이 과정에서 자신의 고유한 인식의 틀과 인습이 형성되었다. 그러므로 대화는 그 인식의 틀과 인습에 대한 도전일 수밖에 없으며, 대화는 바로 이것들을 파괴하는 행동이며, 경우에 따라서는 역사학의 발전과 민족의 미래를 위해서 괴로운 자기부정自己否定까지도 감수할 수 있는 각오를 쌍방이 가져야 한다.

　네 번째로, 상호 변화의 가능성에 대한 신뢰가 요청된다. 대화의 과정에서 일방은 자신의 주장에 입각하여 상대방이 '절대적 진실'로 내세우는 요소를 공박하기도 한다. 그러나 이는 자신의 주장을 '절대적 기준'으로 전제하게 되는 역설적 위험을 안고 있다. 대화는 가치 판단의 기준에서 '절대성'의 강조를 보류하거나 이를 약화시키고 제거하고자 할 때 가능하다. 우리는 상대에 대한 일방적 변화의 강요를 대화라고 하지 않는다. 그것은 대화를 가장한 일종의 정치선전이나 기득권 옹호의 논리에 지나지 않기 때문이다. 그러므로 대화는 상호 변화의 가능성에 대한 인정이 중요하다. 상대방의 변화를 주장함과 함께 자신의 변화도 감수해야 한다. 대화는 교류를 낳고 교류는 변화를 초래한다. 이는 역사의 경험칙이다.

　다섯 번째로, 역사학에서의 대화는 역사의 발전에 대한 공통된 인식과 역사학의 사회적 책임 및 민족화해의 정당성에 대한 승인을 요구하고 있다. 역사학의 법칙으로는 발전의 개념이 강조되고 있다. 인류사를 검토할 때 어떠한 역사라도 발전의 길을 걸어왔고, 이는 한반도에서의 남북관계나 그 역사학 연구 자체에도 적용되는 것이다. 또한 역사학은 과거와 현실에 대한 분석을 통해서 인류와 민족이 나아갈 미래의 방향을 제시해 주는 데에서 그 사회적 책임을 수행한다. 한국사학의 경우에는 민족의 화해를 촉진하는 데에서 그 사회적 기능을 확인할 수 있다. 물론 역사학에서 현재와 미래를 제외하는 경우도 있다. 그러나 이는 역사학의 발전과정에서 제시되었던 일시적 현상일 뿐이며, 여기에 항구적 가치를 부여하기는 어렵다고 생각한다. 따라서 역사학에서의 대화도 남북 연구자 모두가 공유할 수 있는 역사 발전에 대한 긍정적 인식과 역사학의 사회적 책임에 대한 이해가 전제될 때에 비로소 가능하다. 이와 같은 전제가 없다면 상호 대화나 화해에 대한 논의 자체가 성립될 수 없다.

　이와 같은 전제 위에서 역사학 분야의 대화가 남북 간에 진행되어야 한다. 그리고 필자이며 발제자인 본인(趙珖)도 이와 동일한 전제 위에서 토론자의 문제제기에 대한 반토론反討論을 진행하고자 한다.

3. '토론 요지'에 대한 입장

1) 통합과 회통의 차이에 대한 의견

토론자는 '토론 요지' 1쪽 등에서 발제자의 발표문을 "남북한 역사학계가 서로를 인정하는 상생의 역사관을 발전시킴으로서 서로 통합할 수 있는 미래를 모색하자는 것이다"라고 규정했다. 이로 미루어 볼 때, 토론자는 '상생의 역사관'을 상호 통합을 지향하는 사관으로 규정하고 있는 듯하다. 그러나 '회통會通'과 '통합統合'을 동일하거나 유사하게 파악하는 것은 아마도 본 발제자가 회통 내지는 원융의 의미를 충분히 설명하지 못한 데에서 유래한 오해였으리라 생각된다.

일반적으로 헤겔리안(Hegelian)적 입장에서의 '통합'은 둘을 섞어서 하나로 만들거나, 유일한 기준에 의해 두 가지 논리를 하나로 만든다는 의미로 해석된다. 이러한 통합은 한국전통 사상에서 드러나는 화쟁和諍이나 회통會通의 개념과 상당한 차이가 있는 논리이다. 화쟁이나 회통에서는 상호 다름을 인정하고 수용하면서도, 서로가 둘이 아니고 다르지 않음을 확인하는 '불이不二의 논리論理'이다. 발제자는 헤겔리안적 입장에 대한 비판을 요구하며, 화쟁론의 틀을 가지고 우리 역사를 새롭게 조명하기를 제시했다. 화쟁의 논리를 통합의 논리와 동일시하려는 토론자의 견해는 본 발제자의 의사와는 전혀 무관한 것이다.

한편, '토론 요지'에서는 역사학에서 상호 통합의 가능성에 대한 문제를 제기한 것으로 볼 수도 있다. 역사학에서 통합을 논하는 것은 역사 인식의 획일화를 시도하려는 것으로 볼 수도 있다. 역사관의 획일화를 꾀하려는 시도는 전제주의 사회에서나 제국주의 사회에서 부분적으로 시도된 바가 있었다. 그러나 이는 역사학이 지향해야 하는 방향이 결코 될 수 없으며, 사관의 통합이란 애초부터 지적知的 폭력에 속한다. 우리 역사는 이 폭력을 거부한다.

그러므로 본 발제문에서는 그 '통합'의 대안으로 '회통'의 논리를 주목해 보고자 했다. 회통은 진검 승부眞劍勝負를 통해서 한 쪽이 다른 쪽을 흡수하는 것을 의미하지 아니한다. '상생의 역사학'이 지향하는 바는 남북의 사론이 현실적으로 가지고 있는 이질성을 상호 인정하고, 상대방의 사론 가운데 합치될 수 있는 부분을 공동으로 인정하며, 그 공통성을 키워나가되 상호간의 이질성도 지속적으로 용납하는 태도이다. 역사학에서의 회통론은 역사해석의 유일한 기준을 찾으려는 노력이 아니라, 서로가 발견한 역사적 진실을 상호 확인하고 공유하며, 역사적 진실에 공동으로 접근하고자 하는 시도이다.

지난 20세기 후반기 남북의 역사학계에서는 상호 배타적 입장을 강화해 왔다. 그들은 자신과 상대의 이론을 절대선과 절대악으로 규정하고, 자신의 이론이 가지고 있는 정당성만을 내세우며, 서로를 상극相剋의 대상으로 파악하고자 했다. 그러나 이 상황은 반이성적反理性的일 수밖에 없었다. '자유주의 사관'과 '주체사관'이 그동안 견지해 왔던 상극의 평행 구도에서는 대화가 불가능하고 불필요했다. 본 발표문은 이러한 반이성적 상황을 반성하고 열린 지성으로 역사학 분야에서의 상호 대화와 상호 변화를 추구하는 데에 목적이 있었다.

현재, '상생의 사론'에 대한 개념적 규정이 완성된 것은 아니며, 아직 시론적 단계에 머물러 있다. 그렇다 하더라도 이 '상생의 사론'에 대한 역사 철학적 문제 제기는 21세기 한국 현대사의 진로를 모색하는 과정에서 검토될 수 있을 것으로 계속해서 기대해 보고자 한다.

2) '북한 역사학과 현실의 관계'에 대한 입장

토론자는 주체사상에 의해서 규정되는 북한 역사학계의 현황을 지적하면서, 주체사상을 영생불멸永生不滅하는 이론으로 파악하고 있는 집단과는 대화가 불가능함을 지적했다. 그리고 그 구체적 사례로서 『조선통사』 하권(1989)의 서술방법을 들었다. 물론 토론자가 '북한의 역사학'에 대해서 검토한 범위는 『조선통사』 하권의 수준을 능가한 것이겠지만, '토론 요지'에서는 주로 이 책의 서술을 기준으로 삼았다고 생각된다.

　발제자는 토론자가 이 부분에서 지적한 문제점의 적지 않은 부분에 동의할 수 있다. 이 『조선통사』 하권은 체제 존립의 정당성을 설명하는 입장에서 기술된 부분이었다. 특히, 토론자가 문제로 제시했던 부분은 1945년 분단체제가 고정된 이후의 역사 서술이거나, 1926년 김일성의 '타도제국주의동맹'이 결성된 이후의 역사 서술이라고 생각된다. 20세기의 역사는 한국사 전체를 위해서 매우 중요한 시기이지만, 우리 역사에서 극히 일부의 시기일 뿐이다. 그러므로 이 특정 시기에 대한 서술을 기준으로 하여 북조선의 역사 연구 전체를 논하는 데에는 좀 더 신중을 기해야 한다. 부분을 가지고 전체를 판단하는 데에는 신중이 요청되듯이 우리는 북조선의 근현대사 연구 업적에 대한 검토뿐만 아니라 고중세사에 대한 연구 업적도 함께 참고해야 한다. 그리고 북조선에서 진행된 역사 연구의 현상을 종합적으로 판단할 필요가 있다.

　한편, 『조선통사』 하권이 간행된 1989년이라는 시점은 극심한 체제의 대립이 지속되던 시기였다. 남북 양 지역에서는 자신의 체제를 강화하고 상대의 체제를 거부하는 입장에서 자신의 일반 통사를 서술해 왔다. 남한 정통론(북한괴뢰론)과 북조선정통론(남조선해방론)의 대결 구도 아래 진행된 현대사의 서술은 각자의 존재 이유를 강화하려던 강한 경향성을 지녔다. 이로 인해 서로의 역사 연구는 공통된 주제를 가졌음에도 그 역사를 해석하는 이론에는 상극적相剋的 요소가 존재했었다.

　그러나 최근에 이르러 이 상황은 크게 변했다. 서로를 괴뢰로 지목하던 단계에서 서로를 대화의 상대로 파악하게 되었다. 서로를 주적主敵으로 규정했던 단계로부터, 주적의 설정 문제에 대해 고민하는 단계로 전환되었고, 이는 분명 역사 발전을 뜻하는 것이다. 2000년에는 통역이 필요 없는 남북 정상회담이 진행되었고 6·15선언이 발표되었다. 그리하여 남북은 상대를 더 이상 '괴뢰'로 규탄하지 않고자 했다. 물론 당시의 정상회담도 1970년대 7·4공동선언처럼 남북의 구성원들을 실망의 심연으로 다시 빠뜨릴 수도 있다. 두 정상 간의 대화는 물론 시작일 뿐 완성이 아니었다. 그러나 상호의 만남은 북조선 사회와 사상 자체의 변화를 시사하는 사건이었다. 정상회담은 상호 인정의 필요성을 더욱 강화시킨 것이며, 우리 역사는 이 상호 인정을 언제인가는 성취할 수 있을 것이다.

남북정상회담의 개최는 새로운 변화를 뜻한다. 이번에 나타난 가장 큰 변화는 북이 남의 존재와 체제를 인정하고 있다는 점이다. 이 변화는 대화를 추구하고 있다. 남북 정상의 대화는 변화를 상호 인정하게 되었음을 말한다. 그런데 대화는 쌍방향적이어야 한다. 상대를 이해하고 설득하는 과정이며, 자신에게는 반성을 요구하는 것이다. 대화는 상호의 변화에 대한 인정을 전제로 할 때 성립된다. 이 대화가 이제 시작되었다. 우리는 이제 이 변화의 시점에 서 있다. 현재는 『조선통사』 하권이 간행되었던 1989년도라는 과거의 상황과는 다른 2000년도의 변화된 시점에 놓여 있다. 역사학 연구자가 서 있는 이 현재의 시점은 상호 변화의 가능성을 전제하면서 미래를 향한 상호 변화를 공동으로 모색해야 하는 단계라고 생각된다.

즉, 남북의 연구자들은 변화 이후의 상황에 입각하여 새로운 변화를 모색하는 시점에 있다. 오늘의 시점은 상호 변화를 인정하고 또 다른 변화를 추구하면서 역사적 반성을 진행해야 할 시점이다. 이 때 1989년도 당시의 가치판단을 기준으로 삼아 현재와 미래를 논해서는 안 된다. 변화된 현재의 상황이 아닌 과거를 기준으로 하여 현재를 이해하는 입장은 재검토되어야 한다. 지난날 체제 강화 논리의 연장에서 미래를 재단한다면, 이는 새로운 역사 발전의 가능성을 차단시키는 결과를 가져다 줄 것이다.

한편, 북조선의 경우에도 자신의 변화와 발전 가능성을 확인하게 된다. 세계사를 검토해 볼 때 많은 사상들이 영원불멸성을 자부해 왔다. 그러나 그 모든 사상들은 변화와 발전의 길을 걸어왔다. 이 점은 주체사상의 경우에도 동일하게 적용될 것이다. 그러므로 주체사상을 '영원불멸'로 규정했다 하더라도, 그것은 자기 변화를 필연적으로 수반하게 된다. 이 점을 감안한다면, '영원불멸'을 주장했던 입장의 상대성을 인정해야 한다. 그리고 특정 사상이나 연구방법의 절대성에 대해 거의 무의식적으로 인정해 왔던 서로의 관행까지도 피차간에 재검토해야 한다.

3) 남북 역사서술의 상호 공존 가능성에 대한 견해

토론 요지를 검토해 볼 때, 토론자는 남북의 역사 서술에서 상호 공존할 수 있는 가능성이 거의 없는 것으로 파악한 듯하다. 이 견해는 1989년 도를 기준으로 한 과거의 역사 연구 상황에 대한 토론자의 판단이었다. 그러나 남북 역사학계가 자국사를 서술하는 과정에서 상호 공존하고 보완할 수 있는 가능성은 과거에도 현재에도 미래에도 있을 것으로 생각된다. 남북은 오랜 기간동안 동일한 역사 공동체를 이루어 왔다. 사실 그동안 남북한은 한 역사 공동체의 서로 다른 면을 강조해 왔다. 우리는 하나의 민족공동체적 역사를 올바로 서술하기 위해서는 이 양 측면을 동시에 보아야 한다. 그리고 남북의 역사 연구가 가지고 있는 장단점을 우리 역사의 양면으로 이해하려는 인식이 요청된다.

남북에서 진행된 역사 연구의 경향을 간략히 비교해 보면 다음과 같다. 즉, 북조선의 역사 연구에서는 고고학이나 고구려사 등 고대사 분야에 있어서 지역적으로 유리했고, 남한의 경우에는 신라사나 백제사 그리고 고려나 조선과 같은 통일 왕조의 연구에서 유리한 점이 많았다. 역사학의 분야에서도 북조선의 학계에서는 민중 생활사나 사회경제사 일부 분야의 연구 등에서 훌륭한 연구 업적을 축적하고 있다. 반면에 남한은 제도사나 사상사 종교사 분야의 연구에서 북의 연구 업적을 넘어서고 있다.

근현대사를 볼 때에도 북의 연구는 일제하 독립운동 과정에서 일정한 의미를 갖고 있는 김일성의 독립운동 등에 관해 천착하고 있다. 물론 북의 경우에는 김일성 주석의 항일투쟁사를 과대 취급했지만, 남은 이를 철저히 무시하는 오류를 범했다. 그러나 남의 경우에는 오랫동안 민족주의 계열의 독립운동을 밝혀왔고, 1980년대 이래 사회주의권의 독립운동에 관해서도 괄목할만한 연구 성과를 수립했다. 또한 남의 역사학계에서는 세계사에 대한 이해가 상대적으로 강하다. 물론 북의 역사학계에서도 세계사 교과서가 존재하며, 그들이 간행하는 『역사과학』이나 『조선고고연구』 등의 잡지에서도 전체 논문 중 대략 10% 내외는 그들 고유의 시각에 의해서 집필된 세계사에 대한 연구논문이다. 이러한 연구 성과들을 종합하면 남북의 역사 서술이 서로 보완될 수 있다고 생각된다.

그러나 이와 같은 긍정성과 함께 남북의 역사 연구에서는 문제점도 동시에 드러난다. 북의 역사 연구에 있어서는 이데올로기에 의해 사실을 확대 해석하고, 역사적 진실의 결론에 도달하는 데에 근본 사료제시의 취약성이 감지된다. 또한 공식사公式史의 강조는 인간 사고를 특정 틀 안에 제한하여 인간 주체의 발전에 역행하는 결과를 빚기도 했다. 남의 역사 연구에서도 전문적인 역사 연구가 살아 있는 인간과는 동떨어져 간다는 문제가 남아 있다.

물론 남쪽의 학계에서도 '시민을 위한 역사'·'민중을 위한 역사'를 논하며 역사의 대중화를 위한 노력이 진행되고 있다. 그러나 남의 역사 연구에서 일부 연구들은 '연구를 위한 연구'에 머물고 있다는 점이다. 이러한 문제점을 극복하고, 상존의 방향을 취하는 것이 미래를 위하는 한국사 연구의 새로운 과제가 될 것이다. 그리고 남북의 연구자들은 자신이 가지고 있는 장점을 살리고, 자신이 상실했던 주제를 재검토해야 한다. 그리고 고도의 전통 문화 중에서 남북 모두가 망각해 왔던 테마들을 공동으로 발견하여 함께 연구해 나갈 수 있을 것이다.

4) 역사학 분야의 대화 시기에 대한 의견

토론자는 토론요지에서 역사학은 가장 논쟁적이기 때문에 대화를 적극 모색한다면 오히려 남북 교류의 미래에 방해가 될 수 있다는 입장을 표명해 주었다. 그러나 남북의 역사학이 대화해야 하는 이유는 바로 이 점

에 있다. 역사학은 논쟁이 많은 중요한 분야이므로 이 분야의 대화가 성
공한다면 더욱 큰 의미를 가질 수 있을 것이다. 즉, 역사학의 주제가 논
쟁적이기 때문에 더욱 이에 대한 대화를 통해서 남북의 화해와 일치가
이루어져야 한다. 역사학간의 대화는 상대적으로 덜 논쟁적인 다른 분야
에서의 대화가 성과를 거둔 이후에 시작하자는 주장에는 선뜻 동의하기
가 어렵다.

역사학은 타 분야와 함께 북의 연구자들과 대화해야 하고, 타 분야의 대
화를 촉진시켜 줄 수 있는 가치와 목표를 제시해 주어야 한다. 여기에 오늘
날 한국 사학韓國史學이 가지고 있는 사회적 책임이 있다고 생각한다. 또한
더 유동적이고 더 불확실해지는 시대에도 불구하고 대화하려는 성숙된 자
세는 역사학 자체의 발전뿐만 아니라, 역사의 발전에도 기여해 줄 것으로
생각한다. 만약 현재의 시점에서 역사학 간의 대화에 회의懷疑를 품는다면,
언제 대화해야 하는가? 역사학은 언제 자신의 사회적 기능을 발휘할 수 있
을 것인가?

4. 남은말

남북의 역사학계는 서로의 통합을 추구하는 것이 아니라 상생의 사관
을 통해서 서로의 존재를 인정하며 서로의 장점을 살리고, 민족의 미래를
공동으로 개척하려는 대화를 진행시켜야 한다. 이 대화의 과정에서는 여
러 전제 조건이 필요하다. 대화의 쌍방 중 일방이나 일부가 대화의 필요
성을 부인할 수도 있다. 그렇다 하더라도 대화의 필요성과 가능성을 인정
하는 입장에서는 이를 강화하기 위한 이론 정립과 설득 작업이 요청된다.
이 설득 작업은 남한이나 북조선 내부 동료 연구자 등 자신의 학계를 대상으
로 삼을 수도 있을 것이다. 또한 경우에 따라서 이 설득 작업은 남한의 학계
가 북조선에 대해서 전개하거나, 북조선의 학계가 남한의 학계에 대해서 시
도할 수도 있을 것이다.

대화에 대한 회의懷疑는 차가운 이성이 아니라 비관적 정서의 대변일 수 있다. 본 발제자는 화해의 지향에서, 통일에의 방향 모색에서 오늘을 사는 이성의 진정한 역할을 찾을 수 있을 것으로 생각한다.

(2000.7.11.)

제3장 역사의 대중화를 위한 시론

1. 머리말

오늘날 우리나라의 대학 사회를 살펴보면 실용적인 학문이 우위를 이루고 있으며, 인간이 살아가는 데에 있어서 기초적 지혜를 제공해주는 인문학 분야는 매우 위축되어 가고 있다. 이 때문에 전문학계에서는 인문학의 위기를 심각하게 논하게 되었다. 인문학의 위기에 대한 파장은 역사학계에도 미쳐서, 주요 대학에서는 학부 과정에서 자발적으로 역사학 계통의 학과를 지원하는 학생들이 감소하고 있다. 대학원 진학 과정에서도 한국 사학韓國史學 내지 역사학을 전공하고자 하는 학생들이 급속히 줄어들고 있다. 이 현상을 보면 우리는 분명 인문학 내지는 역사학의 위기 상황에 처해 있다.

그러나 안방의 텔레비전에서는 사극이 판을 치고, 지난날의 역사를 파헤치거나 재현해 보려는 프로그램이 인기를 끌고 있다. 서점에서도 대중적 역사서를 한 주세로 모아서 고객들에게 편의를 제공하고 있다. 자동차의 급격한 보급에 짝하여 전국의 주요 사적지는 아마추어 답사자들의 행렬에 몸살을 앓고 있다. 이는 '역사학의 위기'를 논하는 전문학계의 주장을 무색케 하며, 역사 대중화가 상당히 진행되어 가고 있음을 말한다. 오늘날 거론되고 있는 역사학의 위기는 전문 연구자들의 경우일 뿐이며, 일반 대중들에게는 도리어 역사학의 호황기처럼 인식되고 있다. 이와 같이 오늘 우리 사회에서는 전문적 역사학의 위기와 대중적 역사학의 성행이라는 현상이 병존하고 있다.

이에 이 글에서는 한국 사회의 역사 대중화가 나아가야 할 올바른 방향에 대해서 생각해 보기로 하겠다. 이를 위해서 먼저 우리는 역사학의 의미와 역사 대중화의 개념을 생각해 보고자 한다. 그리고 우리 사회에서 역사 대중화 현상이 출현된 원인과 역사 대중화의 상황 및 그 전개 과정을 약술하겠다. 이에 이어서 역사 대중화의 중요성 내지는 필요성을 확인해 보고, 역사 대중화가 가질 수 있는 문제점과 그 바람직한 방향을 검토하겠다.

2. 역사의 효용성과 역사대중화

오늘 우리 사회에서는 전문적 역사와 대중적 역사를 구분하여 말하고 있다. 전문적 역사는 대학을 중심으로 하여 전문 학자들이 진행하는 역사학에 대한 연구이다. 이는 일반인들이 역사적 교훈을 얻기 위해서나 '재미'로 보는 대중적 역사와는 상당한 차이를 드러낸다. 그러나 전문적 역사 연구나 대중적 역사물은 모두가 '역사'라는 공통분모를 가지고 있다. 따라서 역사 대중화의 문제를 논할 때에도 역사는 왜 필요한가라는 의문에 먼저 답해야 한다.

인류는 이미 기원 이전부터 "역사는 인생의 스승이다."라는 관념을 가지고 있었다. 역사는 인간이 살아가는 데에 특별한 효용성이 있는 것으로 파악했기 때문이다. 지난날 동양의 지배자들은 역사를 과거의 사건을 비추어 보는 거울에 비유하면서, 제왕들이 역사를 통해서 통치의 지혜를 얻고자 했다. 서양에서도 19세기 근대 과학으로서의 역사학이 성립되기 이전에 역사는 엘리뜨의 학문이었고, 통치자들에게 통치술의 교훈을 전해 주는 학문이었다. 그러나 근대 역사학이 성립된 이후에는 전단계의 역사를 '교훈적 역사'라고 규정하여 이를 배격했다.

물론 근대 역사학에서도 역사의 효용성을 거부하지는 않았다. 그러나 이제 역사는 통치자의 울타리를 넘어 대중에게로 다가갔고, 인류 구성원 모두에게 교훈을 줄 수 있는 학문으로 자리 매김되었다. 근대 역사학에서는 지난날 제왕들의 역사를 '교훈적 역사'로 비판하면서도, 역사학이 인류에게 줄 수 있는 '역사의 교훈'을 소홀히 하지는 않았다.

그리하여 근대 이후에도 역사학은 인류의 경험에 대한 정리를 통해서, 과거의 삶에 오늘을 비추어서 시행착오를 바로잡아 주고, 미래에의 전망을 가능케 해주는 길라잡이로 인식되었다. 인간은 역사를 배움으로써 자신의 존재를 뚜렷이 인식하게 되고, 다른 이들이 가지고 있던 다양한 사고방식을 이해하게 된다. 이를 통해서 사람들은 인간성에 대한 깊은 성찰이 가능하고, 자신과 남의 관계를 더 잘 이해하기에 이른다.

이처럼 역사는 인간에 대한 풍부한 이해와 과거에 대한 지식을 통해 현재와 장래를 살아나가는 지침을 줄 수 있다. 이 역사의 효용성은 역사의식의 성장을 통해서 강화되어 간다. 역사의식이란 역사적 존재로서의 자기 자신에 대한 확인이며, 현상 세계에서 자신이 짊어져야 할 사회적 책임에 대한 인식이다. 따라서 올바른 사회를 이루어 나가기 위해서는 올바른 역사의식이 요청된다. 이 역사의식은 전문 역사학자만의 전유물이 아니라 온 인류의 공유물이어야 한다.

역사가 가지고 있는 이와 같은 속성 때문에 역사는 전문 역사학자들만의 학문이 아니었다. 역사가들은 자신들만의 전문 언어가 아니라 대중의 말로 이를 옮겨서 대중에게 전해주어야 할 책임을 지게 되었다. 대중이 올바른 역사의식을 향유하도록 도와야 한다는 책임이 역사가들에게 있다.

역사가들은 예술 작품의 생산자와 소비자를 연결시켜주는 비평가와도 같다. 사회비평이나 정치·경제에 대한 비평에는 실천적 목표가 있다. 마찬가지로 역사가들은 대중과 연결되어야 하고, 그들이 실천적 목표를 발견하는 데에 기여해야 한다. 다시 말하자면 역사가들은 역사의 대중화를 위한 책임을 지고 있다. 역사 대중화는 관객의 관조를 매개하는 한 비평적 성격을 띤다. 비평에는 비평자의 주관이나 가치관이 더욱 깊게 작용되는 것처럼 역사 대중화의 경우에도 저자의 건전한 사관이나 올바른 가치관이 전제될 때 제대로 이루어질 수 있다. 또한 역사 대중화가 비평적 기능을 담당하는 한 실천 운동적 측면을 가지게 마련이다. 그렇다하여 역사의 대중화가 현실 정치권력의 일부로 자리 잡아야 한다는 말은 물론 아니다. 그 실천은 정치 운영이나 혁명을 위한 실천이라기보다는 더욱 넓은 의미의 사회운동을 뜻한다.

역사가 실천적 측면을 가지고 있고, 대중과 연결되므로 역사가와 대중의 관계도 올바로 규정되어야 한다. 극히 최근까지 역사가는 대중을 인도하는 계몽주의자로서의 사명감을 가지기도 했다. 그러나 이제 역사가가 계몽적 역할을 담당하기에는 대중이 너무나 성숙되었다. 대중은 더 이상 역사 지식의 전파 대상으로만 머물지 않으며, 역사를 창조하는 주체임을 거듭 확인하고 있기 때문이다. 그리고 역사는 역사가만이 담당하기에는 너무나 소중하며 그 의미가 무척이나 풍부하다. 그러므로 오늘날의 역사 연구자들은 계몽적 지식인이 되어 대중이 이루는 대오의 앞장에 서서 그 나아갈 길을 밝히는 사람이기보다는 대중에게 스스로가 역사적 판단을 할 수 있는 자료를 제공해주는 겸허한 소매상과 같은 역할을 해야 한다.

3. 역사 대중화의 개념

역사의 대중화라는 말에는 두 가지의 개념이 있다. 우선 협의의 개념으로는 전통적 역사 기록이나 전문적 역사 연구의 성과를 대중에게 전파하고 보급하는 일이다. 그리고 광의의 개념으로는 대중이 역사의 주체가 되어 과거의 역사를 이해하고 현재와 미래의 역사를 만들어 나가는 행위를 말한다. 그러나 이 둘은 결코 분리될 수 있는 개념은 아니다. 때문에 이를 일부 연구자들은 '역사의 대중화'와 '대중의 역사화'로 규정하여 말하고 있다. 이 주장에 의하면, 역사의 대중화는 역사학이 시민사회에서 사회 권력의 주체인 민중에게 역사학의 학문적 존재 이유를 납득시키는 작업이다. 그리고 대중의 역사화는 대중이 스스로 행동주체가 되고 전문 역사가와 공동으로 텍스트를 만들어 가는 작업이다.

협의의 개념에서 역사 연구자와 대중의 관계가 주체와 객체로 나누어 진다면, 광의의 개념에서는 그 둘 사이의 관계가 공동 주체로 변모된다. 여기에서 역사 대중화 작업은 협의의 개념을 통해 광의의 개념으로 진전 되어 가고자 한다. 즉, 광의의 개념 안에는 역사 대중화가 추구하는 궁극 적 목적이 포함되어 있다. 사실 역사 대중화 작업은 대중에게 역사의 교 훈을 통해 올바른 역사의식을 심어주는 데에 목적이 있으며, 그들이 역사 의 주체로 확고히 자리 잡는 것을 지향하고 있다.

역사 대중화의 과정에서는 대중의 역사화를 지향하는 방법에 대한 검 토가 이루어져야 한다. 우선 대중적 역사물에서는 '즐거움' 또는 '재미'를 통해 교훈 내지는 교양을 전하고자 하는 방법을 쓴다. 전문 역사 학자의 경우에는 암호 같은 학술 용어투성이인 자신의 전공 분야에서도 학문적 재미와 희열을 느낀다. 그러나 전문적 논문을 읽어 본 모든 독자들이 그 재미에 동참할 수는 없다.

그러므로 역사 대중화의 공통된 방법으로는 재미를 도외시할 수 없다. 역사를 단순히 즐길 거리로 생각해서는 안 되지만, 역사가 대중과 호흡을 같이 하기 위해서는 무엇보다도 재미가 있어야 한다. 바로 이 점에서 전 문성의 진작振作을 첫째 목표로 삼고 있는 전문 역사서와 대중 역사서는 구분된다. 그리고 전문적인 역사 지식의 차원을 바꾸어 이를 재미있고 효 율적으로 전하기 위해서는 전통적인 인쇄 매체나 최신의 전파 매체를 가 리지 않는다. 해묵은 답사 여행이나 감동적 강연의 방법이 동원되기도 하 며, 인공위성에서 촬영한 최신의 사진을 활용하기도 한다. 이처럼 역사 대중화의 방법에는 그 한계가 거의 없다.

역사 대중화에 아직도 중요한 몫을 담당하고 있는 활자 매체의 경우부터 살펴보자. 구텐베르크가 활자 혁명을 일으킨 이후 오늘날에 이르기까지, 전문적 역사학의 성과들은 주로 활자 매체를 통해서 발표되었다. 그 사용하는 용어도 전문 용어가 중심이 되어 극히 제한된 사람들만이 그 연구 결과에 접근할 수 있었다. 물론, 역사 대중화의 과정에서도 활자 매체는 여전히 중요한 구실을 하고 있다. 대중적 역사학에서도 전통적 인쇄 매체를 활용하고 있다. 그렇다 하더라도 삶에 교훈을 줄 수 있는 집단 기억으로서의 역사를 복원하려는 대중역사서는 그 글쓰기 방법에서 확연한 차이를 드러낸다. 대중 역사서는 일반 대중은 거의 알아들을 수 없는 방언과 같은 전문 용어 대신에 대중의 말로 대중과 이야기한다.

그리고 대중적 역사에서는 대중에게 역사의 지혜를 전하기 위해 다양한 방법들을 구사하고 있다. 역사 대중화를 추진하는 과정에서는 역사를 통해 감동과 공감을 불러일으킬 수 있다면 어떠한 방법이라도 피하지 않는다. 현실 변혁을 위한 노력의 전제로서 역사적 경험을 다양하게 해석하고 접근하기 위해 다양한 방법들이 시도된다. 역사에 재미를 느끼게 하기 위해서는 역사를 통해서 감동과 공감을 불러일으키고 과거 역사적 사건이나 인물과 일체화되어야 한다. 이를 위해서는 역사적 접근 이외에 미학적 접근이나 역사 심리학적 접근도 유효한 방법일 수 있다. 또한 오늘의 우리는 활자 세대에 머물지 않고, 아날로그 단계를 지나 디지털 단계에 이르렀다. 디지털 세대에도 역사의 지혜가 요청되는 한, 그 전달 방법도 디지털화하고 있다. 그리고 역사에서의 재미를 소중히 여기거나 디지털적 방법을 구사한다고 해서, 이를 대중 영합적이라고 비난하는 자세는 더이상 정당성을 가질 수 없게 되었다.

역사대중화의 방법에서 글을 읽는 즐거움이나 '재미'가 중요한 까닭은 그 재미를 통해서 역사 지식과 역사적 삶에 대한 지혜를 얻을 수 있기 때문이다. 그러나 역사 대중화는 단순히 재미에만 탐닉하지 않고, 역사적 삶에 대한 책임의 자각을 촉구하는 실천적 지표를 가지고 있다. 여기에서 역사 대중화의 다른 특징인 실천적 기능이 제시된다. 이 때문에 역사의 실천을 중시하는 입장에 섰던 지난날의 역사가들이 오히려 대중서에 대한 애정을 갖고 이를 주목해 왔다고 생각된다.

4. 역사 대중화의 배경

오늘날 대중들은 역사를 알고자 하는 욕구 즉, 역사에 대한 지식욕을 강하게 가지고 있다. 이러한 상황에서 역사 대중화가 진행되고 있는데, 여기에는 오늘날의 사회와 학계에서 드러나고 있는 근본적인 배경이 있다고 생각된다. 그리고 이와 함께 오늘의 한국 사회에서 드러나는 몇몇 요소도 역사의 대중화에 원인으로 작용하게 되었다.

우선 역사 대중화의 첫 번째 배경에는 역사학 자체의 이론적 발전을 들 수 있다. 20세기 후반에 이르러 역사학계에서는 '역사학의 민주화' 작업이 상당히 진전되어 갔다. 종전의 역사는 역사 연구의 대상으로 왕이나 귀족을 비롯한 지배층 중심의 연구를 위주로 했다. 그러나 오늘에 이르러서는 피지배 대중을 주역으로 하는 방향으로 그 연구가 전환되어 갔다. 이를 역사의 민주화라고 말한다. 이는 역사학계가 민중 내지는 대중에 대한 성실한 성찰을 통해서 얻어낼 수 있었던 결과였다. 그리하여 역사학은 소수의 집권층에 관한 연구로부터 인류 전체를 대상으로 하는 학문으로 성숙되어 갔다.

이러한 경향은 이미 19세기 후반기부터 나타나고 있었다. 이 때에 이르러 민중 내지는 대중에 대한 새로운 인식이 제시되고 있었다. 즉, "역사의 주인은 민중이다. 단 그 민중은 지배자의 입을 통해서 말한다."는 선언적 주장이 제시되었다. 이 선언은 지난 세기에 혁명 운동의 이론으로 활용되기는 했지만, 역사의 사실로 충분히 밝혀지지는 못했다고 생각한다. 그러나 마르크스 사학과 아날학파의 역사 연구를 경험한 오늘에 이르러서야 우리는 역사의 생산자인 민중을 진정으로 확인하게 되었다. 그리

고 그 역사의 생산자에게 역사를 말하고 향유하게 하려는 시도가 당연히
일어났다. 여기에서 역사 대중화의 문제가 제기되기에 이르렀다. 그리고
역사 연구 대상의 민주화는 그 연구 결과의 민주적 향유를 가능케 하는
역사 대중화를 촉진시켜 주었다.

역사 대중화의 두 번째 배경은 과학 내지는 역사과학의 한계성을 인식
하게 된 사실이다. 대중 역사서의 등장은 역사학 자체 내의 도전에 의해
서 진행되고 있다. 역사학 자체가 역사학자들 내지는 소수의 해당 분야
전문가만을 위한 현상으로 변질되어 나가는 과정에서 역사와 민중의 관
계가 망각되었음을 발견했다. 그리고 지난 세기의 역사과학은 소수의 역
사학자들만을 위한 지식을 양산해 놓았다는 반성도 일어났다. 여기에서
역사 연구자들은 대중 역사서의 등장에 관심을 갖고 그 이론의 개발을
위해 노력하게 되었다.

한편, 근대 사회는 과학의 발전에 대한 무한한 가능성을 신뢰하고 역
사를 과학화했다. 그리고 역사는 발전한다는 확신에 차 있었다. 그러나
근대 과학의 한계가 드러나고 있는 상황에서 과학을 근거로 하여 자신의
위상을 정립하고자 했던 역사학은 그 존립의 기반이 흔들림을 자각하게
되었다. 여기에서 역사의 일각에서는 포스트모더니즘의 세례를 받으며
기존의 연구경향에 대한 반성과 함께 과학으로서의 역사학을 거부하기에
이르렀다. 그리고 이야기로서의 역사, 신화로서의 역사, 재미로서의 역사
를 다시 주목하고자 하는 현상이 일어났다. 물론 나는 역사학에 대한 포
스트모던적 상황 파악이 전부가 옳았다고 말하기를 주저하고 있다. 그러
나 역사과학의 한계성에 대한 인식은 이야기로서의 역사가 가지고 있는
중요성과 즐거움을 다시 찾고자 하는 노력으로 나타났다. 여기에서 역사
대중화가 진행될 수 있는 이론적 근거가 다수 확보될 수 있었다.

대중적 역사가 출현하게 된 세 번째 배경으로는 정보의 디지털화를 들
수 있다. 지난날 활자의 발명이 지적 혁명을 수반하게 되었고, 이를 통해
지식의 보편화가 성취된 바 있다. 그러나 진정한 의미에서 지식의 보편화

는 정보 파악 방법의 디지털화에 의해서 이루어지고 있다. 이는 종이나 활자의 발명에 못지않은 지적 혁명을 가져왔다. 정보의 디지털화는 정보 파악의 방법에 있어서 혁명을 가져왔다. 인류는 전통적으로 정보를 획득 하는 방법으로 문자와 인쇄 수단을 중시했다. 그러나 인쇄 수단에 의해 정보를 획득하던 전통적 단계로부터 영상시대로 전환되는 과정에서 역사 의 정보도 인쇄 수단만이 아니라 영상을 중시하게 되었다. 이 때문에 역 사 대중화는 인쇄 매체를 떠나 디지털화할 수 있었다. 이는 우리가 역사 적 지식을 보편화하려는 급한 물살에 내몰리고 있음을 말한다. 역사 대중 화는 디지털 시대의 필연적 요구이다.

우리나라에서 역사 대중화가 추진되고 있는 데에는 우리만의 고유한 원인도 있다. 여기에서 먼저 주목할 수 있는 요소는 우리나라의 제도 교 육이 가지고 있는 파행성에 대한 대중적 극복의 의지를 들 수 있다. 즉, 우리는 학교 교육 과정에서 충분한 역사 교육을 받지 못하고 있다. 국사 나 세계사는 기본적인 교양 과목임에도, 타 학과의 과목 이기주의에 희생 되어 상대적으로 냉대를 받고 있다. 따라서 학교 교육만으로는 대중의 역 사를 알고자 하는 욕구를 충족시켜 주지 못한다. 또한 우리나라는 학교를 떠나면 재교육을 받을 수 있는 기회가 더 이상 없다. 이 때문에 제도 교 육에서는 충분한 역사 교육을 기대하기가 어려워졌다. 그리고 40대 이상 의 사람들은 자신들이 배웠던 역사와 자신의 자녀들이 배우고 있는 역사 의 내용이 다르다는 사실에 당혹감을 느끼게 된다. 여기에서 대중들은 역 사에 대한 지적 궁금증과 그 당혹감을 극복하기 위해서 스스로가 자녀 교육과 자신에게 필요한 우리와 인류의 역사를 다시금 배우고자 했다.

우리나라에서 진행되는 역사 대중화의 원인 가운데 두 번째의 것으로 는 최근에 이르러 사회교육적 기능을 갖는 역사 시설물들이 상대적으로 늘어난 사실을 들 수 있다. 최근 국가적 차원에서 국립박물관이 도처에 세워져 지방 문화를 정리해 주었다. 이와 함께 지방자치제의 시행과 함께 지방자치단체에서도 역사박물관을 비롯한 문화 시설을 새롭게 건설해 나갔다. 물론 이 분야에서 이러한 우리의 사회교육 시설을 선진 외국과 비교해 보면 아직도 갈 길이 멀다. 그러나 각처에 세워지고 있는 박물관과 미술관 그리고 복원된 유적지나 역사적 기념물들은 대중에게 역사에 대한 새로운 관심의 계기를 마련해 주었다. 물론 이러한 일 자체가 역사 대중화의 결과이기도 하지만, 이는 다시 또 다른 역사 대중화의 원인으로 작용했다. 이로써 대중들은 역사를 자신의 생활과 가깝게 감지할 수 있는 새로운 자극을 받게 되었다.

우리나라의 역사 대중화는 물질문명의 발전에 짝하여 일어난 현상이기도 하다. 최근 우리는 경제수준의 향상을 체험하게 되었다. 이로써 한국 사회에서도 마이카 시대가 왔다. 그리고 주5일 근무제와 더불어 문화 활동에 자신의 시간을 투여할 수 있는 기회가 상대적으로 증가해 가고 있다. 이제 우리 대중들은 역사 대중화의 결과물을 향유하고, 역사 현장을 직접 찾아서 살펴보려는 욕망을 가지게 되었다. 그리고 국내 관광이 점차 보편화되고 있는데, 아직 우리의 정서는 순수 휴식이나 즐거움을 위한 여행보다는 학습을 명분으로 하는 문화 관광을 더 선호하고 있는 듯하다. 관광을 하더라도 명분을 세우고자 하는 의식은 역사 대중화의 한 축을 이루고 있는 역사 현장 답사의 동기가 되고 있다.

이상에서 살펴본 바와 같이 현대 역사학계와 사회 일반의 변화, 그리고 우리나라 자체의 독자적 이유들이 서로 맞물려 우리의 역사 대중화는 꾸준하게 진행될 수 있었다. 그리하여 학교에서의 제도적 역사 교육은 위기를 맞이하고 있지만, 민중들의 역사에 대한 관심은 오히려 증가하게 되었다. 우리 대중들은 자신의 '삶을 위한 역사'를 지향했고, 역사 대중화를 대중이 주체가 되어 진행시키기에 이르렀다. 이러한 대중의 욕구를 우리의 출판계와 방송계 등에서는 재빨리 간파했고 역사 대중화 작업은 진행되어 갔다. 그리고 대중의 욕구가 있는 이곳에 부박한 상업주의가 편승해 들어와 올바른 역사 대중화에 도리어 장애를 야기하고 있기도 하다.

5. 역사대중화의 과정과 현상

역사학은 그 발생 이래로 전통시대나 근현대 사회를 막론하고 일정한 효용성을 가지고 있다. 지난날 민족주의 사학도 그 효용성으로 사회 계몽적 특성을 지니고 있었으며, 오늘의 역사 대중화도 대중의 역사화라는 또 다른 효용성을 지향하고 있다. 이 역사의 효용성은 시대에 따라 지배자가 이를 향유했거나 피지배 대중들이 이의 수혜자로 등장하기도 한다. 역사 대중화의 기점은 역사 서술에서 대중을 의식하고, 대중에게 역사의 효용성을 강조하는 데에서 구할 수도 있다. 그렇다면, 그 대중화의 계기는 한글 역사서가 출현했던 조선후기 사회로까지 소급시켜 올라갈 수 있을 것이다. 그리고 어떤 이는 한국사에서 역사 대중화가 시작된 기점은 구한말로 파악하려는 견해가 있다. 이 경우에는 당시 초기 민족주의 사학이 성립되면서 출현한 계몽적 역사 서적의 존재를 초기적 형태의 역사 대중화로 파악한다.

그러나 단순히 대중 계몽적 역할을 수행한다고 해서 이를 역사 대중화로 규정짓기는 어렵다. 대중에게 역사를 가르치려고 저술되었던 『죠야회통(朝野會通)』·『죠야긔문』 등과 같은 한글 역사서는 전통적 역사관인 충효 의식을 아녀자나 백성에게 보급하려는 목적으로 저술되었다. 그리고 개항기에 국한문 혼용체나 국문으로 간행되었던 각종의 역사서들은 당시의 사회 분위기에 분기댕친(憤氣撑天)한 선각적 역사가들이 대중을 계몽하기 위해 '분노와 함께'(cum ira) 역사를 서술하면서 영웅주의적 역사관을 드러내고 있었다. 이러한 충효 의식이나 영웅주의는 당시 사회에서 소중히 여기던 역사의 효용성이었다. 그러나 이 효용성의 기준이 현대에 이르러서는 대중이 주체가 되는 새로운 측면에서 강조되기에 이르렀다. 이처럼 효용성의 성격은 시대에 따라 그 기준이 변화되어 왔다. 즉, 조선후기나 개항기에 논의되던 효용성과 오늘의 그것은 결코 같을 수 없다.

그런데 오늘날의 '역사대중화'는 역사가의 전유물처럼 인식되었던 전문적 연구 성과를 대중의 말로 대중에게 전파하고 보급하며, 대중이 역사의 주체임을 말한다. 그리고 이는 역사의 민주화에 대한 열의·과학 및 전문 역사학의 한계에 대한 반성·다양한 정보전달 매체의 등장과 관련되어 출현한 현상이다. 그러나 계몽주의 역사관은 이와 같은 역사 대중화의 개념 및 배경과 무관하게 나타난 현상이었다. 또한 계몽주의적 역사서들은 역사 대중화에서 금기로 여기는 영웅주의적 역사 인식에 젖어 있는 경우가 많았다. 물론 당시에도 민중에 대한 의식이 전혀 없었던 것은 아니지만, 일반적으로 개항기의 계몽주의적 역사서는 국난 극복의 영웅을 모방의 대상으로 삼고 있었다. 따라서 이 단계의 역사서를 역사 대중화의 계기로 삼을 수는 없다.

그렇다면 역사 대중화는 현대 사회 내지는 현대 사학史學이 가지고 있는 특성으로 파악되어야 한다. 그리고 역사 대중화의 '기점起點'을 논하기 위해서는 '역사 대중화'라는 용어의 개념 및 그 출현 배경과 관련된 현상이 출현된 시점을 주목해야 한다. 그런데 역사 대중화라는 개념이 성립된 이후 그 개념에 따라 역사가 대중화된 것은 아니었다. 또한 역사 대중화라는 개념도 비교적 장기간의 시간에 걸쳐서 진행되어 왔다. 따라서 역사 대중화의 정확한 기점을 논하는 일은 무모한 시도일 수도 있다. 역사 대중화는 일시에 진행된 성과가 아니라 그침 없이 진행되어온 사회 현상이었기 때문이다.

그러나 우리는 이러한 사회 현상 내지는 학문적 특성이 언제부터 본격적으로 시작되었는지를 시론적으로 논할 수는 있을 것이다. 그렇다면 한국 현대 사회에서 역사 대중화의 진전에 크게 기여한 사건은 강만길姜萬吉의 『한국근대사』와 『한국현대사』가 간행된 1984년을 주목할 수 있다. 이 책은 개설槪說·통사通史·통론通論 등의 접미어를 달고서 읽혀졌던 기존의 한국사 개설서와는 판이하게 달랐다. 이 책은 "우리 역사에 관심이 높은 일반 지식인의 읽을거리가 되기를 바라고 쓴 것이지만, 우리 역사를 전공하는 학생들에게도" 역사적 시각을 넓히는 데에 도움을 주고자 하는 적극적 의도 아래 씌어진 책이었다.

이 책에서 저자는 대중을 의식하려는 태도로 전체를 관철하고 있으며, 대중이 역사의 공동 주역이 되기를 지향하고 있었다. 그리하여 이 책은 전문 역사가와 대중이 함께 읽을 수 있는 역사서의 성공적 사례로 꼽히게 되었다. 이 책은 그 후 수십 판이 거듭될 정도로 대중들에게 많은 호응을 얻었고, '고쳐 쓴' 판이 이어서 간행되었다. 따라서 이 책이 간행된 1984년은 한국 사회에서 역사학의 대중화가 진전된 의미 있는 해로 기록될 수 있을 것이다.

한편, 이와 같은 분위기는 1980년대 후반기에 이르러 더욱 구체화되어 갔다. 즉, 1986년에는 역사 문제 연구소가 창설되어 역사의 대중화와 대중의 역사화를 위한 노력을 전개하기 시작했다. 그리고 1988년에는 『역사비평』을 창간하여 역사의 대중화 작업을 본격적으로 전개했다. 또한 이와 함께 1986년에는 『한국민중사』 1·2책이 출판되었다. 한국민중사연구회 편으로 간행된 이 책은 "종래의 역사책을 단순히 보강하는 차원을 넘어서, 우리 역사를 아래로부터의 총체적 역사상歷史像으로 체계화하려고 노력했다." '민중적 입장에서 이 책을 정리하고자 한' 집필자들은 우리 역사의 민주화에 분명 기여한 바가 있었다. 그러므로 권위주의적 정권은 이 책의 보급을 용납하기가 어려웠고, 법의 힘을 빌려 이를 규제하고자 했으나 실패했다.

또한 1988년에는 "올바른 세계관에 입각한 과학적 실천적 역사학의 수립을 통해 우리 사회의 진정한 민주화와 자주화에 기여하는 것을 목적"으로 한국역사연구회가 조직되었다. 이 연구회에서는 1992년 『한국역사』를 간행하여 역사 대중화에 관심을 드러냈고, 이에 이어서 각종의 역사 대중서를 편찬해서 대중의 역사적 수요에 부응하고자 했다. 이들 단체 및 그 단체에서 간행된 각종 책자들은 '역사의 과학성'과 함께 '역사의 실천성'이라는 과제에도 충실하고자 했다.

　물론 '역사의 대중화'를 표방한 작업은 '진보적 연구자'들만의 전유물
은 아니었다. '역사의 과학성'을 주로 강조해 왔던 전통적 입장의 연구자
들도 '연구실과 시민을 연결시켜 주는 끈'의 필요성을 느끼게 되었다. 그
리고 1980년대 이후에 거세게 출현한 한국사에 대한 새로운 동향에 '일
종의 위기의식'을 갖고 1987년에『한국사시민강좌韓國史市民講座』를 창간
하게 되었다. 이들은 역사적 지식의 보급에 우선적 관심을 가지고 있었
고, 역사의 실천성을 논하는 그 자체를 금기시했다고 생각한다. 물론, 오
늘날 세계의 학계에서는 역사의 대중화라는 개념이 역사의 실천성과 연
결되어 설명되고 있다. 그러므로 실천성이 제외된 대중화라는 개념은 일
반적인 개념과 차이를 드러내고 있다. 그렇다 하더라도 역사 지식의 대중
화는 역사의 대중화에 첫 단계에 해당하는 일이므로, 이와 같은 연구자들
의 노력도 광의의 역사 대중화와 연결되어 설명될 수 있다.

　오늘날 우리는 서점에서『역사비평』,『역사와 문화』를 비롯한 각종의
대중적 역사잡지와 함께 여러 종류의 대중 역사서를 접하게 된다. 이들
가운데는 '역사 대중화'라는 뚜렷한 의지를 가지고 간행된 책자들이 주
류를 이루고 있다. 그리고『조선왕조실록』이나『고려사』등 한국사의 주
요 자료들이 CD화 되자,『한 권으로 읽는 조선왕조실록』등과 같이 독자
의 '성급性急함에 부응한 상업적 도서들도 출판되었다. 동시에 생활수준
의 향상과 더불어 문화 관광의 차원에서 간행된『답사기踏査記』와 같은
책들도 대중 역사서의 범위에 넣어서 생각할 수 있다. 이러한 책들은 역
사학자가 아닌 미술사학자·인류학자 등에 의해서 미학美學이나 인류학적
人類學的 측면의 접근이 시도되었다. 이 분위기에서 역사 지식과 역사의
실천성에 대한 주장은 역사 문학 분야에서도 진행되어 갔다.

　이와 같은 한국사 관계의 서적들 이외에도 중국을 비롯한 동양이나 서
양의 역사에 관한 대중서들도 다수 출현했다. 이 동서양사와 관련된 저술
들 가운데는 고고학적 발굴과 관련된 책자나 TV의 다큐멘터리 제작과 관
련하여 편찬된 우수한 서적들도 포함되어 있다. 그리하여『한국근대사』가

간행된 1984년 이후 오늘에 이르기까지 간행된 대중적 역사서는 아마도 줄잡아 500여종은 넘을 것으로 추산되고 있다. 이는 대중이 가지고 있는 역사에 대한 지적 갈증을 단적으로 나타내는 현상이다.

역사의 대중화는 역사에 관한 도서의 간행을 통해서만 수행된 일은 아니었다. 1980년대 이후 역사와 스크린의 만남이 촉진되어 갔다. 그리하여 안방의 텔레비전에서도 역사의 대중화를 위한 프로그램들이 인기리에 진행되어 가고 있다. 만화로 된 역사서가 나이를 가리지 않고 넓은 독자를 확보하기도 한다. 답사나 성지순례, 강연이나 토론회 등이 자주 열려 역사에 대한 지적 갈증을 풀어주고 있다. 이는 전문적 역사 연구자의 입장에서 보더라도 상당히 긍정적 현상으로 생각된다. 그리하여 오늘날 한국 사회가 겪고 있는 '역사학의 위기'는 대학이나 전문 학자에게 국한된 현상이지, 대중적 역사물이 범람하고 있는 서점이나 안방에서 느낄 수 있는 위기는 아니다.

6. 역사 대중화의 문제점과 지향점

그러나 대중적 역사물을 접할 때에는 적지 않은 당혹감을 느끼는 경우가 많다. 전문 학자의 시각에서는 대중적 역사물에 적지 않은 문제가 있기 때문이다. 우리나라의 역사 대중화 과정에서 드러나는 첫 번째의 문제점은 일부 대중 역사서의 사관에서 드러난다. 사람들이 대중 역사물을 통해 인생을 살아가는 지혜를 구한다고 할 때 그릇된 사관의 폐해는 매우 심각하다.

일부 저자들은 이미 19세기 말엽에 극복된 영웅주의 사관을 강조하기도 한다. 이는 소수의 탁월한 정치인·군인·정보원이 국가의 운명을 좌우하는 듯한 인식을 심어 주어 평범한 대중의 무력감을 심어주기도 한다. 어떤 대중서의 저자는 지난 20세기 인류에게 재앙이 되었던 국수주의를 제창하기도 한다. 그러나 국수주의는 억압된 현실의 진정한 탈출구가 될 수 없다. 어떤 역사물에서는 강압적 지배에 대한 무조건적 예속을 미화시키는 전제주의적專制主義的 사고를 표현한 경우도 있다. 로마 제국에 대한 이야기를 하면서 현대 제국주의에 대한 향수를 불러일으키려는 시도도 있다. 이러한 사관은 반드시 수정되어야 한다.

두 번째로는 일부 대중적 역사물이 역사적 지식 내지는 정보만을 제공할 뿐, 올바른 역사의식의 제시에는 무감각한 경우를 들 수 있다. 원래, 역사는 자기 자신과 자신이 소속된 사회에 대한 가치와 구조를 파악하는 일이다. 그러므로 대중 역사서는 역사적 사건의 실체를 역사의 맥락 위에서 짚어 나가야 한다. 그렇지 않고 단편적 지식만을 제공하는 데에 그치는 일은 역사 정보를 자신의 경제적 이익을 위해서만 활용하는 일일뿐이다. 그러나 대중적 역사물은 역사적 정보를 전해주는 일과 함께 올바른 역사의식을 심어주는 데에 기여해야 한다. 이는 역사 대중화의 목표가 대중의 역사화에 있기 때문이다. 대중 역사물이 '의식'이 아닌 '정보'만을 전해 줄 때, 역사 대중화의 목적은 달성될 수 없다.

세 번째로, 대중 역사물들에서는 역사적 사실에 대한 착오도 심심치 않게 발견된다. 미학적 시각이나 인류학적 관찰이 역사적 사실과 어긋나는 경우도 있다. 역사 문학이나 드라마의 경우에는 픽션을 사실로 둔갑시키기도 한다. 그럼에도 불구하고 역사물은 역사학 논문이 아니라 픽션일 뿐이라고 주장하면서 자신의 오류를 합리화하는 경우도 많다. 그러나 이와 같은 '변명'은 결코 용납될 수 없다. 역사적 사실에 대한 정확한 이해 없이는 진실한 역사의 교훈을 구할 수 없기 때문이다.

네 번째로 많은 대중 역사물들은 구체적 역사 해석에서도 오류를 드러내고 있다. 역사의 해석에 논리적 비약을 거침없이 감행하는 경우도 있다. 과거의 사건을 해석하면서 그 당시 시대적 맥락에서는 도저히 성립될 수 없는 주장을 내세우기도 한다. 이는 분명히 틀린 해석이건만 오류와 독창성을 구별할 능력을 상실한 사람들은 오류를 창견創見이라 우기고 있다. 또한 역사적 사실을 지나치게 단순화시켜 사실에 대한 부정확한 해석을 유도하기도 한다. 혹은 인과적 인식이라는 역사적 인식의 기본을 무시하고 논리적 비약을 감행하거나, 역사적 사건에 대한 일방적 해석이 판을 치기도 한다.

이에 관한 예를 들어보면, 최근에 방영되고 있는 어느 역사물은 역사를 여성천하로 만들려는 편견을 여과 없이 드러내고 있다. 역사는 남성만의 역사도 여성만의 역사가 아니라 인간의 역사였다. 그러므로 여성에 대한 편향된 시각은 인간의 역사를 망각하게 한다. 이는 페미니즘적 시각이 아니라 또 다른 여성의 소외를 결과하려는 잘못된 시도일 뿐이다. 대중적 역사물에서 역사적 사실과 역사적 맥락이 무시된다면 그것은 말초적 재미만을 추구하는 '비대중적非大衆的 역사물'로 전락할 것이다. 대중적 역사물을 가탁한 비대중적 역사물은 도태되어야 한다.

대중적 역사물이 가지고 있는 이와 같은 문제점을 극복하기 위해서 대중 역사물이 지향해 나가야 할 방향이 있다. 먼저, 대중적 역사물은 전문 역사서와 마찬가지로 건실한 역사적 상상력에 의해서 만들어져야 한다. 역사적 상상력은 문학적 상상력과는 다르다. 문학적 상상력은 있을 법한 일을 구성해 내는 허구적 성격을 가지고 있다. 문학적 상상력은 사료의 근거를 뛰어넘어 가공적 특성이 있다. 그러므로 문학적 상상력은 시대에 대한 고찰 없이도 특정 상황을 설정할 수 있다. 그러나 역사의 상상력은 사료와 사료를 연결시켜 주는 것이며, 사료와 사료 사이에 존재하는 틈새를 메우는 작업이다. 역사적 상상력은 텍스트(text)를 컨텍스트(context) 위에서 분석하는 능력을 말한다. 그리하여 역사적 상상력은 문학적 상상력과는 달리 과거의 사건을 발견하여 역사적 인과성의 맥락에서 충실하게 복원시켜 주어야 한다.

두 번째로, 대중적 역사물에서는 역사적 인과관계에 대한 좀 더 깊은 성찰이 요청된다. 역사는 인과적이어야 하고, 역사는 과거와 현재와 미래가 상호 연결된 하나의 시간대임을 말한다. 그러나 기존의 대중적 역사물에서는 이를 무시하는 경우가 적지 않다. 현실과 단절된 과거에서의 즐거움은 현실과는 상관없는 나른한 몽환적 즐거움일 뿐이다. 과거의 경험을 거부하고 현실에 대한 개혁 의지만을 불태우는 과잉된 의식에는 결코 미래가 있을 수 없고, 뿌리 없는 나무처럼 쉽게 말라 버린다.

세 번째로, 대중적 역사물에 이와 같은 역사적 상상력을 충실히 적용하기 위해서는 전문 역사학자들이 대중적 역사물의 저술에 직접 관여해야 한다. 그리하여 전문성과 대중성의 교류가 활발히 이루어져야 한다. 대중 역사서의 수준을 향상시켜야 하는 책임이 전문 역사가에게도 있다. 다큐멘터리도 문헌의 역사와 다를 수 있고, 사극은 다큐멘터리가 아니다. 사극이 역사와는 다를 수 있다는 점은 인정된다 하더라도, 사극의 역사의식은 역사 대중화의 올바른 방향을 지향해야 한다. 대중적 역사물은 역사적 사실을 확인받고, 올바른 역사의식을 표현해 주어야 한다. 이를 위해서는 전문 역사가들이 그들은 스스로를 가두어 놓은 담장을 허물고 대중이 있는 세계로 뚜벅뚜벅 걸어 나와야 한다. 그리고 다큐멘터리나 사극史劇의 제작자들은 전문 역사가의 자문을 경청해야 한다.

네 번째로, 오늘날 우리 학계가 가지고 있는 고질적 폐단인 '역사비평'에 대한 지나친 신중성을 극복해 나가야 한다. 전문적 연구자 자신이 역사 대중화로 차원을 달리할 수 없을 경우에는 또 다른 전문인들을 양성하고 그들을 존중해 나가야 한다. 역사비평적 대중역사서(Public Article)도 전문적 역사서(Professional Article)와 함께 고유한 의미가 있음을 전문 연구자 모두가 인정해 나가야 한다. 그리하여 대중과 함께 역사를 서술하고 그 삶들을 풍요롭게 해야 한다. 여기에 역사의 대중화가 나아갈 방향이 있다.

다섯 번째로, 역사 대중화를 위해서는 성인교육 프로그램의 강화를 시도할 수 있다. 오늘날 우리나라의 대학에서도 각종 사회교육 프로그램을 가지고 있으며, 박물관 등에서도 박물관 학교 등을 통해 사회교육을 실시하고 있다. 그리고 일반 언론사나 지방자치단체에서도 사회교육기관을 운영하고 있다. 그러나 이 과정에서 역사학 이 어떠한 비중을 차지하고 있는지 모르겠다. 그리고 그 역사 분야의 강의 담당자들이 역사의 대중화와 대중의 역사화에 대한 의지를 가지고 있는지도 의문이다. 그렇다면 기존의 역사학자들은 사회교육 프로그램의 활성화를 통해 역사 대중화의 담지자擔持者들을 확충해 나가는 데에 일익을 담당해야 한다. 영국에서는 "대학의 성인교육 프로그램과 지역공동체의 프로젝트를 통해서 역사전문가와 대중들이 만나는 장이 확장되었다. 그리고 이를 통해서 영국의 노동자들은 역사의 생산자이자 연구자이며 소비자가 되었다." 이 영국의 사례는 우리에게 타산지석他山之石이 될 수 있다.

7. 역사 대중화의 중요성과 의미 – 맺음말에 대신하여

현재 한국 사학계에는 역사의 대중화에 대해서 신중을 기해야 한다는 주장이 적지 않다. 이 주장의 논거는 한국사에 아직도 해명되지 않은 미개척 분야가 많다는 사실을 들고 있다. 그러나 이는 역사 대중화에 신중을 기해야 할 이유가 아니다. 그러나 이는 우리가 방대한 『승정원일기』를 다 검토한 후에야 비로소 조선후기사 관계 논문을 쓸 수 있다는 말과 비슷한 문제점을 가지고 있다. 역사의 대중화는 파편화破片化한 모든 역사 사건의 집합을 통해서 달성되는 것은 아니기 때문이다. 그리고 언제 인류가 과거에 대하여 완벽하게 연구된 역사를 가진 적이 있었는가? 역사 연구자들은 그와 같은 이상 세계에 결코 이를 수 없을 것이다. 그러므로 전문적 역사 연구와 역사 대중화 작업은 병행되어야 한다. 역사대중화는 전문 역사 연구의 수준을 반영하면서 전개되며, 전문 역사의 연구가 심화되는 데에 비례하여 신장되어 나갈 수 있다. 그렇다면 역사 대중화 작업을 더 이상 주저할 수는 없다.

역사의 대중화 작업은 관객의 관조를 매개하는 사회 비평적 성격을 띤다. 비평이 비평자의 주관이나 가치관이 더욱 깊게 작용되는 것처럼 역사 대중화의 경우에도 저자의 건전한 사관이나 올바른 가치관이 전제될 때 제대로 이루어 질 수 있다. 또한 역사 대중화가 비평적 기능을 담당하는 한 실천 운동적 측면을 가지게 마련이다. 역사 대중화가 지향하는 실천적 운동의 목표는 대중의 역사화에 있다. 바로 이 점이 역사 대중화의 사회적 기능이다.

다시 말하자면, 대중들은 역사의 대중화를 통해 '재미있게' 역사적 사실에 지식과 역사적 삶에 대한 지혜를 얻을 수 있다. 그러므로 대중적 역사물은 단순한 재미의 기능 이외에 역사적 삶에 대한 책임의 자각을 그 실천 운동의 지표로 삼게 된다. 즉, 역사 대중화는 대중이 사회와 국가, 민족은 물론이고 인류에 대한 책무까지를 생각해 볼 수 있도록 하는 방향에서 진행되어야 한다. 그렇다면 이 역사 대중화 작업은 우리 사회의 변화를 이끄는 또 다른 힘이 된다. 여기에 역사 대중화의 중요성과 역사적 의미가 있다.

오늘의 우리 사학계는 올바른 역사 대중물의 개발을 위해 좀 더 큰 관심을 가져야 한다. 그리고 대중 역사물에서 독자나 관객의 시선을 집중시킬 수 있는 생활사나 개인사 등에 대한 연구도 좀 더 활성화되어야 한다. 또한 대중의 관심과 학문적 성장이 함께 가능한 우리나라 역사고고학의 발굴과 관련된 대중 역사물의 제공을 위해서도 더 노력할 수 있을 것이다. 전문 학자들의 이러한 노력은 이전에 전문 용어의 남발로 인해 화석화되고 박제되어 우리 곁을 떠난 역사를 다시 불러올 수 있을 것이다. 그리고 역사는 새로운 생명을 부여받아 '현대적 삶의 스승'(Historia etiam est magistra vitae modernae)이라는 자리를 다시 차지할 수 있을 것이다. 그리하여 인류 사회는 민주와 화해의 정신을 키워나갈 수 있음에 틀림이 없다.

찾아보기

ㄹ

ㅁ

ㅂ

경인한국학연구총서

*대한민국학술원 우수학술 도서　　**문화체육관광부 우수학술 도서